차·향·꽃의 문화사

동아시아
역사 속
아름다움의
자취들

차·향·꽃의 문화사

동아시아 역사 속 아름다움의 자취들

김영미 지음

머리말

1994년 베이징대학 중문학 박사과정 입학을 위해 중국에 도착한 후, 예상치 못한 계기로 중국 차 문화와 도자사에 대한 열정이 시작되었다. 정말로 한치 앞을 모르는 게 인생일까? 당시 호암미술관에서 오신 학자와의 우연한 만남을 계기로 내 인생의 여정은 문학에서 고고학 쪽으로 완전히 다른 길을 걷게 되었다. 중국 도자사를 공부하기 위해 고고학과 석사 과정에 입학하게 되었고 운명처럼 세계적인 고고학자 수바이宿白 교수님의 제자가 되었다.

1995년 석사과정에 들어가 북송의 휘종 황제가 특별한 애정을 보였던 여요 자기의 가마터 여요汝窯 발굴에 참가했다. 허난성에 위치한 여요의 유적에서는 일상 생활용기를 비롯하여 차와 관련된 다기, 향과 관련된 향로, 꽃을 꽂았던 화병 등이 제작되었다. 나는 여요를 주제로 석사논문을 쓸 당시에

『대관다론大觀茶論』을 쓴 휘종은 어떤 차를 어떤 찻잔에 마셨을까 궁금했었다. 석사과정에서 함께 도자사를 공부했던 페이야징裵亞靜이라는 친구가 있는데 현재 베이징 수도박물관首都博物館 연구원으로 근무하고 있다. 이 친구는 고대의 차 문화에 대한 이해가 깊었으며 기회가 있을 때마다 나에게 우이암차, 녹차, 화차 등 각종 차를 마셔보라고 선물해주었다. 게다가 베이징에 있는 라오서 차관老舍茶館이나 개인 차관에 데려가 함께 차를 즐기는 자리를 마련해주기도 했다. 아마도 중국 도자사를 공부하고자 했던 이유 가운데 하나가 내가 마셨던 차와 차가 담긴 찻잔의 역사가 궁금해졌기 때문이었을 것이다.

1998년 박사과정에 들어가자마자 저장성에 위치한 월요越窯 요장 발굴에 참여했다. 기후 상황이 좋지 않을 때는 발굴을 중지하고 2~3시간 차를 타고 항저우杭州로 나와서 저장성 박물관과 근처 유적지를 참관했다. 그리고 시후룽징西湖龍井에 가서 차밭을 구경하고 룽징차龍井茶 덖는 것도 실습하며 항저우의 예스러운 찻집에 들러 차를 마시기도 했다. 지금 생각해보니 너무나도 젊었고 아름다운 소중한 시절이었다.

2002년 박사과정을 마치자마자 귀국하여 국립중앙박물관에 들어오게 되었으며 세계적인 컬렉션인 신안 해저 문화재를 전담하여 연구하고 전시하는 일을 맡게 되었다. 2007년 '경덕진 청백자 테마전'을 시작으로, 이듬해인 2008년에는 '신안향로'를 주제로 전시를 기획하면서 14세기 동아시아의 향 문화香文化와 향로에 관심을 갖게 되었다. 그 후 2017년 '신안 해저 문화재 흑유자' 특별공개전을 통해 흑유자와 차 문화에 대한 연구를 본격적으로 시작하게 되었다.

당시 내가 전담하고 있던 신안 해저 문화재의 최종 목적지가 일본이었기 때문에 일본의 중세사학계에서는 오래전부터 지대한 관심을 보이고 있었다. 2010년, 도쿄국립박물관의 저명한 중국 도자사학자 이마이 아츠시今井敦 선생님의 특별 초청으로 2주 동안 신안 해저 문화재와 관련된 중요 유적을 공동 조사했고, 2011년 일한교류기금을 얻어 오사카 동양도자미술관에서 6개월간 객원 연구원으로 파견을 다녀온 적이 있다. 오사카에서 머무는 동안 기라 후미오吉良文男 선생님의 동행으로 도쿄를 비롯한 가마쿠라, 교토 등 신안 해저 문화재 관련 유적을 답사하면서 더욱 넓은 시각에서 동아시아의 차와 향과 꽃 문화의 뿌리와 확산 과정을 연구하게 되었다. 기라 선생님의 안내로 일본 정통파 히가시야마東山 향도회에 참여했던 것은 더할 나위없는 귀한 경험이었다. 안타깝게도 기라 선생님은 이 책의 원고가 완성될 즈음에 작고하셔서 아쉬운 마음을 금할 길이 없다.

2016년은 신안 해저 문화재 발굴 40주년의 해로 국립중앙박물관에서는 대규모 특별전 '신안 해저선에서 찾아낸 것들'을 준비했다. 이 전시의 중점은 현실에서 이 기물들이 어떻게 사용되었는지에 대한 궁금증을 풀어주는 것이었다. 전시를 통해 14세기 동아시아에서 유행한 차·향·꽃 문화를 들여다볼 수 있었고 지금 이 책을 쓰게 된 동기가 부여된 셈이다.

이 책은 동아시아의 차·향·꽃이 시대별·국가별로 어떤 모습으로 나타났으며, 그것을 담았던 그릇의 다양한 양상과 변천은 어떠했는지를 살펴본 것이다. 이야기는 중국에서 시작하여 우리나라와 일본으로 이어진다. 물론 차는 중국에서 처음 시작되었다고 하지만, 향과 꽃은 고대 메소포타미아와 이집트 등 지역에서 먼저 관심을 보였다. 향과 꽃 문화가 동아시아로 이동한 경로를 보면 고대 그리스와 로마를 출발해 인도와 중앙아시아를 거쳐 중국으로 유입되었고 그다음 한국과 일본으로 확산되었다.

중국은 동아시아 차·향·꽃 문화의 출발점에 있으며 자료가 방대하고 문화의 역사적인 총량도 한국이나 일본에 비해 훨씬 유구하다는 사실은 부정할 수 없다. 나는 이들 문화가 한국과 일본으로 전해진 후 어떤 방식으로 수용되고 변형되었는지 그 모습을 보여주고 싶었다.

본문에서는 차와 향, 꽃의 문화적인 흐름을 개별적으로 나누어 설명했지만 사실 차·향·꽃은 하나의 시공간에서 행해진 종합적인 예술의 성격을 띠고 있다. 차 문화가 흥했을 때 향과 꽃도 그 자리에 있었으며 함께 커다란 시너지를 낳았다.

최근 들어 한국에서는 차와 향과 꽃을 즐기는 사람들이 점차 늘어가는 추세로, 이 책의 출간으로 동아시아 삼국의 차·향·꽃 문화와 그릇의 관계를 이해하는 데 많은 도움이 되길 소망한다. 아직 부족한 부분이 많지만 향후에 새로운 자료가 발견되면 계속 보완할 것이다.

끝으로 책이 출판이 되기까지 많은 분의 도움을 받았다. 우선 원고를 글항아리 출판사에 적극적으로 소개해주신 황치영 선생님의 추천에 깊은 감사를 드린다. 그리고 이 책의 원고를 완성하기까지 자료 소개뿐만 아니라 고견을 아낌없이 나눠주신 타이완 고궁박물관의 랴오바오슈廖寶秀 선생님, 중국

베이징대학 친다수秦大樹 선생님, 둥난대학 궈쉐레이郭學雷 선생님, 일본 도쿄예술대학 가타야마 마비片山まび 선생님, 도쿄국립박물관 미카사 케이코三笠景子 선생님, 끝까지 격려와 지지를 아끼지 않았던 국립문화재연구소 박대남 선생님, 덕성여대 조민주 선생님, 교정에 진심이셨던 이승은 작가님, 출판을 맡아준 글항아리 강성민 대표님께 깊은 감사의 뜻을 표한다.

2024년 12월

김영미

차례

2장 한국의 차

3장 일본의 차

2부 향 문화

1장 향의 종류

2장 중국의 향

3장 한국의 향

4장 일본의 향

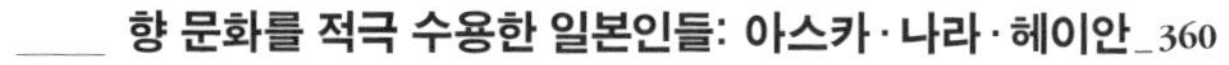

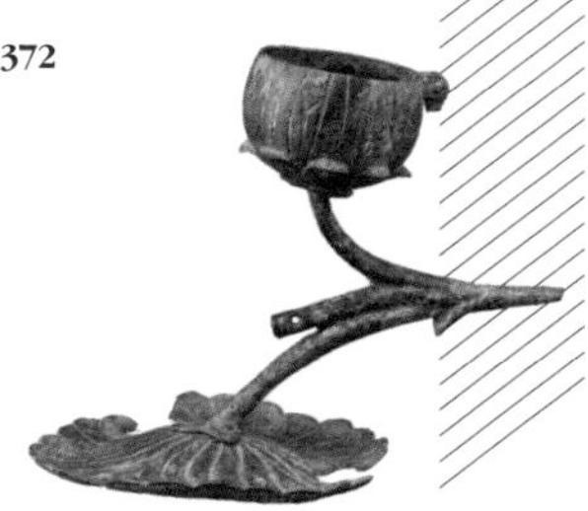

3부 꽃 문화

1장 중국의 꽃 문화, 병화

2장 한국의 꽃 문화, 꽃꽂이

3장 일본의 꽃 문화, 이케바나

1부

차 문화

역사를 볼 때 최초로 차를 인류의 생활 깊숙이 끌어들인 이들은 중국인이었다. 한나라 때부터 상류사회에서 차를 마시는 행위가 유행했으며 시장에서는 일상 음료로서 차가 유통되었다.

위진시대에 이르러 차는 술과 마찬가지로 연회나 모임 자리에서 빼놓을 수 없는 기호품이 되었으며, 성당 시기에는 보급 범위가 더욱 넓어져 집집마다 차를 마시는 풍경이 연출되었다. 이제 차를 마시는 행위는 갈증 해소 차원을 넘어 정신의 긴장을 풀어주고 영혼을 고양시키는 치유적·예술적 생활풍습으로 자리 잡기에 이르렀다. 즉 차를 마시는 의미를 정신문화의 영역으로까지 끌어올린 것이다. 송·원 시대에는 다구의 외적 아름다움에 집중하는 유희적 경향이 나타났고, 명·청 시대에는 실질적인 음다법에 대한 논의가 많이 이뤄졌으며 차 마시는 행위에 이상세계를 연결 짓는 탐구적 경향이 두드러졌다. 당·송 시대까지는 주로 병차餠茶(떡차), 단차團茶 종류가 애용되었으며, 명대 이후에는 엽차葉茶(산차散茶)가 유행했다. 차를 둘러싼 환경과 사회적 트렌드에 따라 찻그릇 또한 다양한 모습을 나타냈다.

한국의 차 문화는 삼국시대부터 시작되었다. 여러 유적에서 양진 남북조시대의 청자완, 흑유계수호, 돌절구 등 차 관련 다구가 발견되었는데, 이는 한반도에서도 중국과 마찬가지로 차를 죽처럼 끓여 마셨음을 의미한다. 통일신라시대의 문헌자료나 생활 유적에서는 다기로 사용된 당나라의 월요越窯 청자, 형요 백자, 장사요 청자 등이 확인되고 있으며, 실제로 최치원을 비롯한 상류 인사들은 당나라의 전다법과 점다법을 알고 있었으며, 복잡한 공정을 거치는 암다법도 응용하고 있었다. 고려시대에는 무신 정권이 들어선 1170년 이후 은거생활을 하는 문인과 승려 집단을 중심으로 차 문화가 확산되었다. 점다법에서 한 걸음 나아가 차의 산지와 차 맛을 품평하면서 서로 아름다운 거품을 만들어 경쟁하는 투다鬪茶가 성행했고 동시에 전다법도 애용되었다. 고려시대에 차 문화가 발전함에 따라 다양하고 섬세한 다구에 대한 수요가 생겨나면서 고려의 자기 산업이 빠르게 성장했다. 한반도 차 문화 역사상 최고 전성기라 할 수 있는 고려의 차 문화는 중국 못지않은 수준을 선보였다. 유가를 통치이념으로 내세운 조선시대에 들어서는 억불 정책에 따라 차 문화도 침체되는 경향을 나타냈다. 그러나 조선 후기에 등장한 정약용·초의선사·김정희 등을 중심으로 적극적으로 차를 즐기는 사람들이 생겨났고, 중국·일본과 사행使行 교류를 통해 다양한 차의 세계를 경험하고 탐구하기 시작했다. 점다點茶와 투다는 여전히 행해졌고 찻잎에 물을 부어 마시는 포다법泡茶法이 유행하자 손잡이가 달린 다관과 다종 등이 유행했다.

일본에서는 적어도 8세기에 차 문화가 나타나기 시작했으며, 9세기 초에는 중국에서 들여온 차 씨앗을 심어 재배했다. 헤이안시대에 당나라로 건너갔던 승려들을 통해 전다법과 함께 청자로 만든 찻그릇 형식이 유행했다. 가마쿠라시대에는 점다법이 유입되었고 중국 강남의 증제한 잎차인 쌍정차雙井茶를 배워 일본의 말차末茶 원료인 덴차碾茶를 만들기 시작했다. 가마쿠라 막부는 경쟁심을 돋우는 투다를 활용하여 무사들의 정신 함양에 힘썼는데, 도박성이 높은 투다를 규제해야 한다는 사회적 우려가 발생할 정도로 크게 유행했다. 막부의 장군들은 가라모

노唐物라 불리는 중국산 찻잔이나 연회용 장식물을 열정적으로 수집했다. 당시 일본에서 주로 마셨던 차는 송대 황실이나 상류층에서 마시던 단차가 아니라 중국 강남의 증청 초차草茶(산차)였다. 무로마치시대에 이르면 기존의 가라모노를 중심으로 한 중국식의 서원차書院茶와 한적한 경지와 소박한 기물을 중시하는 와비차わび茶가 대립하는 가운데 활기찬 차 문화를 꽃피웠다. 거리에는 미즈차야水茶屋라는 찻집이 성행했으며, 차가 대중화를 넘어 일상화된 에도시대 이후에는 오늘날의 녹차인 센차煎茶가 정착했다.

차와 다기의 관점에서 동아시아 삼국의 차 문화는 무척 닮았으면서도 각자의 고유성을 드러내고 있다. 중국에서는 차가 병차, 단차, 산차(잎차)의 흐름으로 이어지면서 다구의 형태와 재질도 요구되는 바가 달라졌다. 병차 시대에는 청자 계통의 다기가, 단차 시대에는 청자나 천목다기가, 산차 시대에는 백자가 환영받았다. 명·청대에는 차의 향을 오래 유지하며 보온 기능이 뛰어난 자사호가 탄생했고, 문향배나 개완 등 차를 정신적 건강과 연관 지으면서 다구의 기능도 확장되었다. 한국에서는 차 문화가 가장 번성했던 고려 때 도교의 자연합일 사상과 결합된 특성을 드러냈으며 중국에서도 감탄할 만큼 아름다운 빛깔의 고려청자가 제작되었다. 조선 후기에는 유교 사상을 기반으로 단조로우면서도 우아하고 소박한 특징을 지닌 백자 다기가 선보였다. 그런 반면 일본은 끊임없는 전쟁과 권력 다툼으로 인해 안으로 모으고 축소하는 독특한 심미관이 차 문화에 녹아들었다. 에도시대에 지배층인 무사를 중심으로 정립된 다도의식은 정치적 사교모임의 한 종류로 향유되었다. 그런 가운데 '와비·사비侘·寂' 정신에 입각한 독특한 차 문화가 형성되었으며, 여기에 잘 어울리는 조선의 분청 다완이나 일본제 다기를 채택함으로써 소박한 찻자리의 미학을 숭상했다.

1장

중국의 차

차죽의 시대

맨 처음 차를 인류 생활에 끌어들인 이들은 중국인이었지만 언제부터 마시기 시작했는지는 정확하지 않다. 『신농본초경神農本草經』의 기록에 따르면 차를 가장 먼저 발견한 인물은 농사와 의약을 전파한 신농神農으로, 병을 고치기 위해 백초白草를 찾아다니다가 중독이 되었을 때 차로 해독을 했다고 한다. 실제로 고대인은 찻잎이 병을 치료하는 데 도움을 준다는 사실을 알고 있었기 때문에 최초의 차는 약으로 인식되었고, 이후 음식과 음료의 순서로 발전해왔다.

차에 대한 의식의 변화는 불교와 선禪의 관계에서 시작된다. 불교가 중국에 전래된 후한 초기부터 위진남북조시대에 이르기까지 전국 각지에 사원이 세워지고 불교의식이 널리 전파되었다. 당시 중국으로 건너온 달마대사도 차를 즐겼다는 전설이 있다. 달마대사가 면벽 수도를 하다가 졸음을 이기지

사진 1
세계 최초의 차.
전한前漢 경제의
양릉陽陵에서 출토

못해 자신의 눈꺼풀을 떼어내 땅에 버렸는데 그 자리에서 한 그루 차나무가 자라났다는 이야기로, 우연히 그 찻잎이 떨어진 물을 마신 뒤 달마대사는 정신이 맑아져 졸지 않게 되었다는 것이다. 이 이야기는 승려들이 수행에 전념하기 위해 차를 즐겨 마시기 시작하면서 차 문화가 널리 전파되었음을 뒷받침해준다.

현존하는 가장 이른 시기의 차는 전한前漢 경제景帝(기원전 188~기원전 141) 때의 것으로, 시안西安에 위치한 양릉陽陵[1]에서 발견되었다.(사진 1) 세계에서 가장 오래된 차로 기네스북에 오른 이 차는 놀랍게도 일아이엽一芽二葉(하나의 싹에 두 개의 잎)을 채취하여 덩어리 형태로 만든 고품질 차였다.

또한 시짱자치구西藏自治區 아리阿里 지역의 한대漢代 묘역에서도 찻잎이 발견되었다. 이곳은 차가 생산될 수 없는 고원 지역이기 때문에 칭짱青藏 고원의 동쪽에서 왔을 것으로 추정되며, 원산지는 파촉巴蜀 지역일 것이다. 그리고 다른 여러 고고학 자료에 따르면 아리 지역의 한·진漢晉 시대 묘에서 이미 차와 다구가 확인된 바 있다.[2]

한대漢代의 상류사회에서 차를 마셨다는 기록은 확인할 수 있으나 음다 용기에 대한 확실한 자료는 찾아보기 어렵다. 다만 전한 때의 문인 왕포王褒(기원전 90~기원전 51)가 쓴 「동약僮約」[3]에서 다구의 단서를 찾을 수 있다. 이 문헌은 쓰촨의 도읍지 청두成都에서 한 선비가 게으른 노비를 사들이면서 작성한 계약서로, 노비가 해야 할 일 가운데 "차를 마시기 전에 다구를 깨끗이 씻어 준비해놓을 것烹荼盡具"과 "사천에 가서 차를 사올 것武陽買荼" 등이 담겨 있다. 이 내용으로 보아 당시에 차가 상품화되었을 뿐 아니라 다구도 갖추어졌음을 알 수 있다.

위에 인용한 문구('팽도진구烹荼盡具')를 자세히 살펴보면, '도荼'자는 쓴 채소를 뜻하는 글자로 『이아爾雅』와 『시경詩經』에도 여러 번 등장한다.[4] 또한 후난湖南 창사長沙에서 발굴된 한대漢代 마왕두이馬王堆 3호묘(기원전 65)의 간백簡帛에서 예서체의 '차荼'자와 전서체의 '도荼'자가 확인되고 있다. 이 무덤에서 '가일사檟一笥'라 적힌 죽간도 함께 발견되었는데 고문자 연구자들은 그 뜻을 '한 상자의 차'로 해석했다. 저장성 후저우湖州의 한대 무덤에서도 차와 관련된 것으로 보이는 청자 항아리(사진 2)가 발견되었다. 이 항아리는 창장강 하류 지역의 월요越窯[5]에서 만들어진 것으로 알려졌으며, 어깨 부위에 '차荼'자

사진 2
'차茶' 글자가 있는 청자 항아리,
높이 34cm, 후저우시박물관

사진 3
용구용舂臼俑, 후한後漢, 높이 41.5cm,
충칭시 출토

사진 4
용구용, 서진西晉, 높이 19.5cm,
후베이성 황포현 출토

를 닮은 글자가 새겨져 있어 찻잎을 보관하던 용기로 추정되고 있다.[6]

당唐 이전, 제다製茶에 대한 가장 이른 시기의 기록은 삼국시대(220~265) 위魏나라의 장읍張揖이 편찬한 『광아廣雅』에서 볼 수 있다. 당시 남방의 후베이와 쓰촨 지역에서는 찻잎을 딴 다음 덩어리로 만들어두고 음용했는데, 그 과정은 이러하다. 먼저 덩어리를 불에 구워 습기를 제거한 뒤 곱게 가루로 빻아 다기 안에 넣고 끓는 물을 부은 다음 파·생강·귤을 더해 죽 형태로 마셨다. 이것을 마시면 술이 깨고 정신이 든다고 적혀 있다.[7] 만드는 과정에서 덩어리 차를 빻기 위해 절구

같은 도구를 사용했을 것으로 짐작되는데, 실제로 난징南京 자오자산趙家山의 남조南朝 유적에서 이런 용도로 추정되는 돌절구가 발굴되기도 했다. 뒤에서 다시 소개하겠지만 우리나라 백제 유적에서도 이러한 돌절구가 발견되었다.[8] 돌절구를 이용해서 차 덩어리를 깨는 모습의 도기인형陶俑도 발굴되었는데, 당시 차를 만드는 과정을 이해하는 데 도움이 되는 자료다.(사진 3, 4)

『광아』에서 설명한 차죽을 어떤 그릇에 담았는지는 확실치 않지만 계수호鷄首壺(사진 5)라고 추정하는 학자도 있다.[9] 계수호의 입이 접시를 올려놓은 모양이라 하여 흔히 '반구盤口'라고도 불리는데, 찻가루, 생강, 파와 끓는 물을 넣기 좋게 입구를 깔때기처럼 만들고 차죽의 향을 보존하기 위해 그 위에 뚜껑이나 접시를 덮은 것으로 보인다. 계수호의 옆면에 주전자 주둥이(물대)처럼 튀어나온 닭머리에 구멍이 없는 경우도 많은데, 이 역시 차죽의 향을 보존하기 위한 것이다. 즉 위쪽에 뚫려 있는 입으로만 차를 따르게 만든 것이다. 계수호의 장식으로 닭 대신 양이나 소의 머리를 붙이기도 하는데, 모두 길상吉祥과 벽사辟邪의 의미를 담고 있다.

계수호는 계수관鷄首罐(사진 6)에서 비롯한 것으로, 처음에는 주로 저장 지역 사람들이 사용했으나 점차 강남 일대와 중원 지역으로 확대되었다. 계수호는 당대唐代까지 사용되다가 이후에는 거의 보이지 않는다. 그러나 '다성茶聖'이라 불리는 육우陸羽가 저술한 『다경茶經』에는 차죽을 즐기는 문화가 당대까지 이어졌다는 기록이 있어 계수호와 차죽의 관계를 완전히 배제할 수는 없다. 이에 대해서는 향후 새로운 고고학적

사진 5
청자 계수호, 동진東晉, 높이 18.7cm,
위야오시餘姚市문물관리위원회

사진 6
청자 계수관, 높이 20.8cm,
삼국三國 구요甌窯

사진 7
홍주요洪州窯 청자 잔탁, 남조, 장시성 난창시 출토

인 자료가 증언해줄 것이다.

위의 내용으로 볼 때 당 이전까지 유행한 차의 형태와 만드는 방법은 일부 추정할 수 있지만 다기의 형태까지 명확히 알기는 어렵다. 아마도 차를 식용 및 약용으로 즐겨 먹었다면 다기가 따로 없이 음식 그릇을 사용했을 가능성이 크다.

차와 다기의 본격적인 만남은 대략 남북조시대에 이루어졌을 것이다. 대표적인 다구로는 잔과 잔을 받치는 잔탁이 있다. 잔탁은 다탁자茶托子, 다탁茶托, 잔반盞盤, 잔대盞臺 등 다양한 명칭으로 불렸다.[10] 사실상 잔탁은 한대 이전에도 있었으며 서진西晉 시기의 것으로 여겨지는 고고학적 자료도 있지만, 온전히 차를 마시는 용도의 잔탁은 남조 때부터 쓰였을 것으로 보인다. 실제로 남조 시기의 묘에서 많은 다기가 출토되었는데,

당대에 사용된 음다용 잔탁과 형태가 흡사하다.[11] 남조 시기의 완과 받침이 세트를 이루는 것은 저장성의 월요에서 주로 제작되었는데 사진에 보이는 것은 홍주요에서 생산된 것으로 월요에 비해 갈색 빛을 보이는 것이 특징이다.(사진 7)

당나라 때 이광의李匡義의 『자가집資暇集』 권하卷下 「다탁자茶托子」에 보면 "건중建中(780~783)에 촉상蜀相 최영崔寧의 딸이 찻잔을 들 때 손이 데지 않도록 접시에 잔을 올렸으며, 나중에는 잔이 기울지 않도록 접시 중앙에 밀랍으로 고리를 만들어 고정시켰다. 그 후에는 밀랍 대신 칠漆로 만든 고리를 만들어 붙인 것을 최영에게 바쳤다. 최영이 이를 기이하게 여겨 사람들에게 보여주니 다들 놀라워했다. 후대에 바닥을 둥글게 하여 새롭게 만드니 형태가 백 가지가 넘었다"[12]는 기록이 있다. 뜨거운 찻잔 때문에 고민하던 재상의 딸이 '접시' 위에 잔을 고정시키는 아이디어를 냈다는 이야기로, 그 덕분에 잔과 접시가 따로 놀지 않게 되었을 뿐더러 뜨거운 찻잔에 손을 데거나 찻물을 흘리는 실수도 방지할 수 있으니, 실용적이면서도 완상의 묘미를 갖춘 다기가 탄생한 셈이다.

『다경茶經』의 시대

흔히 중국 영토는 친링秦嶺산맥과 화이허淮河강을 기준으로 북방과 남방으로 갈리는데, 북방 지역의 기후와 지형 환경은 차를 재배하기에 적합하지 않았다. 따라서 당대 이전의 차 마시는 풍속은 주로 남방의 쓰촨, 후난, 후베이, 저장, 장쑤 등 차 생산지를 중심으로 발전했으며 운하를 통해 북방으로 이송되었다.

당 현종玄宗 개원開元(713~741) 시기에 이르면 차 문화가 전 지역으로 확산되어 신분이 높건 낮건 모두들 차를 마셨다. 차 마시기가 일상생활의 일부가 되자 중당中唐(766~835)[13] 이후 사대부 문인들 사이에서는 차를 품평하기를 즐겼으며 '음다'를 주제로 한 시서화 창작도 활발했다. 특히 시인 묵객들은 차 마시기를 영혼을 씻어주고 정신적 긴장을 풀어주는 행위로 묘사했다. 당나라 조주趙州 선사(778~897)에 관한 선문답 가

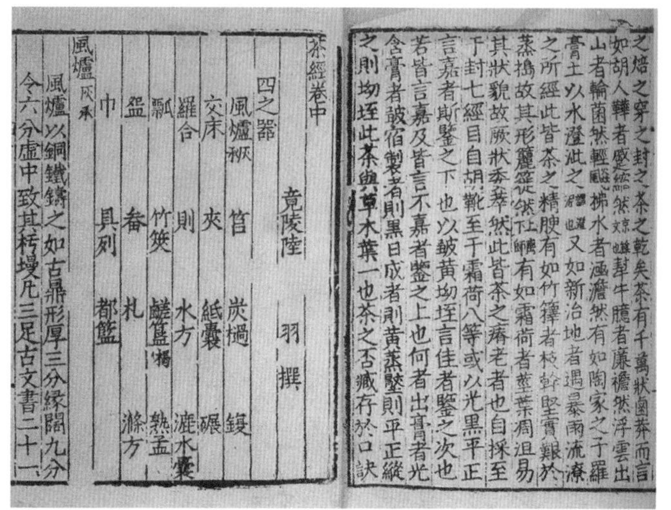
茶經卷中
竟陵陸羽撰
四之器
風爐灰承 筥 炭檛 鍑
交床 夾 紙囊 碾
羅合 則 水方 漉水囊
瓢 竹筴 鹺簋揭 熟盂
盌 畚 札 滌方
巾 具列 都籃
風爐灰承
風爐以銅鐵鑄之如古鼎形厚三分緣闊九分
令六分虛中致其杇墁凡三足古文書二十一

之焙之穿之封之茶之乾矣茶有千萬狀鹵莽而言
如胡人鞾者蹙縮然京錐文也犎牛臆者廉襜然浮雲出
山者輪囷然輕飈拂水者涵澹然有如陶家之子羅
膏土以水澄泚之謂澄泥也又如新治地者遇暴雨流潦
之所經此皆茶之精腴有如竹籜者枝幹堅實艱於
蒸搗故其形籭簁然上離下師有如霜荷者莖葉凋沮易
其狀貌故厥狀委萃然此皆茶之瘠老者也自採至
于封七經目自胡鞾至于霜荷八等或以光黑平正
言嘉者斯鑒之下也以皺黃坳垤言佳者鑒之次也
若皆言嘉及皆言不嘉者鑒之上也何者出膏者光
含膏者皺宿製者則黑日成者則黃蒸壓則平正縱
之則坳垤此茶與草木葉一也茶之否臧存於口訣

사진 8
『다경』 권중卷中 「사지기四之器」, 육우

운데 우리에게 익숙한 일화가 하나 있다. 선禪을 묻는 승려들에게 조주 선사가 한결같이 '차나 한잔 하시오喫茶去'라고 했다는 것으로, 선禪의 본뜻은 불성佛性의 마음자리이니 더 물을 것도 말할 것도 없다는 뜻이다. 여기서 흥미로운 점은 차와 선을 하나로 본 '다선일미茶禪一味'의 다풍茶風이다. 이렇듯 음다가 정신문화의 영역으로 끌어올려졌다는 점에서 당대는 중국 다사茶史에서 중요한 분수령이 되었다고 할 수 있다. 여기에 중요한 역할을 한 인물이 바로 육우陸羽(733~804)다. 그가 집필한 『다경茶經』(사진 8)은 당 이전 차 문화를 집대성하여 전체 다학茶學을 포괄하는 백과전서이자 음다를 예술 행위로 끌어올린 경전으로 평가받고 있다.[14]

『다경』의 구성 내용을 보면, 1장('원源')은 차나무의 산지, 형태, 찻잎의 품질과 토양의 관계를 언급하고 있고, 2장('구

具')은 차를 만드는 각종 공구, 3장('조造')은 병차의 형태와 가공법, 4장('기器')은 차 끓이는 기구와 찻그릇, 5장('자煮')은 차 끓이는 기술, 6장('음飮')은 차의 기원과 음다법, 7장('사事')은 음다와 관련된 역사 이야기, 8장('출出')은 차 생산지와 명차 종류, 9장('약略')은 전체 내용 정리와 보충 설명, 10장('도圖')은 앞 9장을 견직물에 써서 4폭과 6폭으로 나누어 일목요연하게 볼 수 있게 했다.[15]

『다경』에 따르면 당시 유행한 차는 추차觕茶(거친 차), 산차散茶(덩어리지지 않은 차), 말차末茶(가루차), 병차餠茶(떡차) 등 네 가지로, 엽차에 해당하는 추차와 산차는 당대에 이미 애용되고 있었지만 사대부, 문인의 시문에 거의 등장하지 않는 것으로 보아 주요한 음용차가 아니었던 것 같다.[16]

육우는 차 마시는 데 사용하는 도구 25가지에 대해 설명하고 있다. 크게 나누어 불을 피우는 도구 4종, 차 끓이는 도구 2종, 차를 갈고 양을 재는 도구 3종, 물을 담거나 거르거나 뜨는 도구 4종, 차를 달이는 도구 2종, 소금을 담거나 뜨는 도구 1종, 차 마시는 도구 1종, 청결도구 4종, 다구를 담거나 진열하는 도구 3종으로 확인된다.[17] 다구가 25가지나 된다는 것은 당시 차에 대한 관심이 각별했을 뿐만 아니라 제다 과정 자체를 즐겼음을 말해주는 것으로, 이후 다구의 디자인과 기술은 더욱 정교하고 화려해진다.

차를 담아내는 그릇에 따라 음다법은 각기 다른 명칭으로 불리는데, 당대의 음다법으로는 전다煎茶, 암다痷茶, 점다點茶, 모다茗茶가 있었다.[18] 자다煮茶라고도 하는 전다 방식은 병차餠茶(덩어리 차)를 구웠다가 다연茶碾에 갈아서 차 가루를 만든 다음, 솥이나 손잡이 냄비에 끓인 물에 차 가루를 넣고 차수저 혹은 젓가락으로 휘저어 거품을 내고 작은 잔에 덜어 마시는 식이다. 암다는 차 가루를 갈아서 다병茶甁에 넣고 끓인 물을 부어 흔들어 마시는 방법이다. 점다는 차 가루를 다완에 넣고 끓인 물을 부은 다음 휘저어서 거품을 만들어 마시는 방법이다. 그 밖에 당대 이전에 유행했던 모다는 파, 생강, 대추, 귤껍질, 수유, 박하 등을 차와 함께 오래 끓여 죽 형태로 만드는 방법으로, 당대에도 여전히 유행했던 음용 방식이었으나 육우는 도랑이나 개천에 버리는 게 낫다고 평가했다.[19]

이제 차의 종류에 따른 조제 과정과 사용되는 다기를 살펴보고, 그 내용을 뒷받침해주는 다화茶畫도 함께 살펴본다.

1) 전다煎茶와 다기

만당 조인趙璘의 『인화록因話錄』을 보면 "(육우가) 전다를 처음 시작했다"고 기록하고 있다.[20] 당대의 전다법은 대부분 병차를 이용했는데, 『다경』에 소개된 병차 만드는 방법은 먼저 찻잎을 따고采, 솥에 찌고蒸, 절구에 찧고搗, 틀에 찍고拍, 구워내고焙, 줄로 꿰고穿, 봉封하는 과정을 거친다. 음용할 때에는 완성된 병차를 불에 살짝 구운 다음 다연에 갈아서 가루로 만들고, 솥(복鍑) 혹은 손잡이 냄비(다당茶鐺)에 끓인 물에 차 가루를 붓고, 수저 혹은 젓가락으로 잘 휘저어 거품을 낸 다음 완에 덜어서 마신다.(사진 9)[21]

당대에 차를 담아 마셨던 다완 중 가장 흔히 보이는 것은 월요 청자완(사진 10)과 형요邢窯[22] 백자완(사진 11)이다. '남청'은 저장성 지역의 월요 청자로 대표되고 '북백'은 허베이성 지

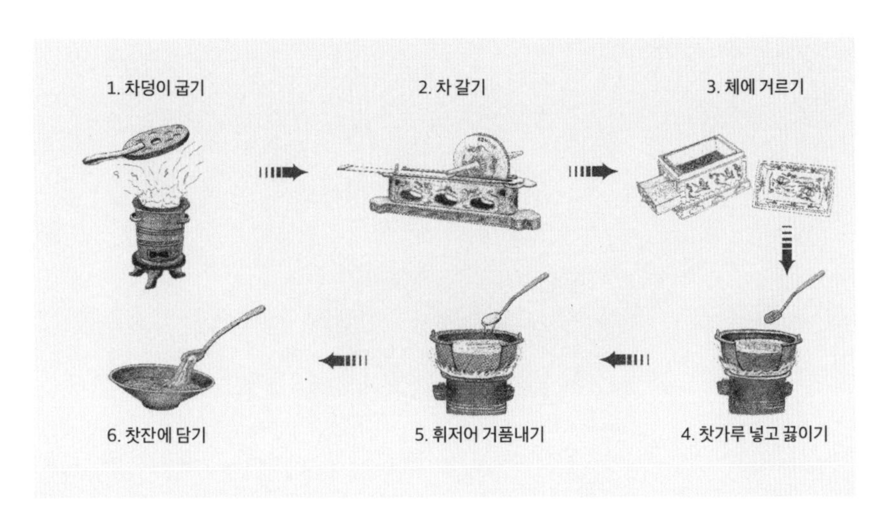

사진 9
「역대끽다간도歷代喫茶簡圖」의 자다법煮茶法(출처: 『也可以淸心-茶器·茶事·茶畫』)

역의 형요 백자로 대표되는데, 이러한 배경에서 당대의 도자 문화는 흔히 '남청북백南青北白'이라 일컬어진다. 『다경』에 월요 청자와 형요 백자를 비교한 내용이 있다. "완은 월주越州의 것이 상품이고, 정주鼎州, 무주婺州의 것은 그다음이다. 또한 악주岳州의 것이 괜찮고 수주壽州, 홍주洪州의 것은 그다음이다. 혹자는 형주 완이 월주 완보다 상품이라고 하지만, 그렇지 않다. 만약 형주 자기가 은銀과 같다면, 월주에서 만든 자기는 옥玉과 같다. 이것이 형주 자기가 월주 자기보다 못한 첫 번째 이유다. 또 형주 자기가 눈과 같다면 월주 자기는 얼음과 같다. 이것이 형주 자기가 월주 자기보다 못한 두 번째 이유다. 형주 자기는 백색이므로 차의 탕색이 붉은빛을 띠고 월주 자기는 청색이므로 탕색이 녹색을 띤다. 이것이 형주의 것이 월주의 것보다 못한 세 번째 이유다."[23] 정리하자면, 월요 청자

사진 10
월요 청자 옥벽저완, 당, 입지름 14.1cm 높이 4.8cm, 국립중앙박물관

사진 11
형요 백자 옥벽저완, 당, 입지름 15.6cm 높이 4.5cm, 국립익산박물관

는 옥 같고 얼음 같으며 차의 빛깔은 녹색으로 보이는 반면 형요 백자는 은銀 같고 눈 같으며 차의 빛깔은 붉은빛으로 보이는데, 차의 빛깔을 두드러지게 하는 것은 백자가 아닌 청자라고 평한 것이다. 현대적 관념에서 생각하자면 청자보다는 백자가 탕색을 두드러지게 할 것 같지만 당시에는 청자가 대대적으로 유행했으며, 전통적으로 옥을 사랑하는 중국인의 취향을 고려할 필요가 있다.

작자 미상의 그림 「궁락도宮樂圖」(사진 12)[24]를 보면 당대에 유행한 전다법과 이에 사용된 다기를 확인할 수 있다. 궁녀들이 탁자에 둘러앉아 차를 마시며 연회를 즐기는 모습이 담긴 「궁락도」의 시대 배경은 분명 음다 풍조가 극에 달한 만당(836~906)이지만, 그림 자체는 송대 사람이 그린 당대 모사본으로 확인되었다. 어쨌거나 그림 속에 보이는 12명의 인물 중 궁녀는 10명이며, 머리를 틀어 올리고 화려한 의상에 자태가 온화하고 점잖다. 탁자에 빙 둘러앉아 있으며, 전체적으로 정중동靜中動의 분위기가 흐르며 장중하면서 아취가 있다. 탁자 위에는 야채와 과일, 술잔과 다구가 놓여 있고 궁녀들은 차를 마시거나 음악을 즐기고 있다. 이 그림을 통해 우리는 만당 시기 궁정 연회가 어떠한 모습이며 차를 어떻게 마셨는지 살펴볼 수 있다. 긴 국자를 이용해 다탕을 다완에 옮겨 담고 있거나 이미 다완을 들고 차를 마시는 궁녀도 볼 수 있는데, 이때 사용한 다완은 월요에서 생산된 청자 다완이다.(사진 10) 이미 다른 장소에서 끓인 차를 탁자 위의 큰 사발에 옮겨놓은 것으로 보아 큰 솥에 차를 끓이는 전다법으로 차를 마시고 있음을 알 수 있다. 이 외에 흔히 술잔으로 쓰이는 칠기 이배耳杯

사진 12
「궁락도」, 당, 48.7×69.5cm, 타이완고궁박물관

가 탁자 위에 놓여 있고 얼굴이 발그레하고 몸을 가누지 못하는 듯한 궁녀도 보이는데, 마치 술기운을 쫓기 위해 차를 마시는 것처럼 보인다. 그렇다면 당시 차가 궁중에서 음용되는 고급 숙취음료로 이용되었을 가능성이 다분하다.

「소익잠난정도蕭翼賺蘭亭圖」(사진 13)는 소익蕭翼이 속임수를 써서 변재辯才로부터 왕희지의 「난정서蘭亭序」를 빼앗은 고사를 묘사한 그림으로, 전다법으로 차를 만드는 장면이 담겨 있다. 화면 오른쪽을 보면 「난정서」를 얻은 소익이 득의양양한 표정을 짓고 있고 가운데에는 늙은 승려 변재가 넋을 잃은 듯 멍하니 앉아 있다. 왼쪽 아래에는 턱수염 기른 늙은이가 풍로 위의 작은 솥에 차 가루를 넣고 젓가락으로 휘젓고 있다. 그 곁에는 한 동자가 흑칠 받침 위에 놓인 백자 다완을 들고 차

사진 13
「소익잠난정도」, 당, 27.4×64.7cm, 타이완고궁박물관

를 기다리고 있는데, 몸을 굽힌 동작이나 표정이 생동적이다.

풍로 옆 대나무 탁자 위에는 원형의 다연축茶碾軸과 차 가루가 담긴 주칠 합, 백자 다완과 흑칠 받침 등 격조 높은 다구가 놓여 있다. 육우의 『다경』에서 언급한 다구와 일치한다. 그림에 나타난 전다법은 손잡이 냄비를 사용한 간단하고 대중적인 방식으로, 냄비에는 주구(물대)와 손잡이가 달려 있으며 끓여진 차는 잘 휘저은 다음 잔에 따라진다.

「궁락도」와 「소익잠난정도」에 나타나는 음다법의 공통점은 차를 솥이나 냄비에 끓여서 마시는 전다법이라는 것이다. 다만 전자에서는 차솥 안의 차를 국자로 떠서 여러 사람이 함께 마시는 식이고 후자에서는 몇 사람이 모여 차를 마실 때 쓰이는 간편한 방법이다.

2) 암다庵茶와 다기

암다법은 명대 이후에 등장하는 포다법泡茶法의 전신이라 할 수 있다. 육우는 "차의 종류는 추차, 산차, 말차, 병차가 있다. 차나무에서 찻잎을 따고, 찻잎을 쪄서 불에 굽고, 가루로 빻아 병 속에 담아두었다가 탕수를 부어 마시는 음다법을 암다라고 한다"[25]라고 설명했다. 그러나 간단한 소개에 그쳤을 뿐 그다지 중요하게 다루지 않은 것을 보면 당시에는 크게 유행하지 않은 듯하다.

만당 시기에 소이蘇廙가 쓴 『십육탕품十六湯品』에는 암다에 사용된 다병과 그 기능에 대한 기술이 있다. "금·은 재질은 귀하고 좋으나 갖추기가 어렵고, 구리·쇠 재질은 저렴하나 품질이 좋지 않으며, 자기 병이 족히 취할 만하다. 숨어 사는 선비나 은둔자들에게는 이런 자기류의 품색이 더욱 알맞으니

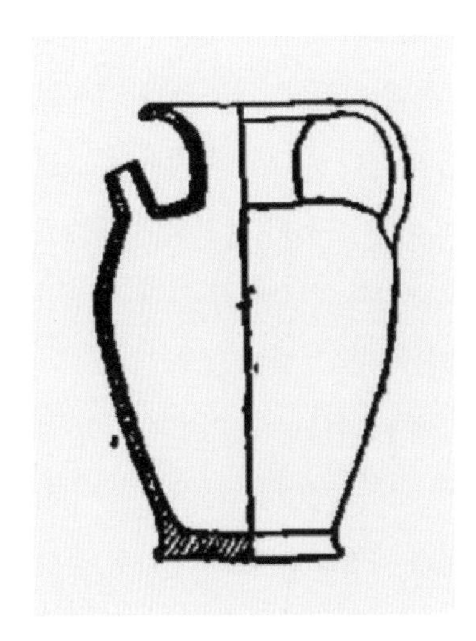

사진 14
다병, 당(829), 시안西安 왕명철 묘 출토

사진 15
형요 백자다병, 당, 높이 12.1cm, 타이완고궁박물관

사진 16
장사요 청자 첩화다병, 당,
높이 19.6cm, 국립중앙박물관

사진 17
석제 다기 세트, 당, 받침 길이 37cm 폭 29.5cm,
타이완국립자연과학박물관

어찌 다병으로 압도할 만하지 않겠는가? 사치하면서 돈 냄새를 뽐내는 사람들과는 이러한 도리를 논할 수 없을 것이다."[26] 이에 따르면 이미 자기 다병이 대중화되었으며 황실과 부유층에서만 금은 다병을 쓰고 있었음을 알 수 있다.

그런가 하면 당 태화太和 3년(829)에 조성된 왕명철王明哲의 묘에서 출토된 다병(사진 14)을 살펴볼 필요가 있다. 다병의 바닥면에 묵서로 "7월 1일에 노심가 찻집의 병을 하나 샀다老尋家茶社瓶, 七月一日買, 일壹"[27]이라고 적혀 있는데, 여기서 다병의 용도를 확인할 수 있다. 주구注口(물대)가 짧고 복부가 불룩하며 어깨에 짧은 주구가 있으며 흑록색 유약이 입혀져 있다. 암다에 사용된 이런 형태의 다병은 입이 넓고 주구가 짧다는 공통점이 있는데 당대 월요, 형요(사진 15), 장사요長沙窯(사진 16) 등이 그 예다.

당대에 만들어진 암다와 관련된 다기 중에는 화강암 재질의 다기 세트가 있는데, 당시로서는 가장 완전하게 제작된 것으로 볼 수 있다.(사진 17) 그 구성은 풍로, 탁자, 다병, 차솥, 자루 손잡이호, 다연, 다완 2개, 다탁 2개, 접시, 받침 등으로, 다병 혹은 자루 손잡이 호에 차 가루를 담고 끓인 물을 부어 마셨을 것으로 추정된다. 크기가 매우 작아 실제 쓰였다기보다는 부장용으로 제작된 것으로 보이지만 가루 낸 차를 넣고 끓인 물을 부은 다음 저어서 잔에 덜어 마시는 전체 과정을 잘 보여준다.[28]

3) 점다點茶와 다기

만당 시기에는 완에 차 가루를 넣고 끓는 물을 부은 다음 수저나 솔로 휘저어 거품을 내는 새로운 방식의 점다법이 등장했다. 점다에 필요한 다구는 다병(집호)과 다완이다. 다병은 찻물을 끓이는 용도로도 쓰이고 점다용 물병으로도 쓰였다. 격불하려면 물을 조금씩 부어야 하기 때문에 다병의 주구가 길어지게 되었다. 월요 청자 다병을 들 수 있다.(사진 18)

8세기 후반부터 9세기 중반까지 크게 유행했던 월요 청자 옥벽저완玉璧底碗은 전다법으로 제조한 차를 담아 마시던 다완으로, 복부가 얕으며 옆으로 벌어진 형태다. 9세기 후반에 이르면 굽의 접지면 폭이 좁아지고 복부가 훨씬 더 깊어져 격불하기에 편리한 옥환저완玉環底碗(사진 19) 형태로 바뀐다.

시안에 위치한 법문사法門寺 지하보궁에서 발견된 수많은 유물은 당 의종懿宗(재위 859~872)과 희종僖宗(재위 873~888)이 바친 것으로 알려져 있는데, 그중에는 다구도 포함되어 있다.[29] 대표적으로 청자 완, 금은제 다병, 다연, 다부茶釜, 다라

사진 18
월요 청자 다병, 당 대중大中 2년(848),
저장 닝보寧波 출토

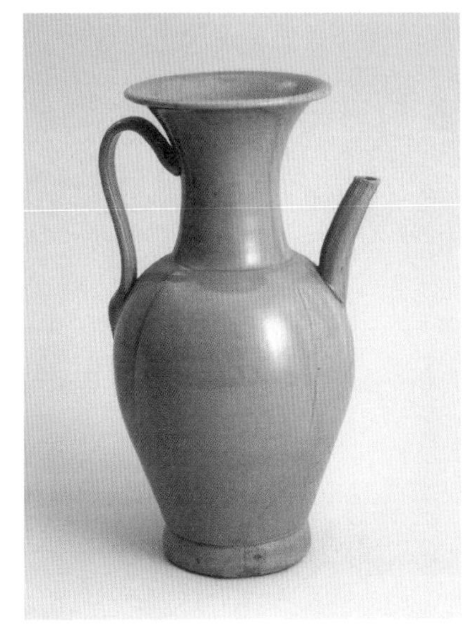

사진 19
청자 옥환저완, 당말·오대,
입지름 14cm,
국립중앙박물관

사진 20
금은제 다구 세트, 당
9세기 후반
법문사 지궁 출토,
법문사박물관

사진 21
청자 화형 완, 당(9세기 후반),
법문사 지궁 출토, 법문사박물관

사진 23
은제 다병, 당(9세기 후반),
법문사 지궁 출토

사진 22
청자 평탈단화문 완,
당(9세기 후반),
법문사 지궁 출토

茶羅, **화저**火箸, **다합**茶盒, **다시**茶匙, **다작**茶勺(국자), **다궤**鹾簋, 훈로熏炉 등이 있다.(사진 20) 다구의 용도를 살펴보면, 다연은 병차에 갈 때 쓰이는 절구, 다부는 찻물을 끓이는 그릇, 다라는 찻가루를 걸러내는 거름망이 있는 다구, 화저는 차를 집어 불에 굽는 도구, 다시는 차 가루를 잘 섞어가며 찻물을 저어 거품을 내는 도구, 다궤는 차에 타는 소금 그릇이다. 이 밖에 복부가 깊은 형태의 월요 청자완(사진 21)과 청자 평탈단화문平脫團花紋 완(사진 22), 주구가 길게 뻗은 은제 다병(사진 23)은 점다법에 한층 편리한 구조다.

투다鬪茶와 각양각색의 다기

송대에 차는 쌀이나 소금처럼 일상의 필수품이 되었다.[30] 주된 차 종류는 크게 덩어리 형태의 단차團茶와 잎차 형태의 초차草茶가 있다. 구양수歐陽脩(1007~1073)는 『귀전록歸田錄』에서 납차蠟茶(단차)는 푸젠의 옛 검주劍州와 건주建州에서 나고, 초차는 저장과 장쑤 지역에서 성한데 그중에서도 일주日注 지역의 차 품질이 제일이라고 했다.[31] 송대 이전까지 차 생산의 중심지였던 이들 지역은 공물용 차의 대부분을 책임졌으며 사람들은 이곳의 초차를 '강차江茶'라고 불렀다.

당대의 덩어리 형태 병차에서 발전한 송대의 단차는 '편차片茶' '납차蠟茶'라고도 불리는데 주로 최상류층이 향유했으며 황실에 공납되었다. 단차와 함께 송대를 대표하는 잎차 형태의 초차는 차 문화의 대중화에 따라 일반인이 주로 마시는 차 종류로, 점차 소비량이 증가하다가 명대에 이르러서는 단차가 사라지고 초차가 차 시장을 독점하게 되었다.

차에 대한 송대 사람들의 지대한 관심은 다양한 서적 출간으로 이어졌다. 하지만 저작자가 모두 상류층에 속하는 문인들이었기 때문에 주로 단차가 조명되었으며 초차에 대한 기록은 간략한 시문을 통해서만 파악할 수 있다. 대표적인 다서로는 채양蔡襄의 『다록茶錄』(1051), 황유黃儒의 『품다요론品茶要論』(1075 전후), 송 휘종徽宗의 『대관다론大觀茶論』(1107), 웅번熊蕃의 『선화북원공다록宣和北苑貢茶錄』(1121~1125), 조여려趙汝礪의 『북원별록北苑別錄』(1186) 등이 있다. 이 가운데 『다록』은 『다경』의 맥을 이어 차에 대한 전반적인 지식을 담고 있으며 『대관다론』은 찻잎의 생산, 단차, 점다법, 품질 등을 자세히 기록하고 있다. 『선화북원공다록』은 황실 공차貢茶를 생산했던 북원北苑의 역사, 찻잎의 종류, 공차의 규격, 제조 연도, 단차 형태 등의 내용을 수록하고 있다.

북송 태종太宗 태평흥국 2년(977) 조정에서는 푸젠에 공차사貢茶使를 파견했고, 궁정의 감독 아래 공차를 제조하는 푸젠 봉황산의 북원에서는 특별히 황실을 상징하는 용과 봉황의 도안을 단차에 찍어 새긴 용봉단차를 제작했다.(사진 24) 당나라와 마찬가지로 송나라 때도 황제가 신하들에게 황실용 차를 하사하는 관행이 있었는데, 이는 신하의 충성을 유도하고 위계질서를 확립하는 수단으로 쓰였다.

『북원별록』(1186)에 따르면 단차 제조 과정은 채다采茶(차 따기), 간다揀茶(고르기), 증다蒸茶(찌기), 전다榨茶(짜기), 연다研茶(갈기), 조다造茶(형태 제작), 과홍過黃(불에 구워 건조) 등 일곱 단계를 거친다.[32] 송대 단차는 찻잎의 즙을 짜는 과정이 추가되

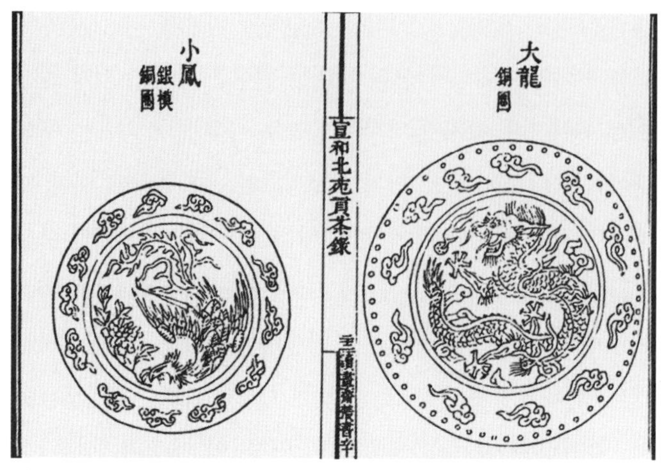

사진 24
『선화북원공다록』의 용봉단차

었기 때문에 당대보다 차 맛이 못하다는 평을 받았다. 즙을 짠다는 것은 엽록소를 최소화하여 백색의 차를 만들기 위해 고膏를 짜내는 것이다. 이렇듯 송대의 단차는 찌고, 짜고, 간 다음 틀에 찍어 형태를 만들고 불에 살짝 구워 말리는 과정을 거쳐 단단하게 압축된다. 용봉 문양으로 만든 단차는 외형적 화려함을 추구하는 투다 문화에 일조하기에 이르렀다. 하지만 단차는 제작 과정이 복잡하여 품이 많이 들었으며, 생산량은 적은데 원가가 많이 드는 단점이 있었다. 이로 인해 좀더 경제적인 차를 찾기 시작했는데, 그것이 바로 초차다.

이처럼 단차에서 초차로 관심이 옮겨지자 점차 고급스런 초차가 등장하며 등급이 생기기 시작했다. 북송 갈상지葛常之의 『운어양추韻語陽秋』에서 "건차建茶가 입공된 이래 양선陽羨(지금의 이싱宜興)에서 다시는 연고차研膏茶를 만들지 않았다. 새로 만든 차를 초차라고 부른다"33라고 했다. 당대에는 양선에서 병차를 만들어 황실에 공차로 바쳤으나 송대 들어 공차 생산지가 푸젠 건안으로 바뀌자 더 이상 즙을 짜내는 연고차를 만들 필요가 없어지면서 쉽게 만들 수 있고 맛도 좋은 초차를 생산하게 됐다는 이야기다. 그렇다고는 해도 맛과 향을 보장하기 위해 고급스런 초차 생산에 정성을 기울였을 것이다.

왕정王禎의 『농서農書』와 황정견黃庭堅의 『산곡전서山谷全書』에 따르면 초차의 제다는 "차를 따서 시루에 생잎을 넣고 잘 익도록 찐다. 덜 찌면 맛이 무겁고 너무 찌면 맛이 덜하다. 그런 다음 대광주리에 얇게 펴서 널고 습기가 있을 때 비빈 다음 훈배하는 화로에 넣어 불을 균등하게 쬐어주면서 말린다. 물론 이때 타지 않아야 하기 때문에 대나무로 짠 배로焙爐의 겉을 대나무 껍질로 다시 싸서, 화기가 흩어지지 않게 한다."[34] 황정견의 『산곡전서』에는 "쌍정법은 노포로 수건을 만들어 잔 하나를 두껍게 싸서 그 안에 차를 넣고 손으로 누른다. 하얀 털을 체로 쳐서 제거하고 차 줄기를 골라낸 후 맷돌에 간다. 그렇게 하면 차의 색과 맛이 모두 훌륭해진다"[35]고 설명했다. 쌍정차는 흰털이 많이 덮여 있는 편으로 차를 가루 내어 마실 때 흰 털을 체에 걸러 제거한 것으로 보인다.[36]

양만리楊萬里(1127~1206)는 「육일천으로 쌍정차를 끓이며」라는 시에서 매 발톱 모양의 쌍정차를 묘사하면서 당시 쌍정차의 위상이 높아졌으며 건계建溪 단차는 이미 명성이 떨어졌다고 밝히고 있다.[37] 그리고 유우석劉禹錫(772~842)의 「서산의 사찰에서 차를 마시며 노래하다西山蘭若試茶歌」에서는 "향기로운 차나무의 매의 부리 같은 차 싹을 따서 잠깐 덖어 만드니 차향이 온 방에 가득하네"[38]라 했다. 유우석이 말하는 초차란 초청炒靑, 살청殺靑, 즉 찻잎을 솥에 덖는 과정을 거쳐 만든 산차를 뜻한다. 이 시기에 이미 초청과 살청이라는 제다 과정이 있었음을 알 수 있다.

한편 사대부들 사이에서는 초청 초차를 가루 낸 말차를 마시는 유행이 빠르게 퍼져나갔다. 이심전李心傳의 『건염이래조야잡기建炎以來朝野雜記』에 이러한 상황이 나타나 있다. "강차江茶는 동남 지역의 초차에 속하며 최상품으로 여긴다. 해마다 146만 근이 생산되며 이 차들은 동남의 여러 지역에서 소비하는데 사대부들이 귀하게 여긴다."[39] 서민층에서도 말차 수요가 증가하자 차를 가루 내어 분말로 만들어 파는 차 상인들이 등장했고, 차를 갈 때 맷돌(다마茶磨)로는 수요를 감당하기 어려워 소나 말의 힘을 빌리기 시작했다. 신종神宗 즉위년(1068) 관에서는 강변의 수력을 이용한 물레방아(수마水磨)를 설치하여 대량 생산에 나섰으며 전매제도인 수마다법水磨茶法을 시행했다.[40]

1) 화려하고 격렬하게 점다點茶

채경蔡京(1047~1126)의 『연복궁곡연기延福宮曲宴記』에는 휘종徽宗(재위 1100~1126)이 신하에게 차를 하사하기만 한 게 아니라 직접 차를 만들어 여럿이 함께 마셨다는 기록이 있다. 선화宣和 2년(1120) 12월 연복궁에서 연회를 벌인 뒤 휘종이 직접 격불하여 차를 대접하자 신하들이 감동했다는 내용으로,[41] 찻잔 위에는 흐드러진 별과 맑은 달 같은 유화乳花(격불할 때 생기는 거품)가 떠올랐다고 묘사하고 있다. 별과 달이라 언급한 것으로 보아 이를 '분다分茶'로 보는 학자도 있지만 이는 점다 후 유화가 뜨는 일반적인 현상으로, 차를 섬세하게

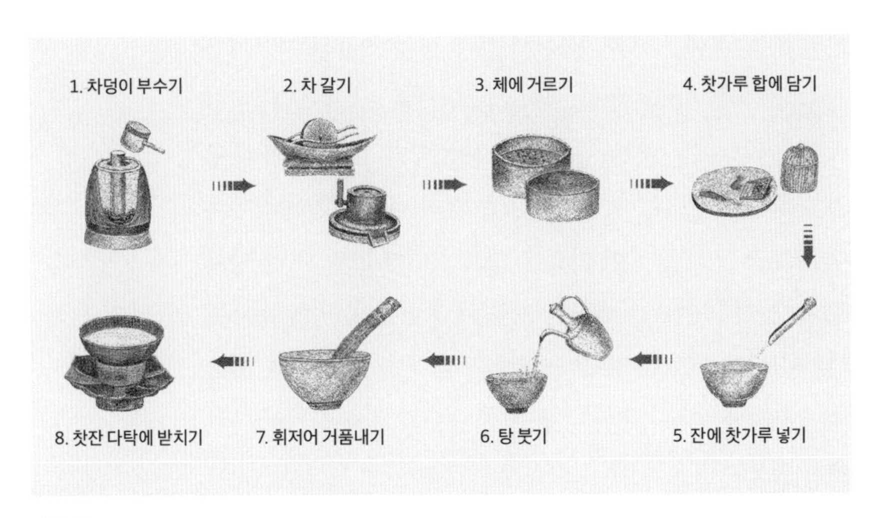

사진 25
「송대음다간도宋代飮茶簡圖」의 점다법(출처: 『也可以清心-茶器·茶事·茶畫』)

부풀릴 수 있는 차솔(다선茶筅)의 등장과 관련이 있다.[42]

앞서 살펴보았듯이 당나라의 음다법인 전다법은 찻잎을 쪄서 병차로 만들어 저장했다가 필요할 때마다 꺼내 가루로 만든 뒤 솥에 넣고 차 수저 혹은 젓가락으로 휘저어 거품(말발沫餑)을 내어 마시는 것이다. 이 전다법에서 발전된 것이 점다법으로, 송나라 전기에는 다시(차 수저)를 이용했지만 후기에 이르러 점차 개선된 도구인 다선이 등장하여 매력적인 거품을 냈던 것이 오늘날까지 이어지고 있다. 채양蔡襄의 『다록茶錄』(1051)을 보면 물을 붓고 다시로 휘젓는 방식이라고 기록하고 있다.[43] 그로부터 50여 년 뒤에 발표된 『대관다론』(1107)에 점다용 다선이 언급되는데, 이것이 다선에 관한 최초의 문헌 기록이다. 다선의 등장은 곧 거품의 질 및 차의 외적인 아름다움과 연결된다. 『대관다론』에 묘사된 송대의 점다법 중 찻잔에 차 가루를 넣고 일곱 번에 걸쳐 물을 조금씩 부어가면서 격불하여 마시는 칠탕법七湯法은 번거롭고 까다로운 방법이었다. 점다에는 다병, 다잔茶盞, 다탁, 다시, 다선 등의 다구가 사용되었다.[44] 점다의 첫 순서는 먼저 덩어리 형태의 단차 혹은 고급 초차를 갈아 가루를 만드는 과정으로, 차를 망치로 부순 뒤 다연으로 빻아서 그물 체에 거른다. 이때 초차는 단차와 달리 맷돌에 갈았다. 이제 차 가루를 다완에 넣고 끓인 물을 부은 다음 차 수저 혹은 차솔로 고르게 휘저어 마신다.(사진 25)[45]

앞서 보았듯이 송대의 차는 단차와 초차로 나뉘는데, 초차는 또한 고급 초차와 대중적인 초차로 나뉜다. 남송 시기 왕관국王觀國의 『학림學林』에서는 "차 중에서 고급품은 모두 점다하여 마셨고, 전다해서 마시는 것은 모두 일반품이었다"[46]라고 했다. 말하자면 고급 초차는 점다법으로 마시고 대중적인 초차는 당나라 때와 같이 솥에다 끓여 마셨다는 것이다. 당대의 전다법은 솥에 물이 끓으면 병차를 가루 내어 넣고 휘저어 국자로 떠서 마시는 간편한 방법이었다. 차 마심이 그야말로 일상다반사였던 송대 서민들은 복잡한 점다법 대신 쉬운 전다법을 즐겼다.[47]

2) 아름다운 포말로 승부하는 투다

점다가 발전하면서 포말로 승부를 겨루는 투다가 등장했다. 차 품평과 차를 다루는 기예의 우열을 가리는 일종의 다예茶藝[48]인 이 음다 풍속은 중국 오대五代 건안建安의 민간에서 시작되어 송대까지 유행했다. 당대부터 송대까지는 명전茗戰,

점시點試, 투시鬪試, 시다試茶, 점다點茶 등 다양한 이름으로 불렸다.[49] 투다가 유행하자 차의 품질과 다기에 대한 관심이 증폭되어 차 문화에 새로운 바람을 일으키기도 했으나, 원대부터는 시들해지다가 명대에 이르러 거의 자취를 감추었다.

투다는 찻물을 개고 휘저어 나타나는 결과를 두고 점수를 매기는 내기 경쟁이다. 투다 과정에서 끓는 물을 여러 번에 걸쳐 나누어 붓고 빠른 속도로 차솔을 휘저으면 유탁 상태의 포말(거품)이 생긴다. 젓는 속도를 제대로 조절하지 못하면 차 가루가 덩어리져 알갱이가 가라앉거나 사방으로 흩어지게 된다. 차 가루를 고르게 휘저어 잔의 입 언저리에 달라붙은 거품을 '교잔咬盞'이라 한다.

투다에서 중시하는 기준은 다탕 표면의 색과 균일도, 수흔水痕, 다탕의 색, 향기, 맛이다.[50] 즉 투다는 단순히 차 만드는 솜씨를 가리는 시합이 아니라 거품의 모양이나 색깔, 향기, 맛 등으로 수준 높은 예술적 감성을 겨루는 문화 행위였다. 일종의 종합적인 기예인 만큼 탕화의 색이 선명한 백색으로 균일하고 세밀해야 하며 교잔 상태와 물의 흔적의 유무, 마지막으로 색과 향과 미를 기준으로 평가한다. 완의 벽 안쪽을 따라 물의 흔적이 보이지 않아야 하고, 잔의 입 언저리에 거품이 붙어야 하며, 차 가루를 흘리지 않아야 한다. 또한 차의 빛깔을 하얗게 내는 것을 높은 기술로 여겼기 때문에 푸젠의 건요에서 제작된 흑유 찻잔은 차의 흰색 포말을 더욱 선명하고 깨끗하게 받쳐주는 효과로 인해 휘종이 가장 선호한 투다용 다구였다.

3) 포말 위에 문양을 그리는 분다分茶

분다는 주로 푸젠의 민베이閩北 지역에서 유행한 풍속으로, 찻물 표면에 그림이나 문자 등의 형상을 그리는 행위를 말한다. 『중국다사대전中國茶事大典』에는 "송대 초에 시작하여 원대에 성행한 일종의 다예"[51]라고 했다. 이는 투다의 기교에서 더욱 발전된 것으로 요즘의 카페라떼처럼 탕을 붓고 거품 위에 무늬를 그리는 것이다.[52]

오대 말 북송 초 사람인 도곡陶穀이 저술한 『청이록淸異錄』에 기록된 생성잔生成盞, 차백희茶百戲, 누영춘漏影春이라는 이름에서 분다의 형태를 유추할 수 있다. 생성잔은 차를 달여서 거품을 낸 표면에 사물의 형상을 환상적인 그림자처럼 몽롱하게 나타내는 것으로 신의 경지에 이르는 기예라고 불렸다. 글씨처럼 보이는 무늬로 인해 '물 위의 서체'라고도 했다. 당나라 말 소이蘇廙의 『십육탕법十六湯品』에 나오는 탕병 주구를 이용한 음다법이 가장 오래된 분다 기예로 추정된다.[53]

차백희는 다시를 돌려 사물의 형상을 만드는 방법이다. 다탕을 휘저어 새, 나비, 벌레, 금수 등의 신기한 물형을 만들고 이를 감상한다. 누영춘은 꽃 모양으로 오려낸 종이를 찻물에 붙이고 그 위에 차 가루를 뿌린 다음 종이를 떼어내 꽃무늬를 남기는 방식을 일컫는다.[54]

양만리는 「담암좌상澹庵坐上에서 현상인顯上人의 분다를 보다」라는 시에서 "분다가 전다보다 어찌 낫겠는가만, 전다는 분다의 교묘함에 이르지 못하는구나"라고 하여 전다와 분다의 장단점을 평가하고 있어, 전다와 분다가 병존하고 있었음을 알 수 있다.[55] 그리고 분다와 토호잔이 잘 어울려 환상적인 느낌을 만들어내는데 은병으로 탕을 부어 문자를 쓰니 아름답기 그지없다는 내용도 실려 있다.

4) 흰색 거품을 위해 탄생한 흑유 다완

송대의 다양한 음다법과 짝을 이룬 다기 가운데 가장 많은 관심을 받은 다기는 점다, 투다, 분다와 관계가 있는 흑유 다완일 것이다. 『다록』에서 "차색이 희기 때문에 흑색 잔이 좋은데, 건안에서 만든 것은 짙은 남색이 비치는 흑색이며 토끼털 같은 문양이 있다. 테가 두터워 오래도록 차가 식지 않는다"[56]라고 했다. 토끼털 문양이 있는 토호문兎毫紋 찻잔은 푸젠성 건요의 대표적인 작품이다.

송대의 건요 흑유 다완에는 두 종류가 있다. 하나는 오늘날처럼 말차 다완에 직접 격불하여 거품을 낼 때 사용하는 것으로, 기벽이 약간 불룩하며 입이 안쪽으로 오므라들고 입 아래쪽은 옴폭 들어간 형태다. 일명 속구형束口形 잔이라고 한다.(사진 26) 다른 하나는 큰 다완에서 격불하여 작은 찻잔에 나누어 마시는 나눔잔으로 기벽이 직사선형이며 입이 밖으로 살짝 벌어진 형태다.(사진 27)

건요 흑유 다완의 가장 큰 장점은 우선 백색의 차 포말과 대비되어 매력적으로 보이며 태가 두터워 보온에 유리하다는 점이다. 게다가 기벽이 깊고 내벽이 사선형이어서 격불할 때 수흔을 관찰하기에 가장 좋은 형태다.[57] 또한 속구형의 구연부는 격불할 때 거품이 잔의 입 언저리에 오래 붙어 있고 수흔이 생기지 않으며, 찻물은 밑으로 가라앉지만 거품이 잔에 붙어 있게 한다. 격불할 때는 찻물이 넘치는 것을 조절하는

사진 26
건요 흑유 다완, 남송,
입지름 12.1cm,
전남 신안 해저,
국립중앙박물관

사진 27
건요 흑유 다완, 남송,
입지름 10.5cm,
전남 신안 해저,
국립중앙박물관

사진 28
흑유 은구대완黑釉銀釦大碗,
남송, 입지름 21.6cm,
진화시박물관

데 유리하다.[58]

저장성 진화金華시에 있는 남송 시기의 묘에서 출토된 흑유 대완(사진 28)과 찻잔(사진 29) 세트[59]를 보면 당시 큰 완에서 차를 격불한 다음 작은 잔에 나눠 마신 흔적이 발견되어 점다와 투다에 사용되었음을 알 수 있다. 한편 원나라 지치至治 3년(1323)에 저장성 닝보寧波를 출발해 일본 하카타博多로 향하던 무역선이 우리나라 신안 앞바다에 침몰되었다가 650여 년이 지난 1976년 어부에 의해 발견되었는데, 이 해저선에서도 남송 시기의 건요 흑유 다완이 60여 점 이상 발견되었다.[60] (사진 30)

송대의 흑유 찻잔을 생산한 요장으로는 건요 외에 장시성에 위치한 길주요吉州窯가 있다. 남송 시기 길주요의 흑유 찻잔(사진 31)의 외벽에는 거북 등껍질무늬(대모문玳瑁紋)가 있으며, 내부에는 능화형의 문양이 전지첩화剪紙貼花로 장식되어 있다. 전지첩화 기법은 길주요의 독특한 제작 방식으로, 종이를 잘라서 문양을 만드는 민간예술인 전지剪紙를 활용한 것이다. 구양수의 『용다록후서龍茶錄後序』에도 "궁인들이 금으로 용, 봉황, 화초를 오려내어 차 위에 붙였다"[61]라는 글이 있어, 당시 다기의 문양뿐만 아니라 찻물의 무늬에도 첩화 방식이 유행했음을 알 수 있다. 길주요의 전지첩화는 전지루화剪紙漏花라고도 불리는데 『청이록』에 보이는 누영춘을 찻잔에 재현한 것이 아닐까 싶다. 누영춘과 전지첩화는 분다에 사용된 다완의 도자 문양이지만 문양을 오려서 사용한다는 점에서 제작 기법상 유사한 부분이 있다.[62] 그 밖에 흑유 대모문완黑釉玳瑁紋碗(사진 32)은 바다거북 껍질을 문양으로 제작한 것이며, 흑유 목엽문완黑釉木葉紋碗(사진 33)은 흑유 바탕에 보리수 나뭇잎을 덮고 투명 유약을 입혀 소성한 독특한 공예기법이 유명하다.

길주요의 흑유 다완은 초차가 강남의 선사禪寺와 민간에까지 보급되면서 음다 방식이 변화된 것과 관련이 있다. 당시 저장과 장시 일대에서는 이미 초차가 널리 유행했다. 양만리의 시 중에 "찻잔에 비치는 산빛을 보네茶甌影里見山光"와 "늙은 소나무 찻잔으로 그림자 지며 들어오네古松將影入茶甌"[63]라는 구절에서 힌트를 얻을 수 있다. 점다와 투다의 차탕은 불투명한 유화 상태이기 때문에 자연 경물이 비칠 수 없다. 즉 양만리의 시에서 말하는 차는 초차를 전다법으로 우려낸 투명한 차탕일 것이고, 그렇기 때문에 다양한 길주요의 찻잔 도안과 형색을 드러낼 수 있는 것이다. 유화가 덮인 차를 마신다면 굳이 문양이 화려한 찻잔을 쓸 필요가 없으므로 결국 길주요 흑유완은 투다법이나 점다법이 아닌 전다법과 관련이 있을 것이다.[64]

송대에는 차 맛보다는 차를 만들어 마시는 행위 자체의 아

사진 29
흑유 은구토호잔
黑釉銀釦兎毫盞 남송,
저장, 입지름 12.6cm,
진화시박물관

사진 30
건요 흑유 다완, 남송,
전남 신안 해저, 국립중앙박물관

사진 31
길주요 흑유 전지접화문완,
남송, 입지름 11.7cm, 개성 출토,
국립중앙박물관

사진 32
길주요 흑유 대모문완,
남송, 입지름 10.7cm, 개성 출토,
국립중앙박물관

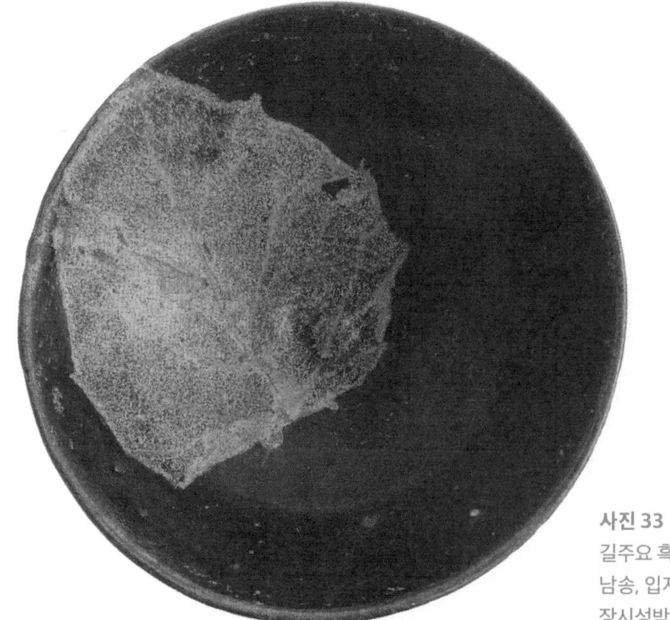

사진 33
길주요 흑유 목엽문완,
남송, 입지름, 14.8cm,
장시성박물관

름다움에 비중을 두었으므로 점다, 투다, 분다 등의 다예가 유행했으며, 다완 형태에 관심이 쏠리기 시작하자 전국 각지에서 다양한 다기가 제작되었다. 흑유 다완은 처음에는 건요, 길주요 등 남방 지역에서 인기를 끌다가 중국 각 지역으로 확산되어 허난, 허베이, 산시陝西, 산시山西, 산둥 등 각지의 요장에서 토끼털 문양, 동글동글한 기름방울 문양, 거북이 등껍질 문양 등의 다완을 제작하게 되었다.

5) 초차를 마시기 위한 다구

흑유 다완 요장 외의 다른 요장으로는 경덕진요景德鎭窯, 정요定窯, 자주요磁州窯, 용천요龍泉窯 등이 있다. 생산된 자기 종류는 청자, 백자, 청백자 등이고 다기 종류는 찻잔, 잔탁, 주자, 다호 등이다. 이들 다기는 저장과 장쑤 지역에서 초차를 마시는 용도로 쓰였을 것이다. 송대의 다시茶詩에서 언급된 '빙자설완氷瓷雪碗'이 바로 이런 종류의 찻잔이다.[65] 앞에서 언급한 구양수의 『귀전록』에서 초차는 양절兩浙(저장성 동쪽과 서쪽 지역)에서 성행했다고 했는데, 지금의 녹차에 해당하는 것으로 보인다. 전다법으로 우려낸 찻물의 색에 잘 어울리는 청자, 백자, 청백자를 사용했을 것이며 삿갓 모양의 두립완斗笠碗에 담아서 마셨을 것이다.

경덕진요 청백자의 잔은 '설완雪碗'의 느낌에 부합하는 찻잔으로 기벽이 직사선 형태다.(사진 34) 북방의 요주요耀州窯에서는 인화印花 기법으로 다완이 대량 생산되기 시작했으며 이로써 차 문화가 대중화되었다. 이 다완은 송대에 유행한 형태로 삿갓을 뒤집어놓은 모양이라 하여 두립완斗笠碗이라 불리게 되

사진 34
경덕진요 청백자 두립완, 북송,
입지름 13.8cm, 개성 출토,
국립중앙박물관

사진 36
경덕진요 청백자 주자, 북송,
높이 25.1cm, 개성 출토,
국립중앙박물관

사진 35
요주요 청자 모란문완, 북송,
입지름 14.9cm, 개성 출토,
국립중앙박물관

사진 37
정요 장유醬釉 잔탁, 북송,
높이 5.5cm, 개성 출토,
국립중앙박물관

사진 38
흑유잔과 잔탁 세트, 송,
전체 높이 10cm, 개성 출토,
국립중앙박물관

사진 39
석제 다마, 원,
전체 높이 12.2cm,
전남 신안 해저,
국립중앙박물관

었는데,(사진 35) 차 마시기에 편리한 직사선형 기벽이며 잘 씻어지고 찌꺼기가 남지 않는 특징이 있다. 이러한 다완은 일반적으로 잔탁과 함께 세트로 사용되었다.

다병茶甁이라고도 하는 주자注子는 점다, 투다, 분다에 필수적인 다기 중 하나다. 송대의 주자는 주구의 형태가 길고 가늘며 출수구가 둥글고 좁아서 물이 섬세하게 떨어진다. 현대의 드립용 커피 주전자와 유사하다는 것을 알 수 있다.(사진 36) 다병은 경덕진요에서 가장 많이 제작되었으며, 월요나 자주요에서도 활발하게 제작되었다.

송대의 잔탁은 받침그릇 위에 잔이 놓여 있는 것처럼 보이지만 그것은 잔탁의 일부로 그 위에 찻잔을 올려놓게 된다.(사진 37) 잔을 올려놓은 모습은 사진 38과 같다. 일반적으로 잔탁에 올려놓는 잔의 형태는 복부가 직사선에 가까운 두립형과 복부가 약간 불룩한 형태로 나뉜다.

송대에 독특한 점다 방식 및 투다가 유행하면서 음다 예술은 전에 없는 성황을 이루었다. 송대 문인은 당나라 문인보다 차 마시는 행위에 더 열중했으며, 이러한 정서가 시사詩詞, 서예, 회화 작품에 반영되어 있다. 이들 중에는 차를 가는 맷돌(사진 39)을 주제로 쓴 시가 있다. 매요신梅堯臣(1002~1060)은 「차를 가는 맷돌茶磨」**66**에서 차 시중을 드는 어린 아이가 맷돌에 초차를 가는 모습을 묘사하면서 맷돌의 전체 모습을 연꽃과 같다고 했다. 시 구절 중에 "참새 혓바닥을 구름 가루로 만들려 한다"라는 표현은 아이가 맷돌을 붙들고 한바탕 팔을 돌리자 참새 혓바닥처럼 생긴 초차(작설차)가 백옥처럼 뽀얀 차 가루로 변하는 과정을 묘사한 것이다.

잎과 줄기를 모두 넣고 차를 끓이는 전다법으로 음용하던 옛날에는 맛이 잘 우러나도록 찻잎을 절구와 공이로 빻았다. 단차 혹은 초차가 유행한 송대까지도 절구를 사용했으나 초차를 즐겨 마실 무렵 비로소 맷돌을 사용하게 되었다. 소동파蘇東坡(1037~1101)는 「황이중의 맷돌 시를 차운하여次韻黃夷仲茶磨」[67]라는 시에서 맷돌을 예찬하면서, 맷돌은 인류의 지혜가 축적된 신문물로 신의 한 수라고 평가했다. 음다에서 차를 가는 맷돌이 얼마나 긴요한지를 보여주는 대목이다.

6) 차의 맛과 기운이 뛰어난 석제 다구

중국의 차 문화에서 석제 다기에 대한 자료나 연구 성과는 찾아보기 힘들다. 지금까지 확인된 유물로는 당대에 화강암으로 제작된 다기 세트(사진 17)가 있는데, 무덤에 부장된 명기明器로 제작되었을 가능성이 높다. 물론 당대에 석제 다기가 사용되었을 가능성을 완전히 배제할 수는 없다.

이후 송대에 이르러 남전藍田 여씨 가문의 가족묘군에서 석제 다기가 대량으로 발견되었다. 남전 여씨 가문은 북송 말 산시陝西성 시안 지역의 명문가로, 송 철종 때 재상을 지낸 여대방呂大防(1027~1097)이 바로 남전 여씨이며 그를 포함한 사 형제는 '여씨사현呂氏四賢'이라 불렸다. 여대충呂大忠(1020~1096)과 여대균呂大鈞(1029~1080)은 금석학자이며 시안의 비림碑林을 처음 만든 사람이다. 여대림呂大臨(1042~1090)은 저명한 고기물古器物 학자로, 지금까지 전해지는 그의 『고고도考古圖』는 그를 중국 고고학의 비조로 만들었다.

여씨 가족의 묘원墓園은 산시성 란톈藍田현에 있는데 묘원 안에 사당, 신도神道, 석각石刻, 배수 시설 등이 갖춰져 있으며 북쪽에 가족 묘지가 있다. 묘원은 북송 철종 희녕熙寧 7년(1074)부터 휘종 정화政和 6년(1116)에 걸쳐 조성되었으며 묘장에서 당대 최고 수준의 공예품 3000여 점이 출토되었다.[68] 그 가운데 가문 대대로 소장해온 것으로 보이는 예기禮器, 음식기, 문방용구, 향로 그리고 한대漢代 기물에서 옛것을 숭상한 가풍을 확인할 수 있다. 또한 월요, 요주요 자기를 포함해 상당한 양의 석제 다구도 발견되었다. 다구의 종류는 다연, 다측茶則(차호에서 차를 떠내는 도구), 다시, 다잔茶盞(찻잔), 잔탁, 사두渣斗(차 찌꺼기를 담는 그릇, 타호唾壺), 발鉢(찻 사발), 다병 등이다. 주목할 만한 점은 여대규呂大圭의 부부 합장묘(M12)에서 발견된 동제 사두와 발 세트 안에 초차(엽차) 형태의 찻잎 43매가 발견되었다는 사실로,(사진 40)[69] 당시에 이미 포다泡茶와 유사한 다법이 있었을 것이라 추정하게 한다. 사실 당대에 육우가 『다경』에서 언급한 암다법은 다병에 차를 넣고 우려 마신다는 점에서 포다와 비슷한 방식이다. 다만 명대 이전에는 주류가 아니었을 뿐이다.

남전 여씨 가족묘에서 발굴된 석제 다구의 종류로는 주자(사진 41), 잔, 잔탁(사진 42), 요銚, 발, 이匜(귀때사발), 합, 다연, 부釜(솥), 사두 등이 있다.[70] 잔과 세트를 이루는 잔탁은 자기 종류가 가장 많았고 그다음이 석제품이었다. 물을 끓이는 데 사용하는 팽다구烹茶具로는 집호, 요, 부, 호, 사두가 있었다.

오늘날 차인들이 주로 사용하는 다기는 자기류다. 그러나 탕관湯罐은 금은제, 철제, 도기, 유리제 등을 사용한다. 차인들은 언제부터 다기의 재질에 따라 차의 맛이 달라진다는 사

사진 40
동제 타호와 발, 북송,
남전 여씨 가족묘 출토,
M12

사진 42
석제 잔탁, 북송,
전체 높이 7.8cm,
남전 여씨 가족묘 도굴품

사진 41
석제 주자, 북송,
전체 높이 20.3cm,
남전 여씨 가족묘 M26

실을 알아차리게 되었을까? 육우는 『다경』에서 월요 청자와 형요 백자의 유색에 따라 차의 색이 달라 보인다고 했는데, 이는 차의 색감이 미감에도 영향을 줄 수 있음을 의미한다. 또한 육우는 솥의 소재에 대해 "자기나 돌솥은 아취雅趣가 있으나 견고하지 못하여 오래 쓰기 어렵다고 하니, 늘 사용하는 것은 결국 철鐵로 만들게 된다"[71]라며 실용적인 견해를 보였다. 당대唐代에 석제 다기는 일상적으로 사용되지 않았음을 알 수 있다.

하지만 오대 이후 다법이 다양하게 변화되면서 원하는 다구의 형태나 재질도 달라졌다. 당말에서 오대로 넘어가는 시기에 소이蘇廙는 『십육탕품十六湯品』에서 재질에 따라 다기를 금은제, 석제, 자기제, 철제, 도제 등 5가지로 분류한 뒤[72] 그 품질에 따라 금은기, 석기, 자기, 철기, 도기 순으로 순위를 정했다. 아마도 그는 다기의 재질에 따라 차 맛이 다르다는 사실을 이해했던 듯하다. 그는 "돌은 천지의 빼어난 기운이 응결되어 그 형상이 이루어진 것이므로 이것을 다듬어 만든 찻그릇은 뛰어난 기운이 배어 있다. 이러한 찻그릇이 좋지 않다는 것은 있을 수 없는 일이다"라고 했으며[73] 돌 탕관은 열의 전도가 느린 만큼 물이 잘 식지 않고 물맛이 좋은 장점이 있다고 밝혔다.

7) 그림 속 차를 준비하는 모습과 다구

다구에 관한 최초의 도감은 남송대 심안노인審安老人의 『다구도찬茶具圖讚』(1269)이다.(사진 43) 이 문헌은 송대의 점다와 투다에 쓰인 차 도구를 도면으로 그린 것으로, 각각의 특성과 용도에 따라 성과 이름, 자 혹은 호를 붙이고 송대 관직에 비유하는 등 의인화하여 차 도구의 문화적 의미를 생동감 있게 반영하고 있다. 그는 송나라 때 투다에 사용하던 12개의 다구를 백묘 화법으로 그려 '십이선생十二先生'이라 불렀고, 각기 송나라 관직의 이름을 지어 붙이고 개성을 부여했다. 이로써 당시 유행한 다기의 스타일과 형태뿐만 아니라 관원에게 요구되는 품성을 이해할 수 있게 했다. 이 다구들을 소개하자면, 단차를 담는 대롱 상자는 '위홍려韋鴻臚', 차를 부수고 곱게 빻는 데 사용되는 나무 절구통은 '목대제木待制', 단차를 가는 데 쓰이는 금속 다연은 '금법조金法曹', 초차를 가는 도구인 맷돌은 '석전운石轉運', 차 수저는 '호원외胡員外', 차를 거르는 채는 '나추밀羅樞密', 빗자루는 '종종사宗從事', 칠로 된 다탁은 '칠조밀각漆雕密閣', 찻잔은 '도보문陶寶文', 탕병은 '탕제점湯提點', 차솔은 '축부수竺副帥', 수건은 '사직방司職方'이다. 각 다구에 지어 붙인 자, 호, 직함에는 각각의 기능과 역할을 알 수 있는 내용이 담겨 있다. 예컨대 대롱 상자인 '위홍려'는 대나무로 엮었다는 의미에서 위편삼절韋編三絶이라는 사자성어의 '위韋'를 성으로 삼았다. 이름은 '화정火鼎'이며 자는 '경양景旸'으로, 차를 불로 구워 말린다는 뜻이 담겼다. 호는 '사창간수四窗間叟'로 사방으로 창문이 나 있어 통풍이 잘 되는 것을 의미한다. '홍려'는 진·한 당시 손님 접대 업무를 주관하던 관리였다. 찻잎을 빻는 기구인 '석전운'은 돌로 만들어졌기 때문에 성이 '석石'씨이고, 송대에 재물을 관장하던 장관인 전운사轉運使에서 이름을 빌렸다.

허난성 덩펑登封시에서 발견된 북송 소성紹聖 4년(1097)에 조

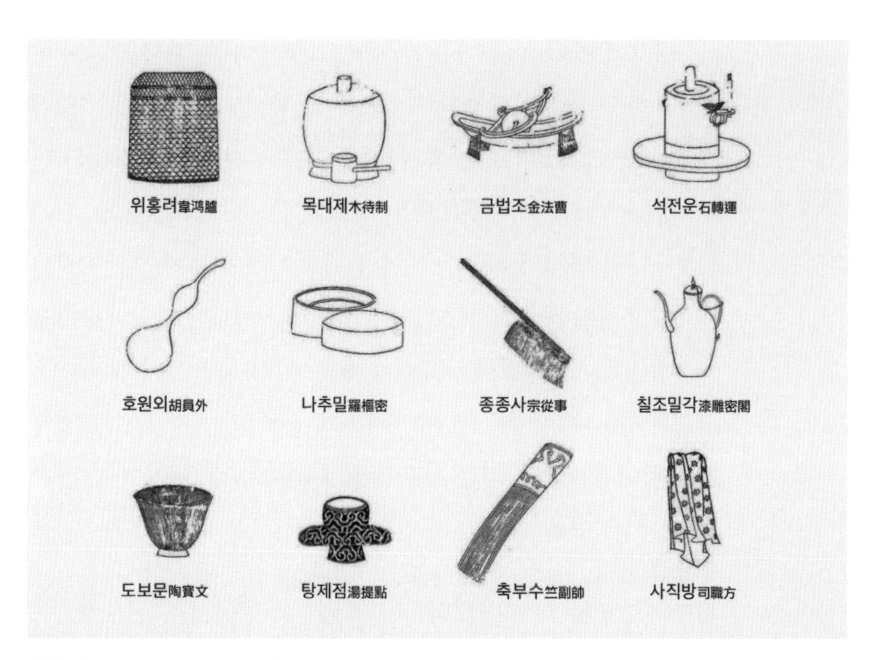

사진 43
『다구도찬』, 심안노인, 남송

성된 이수귀李守貴의 묘에는 벽화가 그려져 있는데(사진 44) 화면 왼쪽의 여자가 다관에 담긴 차 가루를 다시로 떠서 찻잔에 넣고 있다. 흑칠 다판 위에는 두 세트의 잔과 잔탁이 놓여 있고 탁자 위에는 다관 뚜껑을 비롯하여 잔탁 3개가 포개져 있으며 과일과 다식이 접시에 담겨 있다. 다선이 보이지 않는 것으로 보아 다시로 거품을 냈을 것으로 추정된다.

유송년劉松年의 「연다도撵茶圖」(사진 45)는 당시 초차를 갈아서 분말로 만든 다음 거품을 만들어 마시는 광경을 생생하게 보여준다. 이 그림은 크게 두 부분으로 나뉜다. 오른쪽에는 한 시승詩僧이 탁자에 몸을 숙인 채 붓을 들어 시를 적고 있고, 맞은편에 앉은 사람은 글씨를 감상하는 중이다. 곁에 앉

사진 44 이수귀 묘 벽화,
북송(소성紹聖 4년, 1097)
높이 138cm, 너비 79cm

은 한 사람은 양손에 두루마리를 펼쳐 들고 있는데 아마도 스님이 지은 시를 감상하던 중인 듯하다. 왼쪽 공간에서는 시종들이 차를 갈고 찻물을 끓이고 있다. 한쪽에는 화로가 있고 그 위의 물동이에서 물이 펄펄 끓고 있다. 큰 나무 아래에 놓인 탁자에서는 찻주전자를 든 사람이 찻잔에 물을 붓고 있다. 탁자 위에는 다선을 비롯하여 다라茶羅(채), 찻잔, 잔탁 등이 놓여 있고, 화로 옆 탁자 모서리에는 다건茶巾(수건)이 걸쳐져 있다. 다른 쪽에는 연잎 모양 뚜껑의 큰 항아리가 있는데 물이 담겨 있을 것이다.

화면 앞쪽에는 탁자에 걸터앉은 사람이 맷돌로 차를 갈고 있는데 맷돌 받침에 떨어지는 백옥처럼 뽀얀 차 가루가 보인다. 그림 제목을 「연다도」라 지은 것으로 보아 차 마시는 문화를 부각하려는 의도를 알 수 있다. 실제로 문인 사대부 집안에서 차를 만들고 음미하는 광경이 사실적으로 묘사되었다. 차를 갈고 있는 맷돌은 신안 해저선에서 발견된 것(사진 39)과 일본 고치高知현 규코사吸江寺에 소장된 '정화貞和 5년'명 맷돌과 마찬가지로 초차를 갈아서 격불하여 거품을 내는 점다에 쓰인 차 도구다.[74]

다음은 송 휘종이 그린 것으로 전해지는 「문회도文會圖」(사진 46)와 「십팔학사도권十八學士圖卷」(사진 47)이다. 두 그림은 문인학사가 술을 마시고 시를 지으며 환담하는 모습을 묘사한 것인데, 전자는 이 장면을 한 폭에 담았고 후자는 주변 풍경

사진 45
「연다도」, 유송년, 송,
44.2×61.9cm,
타이완고궁박물관

사진 46
「문회도」, 전휘종, 송,
184.4×123.9cm,
타이완고궁박물관

사진 47
「십팔학사도권」, 전휘종, 송,
28.2×550.2cm,
타이완고궁박물관

사진 48
「풍첨전권」, 조백숙, 송,
24.9×26.7cm,
타이완고궁박물관

까지 풍부하게 표현하기 위해 한 권(두루마리)으로 그려졌다. 그림 속 아홉 명의 문사는 탁자 주위에 둘러앉아 있고 두 사람은 나무 옆에 서서 이야기를 나누고 있다. 군데군데 시중을 드는 하인들의 모습이 생동감을 더한다. 차를 준비하는 장면을 살펴보자. 숯불을 피운 화로 위에는 물이 담긴 다병이 비스듬히 놓여 있고, 2층짜리 함의 열린 문 사이로 겹쳐놓은 찻잔이 보인다. 다리 긴 탁자 위에는 찻잔 세트가 놓여 있는데 「문회도」의 주자, 매병, 찻잔은 생김새로 보아 경덕진요 청백자인 듯하며, 차를 담을 4개의 백자 찻잔 세트는 흑칠 잔탁 위에 놓여 있다. 「십팔학사도권」의 탁자에는 흑칠 잔탁 위에 6개의 건요 흑유 토호문 찻잔 세트가 준비되어 있다. 탁자 주변에는 세 명의 다동이 분주하게 차를 만드는 중인데, 가장 왼쪽에 있는 다동은 찻잔을 받으려는 듯 두 손을 조심스레 내밀고 있고, 그 옆의 다동은 둥근 항아리에 있는 차를 다완에 옮겨 담고 있다. 나머지 한 명은 오른쪽 탁자의 찻자리를 수건으로 정리하고 있다.

이번에는 정자의 평상에 한가롭게 앉아 있는 선비의 모습을 그린 조백숙趙伯驌의 「풍첨전권風檐展卷」(사진 48)을 보자. 평상 앞 탁자에는 책과 꽃이 담긴 백자 화병과 향로가 단정하게 놓여 있고 정원 주변에는 괴석, 소나무와 대나무, 매화가 어우러져 있다. 오른쪽에는 두 동자가 대화를 나누며 정자를 향하고 있는데, 흰옷 입은 동자는 흑칠 잔탁, 백자 찻잔, 찻주전자가 올려진 다반茶盤을 들고 있다. 차, 향, 꽃을 향유하던 송대 사대부들의 고아한 취미생활을 엿볼 수 있다.

변방으로 전파된 다례茶禮

당대에 중원 지역의 차 문화는 주변 지역으로 전파되었으며 북송(960~1127) 시기에도 이러한 흐름은 이어졌다. 거란족이 세운 요(907~1125)는 '학당비송學唐比宋(당을 배우고 송과 견준다)'이라는 원칙 아래 북송과 대치하면서도 문화와 경제 교류를 이어갔다. 우유와 고기를 주식으로 하는 유목민족인 거란 사람들은 채소의 영양분을 섭취하기 위해 차를 즐기기 시작했고 당·송 이후 국경의 교역장인 차마호시茶馬互市가 성행했다. 그러나 중원은 변방 민족을 견제하는 데 차를 활용했기 때문에 아무래도 차가 귀했다.

요나라가 가장 먼저 받아들인 송의 차 문화는 조정에서 거행되는 다례茶禮였다. 그래서 '행다行茶'는 요 왕조의 의례 가운데 중요한 의식이 되었다. 예컨대 송 왕조에서는 술과 음식을 올린 뒤에 행다를 하는 반면 요 왕조는 술과 음식 이전에 행

사진 49
쉔화 요묘 M10,
장광정 묘(1093)의
「비다도」 벽화

다를 했으며, 송 사신이 요에 들어가면 참배의식에 이어서 주객이 앉아 행다를 했다. 송 왕조는 거란 황제의 생일 선물로 차와 다기를 보내기도 했다.

북송 멸망 후 남송(1127~1279) 무렵에는 여진족이 세운 금(1115~1234)과 대치하는 와중에도 왕조의 음다 의례와 풍습이 금에 전해졌다. 이에 왕실뿐 아니라 민간에서도 다례가 크게 유행했으며, 특히 혼례를 올릴 때 다례의식이 중시되었다. 송의 영향을 받은 거란과 여진의 문인들은 중원의 품다를 모방하려 했으며, 이러한 분위기로 인해 차 문화가 촉진되어 각 지역과 계층으로 확장해 나갔다.

요의 음다 문화는 허베이성 쉔화宣化 샤파리下八里에서 발견된 요대 묘지 벽화에 잘 나타나 있다. 가장 이른 시기의 묘주는 장광정張匡正(1093), 가장 늦은 시기의 묘주는 장세고張世古(1117), 그 밖에 장세경張世卿, 장공유張恭誘, 장세본張世本, 장문

사진 50
쉔화 요묘 M7,
장문조 묘(1093)의 벽화

조張文藻 등의 묘가 있으며 나머지는 도굴되거나 파괴되었다.[75]

1972년에 발견된 장광정(1093)의 묘에는 「비다도備茶圖」 벽화가 그려져 있다. 화면(사진 49)에는 5명이 등장하는데 왼쪽의 두 여자는 주칠 받침의 잔탁에 찻잔이 놓인 다기를 들고 있다. 아래에는 두 갈래로 상투를 튼 남자 시동이 바닥에 앉아 다연에 차를 갈고 있다. 옆에는 칠기 접시가 있고 차 가루를 담는 다합이 놓여 있다. 다연 옆의 화로에는 탕병이 올려져 있고 변발한 동자가 무릎을 꿇고 화로 안에 바람을 불어넣고 있다. 몸을 살짝 숙인 채 뒤쪽에 서 있는 거란족 복장의 남자는 다탕이 끓기를 기다리는 것 같다. 오른쪽에는 사각 탁자 위에 빗자루, 집게, 꺾쇠, 대바구니, 탕병, 차 수저, 찻잔 등의 다구가 놓여 있다. 꺾쇠는 병차를 뜯을 때 사용하는 도구로 보이는데 차 덩이를 불에 살짝 굽는 과정에서 차를 집는 도구로도 쓰였을 것이다. 이 화면에서는 다시를 휘저어 거품을 내는 점다법으로 차탕을 준비하고 있는데, 다선은 아직 보이지 않고 있다.

장문조 묘(1093)의 벽화는 전실 동벽에 그려져 있다(사진 50). 앞서 장광정 묘의 벽화와 비슷한 다구를 볼 수 있다. 즉 화면의 오른쪽 앞에 있는 배 모양의 다연, 다연 뒤에 있는 안이 붉고 겉이 검은 원형의 칠 접시가 그러하다. 접시 안에는 굽은 손잡이 꺾쇠, 솔, 다합이 놓여 있다. 접시 뒤에는 연꽃 모양의 풍로 위에 탕병이 놓여 있고 바닥에는 부채가 있다. 차를 갈기 위해 무릎을 꿇고 있는 남자의 어깨 위에는 동자가 올라서서 대들보에 매달린 대바구니에서 복숭아를 꺼내고 있다. 앞에 서 있는 거란인 남자는 앞치마에 복숭아를 담는 중이다. 젊은 여자의 손에는 이미 복숭아가 들려 있다. 홍색 탁자에는 찻잔 등 기물이 놓여 있으며 옆 탁자에는 문방사우가 보인다. 화면 왼쪽에는 다구 상자가 있고 그 뒤에 네 명의 어린아이가 몸을 숨긴 채 구경하고 있다. 이 벽화는 요대 후기의 한 가정에서 점다 용구를 사용하는 모습을 충실히 드러내고 있다.

다음 벽화에서는 찻잎을 갈고 있는 장면과 차가 만들어지기를 기다리는 장면, 그리고 각종 다구의 모습을 확인할 수 있다(사진 51). 화면 왼쪽에는 동자가 차를 갈고 있는 모습과 그 곁에 원형 칠 접시에 담긴 차합이 보인다. 오른쪽 앞에는 무릎을 꿇은 동자가 연꽃 모양 화로에 부채질을 하고 있고 화로 위에는 물을 끓이는 탕병이 놓였다. 왼쪽 뒤에 서 있는 사람은 두 손으로 탕병을 들고 있으며 탁자에는 수저, 차솔, 항

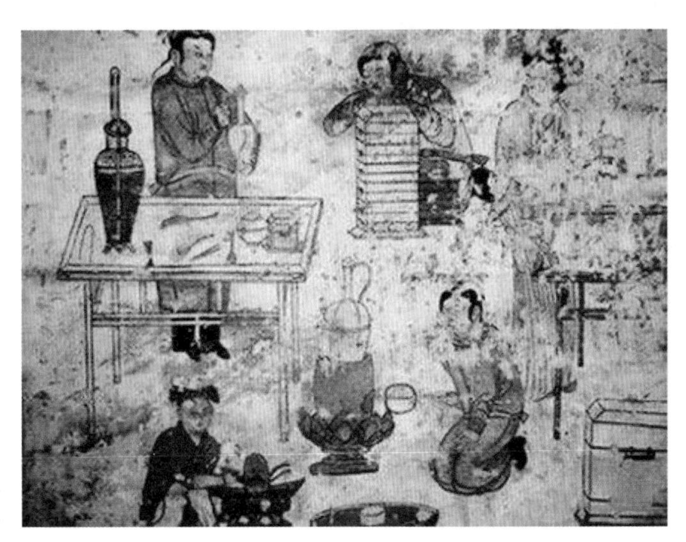

사진 51
쉔화 요묘 M6

아리, 집게, 대바구니 등의 다구가 놓여 있다. 뒤쪽 중앙에는 한 동자가 차 상자 위에 엎드려 쉬고 있고 그 오른쪽에는 한 여자가 다완을 든 채 뒤쪽을 바라보고 있다.

다음 벽화에는 두 남자가 점다하는 장면이 담겨 있다(사진 52). 왼쪽 남자의 왼손에는 흑칠 잔탁 위에 놓인 백자 찻잔이, 오른손에는 차시가 들려 있다. 오른쪽 남자는 주구가 길고 가는 주자를 들어 끓인 물을 조금씩 붓고 있다. 두 사람 사이에 놓인 붉은 탁자 위에는 흑칠 받침과 백자 찻잔 두 세트와 백자 발이 하나 있으며 백자 발 안에 점다용 다선이 걸쳐져 있다. 탁자 앞 바닥에는 오족五足 화로 위에 탕병이 올려져 있다.

다른 벽화에는 세 명의 여인이 등장하는데 가운데 여인은 흑칠 받침 위에 올린 백자 찻잔을 주인에게 드리는 중이다(사진 53). 왼쪽 여인은 왼손에 부채를 들고 있고 오른손을 들어

사진 52
쉔화 요묘 M1, 장세경 묘(1116)

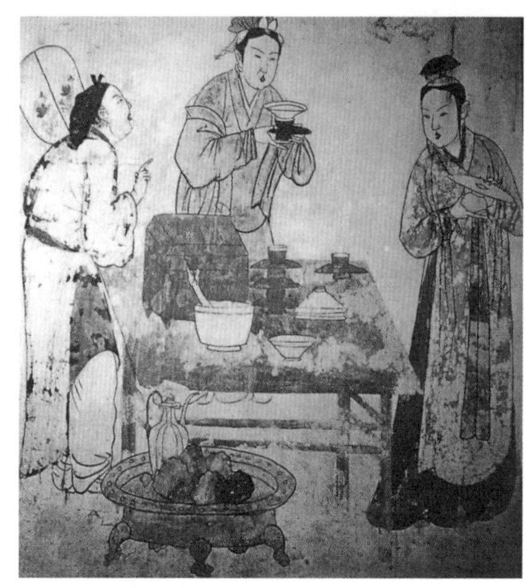

사진 53
쉔화 요묘 M5, 장세고 묘(1117)

사진 54
금대 조려묘趙勵墓 벽화,
황통皇統 3년(1143),
베이징 스징산

사진 55
다통 펀양현에서 출토된 금대 묘 벽화

무어라 말하는 중이고 오른쪽 여인은 손에 타호를 든 채 몸을 기울여 경청하고 있다. 이들 앞에 놓인 탁자에는 주칠 잔탁과 백자 찻잔, 탁자 왼쪽에 놓인 발에 다선이 걸쳐져 있는 걸 보니 다선으로 빠르게 휘저어 마시는 점다법임을 확인할 수 있다. 바닥에 놓인 오족화로에는 붉게 달궈진 숯불 위에서 물이 끓고 있다.

금대의 묘 벽화에도 당시의 차 문화를 알 수 있는 장면이 확인된다. 베이징 스징산石景山 금대 조려趙勵의 묘지 벽에 그려진 「비다도」(사진 54)가 바로 그것으로, 희종熙宗 황통皇統 3년(1143) 시기의 벽화로 확인된 이 그림에는 모두 다섯 남자가 등장한다. 왼쪽 두 번째 남자는 주구가 긴 주자를 들고 찻잔에 물을 붓고 있고, 맞은편의 변발을 한 남자는 두 손에 잔을 들고 있다. 그 뒤에 있는 남자는 망사 천으로 덮은 소반을 받들고 있고, 오른쪽의 남자는 대나무 대롱을 들고 화로에 바람을 불어넣고 있다.

1984년 다퉁大同 펀양汾陽현에서 출토된 금대 묘 벽화(사진 55)에서는 격불하는 장면을 확인할 수 있다. 오른쪽 남자는 바깥은 검은색이고 안쪽은 흰색인 찻잔을 한손에 들고 차솔을 휘젓고 있다. 몸을 돌린 왼쪽 남자는 완성된 차탕을 들고 가려다가 오른쪽 남자의 동작을 살피는 생동적인 장면이 담겨 있다. 탁자 위에는 차합, 다병, 찻잔 등이 놓여 있다.

쉔화 요묘 벽화와 금대 묘 벽화의 장면에서는 사뭇 진지한 분위기를 느낄 수 있다. 공간은 분명 손님을 접대하거나 차를 마시는 차실일 것이다. 벽화에 묘사된 다구들을 살펴보면 다로茶爐(화로), 탕병, 주자, 다롱茶籠(대바구니), 다연, 다표茶杓(국

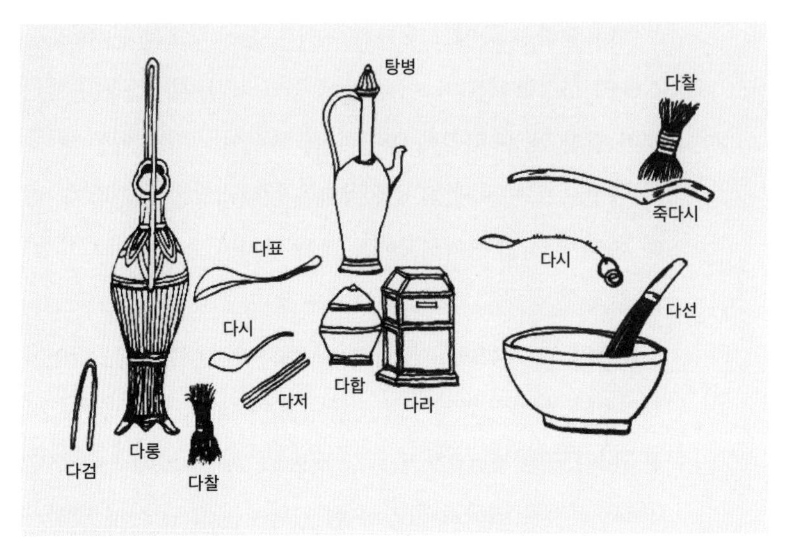

사진 56
요·금 묘 벽화에 묘사된 다구들. 다로, 탕병, 주자, 다롱, 다연, 다표

자), 다시, 다검茶鈐(집게), 다저茶箸(젓가락), 다라茶羅(체), 다합茶盒, 다선, 다찰茶札(빗자루), 다잔茶盞(찻잔), 다탁 등 거의 모든 다기가 갖춰져 있다.(사진 56) 송나라 채양의 『다록』과 송 휘종의 『대관다론』에서 언급된 다기들이 그대로 나타나 있다.

쉔화 요묘의 연대는 1093~1117년 사이로, M6, M7, M10 벽화는 그려진 시기가 비슷하며 동일한 사람이 그렸을 가능성이 크다. 이 시기의 다법은 주로 점다법이며 다시를 이용해 거품을 낸 것으로 보인다. 장세경 묘(1116)와 장세고 묘(1117)의 벽화에서는 다선이 사용되고 있다. 이렇듯 쉔화 요묘의 벽화는 약 20년 사이에 나타난 음다법의 변화를 보여주고 있다. 또한 금대 조려묘 벽화에서는 탕병의 긴 주구를 이용해 물줄기의 강약을 조절하는 방식으로 유화를 만들어내는 음다법을 보이고 있는데, 이는 투다에서 발전한 옥다법沃茶法 혹은 분다법分茶法이다.

음다용으로 사용된 다기 형태를 보면 탕병, 찻잔, 병 등의 경덕진요 청백자와 주칠 잔탁, 다연도 보인다. 이는 요대 묘에서 경덕진요 청백자가 많이 출토되는 상황과도 맞아떨어진다. 당시의 점다법에 관하여 요·금 벽화에서 알 수 있는 또 다른 사실은 큰 완에서 격불하여 작은 찻잔에 나누어 마시는 방식과 찻잔에 직접 점다하는 방식 모두 사용됐다는 것이다. 요·금 벽화에는 다마(맷돌)가 등장하지 않는 것을 보면 주로 단차를 사용해 격불해서 마시는 점다법이 유행한 것으로 보인다.

말차와 엽차의 과도기

몽골족이 세운 원나라 시기(1217~1368)에는 음다 문화가 이전 시대만큼 성행하지는 않았지만 여전히 지속되었다. 1313년 왕정王楨이 쓴 『농서農書』 권10 「백곡보白谷譜」에 "차에는 세 가지 형태가 있는데, 하나는 명차茗茶, 하나는 말차末茶, 하나는 납차臘茶다"[76]라고 했다. 명차란 오늘날 우려 마시는 잎차와 유사하지만 아주 어린 찻잎을 말하며, 우려 마신 뒤 찻잎까지 먹는다. 납차란 송대에 유행했던 단차, 즉 건차建茶를 가리킨다. 주로 조정에서 즐기는 공차貢茶를 말하며 생산되는 양이 제한되었다. 말차란 송나라 때의 초차를 갈아서 만든 차로, 오늘날 가루차인 말차 가공법의 전신이기도 하다.

원대의 남방에서는 이미 물에 찻잎을 우려내어 마시는 포다법이 유행하기 시작했으나 북방은 여전히 섬다 난계에 머물러 있었다. 원대의 점다법은 송대와 마찬가지로 두 가지 방식이 쓰였다. 하나는 큰 완에다 격불하여 유화(거품)를 만들고 찻잔에 나누어 마시는 방법이고, 다른 하나는 오늘날과 같이 말차 다완에 직법 격불하여 유화를 만들어 마시는 방법이다. 원대의 묘실 벽화 혹은 다화茶畫를 보면 송대의 다기를 그대로 답습하고 있는데, 다선을 이용하여 큰 찻잔에서 직접 유화를 만들어 점다하거나 작은 찻잔에 탕수를 부어 점다하는 모습을 확인할 수 있다.

네이멍구 츠펑赤峯에 있는 원대 묘실 벽화(사진 57)에는 차를 담은 호, 끓인 물을 담은 주자, 찻잔, 다선 등 점다용 다구가 정렬되어 있고 오른쪽에는 발鉢 모양의 절구(다구茶臼)에 차를 가는 사람이 그려져 있다. 다른 벽화(사진 58)를 보자. 탁자 위에 다관, 주자, 찻잔이 놓여 있고 차를 준비하는 세 인물이 보인다. 가운데 사람은 주자를 기울여 찻잔에 끓인 물을 붓는 중이고 왼쪽 사람은 다선을 든 채 격불할 준비를 하고 있다. 오른쪽 사람은 잔탁 위에 놓인 찻잔을 들고 차가 완성되기를 기다리고 있다.

산시山西 다퉁大同 풍도진馮道眞 묘실 벽화의 「도동진다도道童進茶圖」(사진 59)를 보면 탁자 위에 '차말茶末'이라 쓰인 다관(항아리)과 다병, 찻잔, 다선 등 점다에 사용하는 다구들이 보인다. 큰 찻잔에서 다선으로 직접 격불하여 거품을 만든 후 작은 잔에 나누는 방식이다. 산시 툰류屯留의 원대 묘 동쪽 벽에는 시녀들의 「비다도」(사진 60, 60-1)가 그려져 있다. 오른쪽 시녀는 왼손에 찻잔이 아닌 이匜(귀때사발)처럼 보이는 그릇을 들고 있으며 오른손에 쥔 다선으로 격불하고 있다. 왼쪽의 시녀는 왼손으로 다병 아래를 받치고 오른손으로는 손잡이를

사진 57
원대 묘 벽화, 네이멍구 츠펑

사진 58
원대 묘 벽화, 네이멍구 츠펑

사진 59
「도동진다도」, 원대, 산시山西 다퉁, 풍도진 묘실 벽화

사진 60, 60-1
원대 묘 벽화, 산시 툰류

사진 61
원대 묘 벽화, 산시 쑤저우 관디

잡고 오른쪽 시녀가 격불하는 동안 물을 추가해주고 있다. 화면의 왼쪽 뒤에는 초차를 가는 데 쓰이는 맷돌이 놓여 있다.

산시 쑤저우 관디촌官地村에 있는 원대 묘 벽화는 봉다도奉茶圖, 다구도茶具圖, 산수병풍 3폭, 주구도酒具圖, 비주도备酒圖의 7폭으로 구성되어 있다. 서쪽 벽에는 다구가 놓인 탁자가 보이는데 흑색 대완은 엎어져 있으며 고족배, 잔탁, 다선이 나란히 진열되어 있다. 오른쪽 다관에는 수저가 걸쳐 있다(사진 61).

원대의 차 문화와 다구를 가장 집약적이고도 풍부하게 보여주는 자료를 꼽으라면 단연코 신안 해저선(이하 '신안선') 유물을 들 수 있다. 중국 저장 닝보를 떠나 일본 하카타를 향하다 침몰한 이 무역선에는 당시에 유행하던 기물들이 잔뜩 실려 있었다. 도자기의 종류별 수량을 보면 완류가 2000여 점, 접시가 1만4000여 점, 잔이 1000여 점, 잔탁이 30여 점, 주자가 300여 점, 호가 4000여 점, 향로가 600여 점, 수반이 50여 점, 화분이 300여 점, 화병이 400여 점이다. 이 가운데 차와 관련된 도구는 찻잔, 잔탁, 주자, 합, 맷돌, 젓가락 등이다. 찻잔은 청자(사진 62), 청백자(사진 63), 백탁유白濁釉(사진 64) 등 다양하며 청자 찻잔은 청자 잔탁(사진 65)과 세트로 사용되었을 것이다. 주자는 청자(사진 66), 청백자(사진 67)와 더불어 금속제 주자(사진 68, 69)가 있다. 물항아리로 쓰인 대형호(70, 71, 72), 차를 갈기 위한 맷돌(사진 43)과 청자 마자磨子(사진 73)가 있다. 골동품으로 여겨지는 남송 시기의 건요 흑유 다완 60여 점(사진 30)은 신안선의 목적지였던 일본에서 여전히 점다법이 유행했음을 입증하는 자료다. 그 밖에 찻잔으로

사진 62
청자 완, 남송, 입지름 12.7cm,
전남 신안 해저, 국립중앙박물관

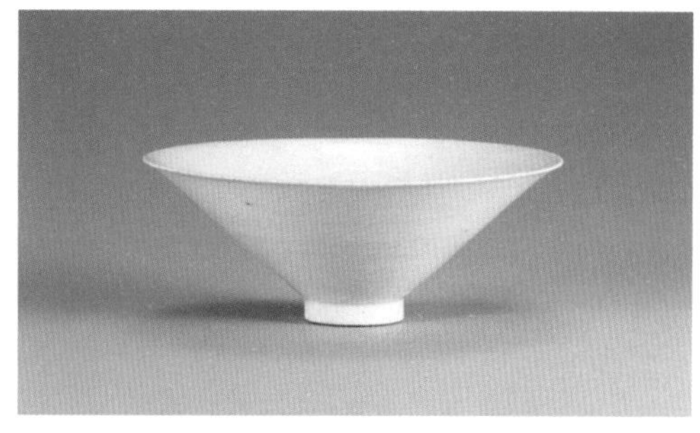

사진 63
청백자 인화문 완, 원, 입지름 13.8cm,
전남 신안 해저, 국립중앙박물관

사진 64
백탁유 잔, 원, 높이 7.7cm 입지름 11.1cm,
전남 신안 해저, 국립중앙박물관

사진 65
청자 잔탁, 원, 높이 7.7cm,
전남 신안 해저, 국립중앙박물관

사진 66
청자 주자, 원, 높이 17.9cm,
전남 신안 해저, 국립중앙박물관

사진 67
청백자 주자, 원, 높이 21.1cm,
전남 신안 해저, 국립중앙박물관

사진 68
금속제 주자, 원, 높이 19.5cm,
전남 신안 해저, 국립중앙박물관

사진 69
금속제 주자, 원, 높이 24.9cm,
전남 신안 해저, 국립중앙박물관

사진 70
청자 모란당초문 호, 원, 전체 높이 32cm,
전남 신안 해저, 국립중앙박물관

사진 71
청백자 용문 호, 원, 높이 25.5cm,
전남 신안 해저, 국립중앙박물관

사진 72
백탁유 사이四耳 호, 원, 높이 41cm,
전남 신안 해저, 국립중앙박물관

사진 73
청자 마자, 남송, 높이 6.5cm,
전남 신안 해저, 국립중앙박물관

분류되는 다른 잔들은 점다로 제조된 차의 나눔잔으로 활용된 것을 포함하여 직접 포다법에 사용된 찻잔도 있다.

차의 빛깔보다 맛과 향

음다 풍속은 명대에 이르러 일대 변혁을 맞이했다. 홍무洪武 24년(1391) 명 태조가 공물로 바치던 푸젠 건안의 단차 제조를 금하고 엽차로 바꾸도록 한 것이다.[77] 즉 말차를 음용하는 습관을 버리게 함으로써 당나라 이래 단차 위주였던 음다의 역사를 종결지은 것이다. 말차 문화가 사라지자 후대 중국인들은 말차나 점다가 어떤 것인지조차 알 수 없게 되었다. 명대의 훈고학자도 송대 문학작품에 나오는 다선이 무엇인지 몰라 쩔쩔맸다는 유명한 일화가 있다.[78]

반면 엽차의 제조법과 마시는 법은 새롭게 변화되었다. 엽차의 제조법은 이전의 병차를 만드는 방식과 달리 찻잎을 따서 다듬고 덖는 과정을 거친다. 제다 방법이 간단해지자 차 종류도 화차花茶, 우롱차烏龍茶, 홍차紅茶 등 다양해졌으며 일반 서민에게 널리 보급되었다. 음다법은 오늘날 찻잎을 우려서 마시는 방법과 비슷하다. 이 과정을 '포다泡茶'라 하며 사용하는 다기의 종류에 따라 호포壺泡, 개완포蓋碗泡, 배포杯泡 등으로 분류된다. 그 밖에 작은 자사호에 작은 잔으로 우롱차를 마시는 공부다법工夫茶法[79], 차에 유지방과 소금을 넣어 마시는 장족藏族의 소유차酥油茶, 위구르족의 밀크티 등 다양한 음다 풍속이 등장한다.[80]

명초 통치자들은 정권을 강화하기 위해 정치와 문화 사상을 개조하는 정책을 실시했다. 문인들의 사상을 통제하기 위해 정주程朱의 이학을 적극적으로 제창했으며, 한 글자 또는 한마디의 말로 화를 당하는 문자옥文子獄을 일으켜 문인 의식을 억압했다.[81] 그러자 수많은 문인은 벼슬을 떠나 산수를 유람하거나 한가로이 차를 즐기면서 거문고, 바둑, 서예, 그림 등을 벗삼기 시작했다. 그러면서 차는 문인과 떼려야 뗄 수 없는 관계를 맺게 되었다.

음다에서는 차의 선택, 물의 사용, 다기, 품다의 환경, 사람 수 등을 매우 중시했다. 차를 선택할 때는 곡우穀雨 절기 전에 잎을 딴 우전차雨前茶를 최고급으로 여겼다. 또한 '물은 차의 어머니'라 하여 좋은 차는 좋은 샘물에서 비롯된다고 여겼다. 명대에 전곡錢穀이 그린 「혜산자천도惠山煮泉圖」(사진 74)와 구영仇英의 「송정시천松亭試泉」(사진 75) 등은 강남 문인들이 일급수로 차를 끓이는 실경이 묘사되어 있다. 또한 두 그림은 명대 사람들이 선호하는 품다 환경을 반영하고 있다. 즉 이전 시대의 전다나 점다에서 찻물의 빛깔과 다완의 색을 중시했다면 명대에는 차의 고유한 맛과 향을 더 중시했다.

한편 문인들이 추구하는 이상 세계를 담고 있는 당인唐寅의

사진 74
「혜산자천도」, 전곡, 명, 66.6x33.1cm,
타이완고궁박물관

사진 75
「송정시천」, 구영, 명, 128.1x61cm,
타이완고궁박물관

사진 76
「품다도축」, 당인, 명, 93.2x29.8cm,
타이완고궁박물관

사진 77
「품다도」, 문징명, 명, 142.3×40.9cm,
타이완고궁박물관

「품다도축品茶圖軸」(사진 76)에는 두 선비가 산수자연을 벗삼아 차를 음미하고 있다. 이는 사람이 많으면 차를 음미하는 아취가 떨어진다는 인식을 드러내는 것으로, 대체로 명대의 다화茶畫에서는 한두 명이 차를 음미하는 장면이 많다. 겨울날 문인이 독서하며 차를 즐기는 풍경을 그린 문징명文徵明의 「품다도品茶圖」(사진 77)는 주인과 손님이 방 안에서 차를 마시며 담소를 나누고 있다. 탁자 위에는 자사다호紫砂茶壺, 백자 다종茶鍾 등의 다기가 놓여 있고, 별채에서는 시동이 무릎을 꿇고 앉아 물을 끓이고 있다. 문인들의 유유자적한 생활에 차를 마시는 행위가 얼마나 큰 비중을 차지하는지 알 수 있다.

1) 다기와 차 맛의 긴밀한 관계

명대에는 음다 방식에 따라 다구나 다기도 변화했다. 말차가 사라지고 엽차를 우려 마시는 방식으로 바뀌었기 때문에 말차를 마실 때 사용하는 다연, 다선, 다라(체), 다표(국자) 등은 사라지게 되었다. 반면 자사호는 차가 잘 식지 않고 향을 잘 보존한다 하여[82] 명대 중기부터는 장쑤 이싱宜興에서 생산된 자사호가 각광을 받았고 문인이나 수집가의 소장품이 되었다. 명대 후기에 문인들은 다호의 크기와 질에 따라 차 맛이 달라진다고 여겼는데 이는 당·송대에는 없었던 새로운 현상이다. 대표적인 다호로는 가정嘉靖 12년(1533) 장쑤 난징의 오경吳經 묘에서 출토된 제량호提梁壺(사진 78), 숭정崇禎 2년(1629) 화암아華涵莪 묘에서 출토된 시대빈時大彬이 만든 자사삼족원호紫砂三足圓壺(사진 79) 등으로 모두 대형 다호다. 이들

사진 78
자사제량호, 명, 높이 17.7cm,
가정 12년(1533), 난징시박물관

사진 79
자사삼족원호, 시대빈, 명,
숭정 2년(1629), 화암아 묘 출토

자사호는 불에 그을린 흔적이 남아 있어 불에 직접 올려 사용한 것으로 보인다.

명대 만력 이전까지는 대부분 대형 호를 선호했으나 만력 이후로는 크기가 점차 작아지는 경향을 보인다. 자사호의 비조鼻祖라 불리는 공춘龔春이 만든 자사호에 비해 시대빈의 호는 확실히 크기가 작다. 찻물을 따를 때 작은 호가 더 아름답게 보이고 향기도 그윽하게 모아지기 때문으로, 특히 혼자 마시는 경우에 작은 잔이 선호되었다. 당시 문인들은 자사호를 주문 제작하여 사용했으며 심지어 동기창董其昌, 조환광趙宧光 등의 문인은 자사호에 직접 시와 그림을 그려 넣어 인문학적인 차 문화를 주도하기도 했다. 이러한 심미관의 변화는 공부차工夫茶가 환영받게 된 배경 중 하나다.

공부차는 송대에 시작되었으며 푸젠의 장저우漳州, 취안저우泉州, 광둥의 차오저우潮州(현재의 차오산潮汕 지역) 일대에서 성행했다. 공부차는 일반적으로 세 사람이 적당하며, 차도구는 이싱에서 제작된 작은 자사호와 작은 백자 찻잔이 많이 쓰였다. 음용 과정은 우선 작은 도기 주전자에 우롱차烏龍茶와 물을 넣고 작은 숯불이나 알코올을 담은 화로에 올려놓고 끓인다. 차가 끓어오르면 주전자를 들어 백자 잔에 원을 그리며 채우고 천천히 맛을 본다. 차를 따를 때는 한 번에 잔을 채우지 않고 여러 잔을 돌아가며 따른다. 공부차는 차를 제조하기까지 많은 시간이 걸리지만 차를 마시는 시간도 오래 걸린다. 공부차는 고농도로 유명하며 처음에는 쓴맛이 나지만 익숙해지면 매료되는 맛으로 주로 철관음, 수선, 봉황단총차와 같은 우롱차를 사용한다. 우롱차는 홍차와 녹차 사이에 있는 반발효차로, 이러한 차만이 공부차가 요구하는 맛과 향을 낼 수 있다.

명·청 시대의 여러 문헌을 보면 차를 마시는 작은 찻잔을 다종茶鐘이라 칭하고 있다. 명 태조의 명에 따라 단차를 엽차로 바꾼 이후 엽차를 우려 마시는 포다는 명·청 시기의 일관된 음다 전통으로 자리 잡았으며, 명대 초기부터 청대 만기까지 다종이 사용되었다. 그중 선덕宣德 첨백암화연판문연자甜白暗花蓮瓣紋蓮子 다종(사진 80)은 특별한 형태로 꼽힌다. 문진형文震亨은 『장물지長物志』에서 "선덕 시기의 첨족尖足 찻잔은 우아하고 두터워 식지 않으며 옥과 같이 깨끗하며 차색이 아름다워 찻잔 중의 제일이다"라고 찬했다. 명대 만기 문인들은 차색을 맑게 드러나게 하는 백자를 가장 선호했지만, 관요官窯 다종의 경우 황유, 홍유, 청화, 오채, 투채鬪彩 등 다양한 채색유 자기를 즐겼음을 알 수 있다.[83] (사진 81, 82, 83)

다호와 다종의 관계에서 명대 다기와 당·송대 다기의 차이를 확인할 수 있다. 말차를 주로 마시던 당·송대에는 차 가루를 찻잔에 넣고 솔로 휘저을 때 밖으로 넘치지 않도록 대형 찻잔을 썼으며 다병은 가늘고 긴 주구 형태가 적절했다. 반면 명대에는 찻잎을 다호(주전자)에 넣고 끓인 물을 부어 찻잎을 우린 다음 찻잔에 부어 마시는 방식이므로 찻잔이 클 필요가 없다. 둥근 손잡이가 달린 제량호는 명대 이후 흔히 사용되며 포다법에 맞는 형태로 변했다.(사진 84)

명대 이후 찻잔의 색깔에도 변화가 나타났다. 당대에 육우는 탕색을 녹색으로 보이게 하는 월요 청자를 선호했고, 송대에는 차탕이 백색인 것을 귀하게 여겨 건요 흑유잔을 최고로

사진 80
첨백암화연판문 연자 다종, 명 선덕, 입지름 10cm, 타이완고궁박물관

사진 81
보석홍寶石紅 다종, 명 선덕, 입지름 10.2cm, 타이완고궁박물관

사진 82
청화연판문青花蓮瓣紋 소연자 다종, 명, 선덕, 입지름 10.1cm, 타이완고궁박물관

사진 83
투채단운화훼문배鬪彩團雲花卉紋杯, 명 성화, 입지름 8.1cm, 타이완고궁박물관

사진 84
청화운룡문제량靑花雲龍紋提梁 다호, 명 융경隆慶, 높이 31cm, 타이완고궁박물관

사진 85
첨백삼계甜白三繫 다호, 명 영락, 높이 11.0cm, 타이완고궁박물관

사진 86
투채천마도 개관鬪彩天馬圖蓋罐, 명 성화, 높이 11.3cm, 타이완고궁박물관

여겼다. 하지만 명대에 이르러 차탕의 색이 맑은 황색으로 바뀌면서 백색 찻잔이 선호되었다. 도융屠隆의 『고반여사考槃餘事』「택기擇器」조에는 송宋의 채군모蔡君謨가 선택한 건안建安의 잔 색깔과 명대 찻잔의 재료, 조형, 색깔 등을 비교 평가하고 있다. "선종宣宗(1426~1435) 때의 찻잔이 있는데, 모양이 아름다우며 단단하고 두터워 잘 식지 않으며 옥처럼 밝고 희어서 차의 빛깔을 시험하기에 좋아 가장 요긴하게 쓰인다. 채군모는 건안의 잔을 즐겨 사용했지만 그 빛깔이 검푸른 빛인지라 사용하기에 좋지 않다"라고 했다.[84]

명대 중반부터는 백자 다호나 자사호를 사용해 찻잎을 우려 마셨기 때문에 찻잔과 차탕 색의 조화보다는 다호와 찻잔의 색을 조화시키는 데 관심이 쏠렸다.[85] 달콤한 백색이라고 불리는 첨백색甛白色의 유약으로 덮여 있는 백자 다호(사진 85)는 명대 포다에 사용된 주요한 다기로, 당시 사용된 태토와 유약은 영락 시기의 전형적인 특징을 보인다. 성화 시기에 네 마리 천마가 바다와 구름 위를 날아다니는 모습이 장식된 투채천마 개관鬪彩天馬蓋罐(사진 86)은 차를 보관하는 용도로 쓰였을 것이다.

황제에서 평민까지 차를 즐기던 시대

황제를 중심으로 하는 황실의 차 문화는 청대에 이르러 절정을 이루었을 뿐만 아니라 일반 백성도 황실의 차를 마실 정도에 이르렀다. 청대 황실에서 즐겨 마시던 차는 지금 현대인들이 마시는 녹차, 백차, 황차, 청차, 홍차, 흑차 등의 6대 다류와 비슷한데, 이 가운데 녹차, 홍차, 청차, 흑차를 주로 마셨다. 건륭제는 특히 용정차龍井茶를 좋아했고, 자희태후慈禧太后는 보이차 마니아였다. 광서光緖제는 매일 아침마다 우각운화차雨脚雲花茶를 마신 뒤에야 일상 업무를 시작했다고 한다.[86] 이렇듯 청대 최고 번영기였던 강희, 옹정, 건륭 시기의 황제들이 차를 애호한 덕분에 당시 경덕진 관요에서 생산한 다기의 품질은 역사상 최고의 수준을 보여주었다.

청대에는 좋은 물에 대한 기준이 까다롭고 신중했다. 황실에서 마시는 차에는 이화원頤和園의 옥천산玉泉山에서 나는 옥

사진 87
「청원화 십이월령도축淸院畫十二月令圖軸」, 청, 175.0×97.0cm, 타이완고궁박물관

사진 88
「경직도」, 냉매, 청, 22.8×24cm, 타이완고궁박물관

천수를 사용했다고 한다. 옥과 같이 맑고 깨끗하며 물맛이 달고 시원한 샘물이라 하여 건륭은 각별히 '천하제일천天下第一泉'이라 찬사했다고 한다.

청궁의 차 마시는 풍경은 청대 화원畫院 그림에서 많이 찾아볼 수 있다. 강희 시기에 사계절의 변화와 원명원圓明園에 기거하는 궁인의 생활상을 그린 「십이월령도축十二月令圖軸」에 그러한 장면이 담겨 있다.(사진 87) 사진 속 장면은 홍백의 행화杏花가 피는 2월의 풍경을 그린 것으로 궁녀들이 기거하는 건물 주변의 풍경이 화사하다. 그림 중간에는 휴식을 취하고 있는 남자들이 보이는데 어떤 이는 책을 읽고 있고 어떤 이는 차를 마시며 담소를 나누고 있다. 정원 한구석에는 두 남자가 차를 준비하느라 바쁘다.

냉매冷枚의 「경직도耕織圖」(사진 88)는 남자가 밭을 갈고 여자가 집에서 옷감을 짓는 전통적인 풍경을 그린 그림이다. 두 여인은 베틀 앞에 앉아 일하고 있고 마당에는 한 여인과 노파가 아이 손을 잡고 지나는 중이다. 여인의 오른손에는 자사호와 찻잔이 담긴 차판이 들려 있어 자사호와 찻잔 세트가 일반 백성의 일상생활에 쓰였음을 나타내고 있다.

1) 법랑채 다기를 애호한 강희제와 옹정제

강희제의 차에 관한 자료는 매우 적으나 당시 공납되었던 차 종류는 푸젠 우이武夷산의 암정신아巖頂新芽, 장시江西산의 임개우전아차林岕雨前芽茶, 윈난雲南의 보이차普洱茶와 여아차女兒茶 등으로 확인된다.[87]

강희 시기 궁궐용 다기를 살펴보면 의흥요宜興窯에서 생산

사진 89
의흥태화 법랑채사계화훼문호宜興胎畫琺瑯彩四季花卉紋壺, 청 강희, 높이 7.3cm, 타이완고궁박물관

된 바탕 흙이 자사토이며 그 위에 법랑채琺瑯彩를 입힌 다호, 다종, 개완蓋碗(뚜껑이 있는 찻잔)이 적지 않다. 의흥요에서 바탕흙을 소성한 후 궁궐로 가져와 궁정 화사畫師가 법랑으로 채회한 다음 2차로 소성하는 과정을 거친다. 이런 다기에는 '강희어제康熙御製'라는 관지가 붙으며, 민간에서 제작된 자사기와 구별하여 '궁정자사기宮廷紫砂器'라고 했다.[88] 법랑 기법은 서양에서 온 선교사에 의해 궁중에 소개된 것으로, 강희제가 법랑채 자기를 제작하도록 명했다. 이에 따라 자기 태胎에 법랑으로 그린 자태화법랑瓷胎畫琺瑯, 의흥의 자사 태에 법랑으로 그린 의흥태화 법랑채기宜興胎畫琺瑯彩器가 적은 수량으로 제작되었는데, 훗날 법랑채 자기가 발전하는 토대가 되었다.(사진 89)

강희 연간에 제작된 청화십팔학사도병青華十八學士圖瓶(사진 90)에는 당시의 음다 정경이 담겨 있다. 병 전체에 청화青華로 그림이 그려져 있으며 꽃에만 아주 적은 양의 유리홍 점채點彩

사진 90
청화십팔학사도병, 청 강희, 높이 31.5cm,
타이완고궁박물관

사진 91
법랑채산수도 다호, 청 옹정, 전체 높이 9.2cm,
타이완고궁박물관

사진 92
「옹정행락도」, 청 옹정, 베이징고궁박물원

사진 93
「윤진비행락도」, 청 옹정, 베이징고궁박물원

(진사채)로 표현되어 있다. 병의 목 부위에는 여덟 학사가 그려져 있는데 4~5인은 정원의 오동나무 밑에서 거문고를 뜯거나 바둑을 두거나 그림을 감상하는 모습이다. 복부에는 화면을 4개로 나눠 각각 그림이 그려져 있는데, 그중에는 두 명의 시동이 불을 피워 물을 끓이거나 우러난 차를 선비에게 가져다주는 중이다. 선비는 국화와 연꽃을 감상하고 있는데, 이는 국화를 사랑한 도연명과 연꽃을 사랑한 주돈이周敦頤를 상징한다. 차를 마시며 꽃을 감상하는 문인의 아취 있는 생활을 드러낸다.

옹정제는 비록 재위 기간은 짧았지만 차를 애호한 인물로, 당시 황실에 바쳐진 차 종류는 무이연심차武彝蓮心茶, 개차岕茶, 소종차小種茶, 정택차鄭宅茶, 금란차金蘭茶, 화향차花香茶, 은침차銀針茶 등 다양했다.[89] 이 시기에 이르러 법랑채기는 다양한 유약 방식과 화려한 채색으로 발전했다. 특히 의흥 자사기의 아름다움에 매혹된 옹정제는 궁중에 있는 의흥 다호를 모델로 자기를 만들도록 명하여 청대 법랑채 자기 가운데 가장 아름다운 자기를 생산케 했다. 옹정제는 신하를 치하할 때 찻잎 그리고 다호를 비롯해 크고 작은 병과 다관까지 포함된 법랑자기를 하사했다고 한다. 뚜껑이 있는 다엽관茶葉罐은 당시 의흥요 자사 다호와 비슷한 것이 많아 그 영향력을 가늠할 수 있다.(사진 91)

「옹정행락도雍正行樂圖」에도 제량자사호, 청화백자 찻잔 등이 보인다.(사진 92) 「윤진비행락도胤禛妃行樂圖」를 보면 두 귀비가 각각 남유개완과 균유자기 찻잔으로 차를 마시고 있다.(사진 93)

2) '차 없이는 하루도 살 수 없다'던 건륭제

사진 94
「건륭상월도」, 청 건륭, 베이징고궁박물원

건륭제 또한 유난히 차를 사랑한 황제로 유명하다. 그가 85세 되던 해 아들에게 양위하겠노라 선언하자 한 신하가 "나라에는 하루라도 황제가 없을 수 없습니다"라며 만류했고, 이에 건륭제는 찻잔을 들고 "나는 차가 없이는 하루도 살 수 없다"고 대답했다는 유명한 일화가 있다.[90] 건륭제가 중추절에 달을 감상하는 모습을 그린 「건륭상월도乾隆賞月圖」(사진 94)를 보면 황제 옆에는 자사호, 개완, 찻잔, 차통, 물항아리 등의 다구가 갖춰진 탁자가 보인다. 그가 있는 곳에는 언제나 차가 있었음을 입증하는 그림이다. 건륭제는 강남을 순시할 때마다 혜산惠山(장쑤성 우시無錫)에 들러 죽로차竹爐茶를 달여 마시면서 물맛을 평했다.[91] 이화원 근처 옥천산의 샘물에 대해서는 '천하제일천天下第一泉'이라며 「옥천산천하제일천기玉泉山天下第一泉記」라는 비문을 써서 세상에 널리 알리기도 했다.

건륭 16년(1751), 강남을 순례하고 돌아온 건륭제는 궁중 각처와 별원에 차를 즐기는 정사精舍를 설치하고 품다 시문을 짓기도 했다. 당시 즐겨 마신 차는 삼청차三淸茶, 우전용정차雨前龍井茶, 무이차武夷茶, 정택차鄭宅茶였다.[92] 건륭제가 평생 즐겨 마셨다는 삼청차는 매화梅花, 송실松實(잣), 불수佛手 잎을 눈 녹인 물로 우려낸 다음 용정차를 더해 끓인 것이다. 건륭 11년(1746) 겨울 오대산을 순례할 때 돌아오는 길에 눈을 만나자 건륭제는 이 차를 마시며 「삼청차시」라는 시를 한 수 지었다. "매화꽃은 요염하지 않고, 불수는 향기롭고 청결하다네. 잣은 향기롭고 기름지나, 이 세 가지 맛 모두 뛰어나다네. 다리 부러진 솥에 차를 달이고자, 단지에 샘물을 부으니 흰 눈처럼 날리네. 불의 세기로 물방울의 크기를 조절하고, 솥에서 피어오르는 김으로 불을 조절한다네. 월요 다완에 기름진 차를 쏟아 붓고, 오두막에 양탄자를 깔고 적선適禪의 기쁨을 누린다네. 오온五蘊(안이비설신眼耳鼻舌身)의 대부분이 청정하거늘, 깨달은 바를 더 말할 필요 있겠는가! 주머니를 펼쳐놓으니, 맑은 향기가 뭉게뭉게 구름처럼 피어오르네. 악전偓佺(고대 전설 속의 선인仙人)이 먹을 만한 것을 남겨놓았으니, 임포林逋(북송인北宋人)는 계절 따라 그 맛을 즐겼다네. 천천히 조주趙州(당唐) 공안을 들어, 옥천자 노동盧仝(당唐의 시인)의 농간을 한바탕 웃어젖힌다네. 추운 밤비 내리는 소리 들리니, 고월古月 아래 걸려 있는 패옥에 눈길이 가네. 술 마시고 여흥이 남으니, 박자에 맞춰 부르는 노랫소리 흥이 다하지 않네."[93] 이후 경덕진 관요 도공이 만든 다완에 「삼청차시」를 써 넣게 했다.(사진 95) 건륭제는 삼청차를 마실 때 반드시 삼청시 다완을 사용했다고 하는데, 자기 외에 칠기와 주칠로 만든 종류도 있다.

건륭제는 음다에서 좋은 물을 매우 중시하여 '옥천산수玉泉山水'와 '설수雪水' 혹은 연잎 위의 이슬방울을 모은 '하로荷露'를 찻물로 썼으며, 원명원에서 차 마실 때의 감회를 읊은 「하로팽다시荷露烹茶詩」의 내용을 다호에 써 넣게 했다. "가을날 연

사진 95
청화삼청차시 다완, 청 건륭, 입지름 10.8cm,
타이완고궁박물관

사진 96
하로팽다시 다호, 청 건륭,
전체 높이 15.0cm,
타이완고궁박물관

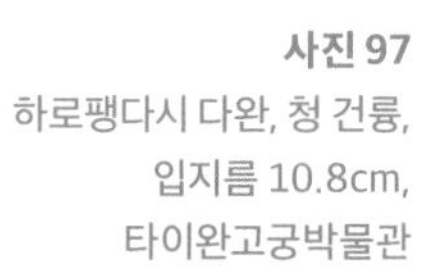

사진 97
하로팽다시 다완, 청 건륭,
입지름 10.8cm,
타이완고궁박물관

잎 위에 구르는 옥구슬, 연잎 자루를 기울여 가득가득 넘치게 부어주네. 가을신의 정령과 눈서리 신의 기운, 혜산의 대나무 솥과 월요 사발. 신선이 가을 이슬로 밥해 먹은 것을 따라 하며, 흰 거품 일어난 옥부차 맛의 기쁨을 노래하네. 이상약(이임보李林甫)도 일찍이 이를 알고, 수염을 날리며 말을 달려 구하고자 했다네."[94]

하로팽다시 다호(사진 96)는 전체에 홍유紅釉로 넝쿨연화문이 장식되고 복부 양쪽의 창에는 연꽃무늬와 건륭어제시(뒷면)가 적혀 있다. 또한 '하로팽다일률荷露烹茶一律, 건륭기묘신추어제乾隆己卯新秋御製'라는 글과 '비덕比德'과 '낭윤郎潤'이라는 관인이 보인다. 아래에는 '대청건륭년제' 3행 6자의 전서체 관지가 있다. 기묘년은 건륭 24년(1759)이며 이 시는 『건륭어제시』 2집 권88에 실려 있다. 다호와 세트로 다완에도 「하로팽다시」가 적혀 있다.(사진 97)

3) 재스민차를 세계에 알린 자희태후

청 함풍제의 비이자 동치제의 생모이기도 한 자희태후(서태후)는 청말 반세기 동안 섭정으로 막강한 권력을 휘둘렀던 인물로, 차에 대해 남다른 애정을 가지고 있었다. 자희태후는 이화원의 모란산 정상에 다실을 지어 멋스러운 음다 환경을 조성했으며 여름에는 용정차, 겨울에는 홍차, 겨울과 봄 사이에는 보이차와 관음차를 즐겼다. 물은 옥천산에서 길어온 산천수를 사용해 매일 세 번씩 차를 마시되 아침에는 진하게, 오후에는 중간 정도로, 저녁에는 연하게 조절했다. 그 누구보다 사치스러운 생활을 즐겼던 자희태후는 다구에도 관심이 많아 옥이나 금으로 만든 금제 차탁과 개완을 사용했으며95 자기로 만든 개완 등도 유명하다.

자희태후는 음다 순서를 안배하여 각지에서 올라온 공차의 색色·향香·미味를 음미했다. 먼저 엄격하게 선별하여 키우는 궁중의 신선한 꽃을 감상한 뒤 금젓가락으로 꽃잎을 집어 개완 안에 넣고 뚜껑을 닫아 8분 정도 기다렸다가 우러난 차탕을 백옥 잔에 따라 마시는데, 먼저 향을 음미한 뒤에 차 맛을 품감했다. 황실의 공차였던 재스민차(말리화차)는 자희태후가 가장 사랑한 차였다. 자희태후는 외국 사절을 접견할 때 재스민차를 대접하고 선물했으며, 사진을 찍을 때에도 말리화로 머리를 장식할 정도였다. 이로 인해 자희태후가 집권한 수십 년 동안 말리화는 중국의 국화國花로 알려졌다.

자희태후는 아름다운 다기에도 관심이 깊어 다양한 다기를 제작하게 했다. 그중 녹지분채자등화綠地粉彩紫藤花 개완(사진 98)은 뚜껑과 완이 민트색에 가까운 녹유 바탕이며, 등꽃과 새, 월계화가 분채로 그려져 있다. 완의 외벽에서 구연부를 거쳐 뚜껑까지 자등나무 가지가 이어져 있는데 월계화와 어우러진 이 장식은 영원한 부귀영화를 상징한다. 개완은 명대보다 청대에 더욱 보편화되었으며 후기에는 이렇듯 기물 전체를 문양으로 가득 채우는 장식이 보편화되었다. 뚜껑 안쪽과 완의 바닥면에는 각각 해서체로 '신덕당제愼德堂製'라 새겨져 있는데, 신덕당은 원명원 내 도광제가 거처하던 건물의 당호다. 도광 연간에 제작된 기물 중에는 '신덕당제'라는 관지가 있는 개완이 많다.

다음은 자희태후가 사용하던 다기로 알려진, 황유黃釉 바탕

사진 98
녹지분채자등화 개완, 청 도광, 전체 높이 8.9cm, 타이완고궁박물관

사진 99
분채만수무강화접문粉彩萬壽無疆花蝶紋 개완, 청 동치, 전체 높이 10.2cm, 타이완고궁박물관

에 분채로 장식된 개완(사진 99)이다. 완 내부에는 분채로 장식한 매화와 나비가 그려져 있으며, 표면과 뚜껑에는 4개의 둥근 창 안에 만萬·수壽·무無·강疆이 쓰여 있다. 창과 창 사이에는 만수무강을 상징하는 박쥐, 복숭아 등 문양이 장식되어 있다. 뚜껑 권족 안쪽과 밑바닥 면에 '장춘동경長春同慶' 넉 자가 있다. 이는 동치 연간에 만들어진 음다용 완으로 잔탁이 따로 없이 다른 종류의 받침을 쓴 것 같다.

4) 궁중의 귀한 차, 티베트의 밀크티

당대唐代에 차 문화가 티베트와 몽골에 전파되면서 새로운 개념의 차, 즉 우유와 결합된 밀크티가 탄생하기도 했다. 밀크티는 진하게 끓인 차에 적당량의 연유와 소금, 우유를 넣고 천천히 저으며 끓이는 방식으로, 만주족이 중원을 차지하고 청나라를 건국한 후에도 궁정의 주요 음료로 애용되었다. 황실용 밀크티에 쓰이는 차는 최고급품에 해당하는 안후이의 황차, 윈난의 보이차, 후난 안화安化의 전차磚茶 등이다.[96] 제례를 비롯해 외국의 사절이나 티베트 고승이 황궁을 방문할 때면 식전에 마시는 차로 밀크티를 대접했으며, 신춘新春 기간에는 티베트의 길상과 평안을 기원하며 황실에서 이 차를 올렸다.

밀크티에 사용하는 다완의 형태는 일반 다완과 달리 넓은 입에 기벽이 낮은 모양이다. 청궁에서 흔히 보이는 목제 밀크티 완은 티베트에서 바친 공물로[97](사진 100) 백가지 독을 해독하며 벽사를 피하는 효과가 있다 하여 귀하게 여겼으며, 청대 초 강희 연간에서 함풍 연간까지 사용되었다. 건륭 연간에

사진 100
찰복찰아목완扎卜扎雅木碗, 청, 서장西藏,
타이완고궁박물관

사진 101
남지법랑채모란문藍地琺瑯彩牡丹紋 다완,
청 옹정, 타이완고궁박물관

사진 102
금태겹사법랑金胎掐絲琺瑯 다목호,
청 건륭, 높이 52.4cm,
타이완고궁박물관

경덕진 어요창에서 목제 밀크티 완을 모방한 법랑채 완을 보면 형태나 문양이 매우 흡사하다.(사진 101)

밀크티를 끓이는 다호 역시 일반 다호와 다르다. 흔히 보이는 형태는 티베트 스타일의 통형 다목호多穆壺(티베트어로 '다목 mdog-mo'은 우유를 뜻한다)와 가깝다. 호의 몸체가 길어 나무 수저로 휘젓기에 편리하다. 몸체, 주구, 손잡이가 모두 용 무늬로 장식되고 몸체와 뚜껑에 돋을새김의 금속 장식 또는 문양을 틀에 찍은 다음 붙이는 첩화 장식된 것도 있다.(사진 102)

5) 의흥 자사호와 공부차

자사기紫砂器가 사대부층에게 널리 사랑받은 때는 16세기의 정덕·가정·만력 시기로, 명대 장인 공춘供春으로부터 시작해 시대빈時大彬이 만든 자사기가 널리 사용되었다. 이후 강희 만기에는 궁정에 공납된 자사기에 법랑으로 문양을 넣은 법랑채기가 인기를 얻었다. 의흥요 법랑채 개완(사진 103)은 강희 연간에 궁중 조판처에서 법랑채를 완성한 것으로, 궁중 화가가 의흥 자사호에 법랑으로 채회한 것이다. 채색이 깔끔하고 화려하다.

옹정제는 의흥 자사호를 애호했으며 건륭제 역시 한동안 매료되었다고 한다. 이후 가경·도광 연간은 의흥 자사호 예술의 전성기로, 이는 곧 사대부 계층과 자사호 제작자가 긴밀한 상호관계를 이룬 결과라 할 수 있다. 그러한 전형적인 사례로는 전각의 명인인 진홍수陳鴻壽(1768~1822)와 자사 장인이었던 양팽년楊彭年(1772~1854)의 합작이다. 일반적으로 진홍수(만생曼生)가 자사호의 형태를 정하고 양팽년이 성형과 소성을 책

사진 103
의흥태법랑채사계화宜興胎琺瑯彩四季花 개완, 청 강희, 전체 높이 8.4cm, 타이완고궁박물관

임졌는데, 진홍수는 때때로 몸체에 직접 글씨를 써 넣었으며 양팽년은 대개 손잡이 밑에 '팽년彭年'이라는 인장을 새겼다. 그러나 도광 이후 중국 사회가 급격히 몰락하자 의흥 자사호 예술도 쇠퇴했다.

진홍수가 디자인하고 양팽년이 만든 작품 가운데 표주박 모양의 자사호(사진 104)가 눈에 띈다. 박 꼬투리 모양의 뚜껑과 줄기 모양의 손잡이, 하늘을 향하고 있는 주구 등 매우 독특한 모양이다. 표면에는 진홍수와 곽린郭麐(빈가頻伽)이 서각書刻을 했다. 오늘날 양팽년과 진홍수가 함께 만든 자사호는 제법 많이 전해지고 있으나 진홍수와 곽린이 서각한 것은 드물다. 한편 구응소瞿應紹가 대나무와 글을 새겨 넣고 양팽년이 제작한 자사호 또한 명품 자사호로 유명하다. 이것은 청대 중기에 유행한 형식으로 대나무 잎이 매우 생동적이다.(사진 105)

사진 104
표제호瓢提壺, 청, 진홍수·양팽년,
높이 18.3cm, 상하이박물관

사진 105
죽엽문석표竹葉紋石瓢 자사호, 청,
구자야瞿子冶, 전체 높이 6.8cm, 상하이박물관

명·청대 문인들이 즐겨 사용한 자사호는 대개 공부차工夫茶와 연결된다. 여기서 말하는 '공부工夫'란 차를 엄선하고 주변 환경을 정리한 뒤 물과 다구를 갖추어 차를 우리는 모든 과정에서 마음을 가다듬고 예의를 지키는 것을 의미한다. 옹휘동翁輝東(1888~1965)은 『조주다경潮州茶經』에서 "공부차의 특별함은 찻잎에 본질이 있는 게 아니라 훌륭한 다구를 준비하고 한가로이 차를 끓이는 데 있다"고 했다.[98] 공부차는 광둥 차오산潮汕, 푸젠 장저우漳州, 취안저우泉州 등지에서 유행하면서 중국의 민간 품다 풍속으로 발전했다.

최고의 색·향·미를 갖춘 명차와 그에 어울리는 정교한 다구 세트는 서로의 가치를 빛내주는 법으로, 차 문화가 발전하고 다구 품종이 많아지면서 음다의 질 또한 정교해졌다. 특히 광둥 차오산 지역에서 공부차가 성행하면서 다구에 대한 관심이 더욱 각별해졌다.[99] 오늘날 공부차에 사용하는 핵심 다기는 다실사보茶室四寶 혹은 우롱차사보烏龍茶四寶라 불린다. 여기서 말하는 '사보', 즉 네 가지 다기란 차오산홍니로潮汕紅泥爐(화로), 옥서외玉書煨(탕병湯壺), 맹신호孟臣壺(자사호), 약심배若深杯(찻잔)를 말한다. 이는 전통적인 '다십이보茶十二寶'를 축소한 것으로 늘 차를 가까이하는 공부차 문화와 관련이 있다. 공부차에 관한 가장 앞선 시기의 문헌은 건륭 58년(1793) 광동 흥녕현興寧縣에 부임한 유교俞蛟(1751~?)가 지은 『몽광잡저夢廣雜著』로, 공부다법이 육우의 『다경』에서 시작되었다고 밝히고 있으며 다구인 화로, 잔, 접시 등을 구체적으로 설명하고 있다.[100]

푸젠과 광둥 지역의 사대부 문인들에게 다기는 곧 신분, 학식, 지위를 상징하는 사물이다. 그런 까닭에 정교한 의흥 주니朱泥로 만든 자사기가 푸젠 지역으로 대거 유입되었다.101 공부차의 다호는 의흥 자사호의 영향을 받았으나 원래 물레를 돌려 만든 수랍호手拉壺이기 때문에 모래가 포함되지 않아 자사호에 비해 입자가 매우 세밀하다. 따라서 표면이 매끈하며 광택이 있고 곡선이 여성스러워 우아한 멋이 있으며, 얇게 만들어져 두드리면 청아한 소리가 난다.

공부차를 마실 때 물을 끓이는 탕호를 옥서외玉書煨라 한다. '외煨'란 푸젠 남부·광둥·타이완 지역에서 부르는 도기호의 이름이고, '옥서玉書'란 호를 만든 사람의 이름이라는 설도 있고 붉은 흙으로 만든 화로(홍니로紅泥爐)에 물이 끓을 때 뚜껑이 들썩거리는 소리를 뜻한다는 설도 있다. 광둥 차오안에서 만든 것이 유명한데, 형태는 일반적으로 횡파형 손잡이에 주구가 위로 갈수록 얇아지고 길쭉하게 뻗어 있다. 공부차의 옥서외는 냉열의 급변에 잘 견디고 보온이 뛰어나다는 장점과 물 끓는 소리를 즐길 수 있어 애호되었다.

공부차를 표현한 음다의 모습은 명대 중기 문인 화가 문징명의 「품다도」(사진 77)에서 확인할 수 있다. 한림 중에 주인은 실내에서 손님과 마주한 채 담소를 나누고 있는데 탁자 위에는 자사다호, 백자 다종 등의 다기가 놓여 있다. 별채에서는 다동이 화로 위에 얹은 탕호를 살피고 있고 그 옆에는 찻잎이 담긴 다관과 찻잔이 놓여 있다. 그림 옆에는 "푸른 산 깊숙이 속진을 끊고, 다실의 창마다 산이 펼쳐져 있네. 곡우는 햇차 따기 좋은 때라, 차 솥에 물 끓자 벗이 찾아오네"라는 시가 적혀 있다. 자연 속에서 차를 마신다는 것은 차인茶人의 가장

사진 106
남국위 묘 출토, 푸젠 장푸, 공부차 다기 세트, 장푸박물관

이상적인 모습일 것이다.

푸젠 장푸漳浦의 남국위藍國威(?~1751) 묘에서 건륭제 시기의 공부차 다기 세트가 발견되었다(사진 106). 다기 종류로 '진명원제陳鳴遠製'이라는 관지가 적힌 자사호, '약심진장若深珍藏'이라는 관지가 적힌 청화 찻잔 4점, 청화 산수인물 접시, 그리고 주석 다엽관이 발견되었다.[102] 다엽관 표면에는 '소심素心'이라는 차 이름이 적힌 백지가 붙어 있고 내부에는 차가 가득 담겨 있었다. 같은 지역에서 '명월청풍객明月淸風客, 맹신제孟臣製'라는

관지가 적힌 주니 자사호, '약심진장' 관지가 적힌 4개 찻잔 세트, 청화다반 등의 공부 다기 세트가 출토되었다.[103] 이들 자료는 건륭 만기부터 가경 연간까지 공부차 다기가 크게 유행했다는 사실을 입증한다.

명말청초에 푸젠과 광둥 지역의 인구가 타이완으로 대거 이동함에 따라 타이완에서는 공부차 전통을 계승하면서 우롱차 위주의 포다법을 발전시키는 등 독특한 차 문화를 형성했다.[104]

외세의 소용돌이에 휘말린 차

청대의 차 재배 면적과 생산량은 그 어느 때보다 높았으며, 대량 무역의 형태로 수출되어 세계 시장을 독점하는 등 한때 놀라운 발전을 이루었다. 강희제와 건륭제 등 차를 즐겨 마신 청대 통치자들의 영향으로 모든 중국인이 일상생활 속에서 수시로 차를 즐기는 풍토가 형성되었다. 도시든 농촌이든 다양한 종류의 찻집이 생겨났으며 독특한 찻집 문화가 등장하기도 했다. 1730년 항저우에 설립된 찻집 웡룽셩翁隆盛에서는 춘전春前, 명전明前, 우전雨前의 서호용정차西湖龍井茶를 독점 판매한 것으로 매우 유명하다. 1839년 상하이에서 영업을 시작한 왕위타이汪裕泰 찻집은 안후이의 홍차와 녹차를 독점 판매하는 것으로 유명하다.

그러나 해외에 수출된 중국의 차가 인기를 얻게 되면서 중국은 정치경제적 소용돌이에 휘말렸다. 19세기 초기에 중국의 차는 비단, 도자기와 더불어 유럽에서 가장 인기 있는 수출품으로, 특히 영국은 중국에서 생산된 차의 5분의 1을 사들일 정도였다. 차 수입량이 폭증하자 영국은 대중국 무역적자를 해소하기 위해 아편을 중국에 밀수출하기 시작했고, 이것이 분쟁의 씨앗이 되어 1840년 아편전쟁이 터지고 말았다. 아편전쟁 후 영국은 인도 아삼 지역에 차밭을 조성하기 시작했고, 제다 과정에 기계를 도입해 엄청난 양의 차를 생산하기 시작했다. 20세기 들어 외세에 시달리는 동안 중국의 차 산업은 깊이 침체되기도 했으나 오늘날에는 세계 최대의 차 재배면적을 자랑하는 국가답게 전통적인 명차 재배와 개발에 심혈을 기울이고 있다.

2장

한반도 차 문화의 시작

우리나라의 차 문화는 언제 시작되었을까? 국내 학계에서는 통일신라 8~9세기에 차 문화가 전래된 것으로 이해해왔다. 그러나 일찍이 고구려 무덤에서 동전 모양의 병차가 발견되었다는 기록이 있어[105] 삼국시대에 이 땅의 토산차가 존재했을 것으로 추정되고 있다. 풍납토성 유적에서도 한반도의 차 문화가 백제에서 시작됐다고 볼 수 있는 고고학적 근거들이 조금씩 확인되고 있다.[106] 또한 일본 『동대사요록東大寺要錄』에는 백제에서 귀화한 승려 행기行基(668~748)가 중생을 위하여 차나무를 심었다는 기록이 있어 백제의 차가 일본에 전파되었음을 짐작할 수 있다. 백제는 지리적 위치나 기후가 차나무를 재배하기에 적합한데다 풍납토성과 몽촌토성에서 발굴된 중국 남조시대의 청자완과 소형 돌절구 역시 그러한 추정을 뒷받침한다.[107] 앞서 중국의 차 역사에서 언급했듯이, 남조시대의 음다는 죽처럼 끓여 마시는 방식이었으므로 병차 형태의 차를 돌절구에 갈아내는 과정이 필수적이었다. 즉 돌절구에 병차를 갈아낸 다음 그릇에 담아 뜨거운 물을 붓고 파, 생강, 귤껍질 등의 양념을 더해 죽 상태로 마시는 방식을 떠올리면 된다.

삼국시대의 차 문화와 관련이 있는 남조 청자는 주로 백제 유적에서 출토되었다. 종류는 계수호鷄首壺, 사이호四耳壺, 육이호六耳壺, 발鉢, 완碗, 양형기羊形器, 반구호盤口壺, 호壺, 벼루 등으로 다양하며 수량 또한 적지 않다.[108] 풍납토성에서 발견된 돌절구(사진 107)를 보면 위쪽은 둥글고 다리는 정사각의 뿔대 모양으로, 중국 남조 유적인 난징 조가산趙家山의 석기 공방터에서 출토된 돌절구(사진 108)와 무척 흡사하다. 이런 모양의 돌절구는 8~9세기 경주 황룡사터 동쪽에 위치한 통일신라 왕경王京 지구 생활 유적에서도 다수 출토되었다. 풍납토성에서는 연판문 청자완(사진 109)도 발견되었는데, 중국 남조 때 차를 담아 마시던 연판문 완과 모양이 유사하다.[109] 그 밖에 577년 백제 위덕왕이 죽은 왕자를 위해 지은 왕흥사의 목탑지 사리공에서 동제 젓가락이 발견되었다. 이는 법문사의 젓가락처럼 병차를 굽는 데 사용하던 것으로 고리로 연결되어 있다.[110]

공주 무령왕릉에서는 덕청요德淸窯 흑유사이호, 홍주요洪州窯 청자완, 월요 청자육이호, 청자사이호가 발견되었다.(사진 110, 111, 112, 113) 이 가운데 홍주요 청자완은 당시에 유행한 차를 덜어 마신 다기로 여겨진다. 용원리 유적[111]에서는 흑유계수호가 발견되었으며,[112] 공주 수촌리 백제 유적에서도 덕

사진 107
돌절구, 삼국, 풍납토성 출토,
높이 14.3cm, 한성백제박물관

사진 108
돌절구, 중국 난징 조가산 석기 공방터

사진 109
청자 연판문 완, 남조,
높이 5.6cm, 풍납토성 출토,
한성백제박물관

사진 110
덕청요 흑갈유黑褐釉 사이병, 남조, 높이 27.5cm,
무령왕릉 출토, 국립공주박물관

사진 111
홍주요 청자 완, 남조, 높이 4.7cm 입지름 8.2cm,
무령왕릉 출토, 국립공주박물관

사진 112
홍주요 청자 육이호, 남조, 높이 18.0cm,
무령왕릉 출토, 국립공주박물관

사진 113
홍주요 청자 사이호, 남조,높이 21.7cm,
무령왕릉 출토, 국립공주박물관

청요 흑유계수호, 흑유호, 홍주요 청자완이 발견되었다.(사진 114, 115, 116)

풍납토성, 몽촌토성, 무령왕릉, 공주 수촌리 유적에서 발굴된 중국 자기 유물을 종합적으로 검토하면, 중국과 교류가 빈번했던 백제에서 먼저 차 문화가 시작되어 신라 지역으로 전파되었다는 결론에 이른다.

사진 114
덕청요 흑유계수호, 남조, 높이 20.8cm,
공주 수촌리 출토, 국립공주박물관

사진 115
덕청요 흑유호, 남조, 높이 33.2cm,
공주 수촌리 출토, 국립공주박물관

사진 116
홍주요 청자 잔, 남조, 높이 4.4cm 입지름 8.5cm,
공주 수촌리 출토, 국립공주박물관

『다경』을 향한 동경

삼국시대에 신라는 지리상 고구려와 백제에 비해 사회·문화적 발전이 뒤처졌으나, 6세기 초 불교의 공인과 더불어 왕권이 강화되고 귀족사회가 안정되면서 문화가 발전하기 시작했다. 법흥왕 19년(532)에 금관가야를 합병하고 진흥왕 23년(562)에 대가야를 정복함으로써 신라는 낙동강 유역의 가야 지방을 완전히 흡수했다. 이후 화랑 제도를 통해 젊은 인재를 양성하고 호국불교를 강화함으로써 삼국 통일의 기초를 닦는 과정에서 가야 지역의 차 문화가 신라에 유입되었다.

통일신라시대(676~935)에 이르러 불교가 융성하고 귀족사회가 안정되자 예술 문화가 크게 발달했다. 왕족, 귀족, 승려, 화랑 등 상류 사회에 차 마시는 풍속이 번지기 시작했고 불교 사원과 팔관회 행사에서 헌다獻茶의식이 행해졌다. 문헌에 따르면 7세기 전반 선덕여왕(632~646) 때 이미 차를 마셨으며[113]

문무왕 즉위년(661)에는 가야의 종묘에 제사 지내는 음식으로 밥, 떡, 과일과 더불어 차를 공양했다고 한다.[114] 이후 상류층 사회에서 차 마시는 문화가 유행하던 시기인 흥덕왕 3년(828), 김대렴金大廉이 당나라에서 중국차를 가져와 지리산에 심었다는 기록이 있다.[115] 아마도 이즈음 당나라와 직접 소통하면서 육우의 『다경』과 차 문화를 받아들였을 것이다.

기록에 나타난 통일신라의 차 문화는 불교적 색채가 짙다. 한국 불교사상사에 가장 위대한 업적을 남긴 원효(617~686)도 차 문화 확산에 적지 않은 영향을 끼친 인물이다. 고려 후기의 문인文人 이규보李奎報의 「남행일기南行日記」에는 부안 내소사에서 원효대사가 차를 끓여 마시던 샘물에 관한 이야기가 담겨 있어 원효대사도 차를 이해하고 있었음을 엿볼 수 있다.[116] 『삼국유사』에는 31대 신문왕(재위 665~681)의 두 아들인 보천과 효명이 강원도 오대산에서 불도를 닦으면서 문수보살에게 차를 끓여 바쳤다는 기록도 있다.[117] 또한 35대 경덕왕 때 다승茶僧인 충담사忠談師(742~764)는 매년 3월 3일과 9월 9일에 경주 남산 삼화령三花嶺의 미륵세존에게 차 공양을 올렸으며, 경덕왕 24년에는 왕에게 차를 끓여 올리고 왕의 요청으로 안민가를 지어 바쳤다는 기록이 있다.[118] 이 모든 기록은 차가 불전에 바치는 귀한 공양물이었음을 말해준다.

고려 때 시인 이곡李穀은 「동유기東遊記」에서 통일신라의 32대 효소왕(재위 692~702) 때 4명의 화랑(영랑永郎·술랑述郎·도徒·남南)이 차를 끓여 마시며 사용한 돌아궁이, 돌절구가 강릉 근처의 한송정寒松亭에 남아 있다고 전하고 있다.[119] 8세기에 진감국사 혜소慧昭는 한명漢茗(중국차)을 마셨으며, 최치원

(857~?)은 당에서 신라로 가는 배편에 차와 약을 사서 보냈다는 기록도 있다.[120] 9세기 중엽 김입지金立之가 지은 「성주사사적비편聖住寺事蹟碑片」에는 '다향茶香'이라는 문구가 있고, 경주 창림사지昌林寺址에서 발견된 와편에는 '다연원茶淵院'이라는 명문이 있어 통일신라시대의 차 문화를 헤아려볼 수 있게 한다.[121]

최치원이 당에서 유학한 기간은 당 말기(836~907)로, 당나라에 유행하던 차 문화를 몸소 접했을 것이다. 실제로 최치원이 쓴 「진감국사비문眞鑑國師碑文」에서 중국차로 공양을 하는 사람이 섶나무로 불을 지펴 돌솥에 달였다는 문장은 전다법을 설명한 것이다.[122] 그리고 「사신다장謝新茶狀」에서는 점다법을 비유하는 글을 썼다. "차아茶芽를 보내왔습니다. (…) 바야흐로 정화精華로운 맛을 갖추었으니 녹유綠乳를 금정金鼎에 끓이고, 향고香膏를 옥구玉甌에 띄워야 마땅할 것이니…"[123] 전다법과 점다법이 공존하던 만당晩唐의 차 문화에 비춰볼 때 '향고를 옥구에 띄운다'는 표현은 점다법으로 만든 차를 옥다완에 담아 마셨다는 뜻으로 보인다.[124] 옥다완은 옥으로 만든 다완으로 볼 수도 있지만 통일신라시대에 다기로 사용된 월요 청자 다완일 가능성을 배제할 수 없다.

1) 통일신라 유적에서 출토된 중국 다기

통일신라 유적에서 발견된 차와 관련된 다구들은 흥미로운 사실을 증언하고 있다. 우선 백제시대 유적에서 발견된 돌절구가 통일신라 왕경 유적이나 황룡사지 유적에서도 발견되었으며,[125] 경남 창녕 화왕산성에서 발견된 철제 다연은 통일신

사진 117
철제 다연, 고려, 높이 6.3cm
길이 28.3cm 지름 9.1cm,
부소산성 출토,
국립중앙박물관

사진 118
토기묵서 '언정다영言貞茶榮'명 완,
통일신라, 입지름 11.3cm
높이 6.7cm, 국립경주박물관

라의 것으로 확인되었다. 한편 충남 부소산성에서 출토된 철제 다연은 통일신라 혹은 고려 때 제작된 것으로 추정되며(사진 117)[126] 674년에 조성된 안압지에서는 외벽에 묵서로 '언言' '정貞' '차茶' '영榮' 명이 적혀 있는 도기완이 발견되었다.(사진 118) '차茶'명이 적힌 도기완은 분명 찻잔으로 쓰였던 것으로 통일신라 때 차 문화가 확산되었음을 확인할 수 있다.

그 외에도 이들 유적에서는 당나라에서 제작된 월요 청자, 형요 백자, 장사요 청자 등의 음다 용기가 다량 발견되었다.[127] 차 문화를 전파하는 데 중요한 역할을 했을 이들 도자기는 8세기 후반부터 중국이 해외로 수출한 것으로, 통일신라에도 유입되었다. 9세기부터는 지방 경제의 활성화와 장보고의 해상 활동에 힘입어 서해 지역까지 중국 도자기가 확산되었음을 확인할 수 있다. 특히 사찰이나 생활 유적에서 중국 다기가 많이 발견되어 통일신라의 차 문화를 해석하는 데 큰 도움이 된다.

2) 옥벽저완과 옥환저완

경주 유적에서 주로 출토된 당나라 자기는 월요 청자, 형요 백자, 장사요 청자 등이다. 이들 중 70퍼센트 이상은 완 종류로 월요 청자 옥벽저완과 옥환저완(사진 119)이 다량 출토되었다. 그 외에 발, 반, 합, 잔탁, 호, 주자, 뚜껑, 향로 등 대부분 일상생활에 쓰이는 종류였다.[128]

옥벽저완은 굽의 폭이 넓어 외저지름과의 비율이 약 1:1에 가까운 종류를 말하고, 그 폭이 옥벽저완에 비해 좁아진 형태를 옥환저완이라 한다. 월요 옥벽저완은 대략 8세기 후반

사진 119
월요 청자 옥환저완, 당, 높이 5.5cm, 국립중앙박물관

~9세기 중반 사이에 생산된 것으로 알려져 있으며,[129] 통일 신라의 유적인 안압지, 배리, 분황사, 황룡사지, 동천동, 탑동, 구황동, 부여 미륵사지 등지에서 출토되었다. 옥벽저완은 기벽이 직사선형이며 약 2센티미터 내외인 굽의 폭에 비해 기벽 높이가 낮다.

9세기 중엽 이후부터는 옥벽저완이 사라지고 옥환저완이 등장하기 시작한다. 옥벽저완에 비해 복부가 깊고 굽의 폭도 약 0.8~1.5센티미터로 더 좁아졌다. 완의 복부가 깊어진 이유는 가루차를 격불하기 쉽게 하려는 의도였을 것이다. 옥환저완은 경주의 안압지, 동천동, 분황사를 비롯하여 보령 성주사지, 부소산성 등지에서 발견되었다. 뿐만 아니라 전남 장도의 청해진, 제주 용담동 유적에서 다완과 함께 주자의 몸체 일부와 주구 편이 출토되어 차와 관련된 종류로 추정된다.[130]

사진 120
형요 백자 옥벽저완, 당, 높이 4.5cm, 국립익산박물관

사진 121
형요 백자 유개소호, 당, 전체 높이 10.7cm, 국립경주박물관

특히 청해진에서 발견된 가늘고 긴 형태의 주구 편은 점다와 관련된 다기로 보인다.

통일신라 유적에서 발견된 월요 청자는 대부분 차와 관련된 다기로 구성되어 있다. 더욱이 경주 지역에서 집중적으로 발견된 점을 고려할 때 수요층은 왕족을 포함한 골품 귀족들과 승려 그리고 화랑이었을 것이다.

경주에서는 월요 청자 외에 형요 백자 옥벽저완(사진 120)과 옥환저완, 타호, 소호 등도 출토되었다. 형요 백자는 경주 안압지, 황룡사지, 왕경유적, 동천동, 미륵사지, 성주사지, 광양 마로산성, 이천 설봉산성 등에서 나왔다.[131] 특히 황룡사지 목탑지 밑에서 출토된 백자 유개소호白磁有蓋小壺[132](사진 121)는 깨진 데 없이 온전한 형태로 발견되었는데 차와 관련되었다고 가정한다면 차 가루를 담는 용도였을 것으로 짐작된다. 이 소호의 연대는 황룡사지의 완공 연대인 646년 이전의 수隋에서 초당初唐 사이인 7세기 중엽으로 보인다.

월요 청자와 마찬가지로 8세기 후반의 형요 백자 옥벽저완은 생활유적에서 많이 출토되고 있으며 9세기 후반부터는 옥환저완이 사찰 유적에서 더 많이 발견되고 있다. 점다에 의한 말차가 사찰의 승려층을 중심으로 성행했다는 의미다.

3) 장사요 청자

장사요長沙窯는 후난 창사시長沙市에 위치하며 8세기 중후기에 성했다가 10세기 오대 시기에 쇠락했다. 연대를 알 수 있는 장사요 청자 가운데 가장 이른 것은 광덕廣德 원년(763) 후난 이양현益陽縣 등준鄧俊 묘에서 발견된 청자호와 완 등이다.

사진 122
장사요 청자 광구쌍이 호, 당, 높이 19.3cm,
경주, 국립경주박물관

당대唐代에는 문양이 없는 월요 청자나 형요 백자가 주류를 이루었으나 장사요의 첩화貼花(문양을 틀에 찍은 다음 붙이는 기법)와 유하채釉下彩(유면 아래에 문양을 그리는 기법) 역시 독특한 개성으로 중국 내에서는 물론 다른 나라에서도 인기를 얻었다. 예를 들어 인도네시아 벨리퉁 해저에서 발견된 배에는 장사요, 월요, 형요, 공현요鞏縣窯 등 6만7000여 점의 도자기가 실려 있었는데, 그중 장사요 청자가 5만 여 점이나 되었다. 이 배는 동남아시아를 거쳐 서아시아와 북아프리카로 향하던 배로, 보력寶曆 2년(826) 명문이 있는 장사요 완이 발견되어 그 제작 연대를 알 수 있다. 당시 장사요 청자가 해외로 수출되었음을 입증하는 중요한 자료라 할 수 있다.[133]

그러한 정황으로 볼 때 통일신라 유적에서 장사요 청자가 발견된 것은 자연스러운 일이다. 종류는 호壺가 주류를 이루며, 형태는 광구쌍이廣口雙耳 호와 첩화인물문 주자 등이다. 경주 월성군 배리에서 출토된 광구쌍이 호(사진 122)는 보주형 뚜껑이 있는 회백색 경질토기 안에 들어 있었다. 위에 덮인 뚜껑은 월요 청자 옥벽저완이고, 호는 화장火葬 골호骨壺의 내호內壺로 사용되었다. 형태는 전체적으로 풍만하며 치밀한 경질 태토에 청자유가 입혀졌다. 동체의 어깨 양쪽에는 마름모꼴 귀가 장식되어 있으며 그 아래에는 첩화 기법의 물고기가 있는 리본 장식으로 연결되어 있다. 자료 분석에 따르면 이러한 형태의 호는 8세기 후반에서 9세기 전반에 제작된 것이다.

첩화인물문 주자는 황해도 해주군 청룡면 용매도 근처의 석탑 안에서 발견된 것이 전해지고 있다.(사진 123), 형태는 전체적으로 길쭉하며 첩화 장식이 있고 주구가 짧다.[134] 첩화로 장식된 인물은 화관을 쓰고 둥근 담요 위에서 춤을 추는 무용수, 그리고 양쪽 귀 아래에 피리를 부는 사람과 손에 어떤 물건을 들고 있는 사람이다. 경기도 옹진군에서도 이와 유사한 주자가 발견되었다. 첩화 문양은 주구 아래에 기마인물이 있고, 한쪽 귀 아래에 고깔 모양의 모자를 쓰고 악기를 연주하는 서역인, 다른 쪽 귀 아래에는 보탑 모양의 문양이 장식되어 있다. 이들은 허베이성 스자좡石家莊 당대 묘지에서 출토된 원화 7년(812) 명문이 있는 주자와 유사하다.

경주에서 출토된 것으로 알려진 첩화인물문 주자(사진 124)도 있다. 주구는 팔각형의 짧은 모양이며 반대쪽에 손잡이가 있다. 주구와 손잡이 사이에는 작은 귀 2개가 대칭으로 달려 있다. 주구와 두 귀 아래쪽에는 인물상이 첩화되어 있고 손잡이 오른쪽에서 아래쪽 부분에는 '정가소鄭家小, 천하유天下有, 명名'이라는 세 줄의 명문이 갈유로 쓰여 있는 게 보인다. 주구 아래의 첩화는 서역인의 복장을 한 인물이 탁자에 설치된 거문고를 타고 있는 모습이다. 일본의 고고학자 미카미 쓰기오三上次男는 9세기 중후반에서 10세기 사이에 제작된 것으로 분석했다.[135]

장사요 청자가 차 도구로 사용되었음을 설명해주는 유물로는 '악록사嶽麓寺 다완茶碗'명이 있는 장사요 다완을 들 수 있

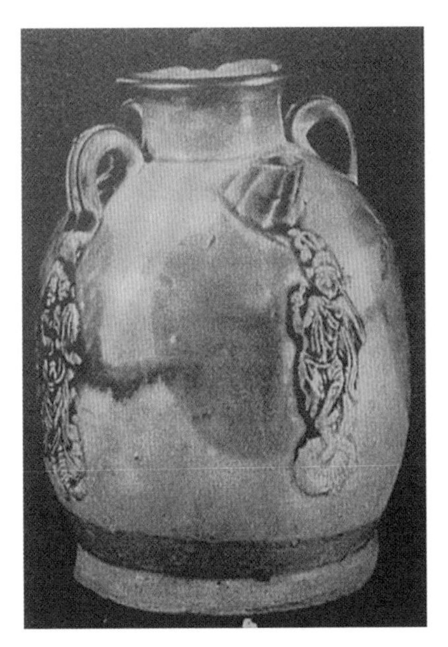

사진 123
장사요 첩화인물문 주자, 당, 높이 15cm,
황해도 용매도, 오쿠히라 다케히코奧平武彦

사진 124
장사요 청자 첩화인물문 주자, 당,
높이 19.6cm, 국립중앙박물관

다.[136] '악록사 다완'이라는 명문은 시주자와 승려가 차의 주요 소비자였음을 말해주는 것으로,[137] 인도네시아 벨리퉁 침몰선에서 발견된 장사요 청자주자와 함께 발견된 '도잔자茶盞子'명 완 역시 다구였을 것으로 해석된다.[138]

한반도 차 문화의 절정기

고려시대는 우리나라 차문화의 전성기라고 할 수 있다. 음다법을 비롯해 차와 다구의 사용 면에서 중국의 송과 비견되는 최고의 수준을 보여준다. 전해지는 문헌을 살펴보면 무신 정권이 들어선 1170년 이후 은거 문인과 승려들이 쓴 다시茶詩가 본격적으로 나타나고 있으며, 내용을 살펴보면 전다법, 점다법, 투다법 등을 즐겼음을 추정할 수 있다.[139] 대표적인 문인은 이인로, 김극기, 이규보 등이며, 승려로는 진감국사, 원감국사, 태고선사 등이 있다.

1) 고려 문인과 스님들의 운치 있는 음다법

고려시대에는 차 가루를 다완 혹은 찻잔에 넣고 물을 조금씩 나누어 따르면서 거품을 만들어 마시는 송나라의 점다법이 크게 유행했다. 이규보(1168~1241)는 다시를 많이 남긴 문인 중 한 명으로, 그가 남긴 「유차시孺茶詩」에 점다에 관한 내용이 보인다. "힘들여 딴 찻잎 불에 덖어 덩어리로 만들어, 남보다 앞서 임금님께 드리려 하네. 선사는 어디서 이 좋은 차를 구했는가. 손에 닿자 향기가 코를 찌르네. 벽돌 화로의 불꽃 솟는 숯불에 달여 시험 삼아 꽃무늬 찻잔에 점다하니 색과 맛이 뛰어나네."[140] 유차孺茶란 유화乳花가 있는 거품 차, 즉 점다한 차를 말한다. 찻잎을 덖어서 단차를 만드는 과정과 점다하여 함께 마시는 장면이 묘사되어 있다. 또 다른 시 「천화사에서 노닐다가 차 마시면서 동파의 시운을 쓰다遊天和寺飮茶用東坡詩韻」에서는 "녹태전綠苔錢을 뚫어 깨니, 시냇가에 졸던 오리 놀라 깨네. 점다의 오묘한 수법에 힘입어, 눈 같은 진액 반 그릇으로 번민을 씻어내네"[141]라고 읊었다. '녹태전'이란 고려시대에 만들어진 단차이고, '눈 같은 진액 반 그릇半甌雪液洗'은 점다용 다완(구甌)에 거품을 낸 차를 표현한 것이다.

작자 미상의 「고사자오도高士自娛圖」(사진 125)에서도 고려시대 점다 문화의 면모를 살필 수 있다. 시기를 추정할 만한 글은 없으나 고려 불화에 보이는 설채設彩 기법과 청록의 진채眞彩를 사용하고 있어[142] 고려 때의 것으로 추정되고 있다. 정원 한 모퉁이에 옷이나 두건 색이 다른 차림의 인물 7명이 자유롭게 앉거나 서 있는 모습이 그려져 있고, 앞쪽에는 다동이 무릎을 꿇고 앉아 화로에 부채질을 하며 차를 준비하고 있다. 바닥에는 목제와 석제 받침대가 놓여 있고 그 위에 화로와 다연, 주칠과 흑칠로 된 잔 받침이 큰 그릇에 담겨져 있다. 화면에 보이는 약연과 다완을 통해 고려시대 점다 문화의 일면을 살필 수 있다.

고려의 문인이나 승려들이 읊은 다시에는 차를 끓여 마시는 전다법이 제법 많이 묘사되고 있다. 우선 진각국사眞覺國師 혜심慧諶(1178~1234)이 읊은 「담령에게 보인 육잠示湛靈上人求六箴」 중의 한 수 「비잠鼻箴」에서는 "향기 있는 곳에서는 함부로 열지 말지어다. 냄새나는 곳에서는 굳게 막고 쉬어야 하며, 향기가 천불千佛을 만들지 못하거늘 하물며 주검을 나라에 쏟음에랴. 노구솥에 녹명綠茗을 달이니 화롯불 가운데 편안함이 있어라. 어이! 어이! 어이! 중후한 곳에서 지식을 구하리라"143라고 했다. '노구솥에 녹명을 달이니'라는 구절은 잘 길들여진 무쇠솥에 녹차를 끓이는 행위로, 이 또한 차를 끓여 마시는 전다법이다. 원감국사圓鑑國師 충지沖止(1226~1292)는 「정축삼월삼십일 진각사를 노닐며丁丑三月三十日遊眞覺寺」라는 시에서 "벽돌 화로와 돌솥을 제각기 갖춰들고, 발을 세워 걷고 걸어 푸른 층계에 올랐어라. 나물 삶고 차 달이니 즐거움이 넉넉하고, 물 굽어보고 산 바라보면 그 생각이 무한하네"144라고 읊었다. 화로에 돌솥을 올려놓고 차를 끓여 마시는 여유로운 장면을 묘사하고 있다. 태고보우국사太古普愚國師(1301~1382)는 「영녕선사계송永寧禪寺偈頌」에서 "에는 듯한 추위는 뼛속에 스며들

사진 125
「고사자오도」, 고려, 작자 미상, 일본 유겐사이幽玄齋

사진 126
석제 요, 고려, 높이 4.2cm,
입지름 6.1cm,
국립중앙박물관

고, 날리는 눈발은 창을 두드리네. 깊은 밤 화롯불에 차를 달이니, 맑은 차향이 다병에서 새어나오네"[145]라고 하여 화롯불에 다병을 올려 맑은 차를 끓이는 모습을 노래하고 있다.

이러한 다시들을 잘 살펴보면 다양한 재질과 형태의 솥과 탕관이 등장하는데, 가장 대표적인 것이 돌솥이다. 고려 말 충신이었던 정몽주鄭夢周(1337~1392)의 「석정전다石鼎煎茶」라는 시에도 등장한다. "나라에 공효 없는 늙은 서생이, 차 마시기 버릇에 젖어 세상일은 잊었다네. 눈보라 휘날리는 밤 그윽한 서재에 홀로 누워, 돌솥의 솔바람 소리를 즐겨 듣나니."[146] 이색李穡(1328~1396)의 「전다즉사煎茶卽事」에서도 돌솥에 차를 끓이는 장면이 있다. "봄 한낮 산 개울은 낮같지 않고, 밤에는 우렛소리 내 마음을 흔드네. 꽃 찻잔에 담은 흰 차는 아침 후에 마시고, 돌솥의 솔바람 소리는 낮잠 깨고 듣는다."[147] 시에서 언급된 돌솥(석요石銚)은 손잡이가 달린 작은 냄비 형태의 그릇으로 찻물 전용으로 쓰인 탕관으로 보인다. 그 실물과 유사하다고 추정되는 돌솥이 고려 개성 일대 유적에서 발견되었다.(사진 126)

고려시대의 투다鬪茶를 직접적으로 묘사한 자료는 많지 않은 편이다. 고려 중기의 문인 이연종李衍宗(1270~1352)은 자신이 참여한 명전茗戰(투다)에 대해 이렇게 썼다. "젊은 시절 영남의 절에 손님으로 가서 여러 번 스님 따라 명전 놀이 했었지. 용암의 바위 가장자리, 봉산의 기슭에서, 대나무 사이로 스님 따라 매부리만 한 차를 땄네. 한식 전에 만든 차가 제일 좋다고 하는데, 더구나 용천과 봉정의 물이 있음에랴. 사미승의 차 다루는 날랜 솜씨, 백설 같은 차 가루, 찻잔에 따르기를 그치지 않네."**148**

이연종은 십대에 절에서 스님에게 투다를 배웠으니 이미 13세기 말 사찰에서 투다가 빈번했음을 알 수 있다. 투다 문화가 언제 고려에 유입됐는지는 정확치 않지만 사미승이 날랜 솜씨로 '백설 같은 차 가루'를 만들었다는 구절은 흰 거품을 내기 위해 점다하는 장면으로, 송대의 투다와 별반 다르지 않았을 듯하다. 중국에서 투다는 상인이나 백성도 보편적으로 즐기는 유희였던 반면 고려의 명전 놀이는 승려나 문인들의 전유물이었던 듯하다. 이는 당시 차 문화가 귀족 사대부를 중심으로 유행했기 때문이다.

이 외에 이규보의 시에도 투다가 직접적으로 언급되지는 않았지만 차를 평가하거나 물을 품하는 대목을 볼 수 있다. "연로하신 스님 일도 많구나, 차도 품평하고 물도 평하려니." "오승과 차의 품질을 다투고, 봉등 아래 맑은 잔 기울여 취하네."

"차와 물을 평하는 것은 불가의 풍류이니, 양생을 위한 천년 복령 필요치 않네. 스님들이 손수 달인 차, 내게 향기와 빛을 자랑하네. 내 말하노니 늙고 병들어, 어느 겨를에 차 품질 따지랴. 일곱 사발에 또 일곱 사발, 바위 앞 물을 말리고 싶네."[149]

차가 아무리 훌륭해도 좋은 물을 쓰지 않으면 투다에서 이길 수 없는 법이다. 김극기(?~1209)는 평양의 박금천薄金川이 차를 달이기에 좋은 물이라 했으며, 홍간洪侃(?~1304)도 『다보茶譜』와 『수경水經』에서 물의 중요함을 언급했다. 이색李穡(1328~1396) 또한 「영천靈泉」에서 "평생에 청정한 일을 좋아하노니 고인의 다보에 속편을 내고 싶네. 마땅히 차 끓일 돌솥 갖고 가서 물 끓는 소리를 들으리"라며 좋은 물로 차 끓이는 즐거움을 노래했다.[150]

이와 같이 고려 문인과 승려의 시문을 통해 당시에 유행한 제다법을 살펴보면 찻잎을 끓여 마시는 전다, 차 가루에 끓인 물을 부어 유화 거품을 만들어 마시는 점다, 차 산지나 차 맛을 품평하면서 경쟁하듯 겨불하는 투다가 동시에 유행했음을 알 수 있다.

2) 월요 청자를 능가한 고려청자

나말여초 당나라 유학을 마치고 돌아온 선승들에 의해 구산선문九山禪門이 개창됨에 따라 불교계의 영향력이 확장되었고, 사찰의 차 문화가 왕실을 비롯해 문인 사대부 계층에 널리 전파되었다.[151]

고려 왕실의 차 문화에 대해서는 송나라 사신 서긍이 쓴 『선화봉사고려도경宣和奉使高麗圖經』(이하 『고려도경』)에 비교적 상세한 내용이 소개돼 있다. 그중 "고려의 토산차는 떫어서 납차와 용봉사단龍鳳賜團을 귀하게 여겼다"는 문장과 "지금 입조했던 진공사進貢使 자량資諒이 계향桂香, 어주御酒, 용봉명단龍鳳茗團을 가지고 돌아왔다"[152]라는 문장이 있다. 국왕은 중국에 다녀온 사신이 가져온 납차와 용봉단차를 신하들에게 하사하거나 연회석에서 대접하곤 했다. 또한 왕실에서는 차를 전문적으로 다루는 기관인 '다방茶房'을 궁내에 두어 다양한 진다進茶 의식을 주관하게 했으며, 왕이 행차할 때도 다례를 행했다.[153] 봄에 열리는 연등회, 가을에 열리는 팔관회 등 계절마다 치러지는 각종 행사에도 다례의식이 빠지지 않았다. 또한 왕이 순행할 때 잠시 휴식을 취하는 '다원茶院'이라는 시설도 갖춰져 있었다.[154] 이러한 내용으로 보아 당시 음다가 얼마나 고급스런 문화였는지 알 수 있다.

차는 고려 왕실, 사찰, 귀족 등 상류층의 애호품이었기 때문에 문화적으로나 사회적으로 큰 관심사였다. 왕실에서는 전남 등 지역에 차 재배와 제조를 관장하는 다소茶所를 설치하는 등 국가 차원에서 관리했다.[155] 또한 문인들이 모여 시를 읊고 담론하는 자리에서 음다는 빼놓을 수 없는 문화 행위로, 궁중에 다방이 있었던 것처럼 개경 시내에도 차를 마시는 다점茶店이 있었다.[156] 왕실에서는 연로한 공신이 죽음을 맞으면 부의품賻儀品으로 차를 하사했으며, 어용차인 뇌원차腦原茶를 거란에 공물로 보냈다.

고려 왕실에서는 어떤 다기를 사용했을까. 앞서 소개했듯이, 우리나라는 삼국시대에 중국으로부터 차가 전래되어 본격적으로 음용되기 시작했으며 통일신라의 생활 유적과 사찰

유적에서는 많은 양의 중국산 월요 청자와 형요 백자의 다완류가 발견되었다. 고려 정권 초기에는 통일신라의 다기 종류를 그대로 이어받은 것으로 보인다. 즉 고려가 자체적으로 청자를 생산하기 전에는 월요 청자와 형요 백자 다기를 사용했을 것이다. 정종定宗(945~949 재위)의 능인 안릉安陵에서는 주로 오대五代에 월요에서 생산된 정교한 청자 화형 완, 청자 잔탁, 청자 주자뚜껑 등이 발견되었다.[157] (사진 127, 128)

10세기 중반 즈음에는 월요 청자를 모방한 다기가 제작되었다. 당시 청자 가마로 유명한 시흥 방산동 가마터에서는 차와 관련된 다구 가운데 완 종류가 50퍼센트 이상이고 나머지는 발, 접시, 잔탁, 주자, 호, 병 등이 발굴되었다. 11세기 후반부터 12세기에 이르면 새로운 다구 형태가 등장하는데,[158] 이는 고려 특유의 차 문화와 식생활과 관련이 있다. 특히 고려청자 가마터에서 다완류가 가장 많이 제작된 것은 차 문화와 연관이 깊다.

인종仁宗(1122~1146)의 능인 장릉長陵에서는 황통皇統 6년(1146)의 인종 시책諡冊을 비롯해 석제 함, 동제 합, 과형 병(사진 129), 청자 투합(사진 130), 국판문 합, 유개 완 등이 발견되었다.[159] 현전하는 네 점의 청자는 유색이 차분한 전형적인 비색 청자들로 강진 사당리 일대에서 수습된 청자와 유사하다. 이 가운데 차 마실 때 곁들이는 다식을 담는 용도였을 것으로 추정되는 방형의 투합은 한 점만 발견되었으나 본래 여러 점이 포개져 있었을 것으로 보인다.[160] 그 형태는 중국 쑤저우 우현吳縣의 치쯔산七子山과 저장 항저우의 전원관錢元瓘(887~941) 묘에서 출토된 것과 매우 유사하며[161] 여요 요지에서도 이러한

사진 127
월요 청자화형 완, 고려 정종, 안릉 출토

사진 128
월요 청자주자 뚜껑, 고려 정종, 안릉 출토

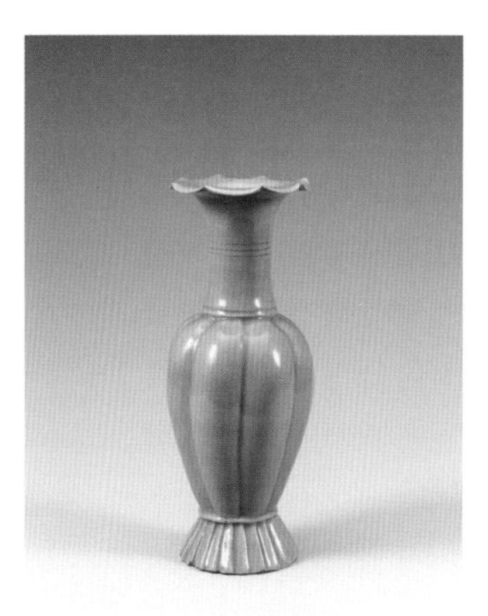

사진 129
청자 과형 병, 고려, 높이 22.7cm,
인종 장릉, 국립중앙박물관

사진 130
청자 투합, 고려, 높이 8.6cm, 인종 장릉, 국립중앙박물관

사진 131
청자 상감당초문 완, 고려,
문공유 묘(1159),
높이 6.2cm 입지름 16.8cm,
국립중앙박물관

사진 132
경덕진요 청백자 모란당초문 주자, 송,
문공유묘(1159), 높이 6.1cm, 국립중앙박물관

사진 133
백자 은구 완, 송, 문공유 묘(1159),
입지름 10.2cm, 국립중앙박물관

투합이 발견되었다.[162]

인종 때 문신인 문공유文公裕(1159)의 묘에서는 고려청자와 중국의 백자가 함께 부장되어 있었으며 완과 주자 등의 다구가 있었다. 즉 고려청자 상감당초문象嵌唐草紋 완(사진 131), 국화문 반, 경덕진요 청백자 모란당초문 주자(사진 132), 청백자 봉수병鳳首甁, 백자 은구銀釦 완(사진 133) 등이 출토되었다.[163]

고려 초 사찰에서 출토된 청자로는 완이 주종을 이룬다. 충남 논산의 개태사, 전남 화순의 운주사, 충주의 숭선사, 청주의 흥덕사, 전북 남원의 만복사 등 사찰 유적에서 다양한 청자 완이 출토되었다.[164] 규모가 큰 봉업사나 미륵사 터에서는 상당량의 자기가 출토되었는데, 특히 미륵사지에서는 1만 점 이상의 도자기가 출토되었다. 주요 기종은 역시 완, 발, 잔, 잔탁 같은 음다 용기였다.[165]

12세기 초 파주에 행궁 시설로 조성된 혜음원지에서는 1300여 점의 자기류가 출토되었다. 그중 1000여 점이 청자였으며 종류는 음식기나 음다 용기로 쓰였을 접시, 대접, 완, 발, 잔 등이다. 이러한 용기들은 고려 왕실에서 사용하던 고급 청자의 수준을 보여준다.[166] 고려의 수도였던 개성 왕궁지에서도 접시, 대접, 완, 병, 잔탁, 잔, 향로 등이 출토되었는데 역시 음식기와 다기가 주류를 이루고 있다.[167] 다기로는 고려청자 다완(사진 134), 잔탁(사진 135), 주자(사진 136), 타호(사진 137) 등이 확인되고 있다.

3) 다양하고 세련된 고려 다구

고려 사람들은 다양한 종류의 다구를 사용했다. 당시 문헌

사진 134
청자 음각운학문 완, 고려, 개성 부근, 높이 5.5cm
입지름 17.3cm, 국립중앙박물관

사진 135
청자 잔탁, 고려, 개성 부근 출토, 높이 6.7cm
받침지름 17.3cm, 국립중앙박물관

사진 136
청자 운학문 주자, 고려, 개성 부근, 높이 23.6cm,
국립중앙박물관

사진 137
청자 모란문 타호, 고려, 개성 부근,
높이 9.7cm 지름 20.5cm, 국립중앙박물관

사진 138
청동 화로, 청동 주자,
고려, 높이 25.2cm,
국립중앙박물관

사진 139
석제 다마, 고려,
청주 사뇌사지,
높이 24.0cm,
국립청주박물관

에도 화로, 탕관, 다마, 완, 다병, 상자, 다합, 다반 등 다양한 다구가 등장하며 사용 방식에 따라 이름도 세분화되었다. 예컨대 난방 또는 찻자리에서 물을 끓이는 데 사용되는 화로는 특성에 따라 노爐, 전로塼爐, 풍로風爐, 지로地爐, 와로瓦爐, 전로甎爐 등 여러 이름으로 불렸다. 대체로 벽돌로 만들어진 전로塼爐 혹은 전로甎爐가 많은 편이며 휴대할 수 있는 작은 화로도 있었다. 지로地爐의 경우 땅을 파서 만든 화로 형태로 일본의 다실 화로와 유사한 붙박이 화로일 것이다. 고려시대의 청동 화로와 청동 주자는 세트로 제작되었다.(사진 138)

차를 끓이는 용도의 탕관은 재질과 형태에 따라 정鼎, 요銚, 당鐺, 조竈, 쟁鎗, 탕관湯罐, 철병鐵甁, 다병茶甁 등으로 분류되었다. 예컨대 돌솥으로 만든 것은 석정石鼎 또는 다정茶鼎이라 불렸으며, 손잡이가 붙은 것은 요, 손잡이와 주구(귀대)가 붙어 있는 주자는 철병鐵甁 또는 다병茶甁이라 했다. 석요石銚(사진 126)는 전다용 다구로 풍로와 함께 사용되었다.

차를 즐기는 이들의 필수 도구인 맷돌은 다마茶磨라고 불렸는데, 연고차를 가루차로 만들 때 사용되었다. 이인로는 맷돌을 써서 차가 만들어지는 과정을 설레는 마음의 시로 읊었으며,[168] 이규보는 차 맷돌을 보내준 이에게 감사의 뜻으로 「다마를 준 사람에게 사례하다謝人贈茶磨」[169]라는 시를 읊기도 했다. "돌 쪼아 바퀴 하나 이뤘으니 맷돌을 돌리는 데 한 팔만 쓰는구나. 자네도 차를 마시면서 어찌 나에게 보내주었는가. 내가 유독 잠이 많은 것을 헤아려 나에게 부쳐준 게지. 갈수록 향기로운 가루 나오니, 그대 마음 더욱 고맙네." 이러한 맷돌은 강화 선원사지, 청주 사뇌사지(사진 139), 월남사지, 보경사 등지에서 발견되기도 했는데 고려시대에 유행했던 점다 문화를 잘 보여주고 있다.

찻잔은 완椀, 구甌, 배盃, 발鉢, 우盂, 화옹花甕, 화자花瓷, 종鍾 등으로 분류된다. 그중 완은 형태, 유색, 용도에 따라 완碗, 완腕, 명완茗椀, 다완茶椀, 설완雪椀, 벽완碧椀 등으로 세분화된다. 그리고 설완과 벽완은 각각 백자와 청자를 지칭한 것으로 보인다. 크기가 큰 완을 지칭하는 구甌는 격불하여 유화 거품을 내는 용도의 다구인데 자구瓷甌, 다구茶甌, 화구花甌로도 불렸다. 문양이 장식된 완은 화구花甌, 화자花瓷, 화옹花甕이라 했다. 이렇듯 다양한 이름의 완이 있었다는 것은 오직 차를 마시기 위한 용도로 제작되었다는 사실을 반증한다.

고려시대의 다시茶匙는 은과 구리 재질, 두 가지가 전해지고 있다. 은제 다시의 기능은 말차를 뜨기 위한 숟가락 부분과 격불하기 위한 고리쇠 부분으로 나뉜다. 예컨대 고리쇠 부분이 꽃 모양으로 12개의 고리를 이루는 다시(사진 140)도 있고, 손잡이 부분 가운데에 금을 입힌 거북이가 연꽃 위에 앉아 있는 문양의 다시(사진 141)도 있다. 그리고 개원통보開元通寶 엽전 모양이 장식된 다시(사진 142)[170]도 볼 수 있는데, 동전 면으로는 차의 양을 조절하고 반대편에 달린 작은 고리로 격불한 것으로 보인다.

송대 채양蔡襄의 『다록茶錄』을 보면 차의 양을 '일전비一錢匕' 만큼 넣는다는 내용이 있다. 1전비는 약 3.7그램으로, 동전 숟가락을 뜻하는 '전비錢匕'로 차의 양을 측 측정했다는 것은 당시 측량 단위가 동전 화폐와 관련이 있었음을 시사한다.[171] 이러한 유형의 다시를 맨 처음 발견한 사람은 나카오 만조中尾

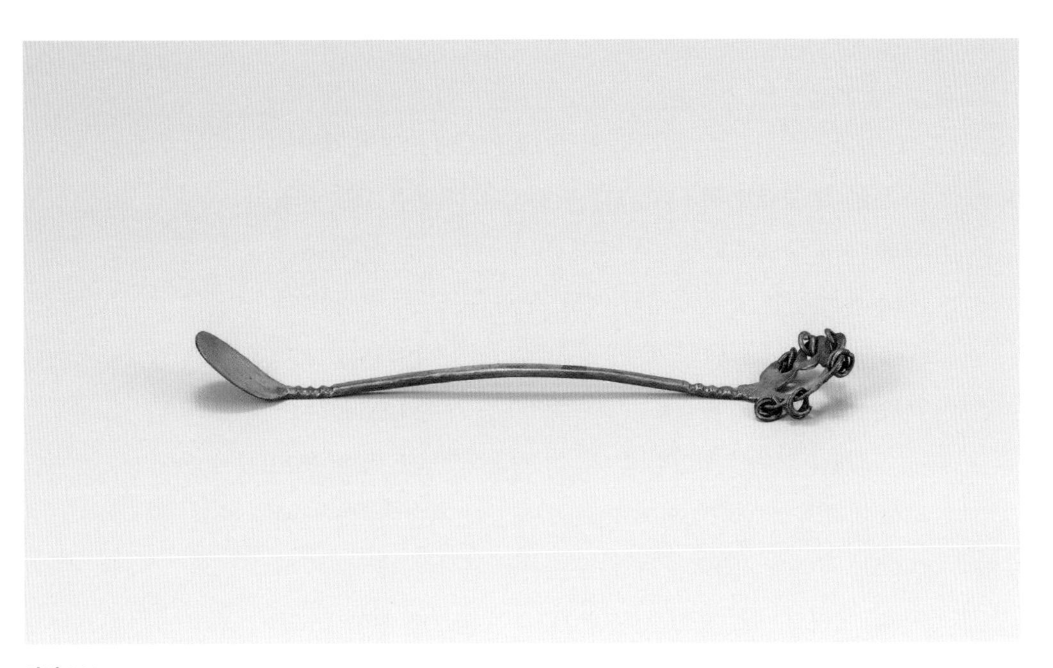

사진 140
은제 다시, 고려, 개성 부근, 길이 17.9cm, 국립중앙박물관

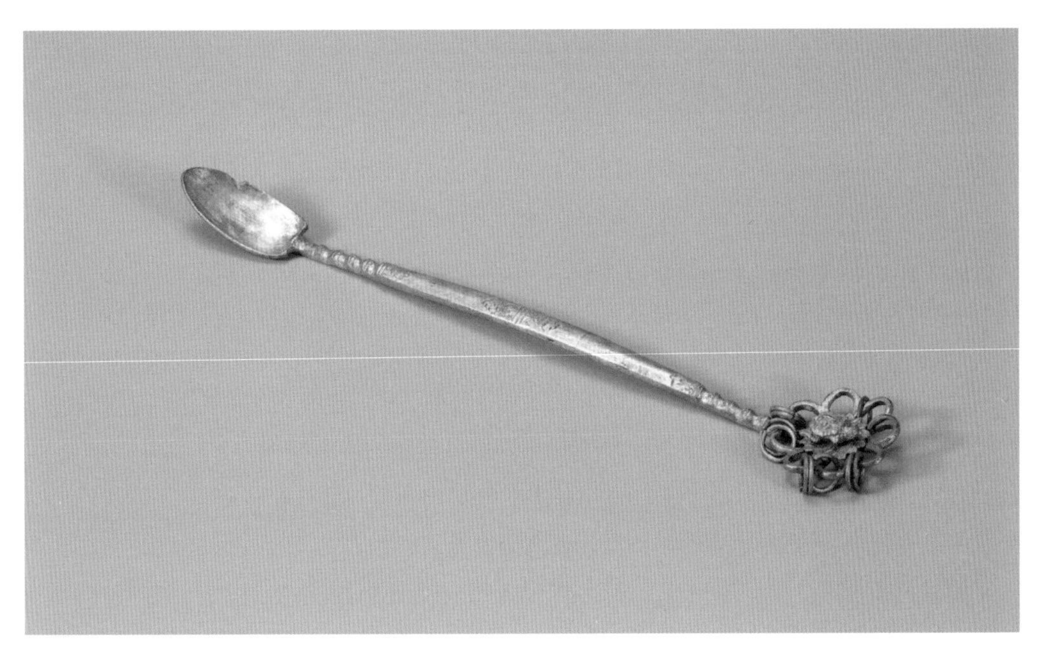

사진 141
은제 다시, 고려, 경기도 화성, 길이 19.6cm, 국립중앙박물관

萬三라는 일본인으로, 1925년 이왕가박물관에 소장된 개원통보 다시를 실견한 뒤 그 용도를 밝혀냈다.[172] 한편 고려 숙종 8년(1103)에 고려를 방문한 북송의 서장관書狀官 손목孫穆은 자신이 견문한 고려 왕실의 제도, 풍속, 방언 등에 관한 약 360개 어휘를 채록한 『계림유사鷄林類事』를 저술했는데, 고려 사람들은 다시를 '다술茶戌'이라 불렀다는 기록이 있다.[173] 이는 12세기 전부터 점다법에 다시가 사용되었음을 말해준다. 그런데 황우皇佑 연간(1049~1053)에 채양이 저술한 『다록』에 따르면 점다는 거품을 내기보다는 차를 풀어서 마시는 방식이다. 고려의 다시 또한 거품을 낼 수는 있으나 현실적으로 유화乳花를 피우기는 어려운 구조이므로 12세기 전까지는 다시를 사용하다가 이후부터는 다선茶筅, 즉 차솔을 사용했을 것으로 보인다. 실제로 고려 시문에 보이는 운유雲乳, 유화乳華, 설유雪乳, 백유白乳, 유화乳花 등의 표현은 대부분 12세기 이후에 확인되고 있다.[174]

송대 문헌에서도 다선은 12세기 초 휘종의 『대관다론』에 나타나며, 축부수竺副帥(차솔)도 13세기에 저술된 심안노인의 『다구도찬』(1269)에 나타나고 있다. 사실 다선의 소재는 대나무이기 때문에 은이나 구리로 만든 다시에 비해 오랫동안 보존되기 어렵다. 그러나 조형성이 뛰어난 고려 다시가 현존 유물로 남아 있고 『계림유사』 등의 중국 문헌에도 기록된 것으로 보아 고려 점다법에는 다선보다 다시가 더 대중화되었던 모양이다. 이상의 기록을 통해 고려시대에는 송대와 비견될 정도로 차 문화가 발달해 있었음을 확인할 수 있다.

4) 중국과 대등한 고려의 차 문화

우리의 석제 다구에 대한 인식은 신라시대로 거슬러 올라간다. 당시 진감국사 혜소의 비문에 이러한 내용이 담겨 있다. "어떤 이가 호향胡香을 선사하면 기와에 잿불을 담아 환丸으로 짓지 않은 채 태우면서 말하기를 '나는 이 냄새가 어떠한지 알지 못한다. 마음만 경건히 할 뿐이다'라고 했다. 또한 중국차를 공양하는 사람이 있으면 섶나무로 석부石釜에 불 때어 가루내지 않고 달여서 이르기를 '나는 이 맛이 어떠한가를 가리지 않는다. 단지 속을 적실 따름이다'라고 했다. 참된 것을 지키고 속된 것을 거스르기가 모두 이와 같았다."[175] 진감국사가 귀한 향과 차의 맛을 알지 못한다고 한 것은 구도자로서 그 향과 맛에 얽매여 탐닉하지 않았음을 나타낸 것이다. 다만 이 비문에서 알 수 있는 것은 당시에 병차를 가루 내어 끓여 마시는 방식이 일반적이었다는 사실이다. 또한 "이 맛이 어떠한가를 가리지 않는다"라고 한 표현으로 보아 육우의 전다와는 달리 가미加味를 위해 소금을 첨가하지 않았음을 유추할 수 있다.

혜소는 중국차인 한명漢茗을 끓일 때 육우 시절의 세 발 달린 쇠솥과는 달리 돌로 만든 '석부石釜'를 사용했다. 섶나무로 불을 땠다는 구절로 보아 긴 시간 차를 끓이는 방식이었을 듯하다. 이와 같이 중국의 솥과 달리 돌솥을 사용했다는 것은 병차를 끓이는 방법 자체가 달랐음을 의미한다.[176] 실제로 신라 화랑들이 전다를 즐긴 곳으로 알려진 강릉의 한송정에는 돌 부뚜막(석조石竈), 돌절구(석구石臼), 돌 연못(석지石池), 돌우물(이석정二石井)의 흔적이 남아 있어 신라 고유의 차 끓이기 방식이 있었음을 추정케 한다.

앞서 중국의 차 문화에서도 언급했듯이, 『십육탕품』에서는 탕기의 재질을 다섯 가지로 구분하면서 신분의 차등을 두어 각기 다른 재질의 탕기를 사용했다고 했다. 이는 재질에 따라 차맛이 다르다는 점을 이해하고 있었다는 증거로, 『십육탕품』에서 금은 다음으로 손꼽은 재질이 바로 돌이다. "돌은 천지의 빼어난 기운이 응결되어 그 형상이 이루어진 것이므로 이것을 다듬어 만든 찻그릇은 뛰어난 기운이 배어 있다. 이러한 찻그릇이 좋지 않다는 것은 있을 수 없는 일이다."[177]

고려 사람들도 석제 다기가 차의 풍미를 잘 살려준다는 사실을 깨달았던 것일까? 고려 개성 일대 유적에서 발견된 잔과 잔탁 세트, 합, 주자, 요 등의 다기를 보면 당시에 석제 다구에 대한 관심이 깊었다는 사실을 짐작할 수 있다. 먼저 잔과 잔탁 세트로 구성된 2개의 다구를 보면 잔은 입이 넓고 구연부가 살짝 벌어져 있으며 복부가 불룩하다.(사진 143) 잔탁은 잔대가 긴 타원형으로 높이 솟아 있는데 선이 아름다울 뿐만 아니라 마치 기계로 깎은 것처럼 매우 얇고 정교하다. 이 잔탁과 매우 유사한 모양을 개성 일대 유적에서 발견된 경덕진 청백자 찻잔과 잔탁에서 볼 수 있다.(사진 144) 중국에서 출토된 다구와 비교하자면, 잔은 더싱시德興市의 북송 가우嘉祐 8년(1063) 유적에서 나온 청백자 잔[178]과 유사하며, 잔탁은 랴오닝遼寧 이현義縣 숙신미조肅愼微祖 2호묘(1057)[179]에서 출토된 경덕진요 청백자 잔탁과 유사하다.

고려 개성에서 발견된 또 다른 석제 잔과 잔탁(사진 145)은 잔의 측면이 직사선에 가까운 두립식 완 형태로 기벽이 두터

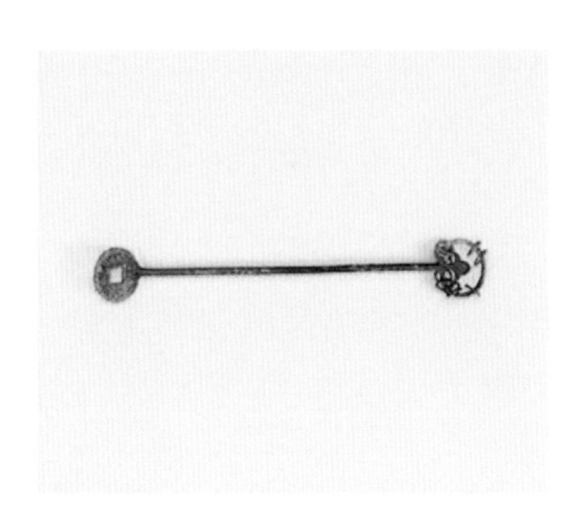

사진 142
동제 다시, 고려, 개성 부근, 길이 18.3cm, 국립중앙박물관

사진 143
석제 잔탁, 고려, 개성 부근, 전체 높이 10.3cm, 국립중앙박물관

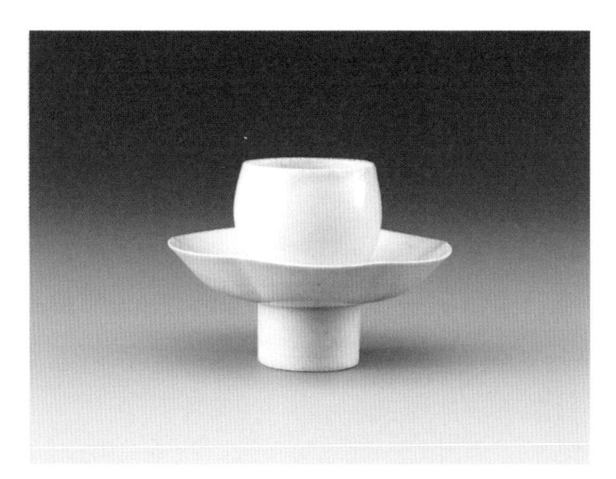

사진 144
경덕진요 청백자 잔탁, 송, 높이 8.6cm, 국립중앙박물관

사진 145
석제 잔탁, 고려 개성 부근, 전체 높이 7cm, 국립중앙박물관

사진 146
석제 주자, 고려, 개성 부근,
전체 높이 21.3cm, 국립중앙박물관

사진 147
석제 합, 고려, 개성 부근, 전체 높이 3.6cm, 국립중앙박물관

우며 돌려 깎은 흔적이 남아 있다. 잔탁의 구연부 안쪽에 현문이 돌려져 있는 등 신경 써서 제작한 것으로 보인다. 송대의 남전 여씨 가족묘(1074~1116)에서 출토된 석제 잔과 잔탁 세트(사진 42)[180] 역시 돌의 종류나 질감이 매우 유사하다.

석제 주자(사진 146)는 목이 짧고 어깨가 꺾인(절견折肩) 형태이며 복부가 납작하고 주구(귀대)와 손잡이가 대칭되어 있다. 뚜껑은 직각의 탑형으로 보주형 꼭지가 붙어 있다. 이런 주자는 남전 여씨 가족묘에서 출토된 석제 대개집호帶蓋執壺[181](사진 41)와 유사하며, 더싱시 유적에서 출토된 북송의 청백자 주자 형태와 전체적으로 유사하다. 그 밖에 석제 요(사진 126), 석제 합(사진 147) 등도 개성 유적에서 발견되었는데, 이러한 석제 다구가 고려에서 제작된 것인지는 아직 확실하지 않다. 다만 중국의 여씨 가문 같은 최상류층에서 석제 다구를 사용한 것으로 보아 석제 다구는 주로 최상류층에서 사용된 듯하다. 고려 개성 유적에서 발견된 석제 다기의 연대는 대략 11세기 후반의 것으로 추정되며 이 무렵에 고려의 차 문화가 최고조에 이르렀던 것으로 보인다. 결국 고려의 차 문화는 중국과 대등한 위치에 있었으며, 고려의 왕실이나 왕가에서 석제 다기를 사용했을 가능성도 적지 않다.

5) 고려인을 매혹한 중국 다기

고려의 문인과 승려는 최상의 차 문화를 향유한 문화적 리더라 할 수 있다. 그들이 지은 시문에서 차와 관련한 내용을 종합해보면 중국에서 유입된 차 문화가 삶의 일상으로 자리 잡았을 뿐만 아니라 정신적 교유 활동에도 차가 중요한 매개

역할을 했음을 알 수 있다. 더불어 차 도구에도 상당한 정도의 관심과 애정을 보였으며, 그에 따라 송나라 사람들은 고려청자의 비색翡色은 천하제일이라 평할 만큼 수준 높은 제작 실력을 과시하기도 했다. 그러나 고려의 차인茶人들은 중국에서 수입된 자기를 더 높게 평가했던 것 같다. 여기에는 자신의 개성이 발현되는 차 문화를 향유하고자 하는 심리와 연관이 있다. 여러 시문을 비롯해 개경 일대에서 발견된 수입 도자기가 이러한 정황을 반영하고 있다.[182]

이규보의 시에서도 중국 자기에 대한 고려 문인들의 관심을 읽을 수 있다. 「동각東閣 오세문吳世文이 고원誥院의 여러 학사에서 드린 삼백운의 시에 차운하다」 가운데 "붓은 회화懷化의 먹을 찍고,[183] 차를 마심에 정요 찻잔을 사용하네"[184]라고 하여 송대 정주의 요장에서 생산된 찻잔을 언급하고 있다. 그 밖에 건요 잔과 길주요 잔을 언급한 시도 전해진다. 명종明宗(1170~1197) 때 대숙승통大叔僧統을 맡은 승려 요일寥一은 「걸퇴乞退」라는 시에서 이렇게 읊었다. "새벽 잠 어슴푸레 꿈을 절간에 맡겨두고, 십 년간 궁궐 사이를 숙이고 배회했다네. 여린 차는 가느다란 난봉鸞鳳의 그림자를 머금었고, 산뜻한 향의 새로 빻은 가루는 자고鷓鴣 새의 반점이라."[185] 이인로의 『파한집破閑集』에도 전해지는 이 시는 요일이 승통 직에서 물러날 수 있게 해줄 것을 조카인 명종에게 청하는 글이다.[186] 이 시에서 '난봉鸞鳳의 그림자'는 봉황무늬가 그려진 길주요의 다완(사진 148)을 가리키며, '자고새의 반점'은 자고새의 깃털무늬가 그려진 건요의 다완(사진 149)으로 여겨진다. 요일 스님의 생몰연대가 12세기 말인 고려 중기였으며 길주요와

사진 148
길주요 흑유봉황문黑釉鳳凰紋 다완, 남송

사진 149
건요 흑유자고문黑釉鷓鴣紋 다완, 남송

사진 150
건요 흑유 다완, 남송, 입지름 12.3cm, 국립중앙박물관

건요가 북송에서 남송 시기에 걸쳐 유행했으므로 시기가 맞아떨어진다. 명종의 숙부인 요일은 20여 년간 궁중에서 지냈기 때문에 중국의 문물을 쉽게 접했을 것이다. 실제로 고려의 여러 사찰터에서 건요와 길주요 파편이 많이 출토되었고 개성 부근에서 길주요 완(사진 32)과 건요 완(사진 150)이 온전한 상태로 발견된 것으로 볼 때[187] 요일의 「걸퇴」는 국제 교류가 활발한 시기에 자신의 직접적인 경험에서 탄생한 다시茶詩로 볼 수 있다.

북송 서긍의 『고려도경』에 보면 고려에서는 금화오잔金花烏盞, 비색소구翡色小甌, 은로탕정銀爐湯鼎이 다구로 쓰이고 있는데 모두 중국 다구를 모방한 것이라 했다.[188] 금화오잔이란 금으로 문양을 그린 흑유 다완을, 비색소구란 청자 다완을, 은로탕정이란 은제 화로와 탕병을 말한다. 이 가운데 금화오잔을 고려의 다기로 보기에는 결정적인 자료가 부족하다. 당시 고려는 청자를 위주로 제작했기 때문에 건요, 길주요, 정요 등의 흑유완과 비교할 만한 대상이 없다. 개경에서도 적지 않은 송대 흑유잔이 발견되었다. 예를 들어 정요에서 제작한 흑유금채黑釉金彩 완(사진 151)은 내벽을 삼등분하여 꽃과 나비가 장식되어 있고, 우림정요遇林亭窯에서 만든 흑유은채銀彩黑釉 완(사진 152)은 안쪽의 유면에 '수산복해壽山福海'라는 길상 문자와 꽃무늬가 장식되어 있다. 둘 다 흔치 않은 것으로, 왕실을 비롯한 최상류층에서 사용된 것으로 보인다.

이 밖에 개경 일대에서 발견된 중국 다기로는 건요 토호잔兎毫盞, 유적잔油滴盞, 길주요 자고반잔鷓鴣斑盞 등의 흑유잔과 정요 백자, 월요, 요주요 청자, 경덕진요의 청백자 잔과 잔탁

사진 151
정요 흑유금채화문 완, 송, 입지름 10.0cm,
국립중앙박물관

사진 152
우림정요 흑유은채문자문 완, 송, 입지름 10.6cm,
국립중앙박물관

등이 있다. 이 자기들은 대부분 송대의 「십팔학사도권」 「문회도」 그리고 요대 벽화에 그려진 차를 준비하는 「비다도」에 등장하는 자기류와 일치한다.

국제적 감각의 차 문화

조선은 종교와 사상의 변혁을 토대로 새롭게 창건된 왕조로, 고려의 찬란했던 불교가 배척되고 유학을 통치 이념으로 삼았다. 수많은 사찰이 통폐합되고 승려들은 환속하거나 산속 깊이 숨어들면서 자연스레 사찰 공양의식이 사라지게 되었다. 더욱이 태종 16년(1416) 예조의 건의로 기신제에 차를 술로 대체하라는 조칙이 내려지면서 왕실 행사에서는 점차 차를 사용하는 일이 줄어들었다.[189] 차의 주요 소비층이었던 사찰, 왕실, 문인들의 관심이 저하되자 초기의 왕실에서는 차에 대해 잘 알지 못했을 정도였다.[190] 민간에서는 과도한 차 세금과 공납에 시달리다 못해 차 농사를 포기하기에 이르렀다. 조선 중기에는 임진왜란의 여파로 경제적 궁핍을 겪으면서 차를 즐길 만한 상황이 조성되지 못했다.[191] 그나마 왕실 의례와 사찰의 승려들에 의해 겨우 명맥을 유지할 수 있었다.

조선 왕실에서 차는 외국 사신을 접대할 때 시행되는 접빈다례接賓茶禮와 제향다례祭享茶禮 그리고 진연다례進宴茶禮에서 사용되었다. 조선 전기까지만 해도 『국조오례의國朝五禮儀』 가운데 「가례嘉禮」와 「빈례賓禮」 등에 접빈다례에 관한 언급이 보이는데, 이는 중국 사신을 접대하는 의식 절차였다. 조선 중기 이후 접빈다례가 중시되어 인조 12년(1634)에 편찬된 『영빈도독청의궤迎接都督廳儀軌』와 정조 1년(1777)에 편찬된 『칙사다례의勅使茶禮儀』에 차에 관한 의례가 구분 정리되었다. 이런 다례 의식은 정조 12년(1788)에 간행된 『동문휘고同文彙考』에 공식적인 접빈다례로 명시하고 있다.[192] 『승정원일기承政院日記』 인조 17년 기록에 따르면, 임금이 사신을 접대할 때는 은제 다구에 인삼차를 담아 대접하고 신하들이 이를 대신할 때는 작설차를 자기 다구에 담아 대접한다고 되어 있다.[193] 실록에 따르면 접빈다례는 태종 1년(1401)부터 순조 즉위년(1800) 10월까지 시행되었다.[194] 제향다례는 실제 제례에는 쓰이지 않고 그 의식만 차용하는 형태로 변화했다.[195]

진연다례는 국가 의례 중 하나인 진연進宴(나라에 경사가 있을 때 궁에서 벌이는 성대한 잔치)에서 차가 진상되었던 것을 말한다. 고종 임인년(1902) 고종의 어극御極 40주년을 축하하기 위해 황태자가 관명전觀明殿에서 진연을 열었는데, 「진찬의궤進饌儀軌」에 당시의 진연 풍경이 담겨 있다.(사진 153) 사진에 보이는 1, 2폭은 관명전 야진연夜進宴의 광경인데 2폭의 관명전에서 오른쪽으로 3, 4번째 기둥 사이에 화려한 장식의 탁자가 2개 있고 그 위에 찻잔과 잔탁 그리고 찻주전자 세트가 놓여 있다.

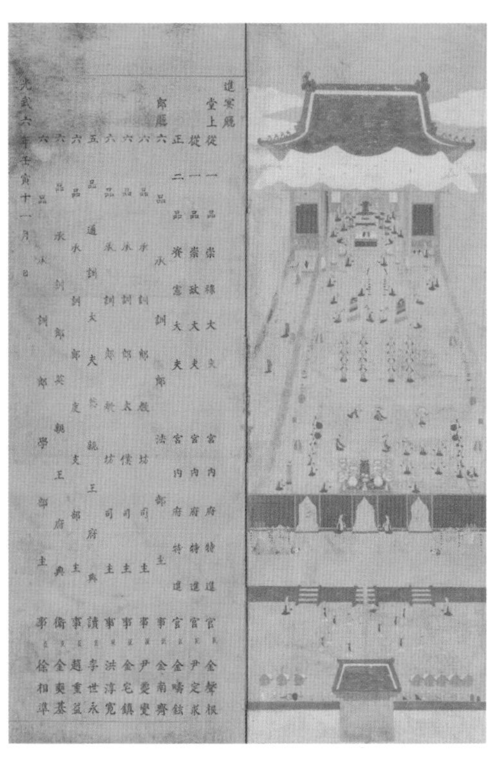

사진 153

임인진연도壬寅進宴圖 병풍, 대한제국,
가로 47.7cm 세로 161.5cm, 국립고궁박물관

1) 차 문화 부흥의 주역들

정약용은 초의선사와 더불어 조선시대 차 문화의 기반을 확보하고 확산에 힘쓴 위대한 차인이었다. 정약용이 강진에서 18년간의 유배를 마치고 떠날 때 이를 기념하여 제자 18명이 '다신계茶信契'라는 차모임을 만들었다. 제자들은 『다신계절목茶信契節目』이라는 규약을 정해 해마다 함께 차를 만들어 마시고 스승에게 차를 올려보냈는데, 이 다신계 모임은 100여 년간 이어졌다고 한다.[196]

정약용은 강진에 있을 때 제자 이시헌李時憲(1803~1860)에게 병차 제조법을 편지에 적어 보냈는데, 그 제다법은 송대에 유행한 차를 가루로 빻아 물로 반죽하는 연고차硏膏茶였다.[197] 이로써 조선의 병차는 송대의 제다 방식을 이어받았음을 알 수 있다. 『다신계절목』을 보면 잎차인 산차散茶도 제작했음을 알 수 있다. 살청殺青 방법에 따라 찻잎을 찌는 증청법蒸靑法의 병차와 쇠솥에 찻잎을 덖는 초청법炒靑法의 산차로 구분했다.

초의선사는 24세 때 정약용과 만난 뒤 차와 인연을 맺게 되었다고 한다. 이는 초의선사가 정약용을 처음 만나 가르침을 받다가 대흥사로 들어가면서 쓴 시 「봉정탁옹선생奉呈籜翁先生」에 잘 묘사되어 있다.[198] 예로부터 사찰의 승려들은 가장 활발하게 차를 소비한 집단이었으나 조선시대에는 소수의 사찰과 승려에 의해 차 문화 전통을 지켜냈다. 대표적인 곳이 대흥사로, 중국의 석옥石屋 청공淸珙(1272~1352)으로부터 법을 받은 태고太古 보우普愚(1301~1382)로부터 다풍茶風이 시작되었다. 이후 12대 종사인 연담蓮潭 유일有一에게 이어졌고, 초의선사의 스승인 완호玩虎 윤우倫佑가 이어받았다.[199] 정약용에게 차

사진 154
「세한도」, 조선, 김정희, 세로 33.5cm 가로(전체) 1469.6cm, 국보, 국립중앙박물관

를 전수한 아암兒庵 혜장惠藏 역시 대흥사의 승려였기 때문에 대흥사는 조선시대 사찰 차 문화의 본산이라 할 수 있다.

초의선사가 지은 『다신전茶神傳』과 『동다송東茶頌』은 국산차의 다법을 재정립한 저술로 평가되고 있다. 『다신전』은 명말 청초의 백과사전인 『만보전서萬寶全書』의 차에 관한 내용을 토대로 자신이 알고 있는 경험과 지식을 보탠 것으로, 차의 채집과 제다부터 차를 마시는 과정에 이르기까지 모든 이론을 소개하고 있다. 또한 초의선사는 살청 기술을 증청법에서 초청법으로 바꾸어 국산차의 품질을 향상시켰다. 이로써 산차 제작 기술의 발전을 도모했고 차 보급에 큰 역할을 했다. 『동다송』은 차의 모양에서부터 간략한 차의 역사, 우리 차의 우수성, 차의 효능과 성질, 차 우리는 방법 등을 담고 있으며, 조선의 초청법에 대한 기록도 찾아볼 수 있다.[200] 『동다송』과 『다신전』 같은 서적이 보급되고 많은 다승이 배출됨에 따라 조선 후기에는 사찰의 차 문화가 자리를 잡아 나갔다.

초의선사와 같이 대흥사 출신 승려였던 각안覺岸(1820~1896)은 삼비법三沸法을 비롯한 다양한 다법을 소개한 여러 편의 다시茶詩를 지었다. 특히 「다구명茶具銘」에서는 당시 승려들이 사용한 다구를 설명하고 있는데,[201] 그중 '와관瓦罐'과 '자완瓷盌'은 구체적인 형태는 알 수 없으나 사찰에서 도기 다관과 자기 다완이 사용되었음을 말해준다.

한편 추사 김정희金正喜는 연행燕行에서 만난 완원阮元을 통해 차에 눈뜨게 되었고 초의선사와 교유하면서 격조 높은 차 문화에 빠져들었다. 추사는 초의차 제다법의 완성에 실질적인 조언을 했으며, 한양 근처에 거주하는 경화사족京華士族에게 초의차를 전파하는 한편 중인들과 널리 교유함으로써 차 문화의 지평을 넓히는 데 기여했다. 초의선사는 추사를 통해 옹방강翁方綱 등 청대 문예계 인사들을 만나 시야를 넓혔으며 고증학이나 실학에도 관심을 갖게 되었다.[202]

추사는 나이 50에 청나라 문인들에게까지 명성이 알려질 만큼 높은 학문과 예술의 경지를 쌓았으나 헌종 6년(1840) 탄핵되어 제주도에서 9년간 유배 생활을 보냈다. 제주도에 유배된 추사는 차를 매개로 많은 사람과 교유했으며 질병의 고통과 외로움을 차로 달래면서 추사체를 완성했다.[203] 헌종 10년(1844) 제주도에서 이상적에게 그려 보낸 「세한도歲寒圖」(사진 154)와 그의 제자 허련을 통해 초의선사에게 보낸 「일로향실一爐香室」 편액은 매우 유명하다.

2) 중국·일본 교류로 부흥한 차 문화

18세기 이후 조선의 차 문화를 부흥시킨 가장 큰 원동력은 중국·일본과의 사행 교류라 할 수 있다. 조선은 1637년부터 청에 사신을 보내기 시작했는데 19세기에만 약 200회나 연행사를 파견했다. 사신 일행은 청 황실의 공식적인 다례 의식에 참석하기도 했지만 숙소나 사찰 등 어디서나 차를 접할 수 있었다.[204]

강희·건륭 연간은 청나라 문화의 최고 전성기로, 중국 역대 문화의 정수를 꽃피우면서 서양의 과학기술을 받아들여 산업을 발전시키고 있었다. 18세기 이후 사행을 통해 청의 발달한 문물을 목격한 박지원·홍대용·이덕무 등의 '북학파' 지식인들은 이러한 선진 문물을 적극 받아들일 것을 주장했다. 그런 가운데 차의 실용적 가치를 국부 창출의 수단으로 삼자고 주장한 이덕리, 정약용 등의 견해가 재조명되었다. 이덕리李德履(1708~1735)는 그의 저서 『강심江心』에서 차는 쌀이나 콩 같은 식량처럼 대량으로 소비되지 않으면서도 까다롭지 않은 환경에서 잘 자라기 때문에 부가가치가 높은 작물로 보았으며, 차 재배에 관한 실용 방안을 언급했다. 정약용은 초의선사에게 다법을 알려주어 조선 후기 차 문화의 중흥을 이끈 핵심적인 인물로서 차의 약리작용을 잘 이해했을 뿐만 아니라 재배법, 제다법, 행다법에 대해 연구했다. 이어서 『경세유표經世遺表』(1817)에서 호조 개혁책 중 하나로 차 실용론을 주장했으며, 「각다고榷茶考」 편에서는 역대 중국의 차 독점판매 정책인 차 전매제도 그리고 산차·편차·말차 등의 제법과 특성과 음다법 등의 시대적 변천을 고찰하고, 이를 토대로 명대의 차마茶馬 무역의 국내 도입을 주장했다.[205]

조선의 연행에 관한 기록 가운데 서호수徐浩修(1736~1799)의 『연행기燕行記』에는 연회에 참석한 신하들에게 보이차와 차고茶膏를 주었다는 기록이 있으며, 김정중金正中의 『연행록燕行錄』에는 신하들이 칠완漆椀, 칠접漆楪, 자병磁甁, 다종茶鍾, 불수감佛手柑 등을 받았다는 내용이 있다.[206]

박지원의 『행재잡록行在雜錄』에는 건륭제의 칠순을 맞아 연행에 나선 조선 사행원들이 건륭제 알현에 앞서 위대한 승려가 사는 곳인 찰십륜포札什倫布에서 액이덕니額而德尼로부터 차 대접을 받았다고 기록되어 있다.[207]

중국에 가서 차에 대해 깊은 인상을 받은 추사 김정희는 선물로 받은 차와 다구를 가져와 조선에 차 문화를 전파한 대표적인 인물이다. 그는 1809년 사행단을 이끄는 부친 김노경을 따라 연경에 갔을 때 불교에 조예가 깊으며 차에 일가견을 지닌 옹방강을 만나 필담을 나눴다.[208] 완원의 서재를 방문했을 때는 용단승설차에 매료되어 '승설勝雪'을 자신의 호에 추가하기도 했다.[209]

한편 조선과 일본의 교류는 1592년 임진왜란으로 인해 중단되었다가 1607년부터 일본의 요청으로 조선통신사의 왕래가 재개되어 1811년까지 12차례 파견되었다. 당시 일본은 다양한 나라와의 교역으로 발전된 문물과 경제적인 풍요를 누리고 있었고,[210] 당시 일본에 다녀온 통신사들이 경험한 차 문화는 조선의 차와 다구 제작에 영향을 주었다.

3) 조선시대에 유행한 차와 다법 그리고 다구

조선 후기에는 어떤 차 종류가 유행했을까. 오주五洲 이규경

李圭景(1788~1856)의 『오주연문장전산고五洲衍文長箋散稿』「도다변증설荼茶辨證說」에는 국산차 3종과 중국차 19종이 소개되어 있다. 국산차로 소개되는 죽로차竹露茶, 밀성차密城茶, 만불차萬佛茶는 녹차 계통으로 보이며, 19종이나 되는 중국차는 당시 이규경이 개인적으로 정리했을 가능성이 크다.[211] 왜냐하면 다른 문헌에 등장하는 중국차의 명칭으로 보면 실질적으로 국내에서 소비된 차는 황차, 청자, 보이차 정도였기 때문이다.[212]

조선시대에 차를 즐겼던 권근權近, 이행李行, 하연河演, 서거정徐居正 등 문인들의 시문에는 '다정茶鼎' '전다煎茶' '팽다烹茶' '다완茶椀' '다죽茶粥' 등의 용어를 볼 수 있다. 서거정(1420~1488)의 시 「작설차를 준 잠상인(김시습)에게 감사하며謝岑上人惠雀舌茶」[213]에는 차를 불에 쬐거나 차를 곱게 간 모습이 옥가루 같다는 내용도 있고, 차에 생강이나 다른 재료를 첨가해서 마신다는 표현도 있다. 이는 차를 죽으로 만들어 마시는 중국의 모다芼茶 방식을 나타낸 것이다. 중국은 명대 이후 주원장의 명령으로 병차 제조가 중지되고 산차 중심의 포다법이 유행했지만, 조선시대에는 병차와 산차가 공존했으며 다법 또한 모다법, 전다법, 점다법, 포다법이 병행되었다.

이익李瀷(1681~1763)의 『성호사설星湖僿說』에도 18세기의 조선에서 점다법이 행해졌음을 보여주는 대목이 있다. "이 차란 것은 맨 처음 생겼을 때는 물에 끓여 먹었다. 가례에서 쓰는 점다는 차를 가루로 만들어서 잔에 넣고 끓는 물로 축인 다음 솔로 휘젓는 것인데, 지금 일본차가 모두 이와 같다. 정공언丁公言과 채군모蔡君謨가 기이한 계교를 내서 다병茶餠을 만들어 조정에 바치자 드디어 다 같이 만들어 먹는 풍속이 이루어졌다"라

고 했다.[214]

빙허각憑虛閣 이씨李氏가 1809년에 펴낸 『규합총서閨閤叢書』는 당시 부녀자들이 일상생활에서 알아야 할 생활지식을 담은 책으로, 점다법을 사용한 다예가 소개되어 있으며 송대에 유행한 투다법의 다른 명칭인 '다백희茶百戲'도 사용하고 있다.[215] 이로 볼 때 조선 후기까지 점다법이 이어졌음을 알 수 있다. 김수동金壽童(1457~1512)의 시 「야좌유음夜坐有吟」에서는 "구름 사이 드러난 조그만 달 성긴 발 사이로 빛을 드리우니, 새로이 치수(극소량)의 불을 시험하며 차 겨루기 한다네"[216]라고 투다를 묘사한 구절을 볼 수 있다. 이 외에도 품다와 관련한 글들이 종합해보면 고려시대에 이어서 조선시대 사람들도 투다 문화를 즐겼음을 확인할 수 있다.

차 문화가 부흥하는 18~19세기에는 사람들이 차를 마시는 그림을 흔히 볼 수 있다. 그림에 묘사된 다구를 잘 살펴보면 그 재질과 종류를 파악할 수 있는데 백자 재질이 큰 비중을 차지한다. 심지어 실록이나 문인들의 문집에 실린 시에도 백자 다구가 많이 언급되고 있다. 종류로는 물을 끓이는 데 필요한 다로茶爐와 탕관, 차를 담아 마시는 다종, 다잔, 다완, 그리고 끓인 차나 물을 담는 다병, 잎차를 우리는 데 사용하는 다관, 차를 올리는 찻상인 다정茶亭 등이 자주 등장한다. 특히 조선 후기 다구에 관한 기록을 보면 다종을 많이 볼 수 있다.[217] 다종, 다잔, 다완은 형태상 중국의 다종, 다배, 다완과 구별하기 어렵지만 조선의 경우 입지름이 좀더 크고 높은 편이다.

조선시대 다종의 출현은 중국과 밀접한 관계가 있다. 『태종실록』 17년(1417)을 보면 명나라 사신 해수海壽가 '암화분색

사진 155
백자 다명제기종, 조선, 높이 5.1cm 입지름 8.1cm, 국립중앙박물관

사진 156
백자 양각매화문 잔탁, 조선, 전체 높이 6.1cm 입지름 7.3cm, 국립중앙박물관

다종暗花粉色茶鍾'을 왕실에 바쳤으며, 『세종실록世宗實錄』 11년(1429)에는 명나라 사신 창성昌盛과 윤봉尹鳳이 '백자영양다종白磁羚羊茶鍾'과 '백자파다병白磁吧茶甁'을 왕실에 선물했다는 기록이 있다.[218] 그리고 인조 27년(1649)에는 청의 사신이 왕세자에게 다종을 바친 기록도 있다. 이러한 정황을 고려할 때 조선의 다종은 명·청대의 다종 형태를 따른 것으로 짐작된다. 이와 별도로 제사나 의례에 사용된 제례용 다종이 있었다. 제례용 다종의 모습은 『가례집람家禮輯覽』(1685), 『진찬의궤進饌儀軌』(1892), 그리고 1928년에 저술한 아사카와 다쿠미淺川巧의 『조선도자명고朝鮮陶磁名考』에서 확인되는데, 이에 해당하는 것이 백자 다명제기종茶銘祭器鍾이다.(사진 155)

첩화 기법으로 장식한 매화문 화형잔과 받침 세트가 있다.(사진 156) 이것은 중국의 덕화요에서 생산된 백자 잔을 모방한 것으로 보인다. 광무 6년(1902) 『고종임인진연의궤高宗壬寅進宴儀軌』의 「찬품饌品」에 보면 "대전에 올리는 차 한 그릇, 은다관, 은다종은 내하內下하며, 황칠 소원반小圓盤은 도지부度支部에서 준비한다. 작설차 한 그릇: 태의원太醫院에서 끓여 갖출 것"[219]이라 하여 황실 의원에서 차를 끓여 은제 다관에 담아 올렸음을 알 수 있다.

『임인진연의궤』(사진 153) 그림을 보면 당상堂上의 오른쪽 기둥 사이에 화려하게 조각된 두 개의 탁자가 놓여 있다. 오른쪽 탁자에는 다관과 백자 다종, 왼쪽 탁자에는 매병과 백자 잔, 잔탁 세트가 진열되어 있는 것을 보니 술과 차가 함께 진상되었다. 다관과 매병은 은제로 추정되는데, 실제로 화유공주和柔公主(1740~1777)의 묘에서 손잡이와 주구가 달려 있는

사진 157
은제 과형 주전자, 조선, 높이 15.5cm, 국립고궁박물관

사진 158
백자 양각넝쿨문 주자, 조선, 높이 22.1cm, 국립중앙박물관

은제 다관이 출토되었다. 깊은 과형瓜形 몸체의 윗부분에 달린 손잡이는 각각 세 개의 은못으로 고정되어 있으며 동아줄을 꼬아놓은 형태다.(사진 157) 반면 『승정원일기』 인조 17년(1639) 11월의 기록에 신하들이 외국 사신을 접대할 때 자기로 된 다관을 사용했다는 내용이 있는데, 이는 조선 후기에 왕실에서 포다법으로 차를 마셨다는 것을 의미한다.[220]

다관으로 사용된 주자는 손잡이가 위쪽에 달린 상파형上把形, 손잡이가 옆쪽에 달린 횡파형橫把形, 손잡이가 뒤쪽에 달린 후파형後把形이 있다. 상파형 다관은 중국 명대의 경덕진요, 의흥요에서 생산된 제량호提梁壺에서 유래한 유형으로 18~19세기 조선에서 가장 많이 사용되었다. 동체에 첩화 기법으로 넝쿨 문양이 장식되고 손잡이에 등나무처럼 돌려가며 꼰 형태의 다관이 바로 그러한 예다.(사진 158)

조선 후기에 등장하는 횡파형 다관은 일본의 에도 후기에 유행한 규스急須의 영향을 받아 제작된 것으로 보기도 한다.[221] 규스는 18세기부터 도코나메요常滑窯에서 대량으로 생산되었는데, 이러한 다관이 유행하게 된 데는 바이사오 고유가이賣茶翁 高遊外(1675~1763)와 관계가 있다. 일본에서 말차 중심의 와비차를 선도한 인물이 센노 리큐千利休(1522~1591)라면, 뜨거운 물에 잎차를 넣어 마시는 포다법을 전파한 인물은 바로 바이사오 고유가이라 할 수 있다. 바이사오는 일본 선종의 일맥인 황벽종黃檗宗의 승려로서, 황벽종 사찰에서는 명대 문인 정신의 영향을 받아 간결한 포다법을 수행의 도구로 삼았다.[222] 바이사오가 타계하자 제자인 기무라 겐카도木村蒹葭堂(1736~1802)가 스승의 도구를 물려받고 『매다옹다구도賣茶翁

사진 159
백자 다관, 조선, 높이 10.2cm, 국립중앙박물관

사진 160
백자 청화모란문 다관, 조선, 국립중앙박물관

사진 161
백자 다관, 조선, 높이 28.9cm, 국립중앙박물관

사진 162
백자 편구발片口鉢, 조선, 높이 8.5cm, 국립중앙박물관

사진 163
「수계도권」(부분), 유숙, 조선, 30×800cm, 국립민속박물관

사진 164
백자 양각매화문 탁잔, 조선, 전체 높이 6.1cm, 국립중앙박물관

사진 165
백자 잔과 잔받침, 조선, 잔탁 높이 9.3cm, 잔 높이 10.4cm, 국립중앙박물관

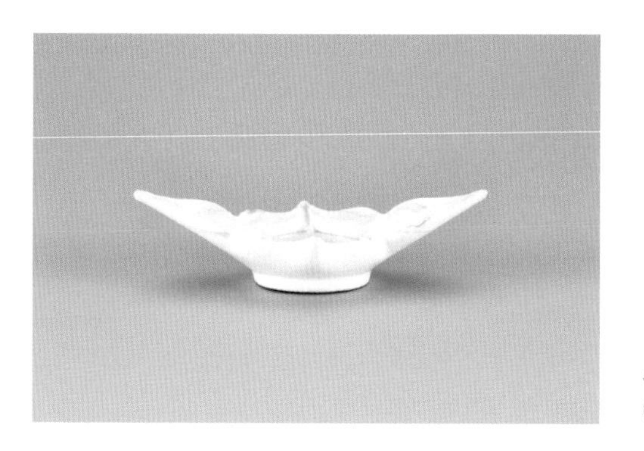

사진 166
백자 꽃모양 잔받침, 조선, 높이 15.9cm, 국립중앙박물관

茶具圖』를 완성했다. 이 책에서는 규스를 '키비쇼急燒'라 칭하고 있는데, 중국 푸젠 지역에서 술과 물을 데우는 탕관을 일컫는 '킵슈'와 발음이 유사하다.[223] 이는 일본의 규스가 중국 푸젠의 횡파형 탕관에서 유래했음을 말해주는 증거다. 조선 후기에 등장하는 횡파형 다관의 예로, 뚜껑 손잡이에 용이 장식되어 있고 주구의 반대쪽에 손잡이가 붙어 있는 유형(사진 159), 복부 표면에 청화 모란문이 장식된 다관(사진 160)을 볼 수 있다. 후파형 다관으로는 높은 목과 길고 높은 동체 그리고 손잡이가 동체 뒤쪽에 달려 있는 다관이 있다.(사진 161)

중국에서 '이匜'라 불리는 귀때사발은 숙우熟盂로 쓰였을 것으로 추정된다. 구연부가 첨예한 화형으로 장식된 귀때사발(사진 162)을 예로 들 수 있다. 귀때사발의 용도는 차의 종류에 따라 필요한 물의 온도를 조절하기 위한 용도로 쓰였을 수도 있으나[224] 구연부가 넓어 격불하기에 적합하므로 말차용으로 보기도 한다.[225] 또는 다관의 대용으로 차를 우리는 용도로 사용했을 가능성도 있어 보인다.

잔탁은 원래 뜨거운 찻잔을 들기 위한 것으로 중앙에는 잔이 흔들리지 않게 잔대가 설치되어 있다. 유숙劉淑(1827~1873)의 「수계도修禊圖」(사진 163)에는 다동이 차를 준비하는 모습이 담겨 있는데 주자가 놓인 화로와 다동 사이에 잔탁이 그려져 있다. 잔탁이 다구로 쓰였음을 알 수 있는 증거 자료다. 「수계도」에 보이는 것과 유사한 예로 매화를 틀에 찍어내어 붙인 고급스런 잔탁이 있다.(사진 164) 이 외에 높은 대각을 가진 제례용 고족접시를 받쳤던 잔탁(사진 165), 『조선도자명고』에 꽃받침 모양 잔탁과 유사한 잔탁(사진 166) 등이 있다.

외부의 지배 속에 명맥을 유지하다

조선 후기에 차를 마시는 풍토가 되살아남에 따라 1883년 신설된 농상사農商司라는 관청에서 차 재배를 관장하기 시작했다. 차 재배를 위한 조사를 실시하고 청나라로부터 모종을 수입하기도 했다. 당시 고관들 사이에는 '다화회茶話會'라는 모임도 자주 열렸으나 일반 서민층까지 일반화되지는 못했다.

일제강점기에는 일본인에 의해 차의 생산과 보급이 진행되었다. 조선총독부에서는 조선 차에 대한 학술 조사를 진행하는 한편 광주 무등산의 증심사証心寺 근처에 무등다원을, 정읍에 소천다원小川茶園을 조성해 차를 재배하고 생산했다. 또 1930년대부터 고등여학교와 여자전문학교에서 일본식 다도가 교육되었다. 조선에서 일본식 다도가 보급되어 차 소비가 증가하고 차 공급을 늘리기 위해 1939년 경성화학이 전라남도 보성군에 보성차원을 만들었다.[226] 당시 일본인들이 보급한 제다법으로 생산된 차가 바로 녹차다.

해방 후 1960년대부터는 다시 차에 관한 관심이 일기 시작하면서 1970년대 후반부터 활기를 띠기 시작했다. 차 동호회나 친목회가 결성되었고 한국차인연합회, 한국차문화협회 등이 생겨났으며 대학에서 차에 관한 강의가 이루어지기도 했다. 1990년에 들어서는 건강에 대한 관심이 높아지고 차의 효용이 널리 알려지면서 차를 즐기는 인구가 늘고 있다. 최근 차를 재배하는 이들은 백차, 황차, 청차 등 새로운 한국 차 개발에 박차를 가하고 있다.

3장

일본의 차

견당 승려가 들여온 차 문화

일본에 처음 차가 전래된 시기는 헤이안平安시대(794~1185)로 알려져 있었으나, 그보다 앞서 나라시대奈良(710~794) 말기에 전파되었음을 입증해주는 유물이 최근 발굴되었다. 나가오가쿄長岡京 등 나라시대 말기의 유적지에서 다구로 추정되는 부釜·화사火舍(풍로風爐)·완 세트의 녹유綠釉 도기[227]가 출토된 것이다. 유물의 형태를 살펴보면 당시의 음다법은 중국의 당대와 마찬가지로 병차를 가루 내어 끓여 마시는 전다법 단계였다.

차가 언급된 최초의 문헌은 『일본후기日本後記』로, 당나라로 유학을 갔던 승려 사이초最澄(766~822)가 805년 귀국하면서 차 씨앗을 가져와 오미국近江國(지금의 시가현) 땅에 심었다는 기록이 있다.[228] 그로부터 10년 뒤, 행차에 나선 사가嵯峨 천황(786~842)이 오미국의 본자쿠사梵釋寺에 들렀을 때 승려 에이추永忠(743~816)[229]가 찻잎을 직접 달여서 황제에게 올렸다고 한다. 사이초가 중국에서 차 열매를 가져왔고 에이추永忠가 천황에게 차를 달여 바쳤다는 내용으로 보아 그들은 중국에서 유행하던 끽다 문화에 꽤 익숙했을 것이다. 처음 차를 맛본 사가 천황은 곧바로 기내畿內를 비롯한 여러 지역에 차나무를 심도록 명하고 그 차를 진상하게 했다. 차 생산량이 늘어나자 연회 자리에서 중국의 음다 풍습을 모방한 차가 대접되기 시작했으며 점차 상류층의 기호품이 되었다.

기록에 따르면 나라시대 말에서 헤이안시대에 당唐의 병차가 보급되기 시작했다. 승려 엔닌円仁(794~864)이 저술한 당 견문록 『입당구법순례행기入唐求法巡禮行記』에 "단차 한 꼬치團茶一串"라는 표현이 담겨 있고, 헤이안시대의 빼어난 한시를 가려 뽑은 『능운집凌雲集』에는 사가 천황이 지은 시 구절에 "향기 좋은 차를 찧는다搗香茗"라는 구절이 있다.[230] 그런가 하면 다이토쿠사大德寺에 소장된 송대 「오백나한도」에 다연에 찻잎을 갈고 있는 귀신의 모습이 그려져 있어 전다법을 확인할 수 있다.(사진 167) 그러나 헤이안시대의 일본은 중국(당말에서 북송대까지)과 국교가 단절되어 차 문화를 적극 도입될 수 없었고, 뒤이은 가마쿠라 막부(1185~1333)가 전 시대와 차별화 전략을 꾀하면서 남송대의 말차를 받아들였다.[231]

당시의 다구 형태에 대해서는 가문 대대로 소중히 간직해 온 가보 또는 발굴 유물을 통해 확인할 수 있다.[232] 헤이안시대의 문헌에 '다완茶椀' 또는 '다완茶垸'이라는 글자가 빈번히 나타나는 것도 그러한 다구가 쓰였음을 뒷받침해준다.

일본과 중국 사이에는 이미 7세기부터 견당사遣唐使의 왕래

사진 167
「오백나한도」, 남송, 중문, 교토 다이토쿠사

가 이뤄지고 있었으므로 육우의 『다경』이 저술된 8세기 후반에는 월요 청자완이 일본에 전해졌을 것이다. 실제로 교토 헤이안 유적이나 다자이후太宰府의 9세기 유적에서는 월요계 청자완이 자주 출토되고 있다.[233] 9세기의 유적에서 발견된 월요계 청자완은 대부분 바깥면이 직사선이고 굽의 폭이 넓은 옥벽저 형태를 나타내고 있다. 또한 오와리국尾張國(지금의 아이치현)에서 제작된 9세기의 녹유綠釉 도기 중에는 이러한 옥벽저 형태를 모방한 것이 확인된다. 즉 그 원형이 되었던 월요계 청자완이 일본에서도 차를 마시는 용도의 완으로 사용되었다는 말이다.[234]

중국 점다의 유입과 일본 덴차의 시작

승려 에이사이榮西(1141~1215)는 송나라에서 유학을 마치고 돌아올 때 차 씨앗을 가져온 인물로 알려져 있다. 그는 일본에 선종의 가르침을 전파하는 한편 초차(산차) 점다법을 소개했으며, 일본 최초의 다서인 『끽다양생기喫茶養生記』를 저술하여 차의 효능이나 제조법을 소개했다.[235] 일본 차 연구자들의 분석에 따르면 중국 강남의 명차인 쌍정차雙井茶를 중제하는 방식으로 보았다. 중국의 연구에서도 에이사이가 직접 실견한 제다법은 저장 천태산 일대의 증청녹차 제다 공정이라고 밝혔다. 이는 곧 오늘날 일본에서 사용하는 말차 원료인 덴차碾茶의 시작으로, 차를 재배할 때 햇빛을 차단하기 때문에 향미가 우수한 편이다. 일본의 대표적인 덴차 생산지는 교토 남부의 우지宇治[236]로 18세기에 그린 「우지제다도宇治製茶圖」에 덴차의 제법 과정이 나타나 있다.(사진 168)

사진 168
「우지제다시말화도첩宇治製茶始末繪圖帖」, 1861년, 25.8×772.8cm, 일본국문학연구자료관

또한 도겐道元은 중국의 선사禪寺의 수행지침을 바탕으로 한 『영평청규永平清規』를 저술했는데, 그중에는 차를 제공할 때의 의례와 작법에 관한 내용이 포함되어 있다. 1223년에는 가토시로加藤四郎라는 인물이 송에서 배운 도기 기술을 토대로 오와리尾張(지금의 아이치현)에 가마를 열었다. 또 1267년에는 난포쇼묘南浦紹明가 중국의 점다용 다구를 일본에 가져왔다. 후쿠오카의 하카타博多 유적에서는 '덴모쿠天目 다완'[237], 즉 흑유 다완이 발견되었다. 이 사실은 일본 선승들이 말차 점다법에 익숙해 있었음을 말해준다. 종합해보자면 초차를 사용하는 송대의 점다법이 에이사이에 의해 일본에 전래된 이후 송나라에 건너갔던 많은 일본 승려가 귀국하면서 자연스럽게 덴차가 확산되었다고 할 수 있다.

당시 사용된 찻잔이나 연회에 쓰인 장식물도 대부분 중국

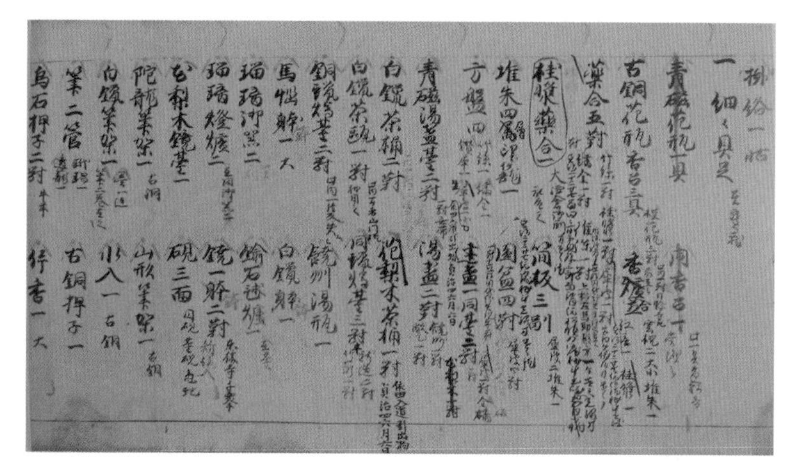

사진 169
「불일암공물목록」, 1320년, 엔가쿠사

산이었다. 가마쿠라 엔가쿠사圓覺寺의 부쯔니치안佛日庵의 공물 목록인 「불일암공물목록佛日庵公物目錄」은 1320년에 작성된 것으로, 당시 일본에서 중국산 기물이 얼마나 크게 유행했는지를 보여주고 있다. 목록에는 서화, 불교 용구를 비롯한 청자, 청백자, 흑유 자기를 포함한 송대 다구가 기록되어 있다.(사진 169)

현재 일본의 중요문화재로 도쿄국립박물관에 소장되어 있는 가마쿠라시대의 '바코항馬蝗絆' 청자완(사진 170)은 중국에서 유입된 점다용 다기 중 가장 이른 시기의 것으로 확인되었다. 바코항 완은 화형花形의 구연부와 우아한 곡선, 무한한 깊이가 느껴지는 유색과 유면을 자랑한다. 부드러운 기형과 산뜻한 옥색으로 보아 13세기(남송)에 저장 지역의 용천요에서 생산된 청자 다완으로 추정된다. 사실 이 완이 유명해진 까닭은 금이 간 부분을 머금고 있는 6개의 꺾쇠 때문이다. 꺾쇠 모양이 메뚜기가 매달려 있는 모습과 비슷하다고 하여 '바코항(메뚜기)'이라는 이름이 붙었다. 에도시대의 이토 도가이伊藤東涯가 저술한 『마황반다구기馬蝗絆茶甌記』(사진 171)[238]에 따르면, 원래 이 청자완의 주인은 다이라노 시게모리平重盛(1138~1179)로, 그가 송나라의 육왕산育王山(현재 닝보의 아육왕산) 사찰에 황금을 희사한 사례로 주지인 불희선사佛照禪師로부터 받은 것이라 한다. 이후 무로마치 막부 8대 쇼군인 아시카가 요시마사足利義政(재위 1449~1473)가 소장하던 중 완의 아래쪽에 금이 가고 말았다. 쇼군은 같은 종류의 다완으로 바꾸기 위해 중국에 보냈으나 15세기 무렵 명나라의 다기 기술은 이미 송대의 정교함을 상실한 상태로, 더 이상 그러한 명품 청자가 생산되지 않았다. 결국 기존 다완에 꺾쇠를 박아 반송되었다는 것이다.

하지만 근대 일본 차노유茶の湯[239], 즉 다도茶道의 도구에 대한 평가에 큰 영향력을 끼친 다카하시 소안高橋箒庵(1861~1937)의 『대정명기감大正名器鑑』에서는 청자보다 덴모쿠 계열을 더 높이 평가했다. 아마도 『대정명기감』이 편집되던 시기에는 바코항 완에 대해 몰랐던 것 같다. 바코항 완에 한정해서 본다면 『대정명기감』 이전에 바코항 완이 다완으로 사용되었다는 기록은 찾아볼 수 없다. 차노유가 성행했던 무로마치 말기부터 모모야마시대의 차회기茶會記에도 언급되지 않고 있다.[240] 그렇게 보자면 꺾쇠를 박은 바코항 완에 관한 일화는 후대의 과장이 아닐까 싶다.

흥미로운 것은 '가스가이鎹'라 불리는 바코항 완이 한 점 더 있었다는 사실이다. 두 점의 바코항 완이 세상에 드러나게 된

사진 170

용천요 바코항 완, 남송, 높이 9.6cm 입지름 15.4cm, 중문重文, 도쿄국립박물관 ColBase

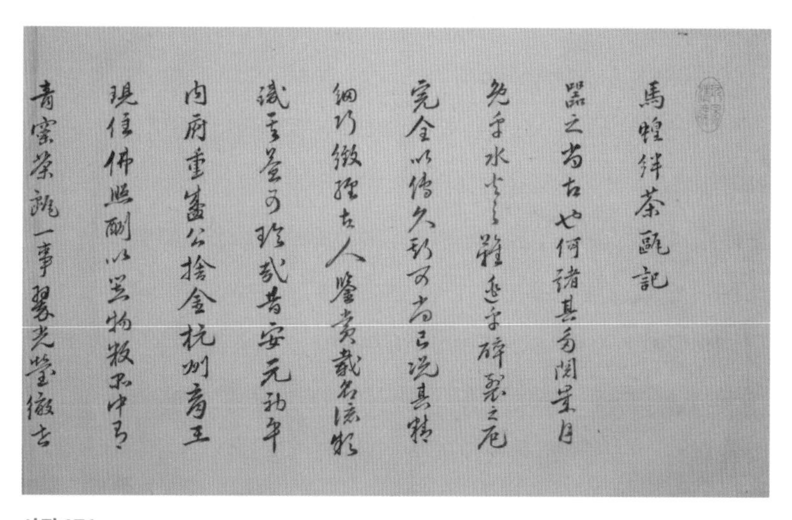

馬蝗絆茶甌記
免乎水土之難逮乎碎裂之厄
完全以傳久新可尚已況其精
細巧緻經古人鑒賞載名流於
識者豈可不珍哉昔安元初年
內府重盛公捨金杭州育王
青窯茶甌一事

사진 171

『마황반다구기』, 에도(1727), 이토 도가이, 중문, 도쿄국립박물관 ColBase

것은 쇼와昭和 26년(1951)으로, 가스가이는 마스프로 아트미술관에 소장되어 있다.[241] 이 가스가이 완은 꺾쇠가 박혀 있는 바코항 완과는 달리 깨져 있는 구연부에 금박을 입히고 그 아래에 꺾쇠가 박혀 있다.[242]

우리나라 신안 앞바다에서 발견된 원나라 무역선에서는 흑유 다완, 잔받침, 주전자, 차합, 찻물을 담는 항아리, 맷돌 등의 다구가 발견되었는데[243] 그중에는 건요에서 제작된 60여 점의 흑유 다완이 포함되어 있었고(사진 30) 차를 가는 데 사용하는 맷돌(다마茶磨)이 발견되었다.(사진 39) 초차를 갈 때 사용되는 점다용 다구인 이 맷돌은 고치高知현의 규코사吸江寺라는 사찰에서 발견된 난보쿠조시대의 맷돌[244]과 흡사하다. 신안선과 규코사에서 발견된 맷돌 형태를 보면 일본에서는 송대 황실이나 상류층에서 마셨던 단차가 아닌 중국 강남의 증청 초차(산차)를 즐긴 듯하다.

1) 무사의식을 고양시킨 투다

가마쿠라시대에는 차 문화가 사원에 한정되지 않고 무가武家나 공가公家 계층까지 전파되었다. 가마쿠라 막부의 제3대 쇼군인 미나모토노 사네토모源實朝는 에이사이로부터 숙취 해소를 위한 음료로 차를 권유받았다고 하고, 가마쿠라 말기에 막부의 중책을 맡았던 가나자와 사다아키金澤貞顯(1255~1333)가 쓴 편지 중에는 찻잎이나 차 도구의 조달을 비롯하여 찻잎의 말차 가공을 의뢰한 내용이 있다. 이로써 당시 무인들의 일상생활에 차 마시는 습관이 널리 퍼져 있었음을 알 수 있다.

당시 일본에서는 점차 차 재배지가 늘어나고 찻잎의 품질도 높아졌다. 무엇보다도 고잔사高山寺의 시조 미요우에明惠가 에이사이로부터 받은 차씨를 심은 데서 비롯된 도가노오栂尾의 차는 '혼차本茶'라 불리며 특별히 귀하게 여겨졌으며, 그 외 지역에서 생산된 차는 '히차非茶'라 하여 구분했다. 이 혼차와 히차를 구분하는 놀이에서 시작된 것이 바로 일본의 투다 놀이로, 찻잎의 산지별 품질을 비교 경쟁하면서 차를 마시는 유흥 모임이 많아지면서 투다가 크게 유행하기 시작했다.[245]

가장 앞선 투다의 사례는 가마쿠라시대 말기 『화원원신기花園院宸記』의 기록으로, 1324년 고다이고後醍醐 천황의 술자리에서 열린 투다였다. 정확히 '투다'라는 명칭이 사용된 사료는 그로부터 8년 후인 1332년에 완성된 『광엄천황신기光嚴天皇宸記』로, 고곤光嚴 천황이 신하들과 '음다 승부'를 했다는 기록이 있다. 그리고 『태평기太平記』에는 사사키 도요佐々木道譽가 막대한 경품을 걸고 '백복차百服茶'를 열었다는 기록이 있다.[246]

난보쿠조시대의 선승인 무소 소세키夢窓疎石(1275~1351)는 『몽중문답집夢中問答集』에서 당시 차를 마시는 풍조가 유흥에 치우쳤다고 한탄했으며, 아시카가 다카우지足利尊氏(1305~1358)가 무로마치 막부를 세울 무렵 작성된 『건무시목建武式目』에서도 도박성이 높은 투다를 규제해야 한다고 했을 만큼 투다는 과열 양상을 보였다.[247]

가마쿠라와 난보쿠조시대의 차 문화를 보여주는 다화茶畫도 전해지고 있다. 도모오키智興라는 스님이 병석에 누워 있고 주위에 승려들이 모여 있는 모습을 담은 「부동이익연기不動利益緣起」(사진 172)가 그 대표적인 그림이다. 지고 스님의 앞에는 화로와 차 도구가 놓여 있으며 그중 송대 용천요 청자의 전형인 연판문 다완이 보인다.(사진 173) 왼쪽 선반에는 주흑칠朱黑漆 잔탁이 그려져 있어 당시에 유행하던 점다 또는 투다 문화를 엿볼 수 있다. 그리고 가쿠뇨覺如(1270~1351)의 화가회和歌會 장면을 담은 「모귀회사慕歸繪詞」 권5(사진 174)를 보면 자시키座敷의 실내 벽에 명성 높은 궁정가인 가키노모토 히토마로柿本人麻呂와 송죽매가 그려진 두루마리 세 폭이 걸려 있고, 청자 향로를 중심으로 양쪽에 청동 화병이 놓여 있다. 주방에서는 잔치 음식을 준비하느라 여념이 없는데, 회랑 왼쪽의 주방 선반에는 주칠 잔탁 위에 흑유 다완이 놓인 다반을 볼 수 있다. 그 옆에는 다선이 놓여 있으며 아래 선반에는 청백자 매병이 보인다. 중앙 통로에는 한 승려가 표주박으로 솥 안의 물을 퍼담고 있다.

가마쿠라에 이어 무로마치시대에도 이러한 점다 또는 투다가 유행했다. 「복부초지福富草紙」(사진 175)는 노년의 다카무코노 히데다케高向水武가 누워 있는 침실 풍경을 담고 있는데 한쪽 벽을 장식하고 있는 흑유 다완, 주칠잔탁, 주칠다반, 살이 길고 직선으로 뻗은 다선이 그의 부유함을 드러내고 있다. 무로마치시대의 화가 도사 미쓰노부土佐光信가 그린 「청수사연기淸水寺緣起」(1517)에서는 왼쪽의 승려가 흑유완이 담긴 주칠 잔탁을 왼손에 든 채 다선으로 격불하고 있다.(사진 176) 16세기 교토 사람들의 단풍놀이 장면을 병풍 그림으로 그린 가노 히데요리狩野秀賴의 「고웅관풍도高雄觀楓圖」(사진 177)에는 오른쪽 화면에 차 상인이 보인다. 이 남자의 손에는 주선자가 들려 있고 그 앞에는 어깨에 메고 이동할 수 있는 풍로와 차 도구들

사진 172
「부동이익연기회권」, 난보쿠조(14세기),
28.4×947.5cm, 중문, 도쿄국립박물관 ColBase

사진 173
용천요 청자 연판문 완, 남송·원,
높이 7.5cm 입지름 17.6cm, 도쿄국립박물관 ColBase

사진 174
「모귀회사」 권5, 난보쿠조(14세기), 후지와라 다카아키藤原隆章, 중문, 교토 니시혼간사西本願寺

사진 175
「복부초지」 모본(부분),
에도(19세기, 원본은 무로마치 15세기),
도쿄국립박물관 ColBase

사진 176
「청수사연기」(부분),
무로마치(1517), 토사 미쓰노부, 중권,
33.9×1896.8cm, 도쿄국립박물관 ColE

사진 177
「고웅관풍도」(부분),
무로마치(16세기), 가노 히데요리,
150.2×365.5cm, 도쿄국립박물관

이 담긴 차판이 있다. 차판 위에는 다합, 다선, 다완 등의 다구가 놓여 있다. 차를 받아 마시고 있는 사람들이 들고 있는 다완은 연판문이 있는 용천요 청자 다완인 듯하다. 이 그림은 당시 차 한 잔에 1전씩 판매하는 풍경을 떠올리게 한다.

서원차와 와비차의 대립

무로마치시대에는 많은 사람이 차를 향유할 수 있는 환경이 조성되었다. 실제로 수도인 교토를 중심으로 사찰과 신사 또는 명소 근처에 참배자와 유람객을 위한 다옥茶屋이 등장하기 시작했으며, 이후 전국적으로 확산되었다. 15세기 말부터 16세기의 여러 유적지에서 음다용 흑유 다완이 비약적으로 많이 출토된 사실이 이러한 내용을 뒷받침한다.

15~16세기에 음다 풍속이 대중화되었다면 과연 어떤 차를 어떤 방식으로 마셨을까. 당시 그림에서 차를 판매하는 상인을 살펴보면 주로 왼손에 다완을 들고 오른손으로 다선을 쥐고 있어 말차를 즐겼으리라 생각하기 쉽다. 일반적으로 다선은 말차에 쓰일 뿐 전다법에는 쓰이지 않는 것으로 생각되기 때문이다. 하지만 전근대에는 달인 차(전다)를 다선으로 거품을 내어 마시는 방법이 있었다. 다시금 그림 속(사진 177)의 차

상인이 사용하는 다구를 살펴보면 분명히 다선은 있지만 말차용 다구인 차 맷돌이나 차합, 찻숟가락이 묘사된 경우는 극히 적다. 또한 각지의 유적에서 출토된 다구들을 검토해도 당시 널리 보급되었던 차는 말차가 아니었다. 물론 말차가 없었던 것은 아니다. 15세기 일본에서는 도기陶器로 만든 차절구茶臼가 제작되었기 때문에 말차를 마시는 인구가 증가한 것은 틀림없다.

겐에법사玄惠法師의 저서로 전해지는 『끽다왕래喫茶往來』는 무로마치시대 다회 및 끽다의 지식이 망라되어 있는데, 무로마치 초기의 다회에 관한 상세한 묘사와 더불어 투다 관련 각종 차의 판정문이 기록되어 있어 당시 차 문화의 구체적인 양상을 살펴볼 수 있다. 일단 투다가 이루어지는 공간에는 불당의 장엄구莊嚴具였던 삼구족三具足(향로, 화병, 촛대)이나 불화 등이 장식되었는데 유흥으로 차를 마시는 경우에도 불교문화의 색채가 짙다. 중국에서 받아들인 불교문화는 일본 차 문화의 핵심이기도 하기에 무로마치시대에 무가, 즉 사무라이 계층의 의례가 정비되고 차 마시는 풍속이 정착되는 과정에서 불화와 삼구족이 다다미 장식으로 섞여든 것은 자연스러운 일이다.

무로마치시대에 권력을 장악한 쇼군들은 주로 중국의 미술품이나 명품 다도구를 수집했고, 도보슈同朋衆라 불리는 이들은 쇼군을 위해 미술품·다구를 감식하고 관리하는 업무를 담당했다. 도보슈가 작성한 중국의 그림과 기물 등을 감상하는 방법을 정리한 『군대관좌우장기君臺觀左右帳記』(사진 178)[248]는 크게 중국 화가에 대한 평가, 다다미 장식법에 관한 삽화 설명, 기물의 분류와 해석으로 구성되어 있다. 이 책은 무로마치시대 사람들의 미술품이나 다구에 관한 가치관을 알 수 있는 중요한 자료로, 다완에 대한 설명이 무척 흥미롭다. 예컨대 청자와 백자는 다완물茶垸物로 소개하는 반면 덴모쿠 도기 다완은 태토, 즉 점토의 종류로 분류해 가격을 설정했다. 일본 각지의 유적에서 출토된 무로마치 이전의 덴모쿠 다완을 보면 대부분 황토색이나 회색 태토의 것이고, 건요에서 만든 검은 태토의 것은 상당히 귀하게 취급되었다. 다이토쿠사에 전해오는 남송시대의 「오백나한도」(사진 179)는 일본에서 사용된 덴모쿠 다완을 보여주는 좋은 자료다. 그림 속 네 명의 승려는 주칠 잔탁에 올려진 덴모쿠 다완을 들고 있고 다동이 물을 따르며 격불하고 있다.[249]

실제로 덴모쿠 다완의 사용과 관련하여 오래된 선종 사원에서는 전통적인 선원 다례의 하나로 사두다례四頭茶禮라는 의식이 행해지고 있다.[250] 에이사이가 개산開山한 겐닌사建仁寺에서는 매년 에이사이가 태어난 4월 20일에 사두다례가 치러진다. 그 순서는 탁자 위에 향로, 화병, 촛대를 진열하고 에이사이에게 차를 올린 다음 법의 차림의 4명의 공급승供給僧이 실내 좌우로 자리한 4인의 정객正客과 동반한 사람들에게 차를 대접하는데, 가장 먼저 정객에게 말차를 넣은 덴모쿠 다완을 드리고 정병淨甁으로 물을 부으며 격불하는 식이다.[251] 이런 식으로 차를 마시는 경우에는 많은 양의 다완이 동원된다. 교토의 린센사臨川寺 옛터에서는 100개 이상의 덴모쿠 다완이 묶음으로 출토되어 사두다례가 수행되었음을 뒷받침한다.[252]

무로마치 막부의 8대 쇼군 아시카가 요시마사足利義政는 교

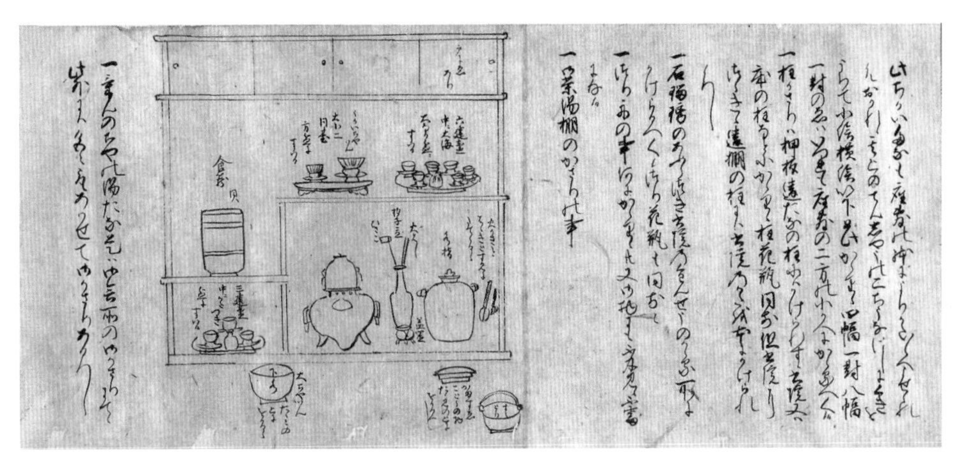

사진 178
「군대관좌우장기」, 무로마치, 국립민속역사박물관

사진 179
「오백나한도」, 남송, 중문,
교토 다이토쿠사

토의 히가시야마東山에 자신이 은거할 공간으로 동인재同仁齋를 지었는데, 4장 반의 다다미를 써서 바닥 전체를 채웠다고 한다. 이러한 실내 디자인이 후세에 전해지면서 다양한 다실 형태가 등장하게 되었다. 그때까지만 해도 투다 모임은 넓은 공간에서 의식 절차 없이 떠들썩하게 열렸으나 동인재는 차분하게 차노유를 즐기는 분위기를 열었다. 이런 공간을 서원식書院式 건물이라 하고, 그 안에서 진행되는 다회를 서원차書院茶라고 한다.253 서원차를 마시는 다실 분위기는 소란스러운 투다와는 달리 절대 정숙해야 하며 주객의 문답은 간단명료하게 진행되었다. 서원차는 중국에서 수입한 기물들을 가라모노唐物라 부르며 중국 문화를 일본에 접목시킴으로써 오늘날 일본 차노유의 점다 방식을 확립했다. 결과적으로 일본의 다도가 자리 잡기 시작한 때는 바로 무로마치시대 말기다.

1) 리큐와 와비차의 계보

본래 차 문화는 중국으로부터 전해진 것이기 때문에 일본에서는 중국제 다구를 귀중하게 여겼다. 14세기부터 일본의 세토요瀬戸窯에서도 덴모쿠 다완 등이 구워졌지만 기본적으로 가라모노의 대체품에 지나지 않았다. 하지만 15세기의 후반부터 16세기에 걸쳐 도시의 중상공인이었던 마치슈町衆에서 배출된 차인들은 화려한 가라모노뿐 아니라 한적하고 고담한 경지를 중시해 소박한 기물을 더 아름답게 여기기 시작했다. 이에 따라 조선과 일본의 기물이 당시 다구의 주류가 되었다.

와비차의 시조로 추앙되는 무라다 슈코村田珠光(1423~1502)

는 자신의 수제자인 후루이치 조인古市澄胤(1459~1508)에게 차에 대한 깨달음에 관한 편지를 보냈다. 오늘날 「마음의 글心の文」이라 불리는 이 편지에서 주목할 부분은 15세기 말에 비젠야키備前燒[254]나 시카라키야키信樂燒[255]가 와비차[256]의 도구로서 의식적으로 사용되기 시작했다는 사실이다.[257]

무라다 슈코가 일본의 어떤 다구를 사용하고 있었는지는 알 수 없지만, 센노 리큐가 사사한 다케노 조오武野紹鷗(1502~1555)의 수집품이라 전해지는 일본산 덴모쿠 다완이나 시카라키야키의 물단지水指들이 남아 있어 일본 다구의 발전 과정을 파악할 수 있다. 리큐의 제자 난보 소케이南坊宗啓가 저술한 『남방록南方錄』은 리큐로부터 들은 내용을 적은 것으로, 다케노 조오를 슈코의 손제자孫弟子로 설명하고 있으며 다케노 조오의 다법은 슈코의 영향을 받은 것이라고 했다.

일본의 미의식 가운데 '와비侘び·사비寂び'라는 개념이 있다. 뒤에 다시 설명하겠지만, 그것은 신중하고, 순수한 것 속에서 깊이와 풍부함 등을 느끼는 마음을 나타낸다. 미학의 영역에서는 좁은 의미로 '미적 성격'을 뜻하기도 하지만 넓게는 '이상 개념'을 뜻하기도 한다.[258] 일반적으로는 소박하며 조용한 것을 기조로 한다. 이러한 관념을 바탕으로 와비차를 집대성한 센노 리큐는 일본 기물을 다구로 사용하기 시작했는데, 리큐 이전에 와비차를 마실 때 사용되는 일본 다구는 기본적으로는 일상생활에 쓰이는 기물이었다. 리큐는 특히 조지로長次郞(?~1589)[259]라는 도공이 제작한 라쿠 다완樂茶碗을 사용했다.(사진 180) 일본의 가장 오래된 다회 기록물인 『송옥회기松屋會記』에는 1586년 나카노보겐코中坊源五의 차회에서 사용된 소노에키카宗ノ易形 다완이 바로 라쿠 차완이라 했다.[260] 이는 리큐가 제작 방식을 지시했을 가능성을 말해주는 것으로, 차인이 다기 생산에 적극적으로 관여했던 모양이다.[261] 리큐가 조지로에게 만들게 한 다완(사진 181)은 기존에 물레로 만든 다완과 달리 손으로 주물러 성형한 것으로, 다완의 울퉁불퉁한 표면이 손에 자연스럽게 잡히는 특징이 있다.

이와 같이 와비차의 전통이 슈코로부터 조오와 리큐로 이어지는 가운데 다구에 관한 가치관도 크게 변화되었다. 리큐의 수제자였던 야마노우에 소지山上宗二가 저술한 『산상종이기山上宗二記』에서 "요즘 중국제 다완은 유행하지 않으며 당대의 고려 다완, 세토 다완, 이마야키今燒(교토의 라쿠 다완) 정도다"라고 한 대목은 이러한 변화를 가장 단적으로 보여준다.[262] 『군대관좌우장기』에서 쓸모없는 물건으로 경시되었던 덴모쿠나 회피灰被 덴모쿠(사진 182)[263]가 높이 평가되었으며, 건잔建盞, 요변曜変, 유적油滴 등을 대용물이라고 말하는 등 일종의 가치관의 역전이 일어났다.

어릴 적부터 차를 좋아한 리큐는 일찌감치 기타무키 도친北向道陳으로부터 서원차를 배웠고, 이후 다케노 조오를 사사했다. 이를 계기로 다이토쿠사 쇼레이笑嶺 화상(1505~1584)과 교류하며 참선 수행을 했다. 이후 이름을 소우에키宗易로 바꾸고 조부 센아미千阿彌의 '센千'을 자신의 성으로 삼았다. 리큐는 오랜 동안 조오의 가르침을 받으면서 다구에 대해 연구했고 각 지역의 가마를 방문하며 새로운 다구를 구상했다. 1555년 조오가 사망하자 34세의 리큐는 차인으로서 두각을 나타내기 시작했다.

사진 180
'니사尼寺'명 라쿠 차완, 모모야마(16세기),
조지로, 높이 8.6cm, 도쿄국립박물관 ColBase

사진 181
'말광末廣'명 라쿠 차완, 16~17세기,
조지로, 높이 8.6cm, 도쿄국립박물관 ColBase

사진 182
회피 덴모쿠, 원·명 14~15세기,
높이 6.9cm, 도쿄국립박물관 ColBase

『남방록』에 따르면 리큐는 "작은 차실의 차노유는 불법佛法으로 수업하여 득도하는 것이다. 집의 구조, 식사의 진미를 즐긴다는 것은 세속적인 것이다. 집은 비가 새지 않을 정도면 되고, 식사는 굶지 않을 정도면 되는 것이다. 이것이 불교의 가르침, 차노유의 본래 뜻이다"라고 말했다. 결코 사치스러운 것이 아닌, 불법의 마음으로 부족함에 만족하고 스스로 분수에 맞게 하는 것이 차노유의 본의라고 생각했다. 그것을 행함에는 "물을 나르고, 땔나무를 하고, 탕湯을 데우고, 차를 달여서 부처님께 공양하고, 사람에게도 베풀고, 자신도 마신다. 꽃꽂이를 하고, 향을 피운다. 모두 불조佛祖에 대한 공양의 자취를 배우는 것이다"라고 했다. 부족함에도 만족하며 겸허한 마음으로 한 모금의 차를 마신다는 리큐의 다도茶道는 사물과 세상을 바라보는 시선에도 영향을 미치게 된다.

리큐는 완전한 아름다움보다는 불완전한 것에서 아름다움을 발견하려 했다. 이에 가라모노의 완벽하게 마감된 다완보다 시가라키야키처럼 손으로 거칠게 빚은 다완을 더 아름답게 여겼다. 리큐가 조선인 도공에게 질그릇 다완을 만들게 한 것도 그러한 심미안에서 비롯된 것으로, 이것이 후대 차인들이 중시한 라쿠 다완이다.

국립중앙박물관에는 임진왜란 때 일본으로 끌려간 조선 도공의 후손이 17세기 초 야마구치현에서 제작한 것으로 추정되는 라쿠 다완(사진 183)이 소장되어 있다. 다완 표면에는 "개야 짖지 마라. 밤 사람이 다 도둑이냐? 자목땅 호고려님, 지슘(계시는 곳) 다니는구나. 그 개도 호고려 개로다. 듣고 잠잠하구나"라는 시가 한글 묵서墨書로 적혀 있다. '호고려胡高麗'

사진 183
한글묵서 다완, 에도, 높이 10.6cm 입지름 13cm, 국립중앙박물관

란 오랑캐 고려인이라는 뜻으로 임진왜란 때 끌려온 조선인을 일컫는 호칭으로, 당시 자유롭게 살 수 없었던 조선 도공의 한탄스러운 심경이 담겼다.

2) 와비·사비와 고려 다완

고려 다완은 16세기 중반부터 일본 다도에서 사용된 찻잔의 한 종류로, 한반도에서 구워진 일상 용기를 좋아한 나머지 다기로도 사용하게 된 것이다. 고려 다완의 '고려'는 한반도에서 왔다는 의미이므로 '고려 다완'이라 불리는 것은 고려시대에 제작된 것이 아니라 조선시대의 것을 말한다. 일본의 다도가 무로마치시대의 '서원의 차'에서 와비·사비를 중시하는 '초암草庵의 차'로 변화할 무렵 다기에 대한 관심도 중국의 것이 아닌 한반도와 일본의 것으로 옮겨갔다. 그러한 배경에서 생활용 그릇으로 만들어진 고려 다완이 다기로 환영받게 된 것이다.

16세기 이래 일본 다도에서 사용된 수입 도자기는 대부분 중국이나 동남아시아의 것으로, 조선의 청자나 분청사기도 그 일부였다. 게다가 생산지가 분명하지 않은 중국제 다기가 많아 당시 일본에서는 비주류계의 도자기 수요가 많았음을 알 수 있다. 나아가 일본 내에서 모방품이 만들어지기도 했다.

고려 다완이 문헌에 처음 등장하는 것은 1537년에 쓴 『송옥회기松屋會記』로 다회에서 고려 다완이 사용되었다는 내용이 확인된다. 1580년 센노 리큐는 교토의 조지로 등이 만든 다완을 사용했으며, 1584년에는 고려 다완을 다회에 사용했다. 이 때문에 고려 다완에 대한 리큐의 애착은 원래 라쿠야키樂燒라는 찻사발로부터 출발했다고 한다. 이러한 경향은 세토瀨戶나 시노志野, 고카라쓰古唐津로 계승되었다.

덴쇼天正 16년(1588)의 『산상종이기山上宗二記』에는 "중국 다완이 쇠퇴하고, 당시에는 고려 다완, 세토 다완, 이마야키今燒 다완이 좋다"라고 기술하고 있다. 여기에서 말하는 세토 다완이란 오늘의 미노야키美濃燒이며 이마야키 다완은 라쿠 다완에 해당한다. 이러한 평가에서 기형이나 문양이 정교한 중국 관요보다는 자연스럽게 일그러진 것을 선호하는 미의식의 변화가 엿보인다. 그 당시 조선에서는 중국 도자기와 마찬가지로 고도의 기술로 정밀하게 만든 유형이 주류였다.

사진 184
이도 다완, 조선(16세기), 높이 9.2cm 입지름 15.1cm, 도쿄국립박물관 ColBase

일본의 다도에서는 고려 다완을 다음과 같이 분류하고 있다. '이도井戶'와 같이 15~16세기 조선의 일상 잡기였던 그릇, 분청사기 계열의 미시마三島, 고히키粉引(인화), 하게누刷毛目(귀얄), 그리고 고쇼마루御所丸와 같이 주문을 받아 만든 것 등이다.

이도 다완(사진 184)은 예로부터 고려 다완의 최고봉으로, 사비차에 어울리는 소박하고 강력한 맛이 있다. 유약은 비파색枇杷色이라고 불린다. 굽다리 부분은 강한 균열로 문드러져 있는데, 이러한 특성은 '가이라기梅花皮'라는 독특한 감상거리로 여겨지고 있다. 이도 다완이 문헌에 처음 등장한 것은 1578년의 『종급다탕일기宗及茶湯日記』로 다회에서 사용되었다

사진 185
고쇼마루 다완, 조선, 16세기, 높이 7.3cm 입지름 12.2cm, 히코네성박물관彦根城博物館

고 한다. '이도井戸'라는 명칭의 기원에 대해서는 여러 설이 있지만 민간 설화에 '우물의 다완井戸の茶碗'이라는 언급이 있어 '우물처럼 깊은 다완'이라는 뜻이 유력하다.264

고쇼마루(사진 185)는 후루타 오리베古田織部의 취향에 의해 제작된 것이다. 원래 부산 근교 김해에서 주로 제례용으로 제작되던 것인데 에도 초기에 일본에 수출되기 시작했다. 간에이寛永 무렵 일본으로부터의 주문을 받아 구워진 것도 있는데, 이는 '고혼 김해御本金海'라 불린다. 태토는 밝은 갈색으로 웅천熊川 등과 비교하면 입자가 거칠고 가볍다. 유약은 유탁의 회색 또는 계란색이 났다. 오래 쓴 것은 마치 비가 내리는 경치를 연상케 한다. 고혼은 일본 차인의 취향을 반영해, 음양각이나 인화 등을 볼 수 있지만 톱 모양의 굽을 유지하는 등 김해 다완의 특징도 함께 보여주고 있다.

당시 일본 사회에서는 조선의 분청사기나 연질백자를 수입했으며 일본 각지 유적에서 발견되고 있다.[265] 게다가 리큐가 몸담았던 도요토미 히데요시豊臣秀吉의 오사카성 유적에서 발견된 회청사기들 가운데 조선의 분청사기를 모방해 만든 도토야斗屋, 호리미시마彫三島 등이 다수 발견되었다.[266]

3) 리큐의 한 칸 다실

리큐는 차실 설계에 '작은 다실'이라는 개념을 도입했다. 작은 다실이란 주인이 차를 만드는 공간을 1첩畳(가로 91센티미터, 세로 182센티미터, 사진 186)이나 반첩으로 하고 손님을 맞이하는 공간은 1첩으로 꾸미는 방식이다. 리큐는 『남방록』에서 말하기를 "차는 탁자를 근본으로 하지만, 마음이 머무는 곳은 초가의 작은 다실에 있다"라고 했다.[267] 그는 센고쿠戰國시대의 혼란기에 다구를 감상하기보다는 마음의 평온함 또는 사람 간의 화합을 우선으로 여겼다. 손님과 무릎을 맞대어

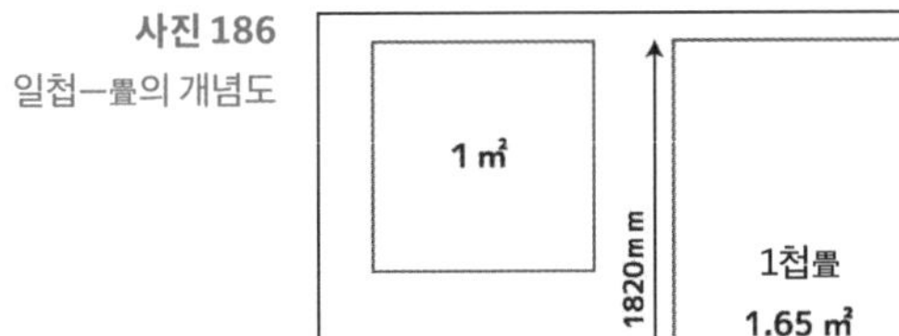
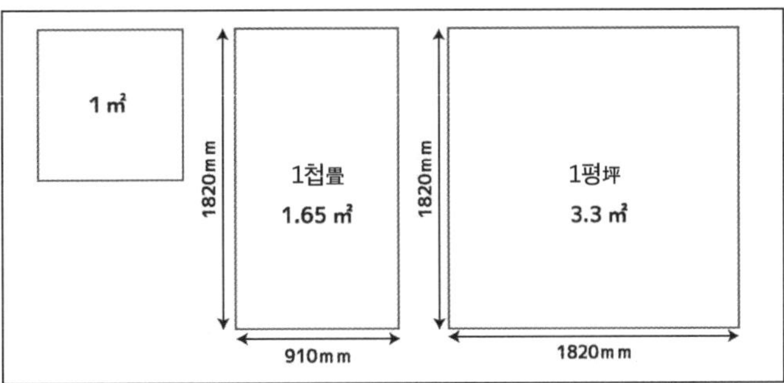

사진 186
일첩一畳의 개념도

차를 마시며 마음을 나누기를 바랐던 것이다.

리큐는 오다 노부나가織田信長를 위해 일했고, 이후에는 도요토미 히데요시豊臣秀吉를 위해 일했다. 나이 60세가 넘어갈 무렵 리큐의 차노유는 더욱 간결하고 높은 경지에 이르렀다. 한편 히데요시는 여러 번 리큐의 차실을 방문하여 와비차를 즐겼으나 마음의 휴식 공간으로 여기기보다는 무사들과 교류하는 장소로 사용했다. 『남방록』에 보이는 리큐의 차회기茶會記를 보면, 차실 벽에는 『벽암록碧巖錄』의 저자인 송대의 선승 원오圓悟의 작품을 걸었다고 적혀 있다. 원오의 묵적墨蹟은 당시의 차실에 거는 괘물掛物 중 가장 귀한 것이었다. 가라모노의 다구로는 흑갈유 차이레茶入(사진 187)만 사용했고 다완, 차표茶杓 등은 일본 제품을 사용했다. 센노 리큐가 소장한 것으로 알려진 물단지水指(사진 188과 188-1)는 몸통은 아래가 불룩하고 좌우에 귀를 붙인 독특한 모습의 비젠야키備前燒로, 일본의 다기 제작이 전성기를 맞았을 때의 작품이다. 바닥에는 리큐가 옻칠로 쓴 '다츠타가와龍田川' 화압花押이 남아 있다. '다츠타가와'란 유명한 옛 시집인 『고금화가집古今和歌集』에서 유래한 것으로, 리큐는 이 유명한 와카和歌의 내용을 명문으로 쓴 경우가 많았다.

당시 하늘을 찌르던 권력자인 히데요시를 맞이하는 리큐의 태도는 불손에 가까웠다. 식사는 공복을 면할 정도로 간소하게 차렸으며, 식사 후 찻자리에서는 마루에 걸었던 원오의 묵적을 말아 올리고 쟁반 위에 여러 가지의 꽃을 올려놓았다. 원래 주인은 손님을 위해 수행 신승의 묵직 등을 족자로 만들어 걸어두고 화병에 꽃 한 송이를 꽂아 맞이하는 게 원칙이었

사진 187
흑갈유 차이레,
무로마치(16세기), 높이 5.4cm,
도쿄국립박물관 ColBase

사진 188, 188-1
귀를 붙인 물단지와 밑바닥, 16~17세기, 전체 높이 22.3cm, 도쿄국립박물관 ColBase

사진 189
센노 리큐(1522~1591),
사카이시堺市박물관

으나 그는 히데요시 스스로 바구니에 꽃을 꽂게 했다. 이로 인해 히데요시의 차노유는 리큐가 추구하는 와비로부터 멀어졌다. 1587년 히데요시는 규슈를 평정한 기념으로 기타노北野 신사의 마츠바라松原에서 성대한 차회를 열었다. 내세운 명분은 신분 고하를 막론하고 서민과 함께 찻자리에서 즐긴다는 것이었지만 사실은 자신이 소장한 명기名器들을 보여주고 문화인으로서의 면모를 과시하기 위한 자리로, 와비와는 거리가 멀었다. 기타노의 차모임 이후로 히데요시는 황금의 차실을 만들고 명기를 자랑하며 호화스러운 차회를 즐겼다. 이로써 히데요시와 리큐 사이에 깊은 골이 생겨났으며, 1591년 히데요시는 70세의 리큐에게 자결을 명했다.(사진 189) 히데요시와 리큐의 관계에 대해서는 다소 과장된 부분이 있기에 향후 학자들의 연구를 지켜볼 필요가 있다.

4) 일본 차 문화의 리더: 마치슈와 다이묘

16세기 일본의 차 문화에 가장 크게 이바지한 차인들은 도시의 상공업자인 마치슈町衆였다. 그들은 자신들이 주최한 차 모임을 기록으로 남겼는데, 이 자료들은 16세기에 와비차가 유행하면서 다실에 거는 괘물이 화축畫軸에서 묵적墨跡으로 바뀌고 다구는 가라모노에서 한반도의 고려물高麗物268 또는 새로 제작된 일본물로 바뀌는 정황을 보여주고 있다. 또한 교토의 산조 가이네이三条界隈 등지에서 출토된 방대한 양의 모모야마시대의 도기 다구는 당시 마치슈의 수집 용도의 다구였을 뿐 아니라 매매 대상의 상품이었음을 보여준다.

무로마치, 모모야마 시대에 도시를 중심으로 마치슈가 주도한 차 문화는 에도시대에 들어 부유한 상인층이 이어받았다. 이들은 차노유를 즐기는 동시에 재력에 기대어 귀한 다구들을 수집했으며 메이지시대 초기에는 형편이 곤궁한 도공들을 지원하는 등 차 문화를 활성화하는 데 중요한 역할을 했다.

근세에 차 문화에 중요한 역할을 했던 또 다른 계층은 다이묘를 비롯한 무사들이다. 리큐 문하의 제자 일곱 명 가운데 한 명이었던 후루타 오리베古田織部(1543~1615)를 필두로 다이묘들은 이른바 '다이묘차大名茶'라는 새로운 차 문화를 선보였다. 이에 리큐의 다도에서 경계했던 세속적인 성향이 섞여들

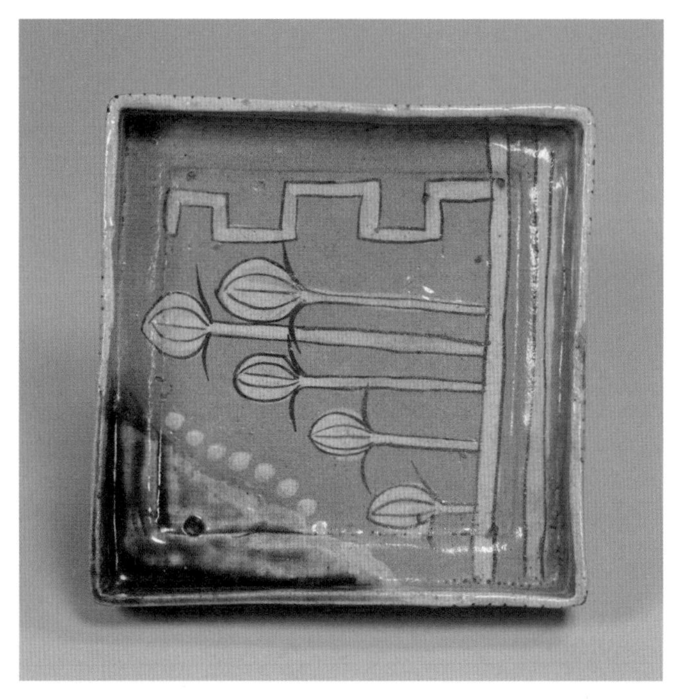

사진 190
오리베 사각접시,
에도(17세기), 미노美濃,
높이 7.0cm,
도쿄국립박물관 ColBase

기 시작했다. 차를 정치적으로 이용하는 발상은 오다 노부나가로 거슬러 올라간다. 그는 의욕적으로 명물 다기를 수집하는 한편 가신에게 값진 다구를 상으로 내리는 등 자신의 권력을 행사하는 데 이용했다. 그리고 히데요시가 노부나가의 노선을 계승하여 유명한 황금 차실과 황금 다구를 제작했다. 무사들은 노부나가와 히데요시를 추종하는 분위기에서 차를 즐겼으며, 그 가운데 후루타 시게나리와 고보리 엔슈小堀遠州를 중심으로 차 문화를 선도하는 무사 차인이 등장했다.

후루타 오리베는 모모야마시대의 대표적인 다이묘 차인이다. 그는 자신이 제작에 간여해 만든 일본 도기 다구를 즐겨 사용했는데, 미노야키美濃燒에서 제작된 추상적인 디자인의

'오리베織部'[269]라는 도기가 대표적이다.(사진 190) 하지만 1615년 에도 막부와 도요토미 가문 사이에 벌어진 오사카 여름전투大坂夏の陳 이전에는 미노야키의 오리베가 발견되지 않았다는 점을 들어 기존의 견해에 의문이 던져졌다. 이에 따라 최근에는 미노야키의 오리베와 차인으로서의 오리베를 구분 짓는 시각이 제시되었다.[270] 그런 가운데 교토의 유물 발굴조사 결과 미노야키의 오리베와 동일한 디자인의 도자기가 교토에서도 구워지고 있었음이 밝혀져, 미노야키의 오리베보다 선행되었을 가능성이 제기되었다. 물론 오리베 생존 당시에 미노야키의 오리베가 구워지지 않았다 해도 이것이 오리베와 관련된 것임을 부정할 순 없다. 오리베 이후 다이묘 차인으로 널리 알려진 고보리 엔슈 역시 엔슈 시치요遠州七窯라는 각지의 다기 생산을 지도한 것으로 전해진다. 두 인물은 라쿠 차완이라는 새로운 다기 양식을 낳았다. 이는 리큐의 태도를 계승한 것이자 새로운 차 문화의 가치관을 창출한 것이다.

차의 대중화와 센차의 정착

'일상다반사日常茶飯事'라는 표현은 1246년 도겐道元이 찬술한 『일본국월전영평사지사청규日本國越前永平寺知事清規』에 적힌 '불조가 일상의 다반佛祖家常の茶飯'에서 기원한 것이다.[271] 이는 가마쿠라 중기의 에이헤이사永平寺에서는 다반茶飯이 승려들의 일상적인 행위였음을 의미한다. 그림 「칠십일번직인가합七十一番職人歌合」(사진 191)을 보면 알 수 있듯이, 무로마치시대에는 '일복일전一服一錢(한 잔에 1전)'이라는 거리 찻집이 생겨났으며, 에도시대에 이르면 대중의 일상에 더욱 깊이 스며들었다.

무로마치시대에 일복일전의 연장선상에서 사람들이 다리를 쉴 겸 차를 마시는 미즈차야水茶屋라는 찻집이 생겨났다. 이러한 점포는 일본 최대의 도시인 에도에도 여러 곳이 있었다. 대표적으로는 아사쿠사淺草의 난바야難派屋, 야나가谷中, 가사노모리 이나리笠森稻荷 경내의 가기야鍵屋 등을 들 수 있는데 손님

사진 191
「칠십일번직인가합」, 모본, 도쿄국립박물관 ColBase

을 끌기 위해 미인을 고용한 가게도 있었다.

미즈차야와 미인은 일본의 풍속화 우키요에浮世繪의 흔한 소재가 되었다.272 이러한 그림에는 작은 찻잔이나 찻잔을 받치는 접시, 솥 등이 많이 묘사되어 있어 당시 대중적으로 차를 즐기던 풍속을 생생히 보여준다. 그중 18세기 이후의 그림에는 대부분 차솔이 보이지 않는 것으로 보아, 차 가루가 아니라 찻잎을 넣어 마시는 방식으로 전환되었음을 짐작할 수 있다. 이러한 전환은 유물 자료에서도 확인되는바, 18세기부터는 다완이 소형화되며 다선을 사용한 흔적을 찾을 수 없다. 「다견세이세옥茶見世伊勢屋」(사진 192)은 이소다 고류사이磯田湖龍齋(1745~1790)가 안에이安永 연간(1772~1781)에 찻집을 그린 것으로, 미즈차야에서 일하는 왼쪽 여성이 흑칠 잔탁을 든 채 담뱃대를 들고 앉아 있는 화려한 복장의 여성 손님을 쳐다

사진 192
「나견세이세옥」, 에도, 이소다 고류사이, 도쿄국립박물관 ColBase

보고 있다. 찻잔은 작은 통형이며 손잡이 있는 주전자가 탕관 위에 놓여 있으나 다선은 보이지 않는다.

또한 각지의 근세유적 발굴 결과를 보면, 지방에서도 「다견세이세옥」의 미즈차야에 보이는 다구와 같은 종류가 대량으로 소비되었음이 밝혀졌다. 이것은 교토나 에도 같은 대도시뿐만 아니라 지방 도시의 서민층에도 차가 파급되었음을 말해주는 증거다.

에도시대 중기 이후에 성행한 센차는 뜨거운 탕에 찻잎을 담가 우려 마시는 방식으로, 오늘날 널리 행해지고 있는 방식과 같다. 즉 명·청대 중국에서 유행한 포다법이 일본에 전해진 것이라 할 수 있다. 송대의 말차식 점다법이 전파된 과정도 그렇지만 명·청대의 포다법이 언제 누구에 의해 전래되었는지는 확실히 단정하기 어렵다. 다만 18세기에 일본 최초의 센차 관련 전문서 『청만다화靑湾茶話』를 쓴 오에다 류호大枝流芳는 "이 차에 끓인 물을 넣어서 향기를 나는 것을 기다려 마신다. 세속에서 말하기를, 인겐隱元 선사가 시작하여 일본에 이 방법을 전한 것으로 알려져 있다"라고 기록했다. 인겐 선사는 우지宇治 지역에 황벽종黃檗宗의 만부쿠사萬福寺를 개창한 인겐 류우키隱元隆琦(1594~1673)를 말한다. 만부쿠지에는 인겐이 중국에서 사용하던 것이라는 다관이 전해지는데 중국 의흥요에서 만들어진 자니紫泥 다관(사진 193)이다.[273] 교토 내 다른 17세기 유적에서도 같은 종류의 기물이 출토되고 있어 근거 없는 주장은 아니다.

『청만다화』에 따르면 초기에는 용기에 찻잎을 넣고 끓이는 방식을 사용했는데, 인겐이 가져왔다는 자니 자사다관의 밑

사진 193

의흥요 자니 다관, 전체 높이 19.3cm, 만부쿠사

사진 194

『청풍쇄언』에 묘사된 풍로

사진 195, 196

『매다옹다기도』, 바이사오 고유가이

바닥에도 가열한 흔적이 확인되었다. 이에 비해 사전에 찻잎을 넣어 끓인 탕을 별도의 그릇에 덜어서 마시는 방식의 출현은 다소 늦다.[274] 1794년에 간행되었던 우에다 아키나리上田秋成(1734~1809)의 저서 『청풍쇄언淸風瑣言』에서 횡파형 주전자와 하단이 뚫려 있는 다로茶爐(사진 194)를 사용하여 차를 끓이는 전다법이 확인된다.

교토에서 차를 팔던 바이사오 고유가이가 즐겨 마시던 센차의 풍미는 덖은 부초차釜炒茶 혹은 증제전차였다고 한다.[275] 다시 말해서 17세기 후반에서 18세기 초반까지는 부초차, 일쇄차日曬茶를 넣은 센차를 주로 마셨고, 18세기 중반 전후로는 증제차를 선호해 전다법과 포다법을 겸한 과도기적 음다법을 사용했다.[276] 당시에는 중국 다구가 대규모로 수입되었으며, 문인차를 선호한 지식층의 소장품 또한 중국 기물이 주류였다. 이에 따라 19세기에는 중국 기물을 모방해 센차 다구를 전문으로 만드는 도공들이 대거 활약했다. 실제로 『매다옹다기도賣茶翁茶器圖』를 보면 횡파형 탕관과 다로, 찻잔 등 중국제 다구가 많은 것을 확인할 수 있다.(사진 195, 196)

1738년, 차의 장인 나가타니 소엔永谷宗円(1681~1778)은 오늘날 녹차의 원형에 가까운 센차의 제작법을 확립했다. 그는 찻잎의 품질을 크게 개선하고 풍미를 현격히 향상시킴으로써 오늘날 광범위하게 행해지고 있는 센차 방식이 자리 잡는 기초를 마련했다.

1) 일본 다도의 정신, 와비·사비 그리고 일기일회

일본에서는 중국으로부터 받아들인 차 문화를 오랜 세월에 걸쳐 현지화했으며 일본 고유의 문화를 접목시켜 중국이나 한국과는 다른 독자적인 전통을 일궈냈다. 그 대표적인 개념이 '와비·사비'라 할 수 있다. 와비는 일본의 가장 오래된 시가집인 『만엽집萬葉集』에 등장하는 개념으로, 당시에는 연애의 쓸쓸함을 나타내는 의미로 사용되는 경우가 많았다.[277]

본래 와비와 사비는 다른 뜻이지만 오늘날에는 같은 의미로 쓰이는 경우가 많다. 차노유의 외로움은 정적보다 공허하며, 불전에서의 죽음, 열반 그리고 빈곤, 단순화, 고독함에 가까우며, 사비는 와비와 동의어가 된다.[278] 인간의 어리석음과 무상함을 아름답다고 느끼는 미의식이며, 깨달음의 개념에 가까운 일본 문화의 중심 사상이라고 할 수 있다.[279] 와비·사비는 예로부터 신도神道의 생각, 전통적인 구별, 불교의 가르침 등과 함께 양성된 의식일 것이다. 즉 현실의 삶을 영위하면서 허례허식을 버리는 것, 심지어 모든 것을 부정하고 내려놓은 상태에서 보이는 인간의 본질과 직결된 미의식이다. 오늘날에도 일본인의 일반적인 생활 감정에 영향을 끼치고 있다.

일반적으로 와비차의 개념을 창시한 인물은 무로마치시대의 무라타 슈코로 알려져 있다. 일본 임제종의 승려 이큐 소준一休宗純(1394~1481)을 스승으로 모시고 선 사상을 접한 그는 값비싼 가라모노를 중시하는 풍조를 벗어나 평범하고 소박한 다구를 이용하는 방향으로 차노유를 변화시켰다. 그는 선과 차의 공통점을 말하면서 "차노유를 배우는 데 가장 나쁜 것은 교만한 아집의 마음을 갖는 것이다"[280]라는 '다선일미茶禪一味'를 주장했다. 그러한 정신을 다케노 조오, 센노 리큐 등의 도시인들이 이어받아 심화한 것이다. 사실 그들이 와

비·사비에 대해 직접 언급한 기록은 찾아볼 수 없고, 다만 그들이 와비의 정신을 선호했다는 정황만 살펴볼 수 있다.

와비차라는 말이 본격적으로 쓰인 시기는 에도시대로, 다양한 다서茶書가 저술되면서 다도의 근본적인 미의식으로서 와비가 자리매김하게 되었다. 다케노 조오는 와비를 '정직하고 신중한 모습'이라고 받아들였으며, 센노 리큐는 '청정무구한 불가의 세계'로 인식했다. 센노 리큐에게 다도란 석가나 달마대사를 배우는 것, 즉 불교의 가르침을 수행하고 깨달음을 일으키는 것이다.[281]

근대에 이르러 일본의 차 정신은 서구권에 전파되었다. 오카쿠라 가쿠조岡倉覺三(덴신天心, 1863~1913)는 자신의 저서 『차의 책The Book of Tea』에서 "다도의 근본은 '불완전한 것'을 존경하는 마음에 있다"[282]라고 설명했다. 이 '불완전한 것'이라는 표현은 일본의 차 문화 특성을 잘 드러내는 말이다. 그는 다도를 "세계적으로 인정받는 유일한 아시아적 의례"라고 말하는 한편 일본을 대표하는 미의식으로 규정했다.[283]

다이쇼大正·쇼와昭和 시대에는 다도구가 미술 작품으로 평가되었다. 이에 따라 와비라는 표현은 다도구의 조형미를 대표하는 표현이 되었다. 예를 들면 야나기 무네요시柳宗悅(1889~1961)와 히사마쓰 신이치久松眞一(1889~1980) 등은 고려 다완의 아름다움을 상찬할 때에도 와비라는 표현을 자주 사용하고 있다.[284] 즉 조선의 찻그릇은 원래 차에 사용한 것이 아니라 민간 식기였지만 명기名器가 되어 오늘날에도 그 가치를 발하고 있는데, 그와 같은 아름다움을 좋아하고 선택한 정신이 바로 와비 정신이라는 것이다.

'일기일회一期一會'란 일본인 다도의 기본자세를 나타내는 말로, 센노 리큐가 처음 말한 것으로 알려져 있다. 기본적으로는 '평생 단 한 번의 기회'를 가리키는 말이지만 누군가와 함께 차를 마실 때 그 인연을 다시 오지 않을 한 번의 기회로 여기는 마음가짐을 의미한다.[285] 리큐는 저서를 남기지 않았지만, 제자 야마노우에 소지山上宗二는 『산상종이기山上宗二記』를 저술하면서 '일기일회'를 리큐가 한 말로 기록하고 있다. '일기'란 원래 사람이 태어나서 죽을 때까지, 즉 평생을 가리키는 불교용어다. '일회'와 함께 쓰이면서 일본의 다도에서 중시하는 '마음의 아름다움'을 강조하고 있다.

리큐 다도의 근본이 되는 '화경청적和敬淸寂'이라는 개념도 이 과정에서 만들어졌다. 이 또한 다도의 마음가짐을 나타내는 말로, 주인과 손님이 마음을 열어 서로 존경하고 다실의 비품과 다회의 분위기를 청정하게 한다는 뜻이다. 그러나 그의 시대에 이 용어가 사용된 근거를 찾을 수 없어 리큐가 세운 개념이라고 단정할 수는 없다.[286] 다만 일본 다도의 종가인 센가千家에서는 이를 '사규四規'로 정해 중요시하고 있다.

2부

향 문화

인류의 생활에 향이 처음으로 등장한 곳은 고대 메소포타미아와 이집트를 포함한 오리엔트 지역으로 알려져 있다. 이후 중앙아시아를 거쳐 중국으로, 다시 한반도와 일본으로 전파되면서 동아시아 전역으로 확산되는 루트를 이룬다.

향을 태우는 행위는 기본적으로 내세에 대한 관심과 종교의식에서 출발한다. 특히 중국인은 예로부터 향을 현실과 사후세계 혹은 신선의 세계를 이어주는 매개체로 생각했으므로 향을 태우는 행위를 신성하고 고귀하게 여겼다. 따라서 책봉·가례·상례와 같이 의식을 치를 때마다 향을 태웠고, 경건한 의식의 과정으로 자리 잡은 이러한 전통이 오늘날까지 이어지고 있다.

중국의 향 문화는 시대에 따라 다양한 향이 개발되고 그에 어울리는 새로운 향구香具가 제작되는 과정을 거치면서 발전해왔다. 서역을 개척한 한대에는 나무의 수지로 만든 향이 본격적으로 유입되기 시작했고 그 성질에 맞는 향로가 선보이기 시작했다. 불교가 널리 전파되는 위진 남북조시대에는 종교의식에 향이 적극적으로 쓰였으며, 수·당대에는 실크로드 교역을 통해 더욱 다양한 종류의 향이 수입되면서 화려하고 아름다운 향구가 유행했다. 송대에는 사대부뿐만 아니라 상류층 부녀자 사회에서도 향 문화가 유행했는데, 특히 의복에 향내를 입히는 훈의薰衣가 널리 확산되었고, 여러 가지 향을 혼합한 새로운 형태의 향들이 등장했다. 향로에 대한 관심도 높아지면서 도기나 청동기 향로에서 나아가 대량 생산이 가능한 자기瓷器 향로가 애호되었다. 원대에는 오늘날 가장 널리 사용되고 있는 선향線香이 대중화되기 시작했고, 명·청대에 이르러서는 자체적으로 향초를 재배하고 향료를 제작하는 산업이 번영했다. 또한 금석학의 대유행과 더불어 옛 것을 모방한 향로와 향합 형태가 등장했다.

우리나라에서 향 문화가 시작된 시기는 삼국시대로, 중국으로부터 불교를 받아들이면서 향을 태우는 의식도 함께 유입되었으며 초기에는 질병을 치료하는 용도로도 쓰였다. 통일신라시대에는 교역을 통해 향을 수입했을 뿐만 아니라 직접 향을 재배하여 일본으로 수출하기도 했다. 불교가 가장 융성했던 고려시대에는 모든 국가 행사에서 향을 태웠으며 귀족사회에서도 개인적으로 향을 즐기는 문화가 형성되었다. 조선시대에는 중국과 일본으로부터 침향沈香이나 용뇌龍腦 등의 고급 향이 수입되었는데 조선의 왕들은 침향에 큰 관심을 보였다. 많은 문인도 향을 애호하여 아름다운 향로와 향완香埦이 문방도구와 나란히 서재 공간을 장식하기에 이르렀다.

일본의 향 문화는 중국이나 한반도로부터 유입된 불교적인 공향供香으로 시작되었으나, 헤이안시대 이후 종교적 색채에서 벗어나 심미적 용도로 나아갔다. 가마쿠라 시대에는 무사들이 권력을 과시하기 위한 용도로 희귀한 침향을 즐겼다. 당시 무사들은 홀로 조용히 침향을 태우며 사색하는 문향 취미와 동시에 여럿이 모여 향의 이름을 알아맞히는 투향鬪香 놀이를 즐기기도 했다. 무로마치 시대 무사 정권에서는 선禪 사상을 토대로 향에서 우러나는 고담枯淡을 숭상하는 풍조가 유행했다. 당시 중국 문물을 수집하는 열풍이 불어 중국의 향목, 향로, 향합 등이 대량 유입되었다. 와비차가 유행했던 모모야마 시대에는 향로를 사용하지 않고 화로나 풍로에 향을 직접 넣어 즐기는 방식이 유행하기도 했다. 에도 시대 상류층에서는 독특한 옻공예 기법으로 제작된 화려한 향구가 환영받았으며, 찻자리에서 차와 직접적인 관계가 없는 향합이 차도구로 쓰이기도 했다.

동아시아 3국의 향 문화를 종합해보면 중국에서는 한대 이후 동서 문명이 융합되고 도교·불교·유교가 소통하는 과정에서 질적 향상을 이루었다. 향 문화 발전에 주도적인 역할을 한 계층은 황실과 문인 사대부로 그들은 일상생활에서 투다鬪茶, 삽화揷花, 괘화掛畫와 함께 향을 즐겼다. 그러나 근대에 접어들어 서구 문물이 유입되면서 귀족과 문인 사회에서는 전통적인 향 문화가 쇠퇴했다. 한국은 오랫동안 중국과 교류하면서 향 문화를 발전시켰으나 종교의 영향에 따라 성쇠의 과정을 겪었다. 즉 불교가 번성했던 고려시대에는 다양한 향과 향구가 등장했으나 조선시대 유교의 영향으로 크게 위축되었다. 주로 제례와 상례에 국한해 왕실과 문인층에서 명맥을 유지하다가 조선 후기에 장식적이고도 관념적인 형태로 향을 즐기곤 했다. 향에 대한 일본의 접근은 한국이나 중국에 비해 훨씬 심미적이다. 가마쿠라 이후 등장한 무사 계층은 향 문화를 선도해왔으며 향을 예술로 승화시켜 오랫동안 전통을 이어왔다. 오늘날에도 일본의 향 문화는 다도茶道, 화도花道와 함께 여전히 성행하고 있다.

1장

향의 종류

향의 원 재료는 크게 모향茅香, 용뇌향龍腦香, 유향乳香, 용연향龍涎香, 사향麝香 및 각종 침향과 각종 향화香花, 향초 등으로 나눌 수 있다. 이 원료들의 주요 산지는 인도·동남아시아 및 서아시아 등지로 알려져 있다. 그리고 향을 형태로 구별한다면 크게 향목香木, 향환香丸, 선향線香, 향전香篆으로 나뉜다.

모향茅香

고고학 자료를 보면 전국시대에 실내 공간에 벌레가 들어오지 못하게 하거나 공기를 정화하기 위해 특유의 향이 있는 초본 식물을 태우는 풍속이 있었다.[1] 그 식물을 모향茅香이라 하는데, 화본과禾本科의 향모초香茅草를 말한다. 모향에 관한 문헌 자료는 향 문화가 절정에 달한 송대에 많이 확인되고 있다. 송대의 구종석寇宗奭은 『본초연의本草衍義』에서 "모향의 뿌리는 띠풀과 같다. 모향을 넣어 목욕물을 만들 수 있다. (…) 향부자香附子와 함께 넣어 인향印香을 만든다"[2]라고 했으며, 이시진李時珍(1518~1593)은 『본초강목本草綱目』에서 "모향에는 두 가지가 있는데 향기가 있는 띠풀과 남쪽에서 나는 백모향白茅香이 있다"고 했다.[3]

실제로 고대 무덤인 마왕두이馬王堆 유적에서 모향이 출토되었다. 후난성 창사에서 발굴된 마왕두이 유적은 전한 초기 장사국長沙國 대후軑侯 이창利蒼의 가족묘로, 2호는 이창, 1호는 이창의 아내, 3호는 이창의 아들 묘다. 1호 묘에서는 보존 상태가 온전한 여성 미라 1구와 관곽, 비단 의상, 백서帛書, 칠기, 중약中藥 등 3000여 점의 유물이 발굴되었다. 이 여성 미라의 나이는 약 50세로 추정되며 키는 154센티미터, 체중 34.3킬로그램으로 확인되었다. 무덤은 바닥과 곽실 주변을 목탄과 흰 석고로 가득 채운 후 켜켜이 흙을 채워 단단히 다져놓은 형태였고, 발굴 당시 미라는 약 20센티미터 깊이 무색 액체가 고여 있는 관에 잠겨 있었다. 시신이 온전하게 보존될 수 있었던 까닭은 기나긴 세월 토양, 흰 석고와 목탄을 통과하여 고인 물이 부패를 억제하는 효과를 냈기 때문이라 한다. 시대를 고증하는 다양한 출토품 가운데 향과 관련하여 주목할 만한 것은 '사사葸笥'라 적힌 목패다.(사진 1) '사葸'란 '혜蕙'와 같은 글자로 향초의 이름이다. 즉 모향일사茅香一笥(모향 한 상자)라는 뜻이다.[4] 그리고 같은 묘에서 출토된 도기 훈로 안에는 고양강高良薑(생강의 한 종류), 신이辛夷(목련)와 모향이 가득했는데, 서로 혼합하여 태워진 것으로 보인다.[5]

침향沈香

예로부터 귀하게 애용되어 온 향으로, 상록 교목의 일종인 침향목의 수지를 원료로 한다. 수지란 나무에 상처가 났을 때 스스로 치유하기 위해 분비된 물질이 수백 년 동안 서서히 굳어진 것을 말한다. 수지의 비중이 물보다 무거워 수중으로 가라앉기 때문에 침수향沈水香이라 불렀으며, 간략하게 침수沈水 혹은 침향이라고 부른다. 고대 중국인을 비롯하여 인도 및 이슬람 사람들은 이러한 침향목을 구하기 위해 인적 드문 산지로 찾아들곤 했다. 산지는 주로 인도와 동남아시아로, 50년 이상 자란 나무를 잘라 수년간 지상에 거꾸로 두면 나무가 썩으면서 목심木心 부분에 수지가 응집된다.[6] 잎 표면은 광택이 있는 가죽질이며 대개의 경우 목재는 향이 없으며 목질이 부드럽고 가벼워 쓰임새가 적다. 다만 한방에서는 줄기를 약재로 사용하고 있다.(사진 2)

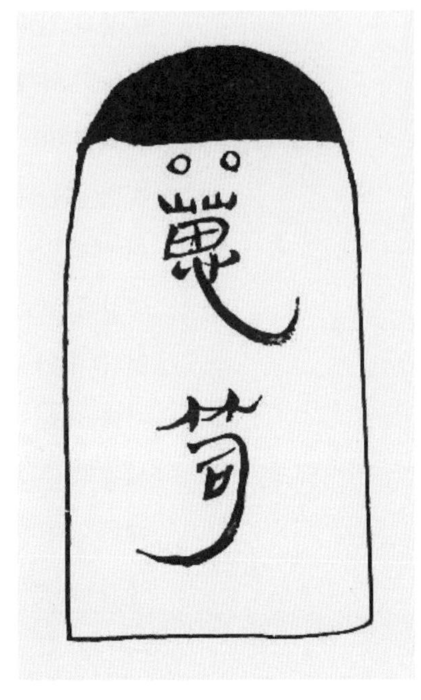

사진 1
'사사葸笥'명 목패, 전한, 길이 8.0cm, 마왕두이 1호묘, 후난성박물관

침향의 향은 꿀과 같아서 밀향密香이라고도 한다. 고대 인도인들은 침향을 태우면 피부의 상처가 치료되며 통증을 없애준다고 믿었다. 침향목의 내피는 글 쓰는 종이로 사용되었는데, 고대 인도의 브라만 계급에서는 경문을 필사할 때 이 향피 종이를 썼다고 한다. 중국 진대晉代에 혜함嵇含이 지은 『남방초목상南方草木狀』에는 "밀향, 침향, 계골향鷄骨香, 황숙향黃熟香, 잔향棧香, 청계향青桂香, 마제향馬蹄香, 계설향鷄舌香은 한 나무

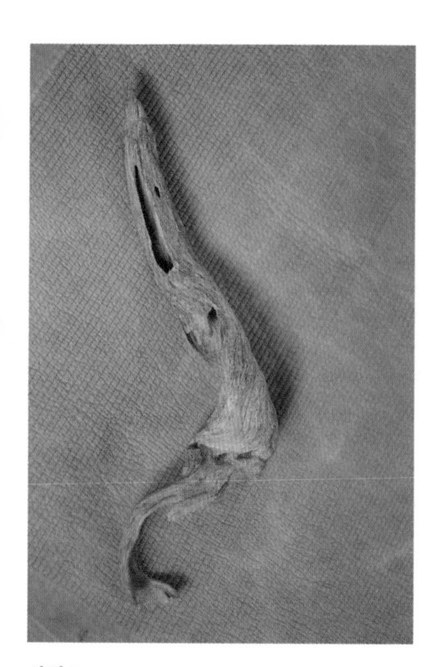

사진 2
침향목

에서 나온다"[7]라고 했다. 모두 침향의 다른 명칭이라는 의미다. 삼국시대의 『남주이물지南州異物志』와 남북조시대의 『교주이물지交州異物志』에도 침향과 잔향이 기재되어 있다. 당대의 『해약본초海藥本草』에는 침향, 청계, 계골, 마제 및 잔향 등 5종이 기재되어 있다.[8]

중국 하이난海南에서 나는 침향은 형태에 따라 말발굽 모양의 마제향馬蹄香, 소머리 모양의 우두향牛頭香, 제비부리 모양의 연구향燕口香, 송아지 뿔 모양의 견율향繭栗香, 댓잎 모양의 죽엽향竹葉香, 버섯 모양의 지균향芝菌香, 베틀 북 모양의 사자향梭子香, 부자 모양의 부자향附子香 등 다양하게 분류했다.[9]

우리나라 고려시대에는 바닷물과 민물이 만나는 합수 지점의 좋은 곳을 골라 향나무 류를 묻는 '매향埋香 의례'를 많이 행했다. 물론 바닷가에 인위적으로 묻어서 만든 침향은 동남아의 자연산 수지 침향과는 다른 것이다. 『세종실록』에 나오는 기록 등을 토대로 살펴볼 때 1002~1434년까지 432년간 수십 곳에 수천 조條의 향나무를 묻었던 것으로 파악할 수 있다.[10]

용뇌향龍腦香

용뇌는 장뇌樟腦라고도 하는데, 열대 지역에서 자라는 상록 교목인 녹나무의 수지를 증류한 것으로, 무색투명하거나 반투명한 백색의 결정체를 이룬다.(사진 3) 품질 좋은 것은 얼음같이 희고 반짝이는 매화꽃잎 모양을 띤다 하여 빙편뇌氷片腦

사진 3
용뇌향

혹은 매화뇌梅花腦라고도 한다. 용뇌의 '용'자는 약재 가운데 귀한 것이라는 의미를 지니며 정신을 맑게 하는 효능이 있어 약용으로 쓰이곤 했다.[11] 뿐만 아니라 동남아시아 지역에서는 목욕 후 용뇌향에 침향, 사향 등을 섞은 향료를 몸에 발라 청량하고 고급스러운 향을 즐겼으며, 왕후 귀족 계층에서는 용뇌와 용연향을 섞은 다음 빈랑에 넣어 음식으로 먹기도 했다.

『사기』「화식열전貨殖列傳」에 용뇌나무가 광저우에서 많이 난다는 기록이 있는 것으로 보아 한대에도 귀한 향품으로 사용되었음을 알 수 있다. 또한 당말 단성식段成式(803~863)의 『유양잡조酉陽雜俎』에 따르면 지금의 파키스탄 지역에서 가져온 조공 품목에 용뇌향도 포함되어 있었다.[12]

송대에는 황제에게 진상하는 공물 가운데 푸젠 북부에서 생산되는 용봉단차에 용뇌를 넣기도 했으며, 많은 문헌에서 용뇌향에 대해 언급하고 있다. 홍추洪芻(?~1126)의 『향보香譜』에서 용뇌향은 생향과 숙향으로 나뉘는데, 생용뇌는 '매화용뇌'라고도 불리며 숙용뇌는 불로 가열하여 수분을 제거하고 덩어리로 응결된 것이라 소개하고 있다.[13] 『송회요宋會要』「직관職官44 · 제거시박사提擧市舶司」, 소흥紹興11년(1141) 11월조에서는 용뇌를 숙뇌熟腦, 매화뇌梅花腦, 미뇌米腦, 백창뇌白蒼腦, 유뇌油腦, 적창뇌赤蒼腦, 뇌니腦泥, 추속뇌麤速腦, 목찰뇌木札腦 등 9 등급으로 나누고 있다.[14]

중국에는 용뇌에 관한 전설이 전해진다. 옛날 어느 큰 절에 거대한 뱀이 들어와 사람을 물어 죽이는 일이 발생했는데 우연히 스님들이 쓰다 버린 나막신을 태우자 뱀이 그 향을 맡고 죽었다는 것이다. 그 신발들은 녹나무로 만들어진 것으로, 이때부터 녹나무를 태운 향이 뱀을 퇴치한다는 소문이 퍼져 이른 봄이면 집집마다 마당에서 녹나무를 태워 나쁜 벌레와 병마를 쫓는 풍습이 생겨났다고 한다.[15]

용연향龍涎香

'용연龍涎'이란 명칭은 깊은 바다에 사는 용에게서 얻은 것이라는 인식에서 비롯된 것으로, 실제로는 향유고래의 분비물이다. 향유고래가 오징어나 물고기를 먹은 뒤 소화되지 못한 물질들이 담즙에 붙어 있다가 몸 밖으로 배출된 것이다. 이 덩어리는 바다를 떠다니면서 성분이 변하게 되는데, 그 주성분인 엠브레인ambrein은 특별한 향이 나지 않지만 다른 향

사진 4
용연향

과 섞이면 향을 배가하고 오래 유지시키는 효능이 있다. 그러므로 용연향의 가장 큰 특징은 다른 향품과 혼합되었을 때 향을 모아주는 것으로, 적은 양을 써도 풍부한 화향花香을 만들어낸다. 이런 특징 때문에 『임원경제지』를 저술한 조선시대 실학자 서유구는 "진짜 용연을 써서 향을 피우면 푸른 연기가 위로 올라와 잘 흩어지지 않아 앉아 있는 손님이 가위로 연기 가닥을 끊을 수 있을 정도"라고 표현했다.[16] (사진 4)

용연향이 맨 처음 중국에 유입된 시기는 당 고종 영휘永徽 2년(651)으로 인도, 이란, 비잔틴 국가에서 중국 황실에 바쳤다는 기록이 확인된다.[17] 송대의 조공품에도 용연향이 포함되어 있는데 『송회요宋會要』에는 역대 조공품목 가운데 용연향이 여러 번 등장한다. 천희天禧 원년(1017)에 스리비자야(지금의 인도네시아)로부터 36근짜리 용연향 한 덩이를 얻었으며, 희녕

熙寧 4년(1071)에는 아랍국으로부터 용연향을, 층단국層檀國이라 불리는 현재의 아제르바이잔공화국 지역에서 백흑白黑 용연향을 얻었으며, 소흥紹興 26년(1156) 스리비자야로부터 용연향 한 덩이 23냥을 얻었다고 한다.[18] 취안저우泉州와 광저우는 원대에 중요한 무역 거점이 되면서 합향合香을 제작하는 사람들이 이곳에 모여들었다. 장지보張知甫의 『장씨가서張氏可書』에는 북송 휘종 선화 연간(1119~1125)에 용연향의 진위를 감별할 줄 아는 고賈씨라는 상인에 관한 일화가 소개돼 있다. 그는 2전짜리 용연향을 어마어마하게 높은 가격에 내놓았고, 사람들이 이에 항의하자 진짜 용연이라서 비싼 것이라고 하면서 이것을 물에 던져 훈의薰衣하는 법을 알려주었다고 한다.[19]

송말 원초 진경陳敬이 저술한 『향보香譜』에는 이러한 내용이 있다. "용연은 대식국(아라비아)에서 나며, 바다 가운데 큰 바위에 누운 용이 침을 뱉으면 수면 위에 침의 점액이 떠오르는데 숲속의 새가 날아들고 물고기 떼가 모여들어 서로 가지려고 다툰다. 용연은 원래 향이 없으며 기름덩이에 가깝고 백약百藥처럼 희고 기름진데 검은 것은 등급이 낮다. 기름지고 광택이 있는 것은 향기를 널리 날릴 수 있어 대중적인 향으로 많이 사용되었다."[20]

강진향降眞香

강향, 번강番降, 황단黃檀, 자등향紫藤香(식물 자등과 무관)이라는 이름으로도 불린다. 주로 인도·베트남·태국·필리핀 등지에서 자생하며 중국의 윈난·광시·광둥 등지에도 분포한다.(사진 5) 나무는 무겁고 결이 치밀하며 자주색을 띤다. 토양, 기후, 지형 등 환경적 요인 및 곤충이나 조류로부터 보호하기 위해 분비되는 다양한 오일과 영양소가 결합하여 새로운 수지형 조직을 형성하는데, 시간이 지남에 따라 오일 밀도가 높아진다. 약재와 분향재로도 쓰이며 다른 향목과 혼합하면 매우 좋은 향을 내고 단단하기 때문에 예로부터 불상 혹은 공예품 제작에 사용되었다.

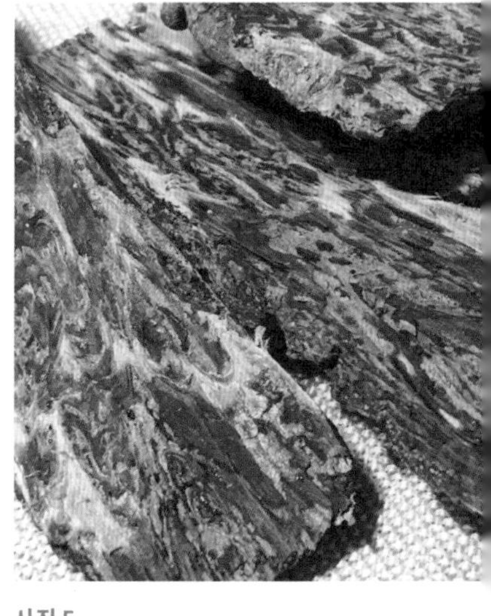

사진 5
강진향

송대의 『향록』에서는 강진향을 번강番降, 토강土降 및 광강廣降 3종으로 구분하고 있다. 홍추洪芻(?~1126)의 『향보香譜』에서는 "이 향을 피우면 학이 그 향에 이끌려 내려온다. 어린아이가 이 향을 지니고 다니면 나쁜 기운을 피할 수 있는데 그 향기가 소방목蘇方木과 비슷하다. 향을 섞으면 특히 향기가 좋다"[21]라고 했다. 강진향은 도교의 제사 활동에서 없어서는 안 될 것으로 향은 천방무극의 세계에 달하며 영통한 삼계三界에 달한다고 믿었으며, 참에 통하고 영에 도달하는 증표로서 도경道經에 많이 기록되어 있다. 도교의 향은 반드시 천연 향신료여야 하며 지극히 깨끗해야 한다고 여겼다. 『준생팔전遵生八牋』에는 "실하고 자줏빛을 띠는 것이 좋은 것이다. 차를 달이듯이 끓여서 기름기를 제거하고 난 뒤에 향으로 사른다"[22]라고 했다. 송대에는 일반적으로 약용보다는 훈향을 위한 향품으로 애용되었다.

강진향은 글자 그대로 신을 불러 강림케 하는 향이다. 도가에서는 신령스런 동물인 학이 제단에 강림하는 것을 매우 영

사진 6

「서학도」, 송 휘종(조길趙佶), 북송, 51×138.2cm, 랴오닝성박물관

험하게 여겼으며 강진향을 사르면 학이 내려온다고 믿었다.[23] 실제로 송 휘종은 이러한 믿음을 가지고 그림을 그릴 때 강진향을 피웠다고 한다. 그가 그린 「서학도瑞鶴圖」(사진 6)를 보면 장엄하게 솟은 선덕문宣德門 위에 화려한 구름이 감돌고 있으며, 각기 표정이 다른 학 18마리가 하늘과 궁궐 주변을 돌며 상서로운 분위기를 자아낸다.

소합향蘇合香

조록나무과의 소합향나무에서 추출된 수지를 원료로 하는 향으로, 불경에서는 범어로 '도루파향兜楼婆香'이라 불린다. 소합향은 옛날 소합국蘇合國(현재의 이란)에서 생산되었기 때문에 붙여진 이름이며 아프리카, 인도, 터키 등지에서도 자생한다.(사진7)

진한시대에 소합향은 실크로드를 통해 중국에 전해졌다. 당 현종이 반포한 『광제개원방廣濟開元方』에 소합향환이 소개되어 있고, 『외태비요방外臺秘要方』 등의 의술 서적에는 환약이 기록되어 있다. 송나라 소합향환은 건강관리뿐만 아니라 질병과 응급 치료에도 사용되었다.

소합향은 북송시대 황궁에서만 사용되던 고가의 약품이었다. 『향승香乘』에 따르면 송 진종은 병약한 재상 왕증王曾에게 약주 한 병을 하사했으며, 이 약주를 마시고 건강을 회복한 왕증이 알현했을 때 진종은 소합향환을 첨가한 소합향주라고 일러주면서 "이는 오장을 잘 다스려 뱃속의 병을 없앤다"고 했다. 이후로 사람들이 이 처방을 따라하면서 소합향환이 유행했다.

사진 7
소합향

이시진은 『환우지寰宇志』에서 "소합유는 안남安南(베트남)과 삼불제三佛齊(인도네시아) 등 여러 나라에서 난다. 나무의 생 진액은 약으로 만들 수 있는데, 짙으면서도 찌꺼기가 없는 진액을 상등품으로 친다"고 했으며 심괄沈括의 『몽계필담夢溪筆談』에서는 유우석劉禹錫이 『전신방傳信方』에서 언급한 내용을 인용하여 소합향은 "엷은 잎은 금색 같고, 만지면 작아졌다가 놓으면 한참 동안 벌레가 꿈틀거리는 것처럼 움직이면서 원래 모양으로 돌아오는데, 향기가 좋고 강렬하다"라고 했다.[24]

백단향白檀香

향의 원료는 상록 교목인 백단나무의 심재로, 인도·인도네시아·말레이시아·호주 등에서 자생하거나 재배한다. 12~15미터 정도 자란 나무의 심재는 누르스름한 빛을 띠며 강한 향기를 품고 있어 향료나 약재로 쓰인다. 백단향은 은은하고 달콤한 향이 오래 유지되며 긴장을 풀어주는 효능이 있다.(사진 8)

송대 섭정규葉廷珪가 지은 『향보』에 따르면 껍질이 실하면서 황색인 나무가 황단黃檀이고, 껍질이 깨끗하면서 백색인 나무가 백단白檀이며, 껍질이 썩었으면서 자색인 나무가 자단紫檀이다. 모두 단단하고 묵직하면서 맑은 향이 나는데 특히 백단의 향이 좋으며, 단향은 종이에 싸서 밀봉 보관해야만 향기가 새지 않는다고 했다. 『준생팔전』에서는 "황색으로 실한 단향이 좋은데 차茶에 담갔다가 누렇게 볶아서 비린내를 제거한다"**25**라고 했다.

인도에서는 4000년 동안이나 백단향에서 정제한 정유를 이용해왔으며 힌두교인들은 시바신을 숭배하는 데 사용했다. 고대 그리스에서는 분향 의식과 시신의 방부 처리에 이용했

사진 8
백단향

다. 백단향은 최초의 불상을 조성할 때 사용된 나무로 알려져 불자들 사이에서는 성스러운 나무로 사랑받고 있다. 백단향은 100년 이상 자라야 좋은 향을 내는 것으로 알려져 있고, 불상이나 염주 등 조각용 소재로 널리 활용되며, 갈아서 향을 만들거나 기름을 짜서 쓰기도 한다.

자단향紫檀香

자단향의 원료는 타이완·인도·인도네시아·말레이시아·중국 남부(광둥, 광시, 윈난) 지역에서 자생하는 자단나무의 심재로, 30~40년 자란 나무의 심재를 잘라 증류하면 향유香油를 얻을 수 있다.(사진 9) 수지가 특히 많이 들어 있는 것을 단향니檀香泥라고 한다. 단향나무의 뿌리는 심재보다 향기가 더 짙고 향료뿐만 아니라 약품으로도 많이 쓰인다. 자단향은 떫고 약간 쓴맛이 있으며 성질이 차며 혈열을 맑게 하고 기를 촉진

사진 9
자단향

하는 효과가 있으며 혈정血疔, 고혈압, 다혈증을 치료한다. 또한 장미향이 나는 목질은 치밀하고 단단하여 가구, 건축, 조각, 악기, 장식품의 재료로 경제적 가치가 높다. 1975년 전남 신안 앞바다 해저에서 침몰한 배가 발견되었는데, 14세기에 중국에서 일본으로 향하던 이 무역선에서 건져낸 유물 중에는 1000여 본의 원목 자단목과 작게 자른 소향용燒香用 자단목이 포함되어 있었다.[26]

정향丁香

정향나무의 꽃봉오리를 말린 것이 향의 원료다. 꽃봉오리의 형태가 못처럼 생겼다 하여 정향이라는 이름이 붙여졌다.(사진 10) 향신료로 쓰이는 부분은 꽃봉오리로, 말린 꽃봉오리 한 개는 길이가 3~4밀리미터밖에 안 된다. 주요 산지는 말레이시아 반도, 인도네시아 군도 및 아프리카 동부다. 독특한 향 때문에 세계 곳곳에서 향신료로 애용되는 정향은 기원전 1500년경부터 무역 거래되었으며 로마에는 1세기경에 전파되었다. 향신료 무역이 성하던 시절에는 네덜란드 동인도회사에서 정향의 생산과 수출을 독점하려고 했다.

정향은 살균력이 뛰어나 부패 방지를 위한 약재로 많이 쓰였는데, 입 냄새를 없애주는 효능이 뛰어나 중국의 한대에는 황제와 대화하기 전 입 냄새를 제거하기 위해 정향 잎을 씹었다고 한다. 우리나라 조선에서도 왕족들을 보필하는 내시들은 입 냄새를 풍기지 않으려 항상 정향을 휴대하고 입에 머금고 다녔다고 한다.[27] 오늘날에도 치과 치료시 진통제 혹은 신경마비제로 쓰이며 은단의 주요 성분이기도 하다. 옛 중국에

서는 계설향鷄舌香이라고 불렸는데, 이시진은 "수꽃은 정향이고, 암꽃은 계설鷄舌이다"라 했다.[28]

사진 10
정향

유향乳香

옻나무과에 속하는 유향나무의 진을 말린 것으로 훈륙향薰陸香이라고도 한다. 줄기와 가지에 상처를 내면 투명한 수액이 흘러 작은 타원형 방울로 굳어지면서 서서히 검게 변한다. 몰약과 함께 방향제로 사용되었던 최초의 수지樹脂로 은은하고 매혹적이며 차분한 향이 특징이다.(사진 11)

유향의 원산지는 중동 및 지중해 연안, 인도 등지로 중국에는 2~3세기에 전래됐다. 8세기 이후에는 이슬람 문화가 확산되면서 해로를 통해 동남아시아로 전해졌다. 송대의 진승陳承은 "유향은 서쪽으로는 천축天竺(인도)에서 나며, 남쪽으로는 파사波斯(페르시아) 등지에서 난다. 서쪽에서 나는 유향은 황백색이고, 남쪽에서 나는 유향은 자적색이다. 시간이 오래 지나 여러 겹으로 쌓인 것은 젖꼭지 모양이고 모래와 돌이 뒤섞여 있다. 훈륙이란 통틀어 부르는 이름이고 유향이란 훈륙 중에 젖꼭지 모양의 향이다"[29]라고 했다. 당나라 때는 궤양과 장의 병증에 처방되기도 했다. 『본초강목』에 따르면 도교에서는 유향을 불로장생의 약으로 간주했다. 이들 유향이 신라에도 전해져서 석가탑의 사리장엄구와 함께 발견되기도 했다.[30]

사진 11
유향

사향麝香

중앙아시아의 산악지대에 서식하는 수컷 사향노루의 생식기 근처에 있는 분비샘에서 얻는 동물성 향료다. 강렬한 암모니아 향이 나지만 희석하여 사용하면 향기로운 냄새를 얻을 수 있다. 본래 암컷 노루를 유혹하기 위해서 분비된 물질이기 때문에 예로부터 이성을 유혹하는 매혹적인 향을 지녔다 하여 기생들은 물론 궁중 여인들도 애용했다.(사진 12)

남조 때 양梁의 도교학자 도홍경陶弘景(456~536)[31]은 "여름철에 뱀과 벌레를 많이 먹은 사향노루는 겨울이 되면 사향이 가득 찬다. 봄이 되면 배꼽 안쪽에 갑자기 통증을 느끼고 스스로 발톱으로 후벼 파낸 사향낭을 똥과 오줌 속에 두는데 늘 같은 곳에 덮어버린다. 이 향은 사향노루를 죽여서 꺼낸 것보다 훨씬 좋다. 일반적으로 진품 사향을 깎아서 혈막을 취하고 기타 물질들을 섞은 다음 사향노루 다리 4개의 무릎 가

사진 12
사향

죽으로 싸서 판다. 그래서 한 조각을 깨뜨려봤을 때 그 안에 털이 함께 있는 것을 우수한 상품으로 여긴다"[32]라고 했다.

사향의 '사麝'자는 '사슴 녹鹿'자와 '쏠 사射'자를 결합한 것으로, 중국 명나라의 『본초강목』에 따르면 사향의 향기가 매우 먼 곳까지 퍼져 나가는 성질을 나타낸다고 한다. 각자 세력권을 형성하며 살아가는 사향노루는 번식기에만 짝짓기를 하기 때문에 수컷은 먼 곳에 있는 암컷에게 자신의 위치를 알리기 위해 강한 향을 분비한다는 추정에 근거해 성 페로몬의 일종이라는 설이 있다.[33] 사향의 분비량은 계절이나 시기와 관계가 없다는 설도 있다.[34]

2장

중국의 향

합향合香 기술의 발전

중국에서는 오래전부터 여러 향을 혼합하여 약재로 쓰는 기술을 개발해왔다. 이러한 합향合香에 대한 최초의 기록은 삼국시대 오吳(220~280)의 단양태수丹陽太守 만진萬震이 펴낸 『남국이물지南州異物志』로, 고대 인도의 향약 제조 기술이 3세기 무렵 중국 남방까지 전해졌음을 알 수 있다. 이후 5세기 말~6세기 초에는 좀더 다양한 합향 기술이 개발되면서 도홍경과 같은 합향 전문가가 등장하기도 했다. 이러한 흐름을 이어받아 수·당대에는 더욱 정교한 합향법이 유행했다.

송대의 합향은 형태상 환형丸形, 병형餅形, 가루형 등으로 구별된다. 향합을 제조하는 과정에서는 향 분말이 너무 미세하거나 거칠지 않도록 주의하는데, 향분이 너무 미세하면 불에 견디지 못하고 과립이 너무 거칠면 연기가 고르지 않아 안성감이 없기 때문이다. 송대의 각종 향서香書를 집대성한 진경의

『향보』에서는 다양한 합향 제조 기술을 소개하고 있다. 분향용 향의 합향에 관한 내용뿐만 아니라 몸에 바르는 향가루, 향주머니, 향노리개, 옷 속에 넣는 향, 불당에서 시간 측정용으로 쓰이는 소향 등에 대해서도 기술하고 있다. 이 문헌에 소개된 총 22종의 합향법에는 대부분 침향이 쓰이고 있으며 꿀, 석청, 사탕수수, 매실이 재료에 포함된다. '옹문철낭중아향법雍文徹郎中牙香法'에 사용되는 재료는 침향 1냥, 잔향 1냥, 황숙향 1냥, 용뇌 반냥, 백단향 1냥, 갑향 1냥, 사향 반냥이다. 이 가운데 침향, 잔향, 황숙향은 단지 품급이 다를 뿐 모두 침향에 해당한다. 갑향 및 사향은 결합과 조화 및 안정을 보조하는 향료다. 이 7종 재료의 조제 방법과 보관법에 관한 기록은 이러하다. "여러 가지 향을 찧어서 가루로 만들고 꿀을 고아서 휘저어 고르게 한 다음 새 자기에 담아 보관한다. 밀봉하여 땅에 묻고 한 달 후 꺼내어 사용한다."[35] 문헌 속 합향 제조법은 공통적으로 향을 갈아낸 다음 꿀을 넣어 덩어리를 만들고 자기에 담아 보관하는 과정을 거친다. 또한 『향보香譜』에 따르면 향을 보관하려면 적당한 습도가 있어야 하기 때문에 배합한 향을 땅속에 묻어두고 한 달이 지난 뒤부터 필요할 때마다 조금씩 꺼내 쓰면 그 향이 더욱 향기롭고 진하다고 했다.[36]

명대 이후에도 옛 합향 기술을 구체적으로 언급한 문헌을 찾아볼 수 있다. 예컨대 명대 주가주周嘉胄의 『향승香乘』, 진범화晉范曄(398~445)의 『화향방和香方』은 향료의 조제와 각종 향의 성질에 대해 간략히 묘사하고 있다. 합향에 사용되는 향 종류로는 사향, 침향, 영릉향零陵香, 곽향藿香, 첨당향詹糖香, 감송향甘松香, 소합향, 안식향安息香, 울금향鬱金香 등이 언급되어 있다. 사찰 의식에 사용되는 향, 즉 소향燒香의 합향 조제법은 불교 경전에서 찾아볼 수 있다. 그 예로 『금광명최승왕경金光明最勝王經』「대변재천녀품대辯才天女品」에는 창포菖蒲, 목숙향苜蓿香, 사향, 계피, 침향, 단향, 정향, 모근향茅根香 등이 언급되어 있으며, 각각 세분하여 총 32종의 향약 가루를 혼합한다는 기록이 있다.[37]

합향의 종류와 사용법

합향은 크게 주 향료와 보조 향료로 나뉜다. 보조 향료 중 동물성인 사향, 용연향 등 동물성 향료는 향을 오랫동안 유지해 주는 특성이 있지만 코를 자극하거나 비린 향이 포함돼 있어 거의 단독으로 쓰이지 않는다. 식물성 보조 향료로는 단향, 수지류의 유향, 안식향 및 소합향 등이 쓰이는데, 발산성이 강한 향료와 보향성保香性이 강한 향료를 적절한 비율로 배합하면 이상적인 향품을 만들 수 있다. 그 밖에 남해에서 나는 소라 껍데기로 제조되는 갑향甲香도 보조 향료로 자주 쓰이는데, 단독으로 열을 가하면 나쁜 냄새가 있으나 여러 향을 혼합하여 열을 가하면 향을 배가시키는 역할을 한다. 강진향에 다른 향들을 혼합하면 연기가 흩어지지 않고 곧게 피어오르다가 하늘을 선회하는 학과 같이 먼 거리까지 진한 향을 퍼뜨리기 때문에 제단에서 많이 사용되었다. 향을 즐기는 방식으로는 향을 태워 연기를 피우는 분향焚香과 향을 코에 가져다 대고 음미하는 문향聞香으로 나뉘는데, 침향목의 향기는 우아하고 담백하여 문향을 하면 "정신이 맑아져 위로는 하늘 공원에 통하고 아래로는 그윽하고 깊은 곳에 이르게" 된다.38

합향 제조법에 기초한 향의 종류는 형태에 따라 향환香丸, 향병香餠, 향전香篆, 선향線香으로 구분할 수 있다. 문헌과 회화 자료를 살펴보면 이들 향의 형태와 사용법에 대해 알 수 있다.

향환香丸

여러 종류의 향을 갈아서 섞은 뒤 꿀을 넣어 동글동글한 모양으로 만든 향이다. 송대 회화 「과로선종도果老仙蹤圖」(사진 13)를 보면 한 시녀가 왼손으로 오른 소매를 살짝 받치고 오른손 엄지와 검지로 향환을 집어 향로 안에 넣고 있다. 고목으로 만든 향궤 위에는 용무늬가 새겨진 청동의 정형鼎形향로와 향합이 놓여 있다. 향로 옆에 놓인 향합 내부에는 환향이 가득 담겨져 있는데, 얼룩 반점으로 보아 대모玳瑁(바다거북 껍데기)로 제조된 합향으로 짐작된다.

송대 이숭李嵩이 그린 「청완도축聽阮圖軸」(사진 14)을 보면 나무 아래 평상에 한 선비가 한가로이 앉아 있는 모습을 볼 수 있다. 그리고 평상 앞에 선 시녀가 왼손에 들린 주칠합에서 오른손 검지와 엄지로 향환을 집어 청동 정형 향로에 넣고 있다. 다리가 가늘고 긴 향궤 위에는 향구가 가지런히 놓여 있다.

원대의 것인지 청대의 것인지 확실치 않은 「원인응진상元人應眞像」(사진 15)에는 한 나한이 손향로에 향을 넣는 장면이 담겨 있다. 나한은 한손에 주칠 손잡이가 달린 은제 향로를 들

사진 13

「과로선종도」, 실명失名, 송, 견본설색, 183.8×104.1cm, 타이완고궁박물관

사진 14

「청완도축」, 이숭, 송, 견본설색, 104.5×177.5cm, 타이완고궁박물관

사진 15

「원인응진상축」, 원, 104.1×50.3cm, 타이완고궁박물관

사진 16

「오대인완월도」, 77.2×50.4cm, 타이완고궁박물관

고 있고 다른 손으로는 향합에 든 향을 집어 향로에 옮기는 중이다. 향로는 연꽃 모양이며 시종이 두 손에 받쳐 들고 있는 향합은 주칠합이다. 창작 시기는 확실치 않으나 송대 화풍이 엿보이는 「오대인완월도五代人浣月圖」(사진 16)를 보면, 한 귀부인이 화원 안 사각형의 돌확 앞에서 합장하고 있으며 그 위에 한 마리 용이 물을 뿜어내고 있다. 맞은편에는 나전 주칠 향안香案 위에 청동 정형 향로가 놓여 있으며, 시녀가 왼손에 들린 향합에서 향환을 꺼내는 중이다. 부용芙蓉, 촉규蜀葵(접시꽃) 등의 꽃이 피어 있는 것으로 보아 궁궐의 화원을 묘사한 그림인 듯하다.

이상의 그림들에서는 두 가지 공통적인 특징을 확인할 수 있다. 하나는 검지와 엄지를 사용하여 향환을 집고 있다는 것이고, 다른 하나는 향의 형태가 명확히 둥근 알갱이라는 것이다.

향병香餠

넙적한 덩어리 모양으로 합향한 것을 향병이라 한다. 홍추洪芻의 『향보香譜』 하下 「훈향법」에는 "향 덩어리에 불을 붙여 향로 안에 넣고 재로 덮는다. 또는 얇은 은엽銀葉 위에 두고 향을 태우면 더욱 묘한 향 연기를 얻을 수 있다"는 기록이 있는데, '향 덩어리'라고 한 것으로 보아 병형으로 만든 향임을 알 수 있다. 실제로 장쑤江蘇 우진촌武進村에서 출토된 남송시대의 묘(5호묘)에서 향병(사진 17)이 출토되었다. 묘의 주인은 여성이며, 향병의 앞면에는 '중흥복고中興復古'라는 글자가 찍혀 있고 뒷면에는 두 마리 용이 새겨져 있다.[39] '중中'자에는 작은 구멍이 뚫려 꿸 수 있도록 했다. 이 향병은 향사香史의 매우 중요한

사진 17
'중흥복고中興復古' 명 향병, 남송, 장쑤 우진촌 5호묘

실증자료다.[40]

향전香篆

송대에는 향을 혼합할 때 꿀을 넣지 않은 채 글자 틀이나 문양 틀에 향 가루를 넣고 찍어내는 방식이 등장했다. 향전을 압인하는 틀을 향전모香篆模라 하며, 향 끝에 불을 붙이면 글자나 문양의 선을 따라 타들어가는 방식으로 만들어진 이런 향을 향전 혹은 인향印香이라 한다. 명대 고염高濂의 『준생팔전遵生八牋』 권8 「안락기거전하安樂起居箋下」에는 다양한 형태의 향인도香印圖가 그려져 있어 향전의 구체적인 모양을 확인할 수 있다.(사진 18) 명대 초소왕楚昭王 묘에서 출토된 청동 향로는 향전을 위한 향구로 파악된다.[41] 홍추洪芻의 『향보』에는 "글자를 새긴 나무를 글자 모양대로 파내어 향틀을 만든 다음 향 분말을 전서체 글자 모양으로 찍는다. 술자리나 불상 앞에서 피우는 향전은 종종 지름이 2~3척에 이르기도 한다"[42]고 소개했다. 이를 통해 명대에는 목재 향전모를 사용했다는

것과 향전이 어떤 장소에 어느 규모로 사용되었는지 추정해볼 수 있다. 맹원로孟元老의 『동경몽화록東京夢華錄』에도 향전에 대한 기록이 보인다.

북송 말에는 이미 향전 전문가를 고용하는 풍속이 있었으며,[43] 남송 시기에는 저잣거리에서 향전을 만들어주는 직업이 있었다고 전한다. 그리고 향전 가운데 12진을 기준으로 하루를 100각刻으로 나눈 문양을 새겨넣은 것도 있다.[44] 선사禪寺에서 불법을 수행할 때 향전이 타들어가는 속도는 시간을 측정하는 용도로 쓰이기도 했다.

사진 18
향인도香印圖, 『준생팔전』, 고염, 명

선향線香

직선 형태로 길쭉하게 뽑아낸 합향을 말한다. 『본초강목』 권14에는 선향의 재료와 제조 방식에 대해 "백지白芷, 궁궁芎藭, 독활獨活, 감송甘松, 삼내三奈, 정향, 곽향, 고본藁本, 고양강高良薑, 각회향角茴香, 연교連翹, 대황大黃, 백목柏木, 두누향兜婁香을 가루로 하고 유피면楡皮面(버드나무 껍질)을 접착제로 삼아 만들면 선향 가지가 된다"[45]고 했다. 이는 선향 제조법에 관한 기록 중 가장 이른 시기의 것이다.

『본초강목』 이전, 즉 16세기 명대 이전에도 선향이 사용되었을까? 장쑤성 우진의 남송 묘에서 발굴된 종 모양의 동경銅鏡이 그 가능성을 말해준다.(사진 19) 동경 위쪽에는 매달아 걸 수 있는 꼭지가 달려 있고 거울 뒷면에는 한 쌍의 검이 양

사진 19
종형鐘形 동경, 남송, 장쑤 우진촌 묘

사진 20
안명 쌍검문순형경, 남송, 타이완고궁박물관

쪽에 새겨져 있다. 그 사이에 향로가 자리하고 있는데, 위쪽으로는 연운煙雲이 있고 그 밑에 이어진 직선이 바로 선향으로 보인다. 양측에 예서체로 "하징교월河澄皎月, 파청효설波清曉雪"이라는 글씨가 있다. 자료 사진이 선명하지 않아 송대의 다른 동경을 참고해 문양을 비교해볼 필요가 있다.

송대의 선향에 대한 다른 자료로 안명安明 쌍검문순형경雙劍紋盾形鏡(사진 20)을 들 수 있다. 방패 모양의 이 동경은 송대에 새로 등장한 형식으로, 거울 뒷면에 두툼한 환형 고리 손잡이가 달려 있고 도교적인 내용의 문양이 새겨져 있다. 중간에는 삼족 정형 향로가 보이는데 향로 가운데 굵은 선향에서 연운이 발하고 있다. 양쪽에는 여의두 모양으로 손잡이가 장식된 보검이 있고, '안명귀보安明貴寶' '불검이경弗劍而鏡'이라는 전서체 명문이 새겨져 있다. 만당 이래 경鏡과 검劍은 도교의 도

道를 상징하며, 보검과 도교적 도안을 새겨 넣은 동경은 법기法器로 사용되었다. 불가에서는 향로 근처에 앉아 불법을 강연했으며, 도교에서도 학鶴을 부르고 신령을 부르는 활동으로 향로에 분향을 했다.

향의 사용과 향구의 변천

1) 신선 세계에 대한 동경: 전국·진한

예로부터 동아시아 문화권에서는 장례나 제례 때 고인의 영혼을 불러 모시는 의미로 향을 피우는 의식이 이어져왔다. 그 기원은 향초를 태우는 행위가 현실과 사후세계 또는 신선의 세계를 연결한다는 고대 중국인의 믿음에서 비롯된 것이다.[46] 향초를 담는 그릇인 훈로 역시 엄숙한 의식에 쓰이는 만큼 거듭 변화를 거쳤다. 전국시대와 진·한대에는 흙으로 빚어 구운 도제 훈로에서 시작해 청동 훈로와 박산향로의 형태로 변화했다.

도제 훈로

실내에서 향훈하는 관습은 이미 전국시대에 출현했다. 분향용 향료의 주된 재료는 초본식물로, 원래 벌레를 퇴치하고

사진 21
누공 채회 도훈, 마왕두이 1호 묘, 전한, 13.5cm, 후난성박물관

더러운 기운을 제거하기 위해 태우던 풍속에서 기원한 것이다. 『주례周禮』에 보이는 망초莽草, 가초嘉草 등은 고대에 공기 소독과 살충의 약재로 언급되고 있다.

향을 태우는 데 쓰이는 그릇은 크게 훈로와 향로로 구분된다. 훈로는 일반적으로 구멍이 뚫린 몸체와 뚜껑이 결합된 형태로, 구멍을 통해 향의 연기가 흘러나오게 된다. 반면 향로는 몸체에 구멍이 없으며 뚜껑도 없다. 초기의 훈로는 흙으로 빚어 구운 낮은 굽다리의 두형豆形 훈로로, 전국시대 후기에서 전한前漢(기원전 206~기원후 8) 전기의 무덤에서 적지 않게 출토되고 있다.[47]

모향을 사용한 시기의 각종 향료는 대나무 상자에 담았는데, 전한시대의 무덤인 마왕두이 1호묘에서는 묵서墨書로 '사사葸笥'라고 적힌 나무 패찰과 함께 모향 풀잎이 담긴 대나무 상자,[48] 향초를 태운 재가 담긴 채회彩繪 도제 훈로(사진 21)가

발견되었다.[49]

동제 훈로

중국에서는 고대부터 향초를 태우는 문화가 있었으나 실내용 향구가 등장하기 전까지는 일반적으로 청동 탄로가 사용되었다. 이 탄로는 원래 탄을 연소시켜 공기를 데우기 위한 용도로 쓰였는데 간혹 향초를 넣어 태우면서 훈향의 용도가 추가된 것으로 보인다. 허난河南 신정현新鄭縣에서 출토된 왕자영차로王子嬰次爐는 춘추시대의 청동 탄로로, 현존하는 탄로 중 가장 이른 시기의 것으로 알려져 있다.(사진 22) 이 탄로는 긴 사각 접시 모양이며 모서리가 둥글고 바닥이 편평하다. 긴 면 양쪽에는 고리가 붙어 있고 짧은 면 양쪽에는 3단 고리가 달려 있으며, 기벽 안쪽에 '왕자영차지로王子嬰次之爐'라는 명문 7자가 있다. 이 청동 탄로는 초나라 윤자중尹子重

사진 22
왕자영차로, 춘추시대, 허난 신정현, 중국국가박물관

(기원전 470년 졸)의 것으로 알려져 있다.[50]

전한(기원전 220~기원후 8) 산시陝西 무릉茂陵에서 출토된 탄로(사진 23)는 몸통이 두터운 원형이며 바깥쪽에는 세로로 난 장방형 구멍과 둥근 사각형의 손잡이가 붙어 있고, 아래쪽으로 가늘고 긴 동물 발 모양의 다리가 3개 달려 있다. 외벽에는 '양신가동로용두오승陽信家銅爐容斗五升'이라는 명문이 새겨져 있는데,[51] '양신가陽信家'란 한 무제의 여동생 양신陽信 공주 집안을 말한다.

여러 지역에서 발굴된 한대 묘에서는 훈향 도구가 빈번히 출토되었다. 이로써 한대에는 분향을 위한 훈로가 설계되었으며 훈향 풍속이 보편적으로 사용되었음을 알 수 있다. 특히 광저우 지역에서 발굴된 400여 기의 한대 묘에서는 무려 112개의 훈로가 발견되었으며, 전한 말기 이후의 묘에서는 거의 예외 없이 훈로가 출토되었다.[52] 반면 허난 뤄양洛陽에서 발굴된 200여 기의 한대 묘에 훈로가 부장된 경우는 겨우 3건이었다. 이러한 사실은 당시 북방보다는 남방에서 훈향 풍속이 활발했음을 말해준다.

한대의 향품을 살펴보면 말린 초본식물, 수지류의 용뇌향, 소합향 등이다. 초본식물을 말려서 태우는 모향의 경우, 향초가 안정적으로 타들어가도록 훈로 바닥 쪽에 공기구멍이 뚫려 있다. 반면 몸체가 얕고 향로 뚜껑이 솟아 있으며 뚜껑에 높낮이가 다른 공기구멍이 뚫린 훈로도 있는데, 이런 종류는 대개 크기가 크고 재를 받치는 승반이 갖춰져 있다. 예를 들면 허베이河北 만청滿城 중산정왕中山靖王 유승劉勝(?~기원전 113) 묘[53]에서 출토된 청동 훈로(사진 24)는 뚜껑이 있으며

사진 23
청동 탄로, 전한, 몸체 지름 23.1cm, 무릉박물관

사진 24
청동 훈로, 전한(기원전 113년경), 유승 묘, 허베이성박물원

대야 모양의 몸체와 삼족, 승반으로 구성되어 있다. 몸체는 넓고 평평하면서 용량이 크며, 몸체 중앙을 가로지르는 요철 줄무늬 위에 3개의 고리 장식이 달려 있다. 밑바닥에는 긴 끈 모양의 공기구멍이 12개 있으며 뚜껑에는 고리 모양으로 손잡이와 12개의 원형 구멍이 있다. 삼족은 뛰는 용봉龍鳳의 형상이며 승반에는 떨어진 재를 내보내는 배출구가 있다. 유승의 묘에서 수지류 향을 태우는 박산향로와 초본식물을 태우는 청동 훈로가 함께 출토된 것을 보면 모향과 수지류 향 모두 성행한 것 같다.

용뇌향이나 소합향 등의 수지류 향품은 연료 위에 올려놓고 태우는 방식이다. 즉 몸체가 깊은 훈로 안에 불붙은 탄 덩어리를 넣고 은박이나 운모편을 깐 다음 그 위에 향품을 얹어 천천히 태우는 식이다. 한대의 유물 중에는 종종 탄 덩어리와 향료가 남아 있는 훈로가 발견되기도 했다. 광시廣西 귀현貴縣

의 나박만羅泊灣 2호 한대 묘[54]에서 출토된 향로(사진 25)가 그러한 예로, 굽다리가 있고 뚜껑이 안쪽으로 맞물리는 구조로, 어깨 부위에는 2개의 고리형 귀가 붙어 있고 몸통에는 요철 줄무늬가 둘러져 있다. 굽다리가 제법 높고 바닥은 둥근 받침 형태이며 내부는 비어 있다. 둥글게 솟은 뚜껑에는 용 세 마리가 꼬리를 물고 있는 문양이 장식되어 있으며 정수리 부위에는 고리 손잡이가 붙어 있다. 출토 당시 백색의 타원형 분말 덩어리가 2개 있었다고 하는데 아마도 용뇌향 종류였을 것이다.

사진 25
청동 훈로, 전한, 광시 귀현 나박만 2호 묘

한대에는 향을 태워 옷에 향 연기가 배도록 하는 훈의薰衣 풍속도 성행했다. 고대 유물을 분석한 결과 당시 훈의는 훈로와 대나무로 훈로를 덮는 훈롱薰籠을 동시에 사용했음을 알 수 있다. 유승의 묘에서도 훈의에 사용된 청동 훈로와 훈롱(사진 26)이 발견되었다.[55]

사진 26
청동 훈로와 훈롱, 전한,
유승묘, 허베이성박물원

박산향로

현재까지 중국의 유적에서 출토된 박산향로들을 살펴보면 한나라 때부터 제작되기 시작한 것으로 보인다.(사진 27) 그러나 그 기원은 메소포타미아와 페르시아 지역에서 사용하던 원뿔형 향로로 거슬러 올라간다. 기원전 558년 페르시아 지역에서 키루스 대왕은 아케메네스 제국을 건설했고 다리우

사진 27
박산향로, 한, 타이완고궁박물관

스 3세 때인 331년 마케도니아의 알렉산드로스 대왕에 의해 멸망했다. 아케메네스 제국 전성기의 것으로 확인된 벽화에는 크세르크세스 1세가 외국 사신을 접견하는 장면이 담겨 있다.(사진 28) 가운데 크세르크세스 1세가 앉아 있고 바로 뒤에는 아르타크세르크세스 왕자와 고위 문신과 무신이 서 있으며, 천막 밖에는 창을 든 친위대가 호위하고 있다. 황제 앞에는 메디아에서 진상품으로 바친 향로 2개가 놓여 있다. 이 향로의 형태적 특징은 전체적으로 몸체가 길며, 나팔형 기둥에 계단식 원뿔형 뚜껑이 있고, 중국에서 만들어진 박산향로에 영향을 끼쳤다고 알려져 있다. 한대에 박산향로가 유행하게 된 데는 소합향 등의 수지류 향료가 유입되었기 때문이

사진 28
아케메네스 왕궁 부조 속 페르시아 향로, 이란국립박물관

다. 수지류 향료는 모향처럼 직접 태우는 방식이 아니라 안쪽에 숯불 덩어리를 깔고 그 위에 향을 올리는 방식이므로 그릇 내부가 깊은 형태의 향로가 등장하게 된 것이다. 박산향로는 무덤에 그려 넣은 그림에서 자주 볼 수 있다. 그 예로 후한後漢 영원永元 8년(96) 수덕양맹원綏德楊孟元 묘의 양쪽 문에 그려진 그림(사진 29)을 보면 두 화면이 서로 대칭을 이루고 있으며 각각 2개 층으로 나뉘어 있다. 위층은 구름과 넝쿨 도안으로 채워져 있으며 사이사이에 신령한 새와 짐승의 문양이 장식되고 있다.[56] 테두리 위쪽에는 신령스러운 나무 위에 서왕모西王母와 동왕공東王公이 앉아 있고 아래쪽에는 빗자루를 든 문지기가 있다. 전체의 3분의 1 이상을 차지하는 아래층 공간에는 박산향로가 그려져 있다.[57]

사진 29
수덕양맹원묘화상綏德楊孟元墓畫像, 후한(96), 172×268cm, 쑤이더현박물관綏德縣博物館

지금까지 출토된 박산향로 가운데 연대 추정이 비교적 확실한 것은 세 점으로, 그중 하나는 한 무제의 누이 양신공주의 무덤에서 발견된 도금은죽절鍍金銀竹節 훈로다.(사진 30) 산 모양의 뚜껑 아랫부분을 보면, 본래 황실에서 사용하기 위해 한 무제가 건원建元 4년(기원전 137)에 만들었다가 누이에게 하사한 것이라는 내용의 명문이 새겨져 있다. 나머지 2점은 한 무제의 이복형제인 중산정왕 유승의 묘와 그의 부인인 두관竇綰의 무덤에 부장된 것이다. 유승은 기원전 113년에 사망했고 두관은 기원전 102년에 사망했다는 기록을 통해 향로가 제작된 대략의 연대를 헤아릴 수 있다. 유승 묘에서 발견된 금은상감박산향로(사진 31)의 뚜껑에 장식된 신선, 동물, 새 문양은 한대에 널리 유행한 신선 사상을 대표하는 것으로, 마찬가지로 두관의 묘에서 발견된 향로(사진 32)의 뚜껑 면에도 신산神山과 사신(청룡, 백호, 현무, 주작) 및 기타 동물과 신선 등이 투조透彫되어 있다.[58] 이러한 장식은 이후 박산향로의 전형적인 뚜껑 장식으로 자리 잡았다. 다리 부분은 동물에 올라탄 호인胡人이 박산향로의 몸체를 들고 있는 형상으로, 사람과 동물이 받침 기둥을 이루고 있는 셈이다.

향 연기가 향로 뚜껑의 구멍을 통과해 오르는 모습은 첩첩산중에 운무가 가득한 느낌을 자아내며, 당시 사람들은 이러한

사진 30
도금은죽절 훈로, 전한,
높이 58cm, 무릉박물관

사진 31
금은상감 박산향로, 유승 묘,
높이 26cm, 허베이성박물원

사진 32
박산향로, 두관 묘, 높이 32cm,
허베이성박물원

모습에서 신선이 사는 봉래열도蓬萊列島를 상상한 것이다. 이런 경치는 동해상의 신선이 거주하는 섬인 봉래에 가까이 가면 섬이 수면 밑으로 사라진다는 전설과 부합하는 형상이다.

2) 낭만적인 향훈 문화의 유행: 삼국·위진남북조

위진남북조시대에 이르면 불교문화가 널리 확산되면서 향 문화도 활발해졌다. 이 무렵에 유행한 향로는 손잡이 달린 병향로로, 석굴사원의 벽화와 화상전에서 그 형태와 사용법을 찾아볼 수 있다. 또한 당시 상류사회에서는 미용에 대한 관심이 높아져 옷에 향을 씌우는 훈의와 목욕을 즐기는 사대부가 많았다.[59] 앞서 소개했듯이 훈의하는 방식은 훈로와 평저 훈롱이 함께 사용되었다. 양나라 2대 왕 소강蕭綱(503~551)[60]이 지은 시 「화서녹사견내입작와구和徐綠事見內入作臥具」[61] 가운데 "향과 꿀을 섞다香和麗邱蜜"라는 구절이 있는데, 이는 향 분말에 꿀을 넣어 만든 환 형태의 향이 존재했음을 말해준다.

또한 이 시기에는 청자로 만든 향훈이 특히 많이 애용되었다. 위진남북조시대의 청자 향훈의 형태는 관형罐形, 삼족형, 박산형, 두형으로 구분된다.

관형 향훈

항아리 형태의 향훈으로, 대표적인 예로 저장성 성현嵊縣의 대당령大唐嶺 동오東吳 묘에서 출토된 것을 들 수 있다. 곧게 올라간 입과 양쪽에 붙은 귀, 납작한 복부, 안으로 살짝 들어간

사진 33
관형 향훈, 동오, 높이 14.3cm, 저장 성현 대당령

하단부, 표면에 입힌 청색 유약과 두 줄의 원형 누공鏤空 등이 특징이다.(사진 33)

삼족형 향훈

장쑤 이싱宜興의 진대晉代 묘에서 출토된 향훈이 바로 삼족형 향훈(사진 34)으로 둥근 몸체에 곰의 발 3개가 붙어 있으며 탁반에 붙인 삼족 또한 곰의 형상이다. 몸체 상단에는 삼각형 구멍이 3층 구조로 뚫려 있으며 정수리에는 입이 작은 새 모양의 손잡이가 붙어 있다. 묘 내부의 벽돌에 새겨진 '원강칠년구월이십일양이소작주전장군전元康七年九月二十日陽羡所作周前將軍磚'이라는 명문을 통해 묘의 주인이 서진시대 원강 9년(299)에 죽은 주처周處라는 사실을 알 수 있다.

사진 34
청자 삼족 향훈, 높이 19.5cm, 장쑤 이싱 진묘

박산향로

'박산로''라고도 불리는 이 향 그릇은 외관 장식이 다양하게 변화를 거치면서 꽤 오랜 동안 유행했다.[62] 각지에서 출토된 향로는 괴수와 선인이 간략화되고 운기와 연속적인 산악이 강조되는 경향을 나타냈다. 남조 때는 첩첩산중의 형태가 대나무 혹은 파초잎 모양으로 대체되기도 했다. 푸젠성의 남조南朝 묘에서 출토된 청자 반탁青瓷盤托 박산향로(사진

사진 35
청자 반탁 박산향로, 전체 높이 18.6cm,
푸젠 남조南朝 묘

35)는 훈로의 몸체 위로 8개의 파초 잎이 산봉우리를 이룬 형상으로, 정수리 받침에 3개의 작은 구멍이 있고 중앙에 날아가는 새가 장식돼 있다. 밑에는 둥근 승반이 있으며, 기둥 형태의 몸체 속은 비어 있다. 박산향로는 분향하는 용도뿐만 아니라 죽롱竹籠을 덮어 훈의하는 용도로도 쓰였다.

두형 향훈

이 향훈은 기둥 아래에 사발 모양의 승반이 받쳐져 있으며 기둥은 비어 있는 형태로, 후베이 즈장시枝江市의 동진 영화永和 원년(345) 묘63에서 출토되었다. 뚜껑 정수리에는 버섯 모양 꼭지가 있고 그 아래 밧줄무늬가 장식되어 있다.(사진 36-1) 상단은 능형과 삼각형의 누공으로 장식되어 있고 하단에 소용돌이 모양의 꼭지가 붙어 있다. 유색은 두청색이며 태

사진 36-1,2
청자 두형향훈, 동진, 영화 원년(345) 묘, 높이 14.8cm

토는 회백색이다. 바닥 부분에 행서체로 '시경是敬'이라는 먹 글씨가 입혀 있다. 훈로 뚜껑에는 향료를 넣을 때 사용하는 반원형 입이 뚫려 있다.(사진 36-2) 발견 당시 내부에 향료, 탄 덩어리 및 재가 있었다고 한다.

사진 37
병향로, 병령사 석굴 169굴 벽화

병향로

병향로는 손에 들고 사용하는 향로로, 받침과 노신, 손잡이 부분으로 구성되어 있다. 병향로는 손잡이와 장식의 모양에 따라 다양한 종류로 나뉘는데, 까치 꼬리 모양의 작미형鵲尾形, 사자 형상의 진鎭을 얹은 사자진獅子鎭, 병 모양의 진을 얹은 병진瓶鎭, 진이 없는 무진자無鎭子, 연꽃 가지 모양의 연지형蓮枝形 등으로 분류된다.[64] 서진西秦 시대(385~431)에 처음 병향로가 등장했으며 남북조시대(420~589)에 이르러 작미형 병향로가 크게 애호되었다. 간쑤성 후이족자치주回族自治州 융징현永靖縣에 위치한 병령사炳靈寺 169굴[65]에서 420년에 그려진 것으로 추정되는 벽화가 발견되었는데, 그림 속 승려가 들고 있는 향로는 초기 병향로의 형태를 보여준다.(사진 37) 이 병향로는 꽃무늬 받침, 전이 달린 노신, 반원형 금장식, 짧은 직선형의 손잡이로 구성되어 있다.

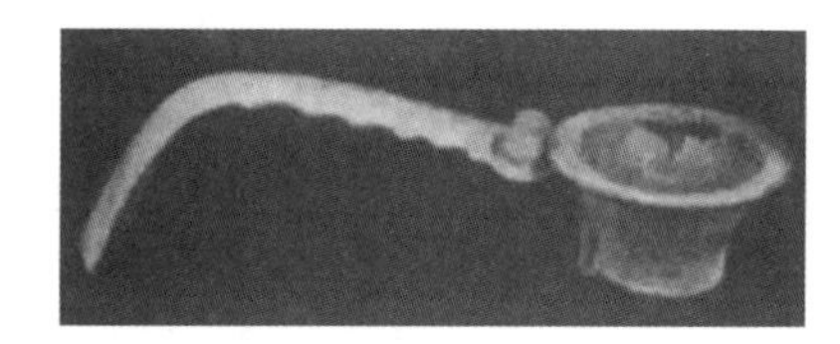

사진 38
작미형 병향로, 북위(483), 허베이성 징현 봉마노의 묘

작미형 병향 역시 석굴사원의 벽화와 화상전畫像磚(그림이 장식된 벽돌)에서 그 형태와 사용법을 확인할 수 있다. 예를 들면

장쑤 단양丹暘 호교보산胡橋寶山 남조南朝 묘에서 출토된 화상전에 보면, 용과 함께 놀고 있는 선인仙人의 손에 까치꼬리 손잡이가 달린 병향로가 들려 있다.[66] 현존하는 작미형 병향로 중 가장 오래된 것은 허베이성 징현景縣 봉마노封魔奴의 묘(북위, 483)에서 출토된 것으로, 받침은 유실되고 노신과 손잡이만 남아 있다.(사진 38)[67] 손잡이 머리 부분에 반구형의 금장식이 있다.

3) 동서 교류를 통한 다양한 향과 향구의 유행: 수·당

기나긴 혼란을 끝내고 통일을 이룬 수·당대에는 불교문화가 널리 확산되었으며 법회와 의식에는 향이 빠지지 않았다. 특히 당대 이후 송대에 이르기까지 해마다 음력 4월 8일이면 향탕香湯으로 부처를 씻기는 욕불浴佛 법회가 크게 유행하면서 서역에서 다양한 향료가 수입되었다. 당시 동남아시아를 비롯해 인도에서 전단향栴檀香과 울금향이 유입되었고 페르시아에서는 침향, 유향, 안식향, 용뇌향, 소합향 등이 실크로드를 통해 수입되었다. 그 길목인 둔황과 뤄양에서 대규모 거래가 이루어졌는데, 뤄양에는 향료를 전문으로 하는 장사치가 있었으며 주로 안식향을 취급했다고 한다.[68] 이를 말해주듯 염입본閻立本(601~673)의 「직공도職工圖」(사진 39)에는 당나라에 조공하러 오는 서역인들이 침향과 향료가 든 항아리를 싣고 가는 모습이 담겨 있다.

이 시기에는 중국 내에서도 향초를 직접 재배하기 시작하면서 다양한 향이 유행했고, 그에 따라 향구도 활발히 제작됐다. 이전부터 널리 쓰인 박산향로를 비롯하여 다족 향훈, 훈

사진 39
「직공도」, 염입본, 당, 61.5×191.5cm, 타이완고궁박물관

구 및 병향로 등 화려하고 정교한 기풍이 반영된 다양한 형태의 향구가 선보였다. 그 재질 또한 금속이나 금은 도금 방식이 추가되면서 그야말로 향 문화의 향연이 펼쳐졌다.

다족 향훈

일반적으로 몸체가 짧은 통형이거나 납작한 대야 모양이며, 3족을 비롯해 4족과 5족으로 구별된다. 전체적으로는 뚜껑과 받침이 있는 것과 없는 것으로 나뉜다. 뚜껑이 있는 종류는 금, 은, 금은 도금, 동 등 금속 재질로 만들어졌다. 가장 앞

사진 40
오족 은향훈, 당, 높이 33.3cm, 시안 난자오 허자촌의 움집

선 시기의 다족 향훈은 전한 시기의 것으로, 앞서 언급한 허베이성의 중산정왕 유승의 묘에서 발굴된 받침 있는 청동 삼족 향훈이다.(사진 24)

당대에는 어떠한 다족 향훈이 유행했을까? 먼저 시안西安 난자오南郊 허자촌何家村의 움집에서 발견된 오족 은향훈(사진 40)을 살펴보자. 움집의 주인은 상서尙書 겸 세리였던 유진劉震이며 향훈을 저장고에 매장한 때는 당 덕종德宗 건중建中 4년(783)이다. 몸체는 정수리가 불룩한 뚜껑과 상하 2개 층으로 구성되어 있는데, 상층은 허리가 잘록하며 5개의 여의如意 문양이 투각되어 있고 하층은 낮은 원통형으로 5개의 고리 쇠사슬이 달려 있다. 하층 공간은 넓고 평평하며 투각 문양의 구멍도 크고 넓어서 향을 태우기 쉬운 구조다. 귀족문화가 발전한 당대 향훈은 전대에 비해 체형이 크고 화려하며 정교한 특징을 보이는데, 이는 당나라 특유의 개방적이고 활달한 미학을 반영한다고 할 수 있다.

1987년 산시성陝西省 푸펑현扶風縣에 위치한 법문사法門寺의 무너진 진신사리탑을 복원하는 과정에서 당나라 유물이 대거 발견되었다. 탑 아래 지하보궁에는 부처의 손가락뼈佛指舍利를 비롯해 다양한 재질의 기물이 안장되어 있었는데, 석비石碑에 따르면 법문사를 왕실 사찰로 지정하여 30년마다 성대한 불지사리 봉영 의식을 치렀으며 금은 도금의 향훈과 향구는 봉영 의식에 사용된 황실 기물이다. 금도금 연화문 오족 은훈

사진 41
연화문 오족 은훈로, 당, 높이 29.5cm,
법문사 지하보궁

사진 42
청자 오족 훈로, 당, 높이 66m, 수구씨 묘

로(사진 41)는 당 의종懿宗이 바친 3개의 훈로 가운데 하나로, 제실 의례용 기물을 생산하는 문사원文思院의 재주 좋은 장인들이 만든 것이다. 이 훈로의 뚜껑에는 연화 넝쿨무늬가 새겨져 있으며 각 꽃송이 안에는 뒤를 돌아보며 상서로운 풀을 입에 물고 있는 거북이가 새겨져 있다. 연꽃 모양의 꼭지 아래에는 향 연기가 솟아오르는 구멍이 뚫려 있으며, 몸체 아래 5족은 뿔 달린 용머리 형상이다. 다리와 다리 사이에는 납작한 조각으로 납땜한 '꽃송이 띠' 장식이 매달려 있으며 각 중심에는 매듭끈으로 만들어진 공 장식이 있다. 당대 황실에서 부처의 진신사리를 모시는 데 사용되었던 훈로인 만큼 최고의 기술과 아름다움을 드러내고 있다.

청자 재질의 오족훈로는 저장성 린안현臨安縣 명당산明堂山에 있는 오월국왕 전관錢寬(835~895)의 부인이자 전류錢鏐(852~932)의 모친, 수구씨水邱氏의 묘에서 발굴되었다.(사진 42) 그 밖에도 왕실에 바치는 월요越窯 청자를 비롯해 '관官' 및 '신관新官'이 새겨진 금·은 상감 백자완 등 100여 개의 수장품이 발견되었다.[69] 이 청자 훈로는 누공 장식의 뚜껑과 낮은 원통형 몸체 및 수미좌須彌座 모양의 좌대로 구성되어 있다. 전체에 청색 유약이 입혀져 있으나 몸체와 좌대의 유약은 일부 박락되어 있다. 뚜껑에는 갈색 구름문양이 그려져 있는데 유약 밑에 갈색으로 채색된 종류는 오대에 보기 드문 것이다. 몸체 아래에는 호랑이 머리 형상의 5족이 달려 있으며, 호랑이 이마에는 '왕王'자가 쓰여 있다. 출토 당시 훈로 안에 향재와 몇 개의 목탄이 남아 있었다고 하는데, 망자를 위해 향을 피운 것으로 보인다.

향 훈구香薰球

향 훈구란 '향낭香囊'으로도 불리며, 몸체가 둥근 공 모양의 향훈으로 고리와 긴 쇠사슬이 달려 있어 옷에 달고 다닐 수 있다. 상하로 분리된 2개의 반구체가 잎사귀 모양의 잠금 장치에 의해 연결된 구조다. 내부에는 수직으로 교차된 2개의 고리에 의해 수평이 유지되는 작은 잔이 자리하고 있는데 훈구가 허공에서 달랑거려도 잔 속의 향이 쏟아지지 않는다.

향훈구가 등장한 시기는 당대 측천무후부터 현종 시기(684~755)로, 주로 산시성 시안西安에서 유행했기 때문에 주요 유물 발굴지도 시안 지역이다. 1970년 시안 난자오南郊 움집[70]에서 금은기 270건과 함께 출토된 향 훈구(사진 43)는 포도와 새와 꽃무늬 장식으로 아로새겨져 있는데, 당시 상류층에서 사용한 휴대용 향훈이자 장신구라 할 수 있다. 훈구에 사용된 향은 덩어리 형태의 향병 혹은 향환이 사용되었을 가능성이 높다.

『구당서舊唐書』에는 이러한 향낭과 연관된 양귀비의 고사가 실려 있다. 안녹산이 반란을 일으킨 해, 당 현종은 양귀비를 데리고 서쪽으로 달아나다가 마외파馬嵬坡를 지날 때 양귀비를 죽이고 그곳에 묻었다. 이후 당 현종은 측근을 시켜 은밀히 양귀비의 묘를 다시 지어주도록 했는데 그녀가 묻힌 무덤을 파보니 시신은 이미 썩어 있었고 향 훈구만 멀쩡히 남아 있었다고 한다. 양귀비가 착용한 향 훈구는 포도화조문 은제 훈구로, 현재 산시박물관에 소장되어 있는 포도화조문 향 훈구(사진 42)와 같은 종류다.

사진 43
포도화조문 은훈구, 당, 높이 4.5cm, 산시박물관

병향로

수·당대의 병향로는 사자진 병향로와 무진자 병향로로 나뉜다. 사자진 병향로는 작미형 병향로 이후에 등장한 양식으로, 꽃무늬 받침과 노신 그리고 손잡이로 이루어져 있다. 손잡이 끝부분은 L자 모양이며 그 위에 사자 장식이 얹혀 있다.[71] 가장 오래된 사자진 병향로는 허난성 뤄양洛陽에 위치한 신회신탑神會身塔 지하 석실에서 발견된 것으로, 당대 선종 칠조七祖 신회선사神會禪師가 사용하던 것이라 한다.[72] 당대에 특히 인기 있었던 병향로는 주로 승려들이 많이 사용하던 것으로 손잡이에는 항상 연꽃이나 상서로운 동물 장식이 보인다. 둔황敦煌 벽화에도 병향로가 많이 그려져 있다. 그중 막고굴莫古窟(제 17호굴)의 벽화 「인로보살도引路菩薩圖」(미국 브리얼박물관 소장)를 보면 죽은 자의 영혼을 극락세계로 인도하는 인로보살의 손에 사자진이 없는 병향로가 들려 있으며 향환을 태운 연기가 피어오르고 있다.(사진 44)

사진 44
「인로보살도」, 당, 둔황 장경동, 미국 브리얼박물관

후난성 창사 적봉산赤峯山 2호 당묘唐墓에서 출토된 병향로 역시 손잡이 꼬리 끝부분에 사자 장식이 있다. 노신은 복부가 깊고 구연부는 전 형태이며 아랫부분은 연꽃 모양으로 가운데에 작은 기둥이 있어서 노신과 연결된다. 출토 당시 타고 남은 향료가 남아 있었으며 함께 출토된 유물 중에 개원통보 등의 화폐가 있어 당대 전기(8세기 후반)의 것으로 추정된다.[73]

박산향로

수·당대의 박산향로는 장식 면에서 큰 폭의 변화를 보였다. 우선 승반이 더 커지고 고족반의 양식으로 바뀐 것도 있다. 문양을 따로 찍어서 붙인 첩화 기법으로 만든 입체적인 연판문이 가장 흔히 보인다. 수당대의 도자기 박산향로의 경우에

사진 45
녹유 박산향로 수(7세기), 창안현, 풍녕공주묘

사진 46
박산향로 화상전, 당, 장쑤 창저우 치자촌

는 기둥 위에 두 마리의 반룡蟠龍을 장식하기도 했다. 반면 동제 박산향로는 이전의 면모를 그대로 유지하고 있다.

예를 들어 녹유綠釉 박산향로(사진 45)는 산시陝西 창안현長安縣의 수대隋代 풍녕공주豊寧公主와 부마 풍원조豊圓照의 합장묘에서 출토된 것으로, 뚜껑은 박산 형식이지만 박산 봉우리가 중첩된 연판 위에 3층의 여의보주식如意寶珠式 불꽃 장식이 표현되어 있다. 고족반의 위에는 반룡 두 마리가 서로의 몸체를 휘감고 있다. 장쑤성 창저우常州 치자촌戚家村의 화상전에는 왼손에 두형 박산향로를 들고 있고 오른손은 춤동작인 듯 내젓고 있는 여인이 새겨져 있다.(사진 46) 뚜껑 위에 주작 혹은 봉

사진 47
향보자香寶子, 당, 높이 11.7cm, 법문사박물관

황이 내려앉은 듯한 이 향훈은 전대에는 볼 수 없었던 양식이다. 남조에서 초당 시기의 유물이 함께 출토된 점을 고려할 때 적어도 초당 시기의 것으로 짐작된다.

향합

당대에는 다양한 향목을 혼합하여 만든 향환이나 향병을 담는 전용 그릇이 등장했다. 이를 '향보자香寶子'라 하며, '향보香寶' 또는 '보자寶子'라고 줄여 부르기도 했다. 보자는 높은 원통형이며 뚜껑이 덮여 있으며 흔히 향합을 중심으로 양쪽에 대칭으로 놓였다. 당대에는 특히 금은제 향로가 유행했는데 법문사 지하보궁에서 발견된 「의물장비衣物帳碑」에 "향로마다 뚜껑이 있으며 무게가 380냥이며, 향보자 두 개의 무게는 45냥이다香爐一副幷臺蓋朶帶共重三百八十兩, 香寶子二枚共重四十五兩"라고 적혀 있었다. 실제로 지하보궁에서 향보자 한 쌍과 향로 세트가 발견되었다.(사진 47) 함께 출토된 순금 보함의 문양을 살펴보면 향로 양쪽에 한 쌍의 보자가 새겨져 있는데 앞서 본 지하보궁에서 출토된 실물과 완전히 일치한다.[74]

4) 다양한 향료의 유입과 향구의 발달: 송

송대에 향료는 해상무역으로 수입하는 물품 가운데 가장 주요한 물품이었다. 크메르, 보르네오, 버마, 베트남, 수리비자야, 아라비아 반도 등지에서 유향, 용뇌 및 잔향棧香 등을 들여왔으며 조공품 역시 향약香藥이 주요 품목이었다.[75] 당시 사람들은 각종 향료를 갈아서 섞고 꿀을 넣어 만든 향환이나 향병을 사용했다. 계절, 용도, 장소에 따라 다른 향품을 사용했으며 새롭게 고안된 향품에는 아름다운 이름이 붙여지기도 했다.

향을 피울 때는 먼저 보온을 위해 바닥에 향재를 깔고 작은 탄 덩어리를 올린 다음 재를 살짝 덮는다.(이때 쓰이는 탄 덩어리는 일반 목탄이 아니라 정제된 탄이다.) 그 위에 얇은 은편銀片을 깔고 향품을 올리는데, 향품을 간접적으로 지피기 때문에 향기가 은은히 퍼져나간다. 『진씨향보』에도 향을 피우는 과정에 대해 "사람 무릎 정도의 낮은 탁자에 향로를 놓고 불과 향 사이에 잎 모양의 은 조각 혹은 작은 운모雲母 접시를 올려 향이 직접 불에 닿지 않게 함으로써 연기 없이 서서히 피어오르게 했다"[76]라고 설명하고 있다. 육유陸游의 『분향부焚香賦』에서도 분향 과정을 다음과 같이 소개하고 있다. "방문을 닫고 장막을 내려 분향을 준비한다. 2개의 귀가 달린 정鼎 모양의 향로를 준비한다. 특별히 분향을 위해 만든 향로를 선택하여 향회香灰를 담고 향탄香炭 한 덩어리를 향로에 넣는다. 가볍게 향회를 뿌려 향탄이 반쯤 묻히게 한 뒤, 불이 향에 직접 닿지 않도록 옥편 혹은 은편을 덮는데 송나라 사람들은 이를 '은침銀針'이라 했다. 이 은침 위에 향을 얹으면 연기가 적게 일어나며 향이 은은하고 여운이 오래간다."[77]

고대 회화에서는 분향하는 장면이나 향로를 꽤 자주 볼 수 있다. 예를 들면 남송 시기에 중국 남방의 농가 풍경을 그린 작자 미상의 「경직도耕織圖」를 보면 베를 짜고 있는 여인들 근

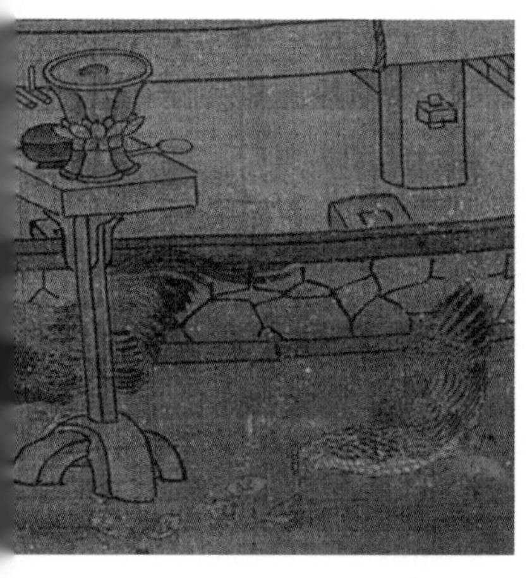

사진 48
「경직도」, 작자 미상, 남송, 중국국가박물관

사진 49
청백자 연화 향로, 북송, 높이 13.8cm,
국립중앙박물관

처에 작은 향궤가 놓여 있고 연화 향로에 향환이 타고 있는 모습을 볼 수 있다.(사진 48) 연꽃 모양의 좌대 위에 역시 연꽃 모양의 몸체를 주판알 형태의 자루가 받치고 있다.[78] 푸젠성 사현沙縣에서 이와 똑같은 향로가 출토된 사실을 토대로 생산지를 유추해볼 수 있다. 더욱이 이와 같은 모양의 향로가 고려의 수도였던 개경 일대에서도 발견되었다는 점에서 당시 동아시아 문화 교류가 꽤 활발했음을 짐작할 수 있다.(사진 49)

북송의 휘종이 그린 것으로 알려진 「청금도聽琴圖」(사진 50)를 보면 거문고를 뜯는 인물 옆에 향궤가 놓여 있고 향궤 위의 작은 향로에서 향 연기가 모락모락 피어오르고 있다. 이 밖에 「추창독이도秋窓讀易圖」「죽간분향도竹澗焚香圖」 등을 보면 대청, 서재, 침실, 솔숲이나 대숲에 향로가 놓여 있거나 향환을 향로에 넣는 모습, 공중에 피어오르는 향 연기가 묘사되어 있어 당시 사람들이 향을 어떻게 즐겼는지 알 수 있다.[79]

여성 사회에서 향은 특권층만 누릴 수 있는 고급 기호품이었다. 남송의 유명한 여성 사인詞人 이청조李淸照(1084~1156?)는 「취화음醉花陰」에서 장막을 내리고 용뇌향을 태우는 여인의 모습을 읊고 있다. 이 시는 유명한

사진 50

「청금도」, 휘종, 북송, 베이징고궁박물원

금석학자인 남편 조명성趙明誠과 오랫동안 떨어져 지내던 무렵에 지은 시로,[80] 좋은 계절이 왔으나 홀로 보내야 하는 서러움을 술로 달랠 수밖에 없는 규방 생활의 적막함을 읊은 내용이다. 시 구절 중 "안개와 구름 자욱한 긴 낮 서글픈데, 향로의 그윽한 용뇌향은 타버렸네薄霧濃雲愁永晝, 瑞腦銷金獸"라는 구절이 있어 상류층 여성 사회에서도 실내에서 용뇌향을 피웠다는 것을 보여준다.

사진 51
녹유 산예출향, 북송 원우 2년(1087), 안후이 숙송현 묘

기록에 따르면 당시 항주에서는 남의 집을 방문해 향전을 태워주는 직업도 있었다.[81] 이와 같이 송대에 이르러 향이 널리 대중화되면서 향로와 향합 등 향을 담는 그릇에 대한 관심도 뜨거워지면서 향 문화의 최고 절정기를 맞이했다. 이를 이어받은 원·명·청대의 향 문화는 송나라 사람들이 이룬 경지를 크게 넘어서지 못했다.

송대에는 연꽃과 사자 형상으로 뚜껑을 장식한 향로를 '출향出香'이라 했다. 안후이 쑤쑹현宿松縣 원우元祐 2년(1087) 묘에서 출토된 녹유 산예출향狻猊出香(사자 모양의 향로)이 그 대표적인 향로다.(사진 51) 연꽃 좌대 위에 연꽃 한 떨기 같은 몸통이 있고, 그 위를 덮고 있는 뚜껑은 산예사자狻猊獅子가 입을 벌리고 앉아 공을 가지고 놀고 있는 모습이다. 이는 송인宋人이 그린 「유마연교도維摩演教圖」(사진 52)에서 향궤 위에 놓인 사자출향과 흡사하다.[82]

출향에 대한 문헌 기록은 먼저 송대 주밀周密이 쓴 『무림구사武林舊事』에서 볼 수 있는데, 장준張俊이 고종高宗에게 바친 예물 가운데 허난성 루저우汝州의 유명한 가마터인 여요汝窯에서 생산된 출향 한 쌍이 있다고 했다.[83] 그리고 『고려도경』 권32 「도로陶爐」에도 '산예출향'이라는 이름이 등장한다. "산예출향 역시 비색翡色인데, 위에는 쭈그리고 있는 짐승이 있고 아래에는 앙련화仰蓮花가 있어서 그것을 받치고 있다. 여러 기물들 가운데 이 물건만이 가장 정절精絕하다"[84]라고 묘사하고 있다. 안타깝게도 오늘날 여요 출향의 향로는 확인할 수 없으나 『고려도경』의 기록은 고려청자와 여요청자의 관계를 설명해주는 귀중한 자료다. 여요 향로 중에서는 청자연화형 향로(사진 53)가 고려청자 연화형 향로와 흡사한데 이 내용은 한국 향 문화에서 자세히 다루기로 한다.

송대 향로의 주요한 특징은 전국 각지의 요장에서 다양한 종류의 자기 향로나 향합 등이 대량 생산되기 시작하면서 손 안에 잡

사진 52
「유마연교도」, 남송, 34.6×207cm, 베이징고궁박물원

사진 53
여요 청자 연화향로, 북송, 높이 13.6cm, 허난성 칭량쓰淸凉寺 여요 유적

힐 만큼 작은 향로가 등장했다는 것, 그리고 옛 청동기 형태를 모방한 향로가 많다는 것이다. 이들 향로는 삼대三代(하·상·주)부터 진·한대 의례에 쓰이던 정鼎, 궤簋, 역鬲 등의 그릇을 모방한 것으로 청동이나 자기로 제작되었다. 범성대范成大의 『고정작향로古鼎作香爐』[85]와 육유陸游의 『분향부焚香賦』에서 말한 "두 귀가 달린 정兩耳之鼎"이 대략 이런 종류일 것이다. 옛것을 모방한 청동기는 북송 후기에 편찬된 『선화박고도宣和博古圖』나 『고고도考古圖』에 그림과 함께 자세히 기록되어 있다. 고대 청동기 형태의 자기는 주로 여요, 관요官窯, 용천요龍泉窯, 가요哥窯, 경덕진요景德鎭窯에서 제작되었다. 여요나 관요에서 만든 청자 향로는 근엄하고 엄격한 풍격이 특징으로 주로 황실용으로 사용되었으며, 용천요와 경덕진요에서 제작된 향로

는 보편적으로 사랑을 받았다.

고대 청동기를 모방해서 만든 자기는 크게 다리가 달린 정형鼎形, 정형보다 크기가 작은 역형鬲形, 곡물을 담는 제기 형태의 궤형簋形, 키가 낮은 원통형의 염형奩形으로 나뉜다. 가요哥窯에서 빚은 어이향로魚耳香爐(사진 54)는 자기로 만든 향로 중 대표적인 기종으로, 옛 동궤銅簋의 형태를 모방한 것이다. 송나라 사람들은 이것을 '돈敦' 혹은 '이彝'라 불렀다. 그리고 『무림고사武林舊事』에 따르면 장준張俊이 고종高宗에게 바친 예물 중에는 여요에서 생산된 큰 염형 자기 하나와 작은 염형 자기 하나가 포함되었다. 또한 주밀의 『지아당잡초志雅堂雜鈔』 하권에는 "여요에서 제작된 작은 향로 하나, 염 두 개, 병 하나는 극히 아름답다汝窯一小爐, 二奩, 一瓶, 絶佳"라는 기록이 있는데 여기서 말하는 '염'은 염형 향로(사진 55)로 여겨진다. 여요 청자 염형 향로는 타이완고궁박물관과 영국 데이비드 기금회에 각각 한 점씩 소장되어 있다. 남송 시기의 용천요, 경덕진요 등에서 정형 향로와 염형 향로를 생산했으나 여요의 엄격함이나 고상한 격조에는 미치지 못하고 다만 견고하고 실용적인 경향을 드러냈다.[86]

송대 유명한 가마터에서 제작한 향로는 대개 높이가 10센티미터 내외의 작은 형태로, 일상생활에서 개인적으로 향을 즐기는 용도로 쓰였다. 요遼 개국후開國侯 왕택王澤 묘(1053)에서 출토된 정요 백자 향로는(사진 56)[87] 뚜껑이 없는 높은 굽다리 잔 모양의 향로로, 북송 시기 북방에서 가장 흔히 보이는 향로다. 입 지름이 10센티미터 정도로, 구연부는 수평으로 펼쳐진 넓은 전을 가지고 있다. 몸체는 직선 또는 사선으로

사진 54
가요 청자 어이향로, 송, 높이 8.0cm, 베이징고궁박물원

사진 55
여요 청자 염형향로, 북송, 높이 15.3cm,
대영박물관 데이비드 코퍼필드 컬렉션

사진 56
정요 백자 향로, 북송, 왕택 묘(1053)

사진 57
「석가모니설법도」, 남송, 석각

사진 58
경덕진요 청백자 과형 합, 북송, 높이 10.3cm,
경기도 개성 부근, 국립중앙박물관

사진 59
정요 백자 합, 북송, 허베이성 정지사 사리탑 탑기

내려오고, 가는 허리 아래 작은 나발형 굽다리가 붙어 있다.

향환이나 향병을 담는 전용 그릇인 향합은 여러 지역의 요장에서 만들어졌는데 가장 많이 생산된 요장은 경덕진요였다. 현재 일본 사이다이사西大寺에서 소장하고 있는 남송의 석각石刻 「석가모니설법도釋迦牟尼說法圖」[88](사진 57)를 보면 불전 향안 위에 연화형 출향식 향로가 놓여 있고 그 옆에 참외 모양의 향합이 놓여 있다. 이와 비슷한 형태의 참외 모양 향합이 경덕진요에서 많이 생산되었고 고려 유적에서 많이 발견되었다.(사진 58)

허베이 이현易縣 정지사靜志寺 사리탑에서 발견된 정요 백자합(사진 59)의 안쪽에는 묵서로 "세 사람이 각각 한 냥 혹은 반 냥의 향을 시주했다"고 적혀 있고 날짜는 태평흥국太平興國 2년(977) 5월 22일이라 적혀 있다.[89]

5) 향의 대중화와 선향線香의 등장: 원

원대에는 송대의 우수한 전통을 토대로 더욱 대중화된 향 문화를 발전시켰다. 특히 오늘날 널리 사용되고 있는 선향이 이 시기에 보편화되었다. 고대 문헌 사료나 안명보검경安明寶劍鏡 등의 동경에 새겨진 문양을 보면 선향은 송대에 등장했으나 당시에는 널리 사용되지 않다가 원대에 이르러 유행했다고 볼 수 있다. 선향이 확산되고 분향 문화의 열풍이 불기 시작하자 향병이나 향환 또는 향합의 인기는 자연스레 시들해졌다. 신안 해저선에서 발견된 14세기 중국 유물 중 자기로 만든 향합이 거의 발견되지 않았다는 점이 이를 대변한다. 그런 반면 궁중이나 상류 귀족층에서는 여전히 향병이나 향환 형태의

사진 60
「하정대혁도」, 원,
24×24.5cm,
베이징고궁박물원

향을 애용했으며, 때마침 전성기를 맞은 주칠과 나전칠기로 제작된 향합이 유통되었다.

원대에 일상생활에서 향을 즐기는 귀족의 모습이 담긴 「하정대혁도荷亭對弈圖」(사진 60)를 보자. 화면 왼쪽에는 두 사람이 마주앉아 바둑을 두고 있으며 뒤쪽의 여인은 평상에 누워 휴식을 취하고 있다. 안채에서는 여인이 향궤 위에 놓인 정형 향로에 향을 넣고 있는 중이다. 향로 양쪽에는 꽃병과 향합이 놓여 있다. 향합에서 향환을 꺼내 송대에 유행하던 작은 향로에 담아 사용하고 있는 모습이다.

원대 사대부들은 서재에서 홀로 향을 피우는 여유로운 생활을 즐기는 가운데 이상 세계를 동경했다. 그런 분위기에서 아름다운 향구들로 서재를 장식하는 취미가 생겨나 향로, 향합, 꽃병은 사대부들이 즐겨 감상하는 애장품에 포함되었다.

원대의 향로는 대체로 송대의 전통을 계승하고 있으나 정교함이나 우아함 측면에서는 송대를 넘어서지 못한다. 신안 해저선에서 발견된 대량의 용천요, 경덕진요에서 제작된 방고仿古 향로는 확실히 원대에 제작된 향구다. 이들 향로의 재질은 크게 금속과 자기로 구분되며, 종류는 박산향로, 사자형 향로, 고대 청동 기물을 모방해 만든 향로로 분류된다.

사진 61
용천요 청자 정형 향로, 원, 높이 24.2cm,
전남 신안군, 국립중앙박물관

정형 향로

정鼎이란 음식을 끓이고 담는 그릇으로, 삼대三代 및 진·한 시기까지 의례에 가장 많이 사용되었으며 기본적으로 양이兩耳에 3족 형태를 이룬다. 신석기시대에는 도기로 만든 것이 쓰였으며 상·주 시대에는 청동으로 만든 정이 유행했다. 형태상으로는 3족의 원정圓鼎과 4족의 방정方鼎으로 나뉘며, 뚜껑이 있는 것과 없는 것으로도 구분된다. 크고 작은 정을 모아 한 벌을 이루는 것을 열정列鼎이라 하는데, 서주西周시대에는 신분에 따라 사용에 차등을 두었다. 보통 제후는 9정을, 대부는 7정과 5정을, 사인은 3정과 1정을 쓸 수 있었다.

신안 해저선에서는 많은 양의 청자 및 백

자 정형 향로가 발견되었는데, 보통 자기 재질은 고대 청동 정의 섬세한 문양을 구현하기 어려운 기술적 한계가 있어 문양을 없애거나 단순화한 특징을 드러내고 있다.(사진 61)

역형 향로

역鬲은 음식물을 끓이거나 가열할 때 사용하던 고대 취사도구다. 입이 크고 주머니 모양의 다리 3개가 몸체와 이어진 구조로, 다리를 따로 만들어 붙인 정鼎과는 달리 다리 내부가 비어 있다. 신석기시대에는 주로 도기로 만들어졌으나 상대 초기부터는 청동으로 제작되었으며, 모양은 입 주위에 귀가 세워지고 다리가 짧아지는 변화를 거쳤다.

신안 해저에서 출토된 역형 향로는 조형미가 매우 뛰어나다. 특히 청자 향로의 경우 변형된 동물 발 모양의 다리 혹은 길이가 짧은 다리를 붙여서 자기에 맞는 모양으로 재창조되었다. 남송 후기의 역형 향로는 제작이 정교할 뿐만 아니라 유색

사진 62
용천요 청자 역형향로, 남송, 높이 10.9cm, 전남 신안군, 국립중앙박물관

이 여요의 천청색天青色에 가깝고, 표면은 두텁고 불투명하여 옥과 같은 느낌을 준다.90 (사진 62) 반면 원대의 역형 향로는 유색의 녹색이 강하고 제작이 조잡한 경향을 드러낸다.

염형 향로

중국 서주시대에 염奩은 음식을 담는 용도 외에 여성의 화장 용구로 사용되었다. 이후 기술이 발전하면서 염의 종류와 형태가 다양해졌다. 동진東晋 때 고개지顧愷之가 그린 「여사잠도女史箴圖」(사진 63)를 보면 치장하고 있는 두 여인 옆에 칠기로 만들어진 염이 놓여 있다. 서주에서 진·한대까지 염형 향로는 동기, 칠기, 도기로 제작되었으며 대체로 뚜껑이 있고 복부가 깊은 형태를 띤다. 몸체에 3족이 달린 종류 또는 동물 모양 고리가 붙어 있는 종류도 있다.

사진 63
「여사잠도」 부분, 고개지, 동진, 대영박물관

신안 해저에서 인양된 청자 염형 향로 가운데 남송 후기의 것으로 보이는 것은 무늬가 없고 유색이 천청색에 가깝다. 반면 원대의 향로는 유색이 녹청색에 가까우며 외측 기벽에 꽃 넝쿨무늬를 인화印花(문양을 틀로 찍은 것)하거나 첩화貼花(문양을 찍어서 따로 붙인 것)하여 입체감을 표현한 것이 많다.[91](사진 64) 형태와 문양은 같고 크기를 달리한 여러 개의 염형 향로를 세트로 제작한 점이 눈길을 끈다.

궤형 향로

궤簋는 원래 정鼎과 함께 중요한 의례용기로 익힌 쌀, 기장 등의 음식을 담는 용도였다. 신석기시대에 이미 도기로 만든 궤가 사용되었으며, 상대부터 주대까지는 청동 궤가 크게 유행했다. 의례에서 궤는 짝수로 쓰고 정은 홀수로 쓰였으며 신분이 높을수록 그 개수가 많았다. 군주의 경우 정 9개와 궤 8개, 제후는 정 7개와 궤 6개, 대부는 정 5개와 궤 4개를 썼다. 형태는 보통 원형이며 두 개의 커다란 귀 혹은 손잡이가 붙어 있다. 투박한 몸체의 표면에 동물 장식이 있거나 동물 발 모양의 다리가 붙어 있기도 하다. 주대에는 3족, 4족, 4개의 귀, 원형방좌圓形方座 등 다양한 양식이 등장하며 뚜껑이 있는 것도 등장했다. 송대에는 궤를 '이彝' 혹은 '돈敦'이라 했다. 신안 해저선에서도 청동 궤형 향로를 모방한 용천요 청자 향로가 많이 발견되었는데, 몸통은 원형이거나 육각형이며 고리 또는 동물 모양의 귀가 붙어 있고, 인화 기법으로 연꽃을 장식한 것도 있다.(사진 65)

사진 64
용천요 청자 염형향로, 원, 높이 14cm, 전남 신안군, 국립중앙박물관

사진 65
용천요 청자 궤형 향로, 원, 높이 9.3cm, 전남 신안군, 국립중앙박물관

향저·향시·향병

격식을 갖춘 향석香席에서는 향저香箸·향시香匙·향병香甁도 빼놓을 수 없는 향구다. 향저香箸는 주로 탄불이나 향을 집는 용도의 도구로, 신안 해저에서 발견된 도금 향저는 사슬고리 줄로 두 젓가락을 연결한 형태다.(사진 66) 이와 흡사한 향저가 중국 법문사 지하보궁에서도 발견되었다.[92]

향시香匙, 즉 향과 재를 옮기는 데 쓰이는 숟가락은 용도에 따라 두 종류로 구분된다.(사진 67) 사진 속 아래에 있는 긴 막대 모양의 향시는 가루 형태의 향이나 재를 뜨는 데 사용된 것으로 보인다. 납작한 면의 가운데가 살짝 파여 있으며 손잡이 끝부분에 작은 구멍이 뚫려 있다. 위쪽에 있는 향시는 향을 태우기 전 바닥에 까는 향재를 편편하게 다지는 데 쓰인다. 대개 손잡이 끝부분은 부리가 긴 새 머리 모양이며 간혹 넝쿨 모양의 문양을 새긴 것도 있다.

향병香甁은 향저와 향시를 꽂는 병으로, 흔히 금속이나 자기로 제작된다. 향로, 향합과 한 세트를 이루며 낮은 꽃병으로 대체하기도 한다.(사진 68)

원대의 상류층은 향병과 향환 종류의 향을 여전히 즐겼기 때문에 실내에 '노병삼사爐甁三事'를 갖춰놓곤 했다. 노병삼사란 '노병합삼사爐甁盒三事'의 줄임말로 향로, 병, 합으로 구성된 향구 세트를 말한다. 가장 이른 시기의 노병삼사는 「기원대회도권祇園大會圖卷」(산시성박물관 소장)이라는 회화 작품(사진 69)에서 확인된다.[93] 이 그림은 원말 명초에 불화를 잘 그리는 일본 승려 발승發僧이 그린 것으로 파악되며, 명문에 '지정병오불생일至正丙午佛生日'이라고 적혀 있어 1366년 음력 4월 초8일

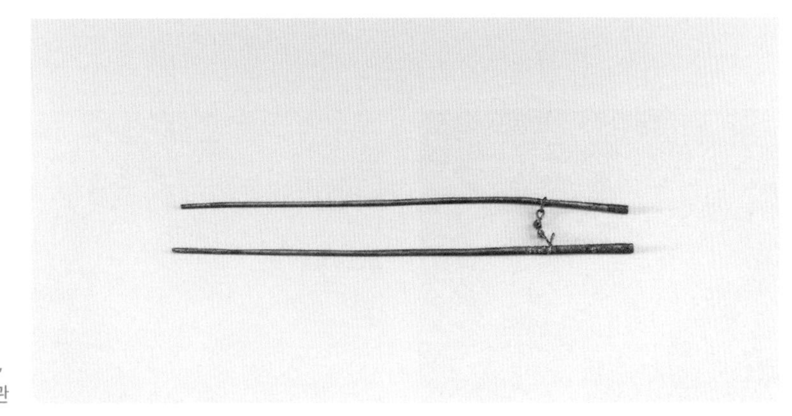

사진 66
동제 향저, 원, 길이 19.1cm,
전남 신안군, 국립중앙박물관

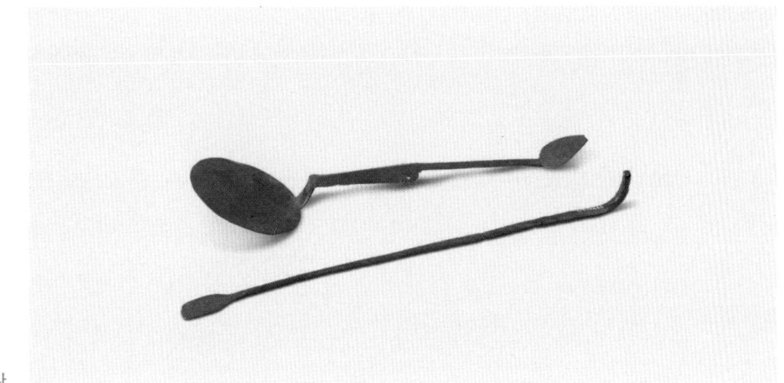

사진 67
(위) 동제 향시 길이 19.9cm,
전남 신안군
(아래) 동제 향시 길이 20cm
전남 신안군, 국립중앙박물관

사진 68
동제 향병(좌), 원,
높이 14.4cm, 전남 신안군,
국립중앙박물관

사진 69
「기원대회도권, 원, 산시성박물관

사진 70
「모귀회사」, 난보쿠조(14세기), 니시혼간사西本願寺

에 그려진 듯하다. 제목에 있는 '기원祇園'은 인도 불교의 8대 성지 사원을 일컫는 말이다. 일본 가마쿠라시대의 그림 「모귀회사慕歸繪詞」를 보면 14세기 사찰 공간을 확인할 수 있는데, 방 한 칸에는 탁자에 커다란 용천요 청자 화병이 놓여 있고 양쪽에 촛대와 향로가 배치되어 있다.(사진 70) 이로써 그 무렵 향로, 촛대, 화병을 하나의 세트로 진열한 삼구족三具足 장식 문화가 유행했음을 확인할 수 있다.

6) 고급 장식물로 자리 잡은 향구 : 명·청

명·청대에 들어 향 문화가 대중화되면서 향료 관련 수입 품목과 수입량이 증폭되었으나, 명대 초 해외무역을 제한하는 해금령海禁令으로 인해 향료 수입이 차단되자 중국 내에서 자체적으로 향료를 개발 생산하는 활동이 활발해졌다. 초기에는 대부분 광둥, 광시, 하이난 등 열대 지역에서 향료가 생산되었는데 특히 광둥에서는 중국산 침향인 토침향土沈香을 대량으로 재배했다. 이 향은 완향莞香이라고도 불렸으며 최상품은 여아향女兒香이라 불렸다.

생산된 완향은 주로 남쪽의 작은 항구에 집산되었는데 이로 인해 이곳은 샹강香港(광둥어로는 홍콩)이라 불리게 되었다고 한다. 당시 구하기 어려운 수입산 침향, 단향, 사향 대신 남쪽 지역에서 재배한 향료를 사용하는 게 더 경제적이었지만 향료의 수입을 완전히 금할 수는 없었다. 명대에 대원정에 나선 정화鄭和가 3차에 걸쳐 아라비아 반도와 아프리카 동부까지 나아간 때를 기점으로 중국과 교역을 원하는 여러 나라에서 사절을 보내 조공을 바쳤으며, 주요 조공품 중 하나가 향료였다.

선덕로, 인향로

명대의 향로 중에는 상·주 시대의 청동 기물 이후로 가장 정교한 청동 '선덕로宣德爐'가 유명하다. 이 향로는 선덕 3년(1428) 황제의 명령으로 태국산 풍마동風磨銅을 가져와 송대 관요 조형을 본떠 주조한 것으로, 재질이 우수하여 100여 가지 색을 나타내는 것으로 알려져 있다.[94] 구리는 최대 12회 정제 과정을 거쳐 정련되는데, 5, 6차례 정제된 액체 상태의 구리는 금색을 띠며 12차례 정제하면 용량이 4분의 1로 줄어들면서 지극히 아름다운 빛깔을 이룬다. 선덕 연간에 풍마동으로 제작된 기물의 수량이 어느 정도인지는 쟁론이 있지만 대체로 약 1만 8000점으로 추산되며, 그중 향로가 5000점이라고 한다. 부드럽고 격조가 뛰어나 관민이 모두 이를 모방한 향로를 만들었는데, 정품에 가까울 정도로 제작 기술 수준이 높았다고 한다. 특히 불사가 성행했던 청대에는 불전에 놓이는 다섯 가지

기물(향로 1, 촛대 2, 화병 2) 가운데 향로가 가장 중시되었으므로 선덕로를 모방하는 열풍이 극에 달했다.(사진 71)

명·청대에는 인향印香(전향)이 여전히 유행했으며, 청대에는 더 편리한 인향 기구가 등장했다. 대표적으로 인향로 전문가인 정월호丁月湖(1829~1879)가 설계한 향로는 뚜껑, 연소층, 보관층, 저부 등 4층으로 되어 있어 향의 연소와 보관에 편리하다. 정월호의 인향로는 원형과 거문고 모양, 나뭇잎 모양의 인향 향로가 있는데 현재 난퉁南通박물원에 소장되어 있다.(사진 72)

노병삼사

향로, 병, 합으로 구성된 향구 세트인 노병삼사爐瓶三事로, 병에는 주로 향저와 향시 등이 꽂힌다. 『홍루몽紅樓夢』 53회에 보면 청대의 일상생활에서 노병삼사가 어떻게 사용되었는지 알 수 있다. "여기 가모화청賈母花廳 위에 10여 석 술자리가 있고 매 자리 옆에 향궤가 있으며 향궤 위에 노병삼사가 있으며 황제가 내려준 백합궁향百合宮香을 태운다"**95**라는 내용이 있다. 여기서 백합궁향은 여러 가지 향을 합해서 만든 향의 일종을 말한다.

명·청대에 향합은 자기, 옥, 법랑, 금상감 등 더욱 다양한 소재와 정교한 기술에 힘입어 고급스러운 실내장식용 소품으로 자리 잡았다. 노병삼사가 자기로 제작된 예로는 청대에 제작된 고동유 자노병합古銅釉瓷爐瓶盒을 들 수 있는데, 칠기 받침 위에 향로, 향병, 향합이 한 세트를 이룬 것이다.(사진 73)**96** 노병삼사에서 향로는 실제 분향용으로 쓰였으나 나머지 두 가지는 점차 장식용으로 기능했다.

사진 71
선덕로, 청,
타이완고궁박물관

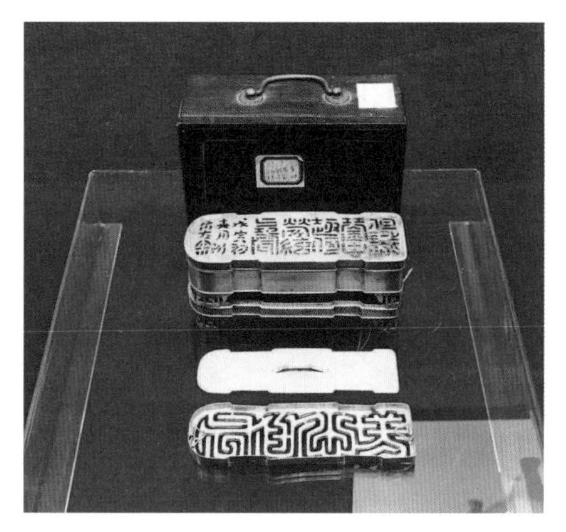

사진 72
인향로, 정월호丁月湖, 청, 난퉁박물원

사진 73
고동 유자노병합, 향로 입지름 8.3cm, 타이완고궁박물관

3장

한국의 향

불교와 함께 시작된 향 문화

한반도에 향이 유입되기 시작한 시기는 삼국시대로, 중국에서 불교가 전래되면서 교리와 더불어 향 문화가 전해졌다. 『삼국사기』와 『삼국유사』의 기록에서 그러한 향 문화의 흔적을 엿볼 수 있는데, 그중 하나는 신라 눌지왕訥祇王(재위 417~458) 때 고구려에서 건너와 불교를 전파한 승려 묵호자墨胡子(또는 아도阿道)에 관한 일화다. 신라를 찾아온 양나라 사신이 왕에게 의복과 향을 바쳤으나 향을 어떻게 사용하는지 아는 자가 아무도 없었다. 이때 고구려에서 온 승려 묵호자가 다음과 같이 가르쳐주었다고 한다. "이것은 향이라는 것이며 태우면 향기가 짙어서 정성이 신성한 곳에까지 이릅니다. 신성한 것 가운데에는 삼보보다 더한 것이 없습니다. 만일 이것을 태워 발원하면 반드시 영험이 있을 것입니다." 나아가 묵호자는 향을 태워 왕녀의 병을 고쳤다는 기록도 있어[97] 초기에 향은 질병 치료를 위한 용도로도 쓰였음을 알 수 있다.

진흥왕 12년(551) 고구려의 승려 혜호惠濠가 신라로 망명하여 100명의 스님에게 『인왕반야경仁王般若經』을 강연할 당시에는[98] 아마도 소향燒香에 필요한 향구가 불구佛具로서 갖춰졌을 것으로 추정된다. 무왕武王 35년(634) 채색과 장식이 웅장하고 화려한 흥왕사興王寺가 강가에 낙성되자 왕은 배를 타고 들어갈 때마다 행향行香(향로를 받쳐들고 불전 안을 돌면서 행하는 의식)을 했다고 한다.

통일신라 때는 해외에서 들여오는 향에 의존하지 않고 직접 재배하기도 했다. 중요한 것은 당시 재배한 향 종류가 침향과 더불어 불가에서 가장 귀하게 여기는 전단향栴檀香이라는 사실이다. 전단향은 인도에서 나는 향나무의 한 종류로, 목재는 불상을 만드는 재료로 쓰고 뿌리는 가루를 내어 불전에 올리는 향으로 사용되었다. 동남아시아와 중국 남부에서 생산되던 향을 한반도에서 재배했다는 것은 당시에 향 수요가 매우 높았으며 발전된 재배기술을 갖췄다는 의미로, 왕실 차원에서 기술을 도입한 것으로 분석되고 있다.[99]

통일신라시대에는 향을 수입하거나 재배하는 것 외에 매향埋香이라는 방식도 있었다. 매향이란 침향을 만들기 위해 향목을 갯벌에 묻어두는 것인데, 통일신라시대에 시작되어 고려 후기(14세기)와 조선 초기(15세기 중반)까지 활발히 전개되었다.[100] 전남 영암 구림리에서 발견된 매향비[101]에는 통일신라시대인 782년 매향이 이루어졌다는 사실과 매향 장소와 수량, 매향의 주체 등이 모두 기록되어 있다.[102] 매향은 『미륵하생경彌勒下生經』에 근거한 신앙의 형태로, 향을 묻는 행위를 통해 미륵불과 연결되기를 기원하는 것이다. 즉 미륵불이 교화하는 미륵 정토에서 다시 태어나고자 하는 소원이 깃들어 있으며, 이와 같은 소원을 기록한 것이 매향비埋香碑다. 매향은 고려시대에도 이어졌다. 고려 우왕 13년(1387), 경남 사천 흥사리에서 발견된 매향비에 따르면 사회가 혼란하던 시기에 승려들을 중심으로 4100여 명이 계를 조직하여 왕의 만수무강, 나라의 부강, 백성의 평안 등을 기원하기 위해 매향의식을 치렀다는 내용이 담겨 있다.

한편 일본의 도다이사東大寺 쇼소원正倉院에서 752년에 작성된 문서 「매신라물해買新羅物解」[103]가 발견되었는데, 일본 관료들이 김태렴金泰廉을 대사로 하는 신라 사절단에게 구입하고자 하는 물건 목록이 적혀 있었다.[104] 그 목록에는 정향, 청목향, 영릉향, 감송향, 용뇌향 등이 포함되어 있었다. 이로써 통일신라는 중개무역 방식으로 일본에 향을 수출했을 뿐만 아니라 동남아 국가로부터 향을 수입하는 국제적인 향 소비 국가였음을 알 수 있다. 또한 「매신라물해」에는 정확히 '향로'라고 표기된 것과 '백동향로' '유석鍮石 향로'라는 품목이 있으며, '백동향 일구白銅香一具'라는 표기도 볼 수 있다. 여기서 말하는 '백동향'이란 향로를 의미하는 것으로 보인다. 한편 '백동화로'라 표기된 것도 있는데, 이에 대해서는 향로라는 견해도 있고 화로라는 견해도 있다.

삼국시대에 유행한 박산향로

고구려 고분 쌍영총 벽화에 그려진 「공양행렬도」를 보면 맨 앞에 선 인물이 머리 위에 향로를 이고 가는 모습을 볼 수

사진 74
「공양행렬도」,
쌍영총 고분벽화

있다.(사진 74) 이는 고구려에 향 문화가 전래되었음을 입증해 주는 최초의 회화 증거다. 그렇다면 우리나라에서 발견된 가장 오래된 향로는 어떤 종류일까? 평양 석암리 9호 무덤(1세기)에서 출토된 박산향로다.(사진 75) 후한 시기에 제작된 것으로 추정되는 이 향로는 한사군漢四郡의 하나였던 낙랑의 중심지 평양으로 흘러든 것으로, 산의 형태나 구멍은 간략하게 표현되어 있지만 산 사이로 피어오르는 향은 상서로운 기운을 자아내기에 충분하다. 봉황이 향로 몸체를 받들고 있는 형태는 한대에 흔히 볼 수 있는 것으로, 박산향로에 나타난 산 장식은 곧 하늘 세계를 상징하는 것이다. 또한 봉황을 받치고 있는 거북 장식은 전설에서 무너진 하늘을 받들거나 바다 위에 흔들리며 떠 있는 신산神山을 받드는 존재를 상징한다. 중국 중원 지역에서 발견되는 박산향로의 특징은 다리에 용문양을 투조하거나 금·은을 상감한 화려한 형태인 반면, 평양 석암리에서 발굴된 향로

사진 75
박산향로, 후한(1세기), 높이 20cm,
평양 석암리 9호 무덤, 국립중앙박물관

는 봉황과 거북이 산을 받들고 있는 형태로 허베이성이나 산시성의 형태를 따르고 있다.

뚜껑 위에 새가 앉아 있는 형태의 박산향로는 336년 요동에서 고구려로 귀순한 동수冬壽의 묘로 확인된 안악安岳 3호분 벽화에 그려져 있다.(사진 76) 그림이 선명하지 않지만 오른쪽 시녀가 들고 있는 박산향로의 뚜껑에 새 장식이 있으며 밑에는 5개의 동물 다리가 달려 있다. 한편 5세기 중반의 것으로 확인된 고구려 장천長川 1호분의 천장에 그려진 「예불도」에도 박산향로가 있다.(사진 77) 가운데에 결가부좌를 하고 두 손을 모은 불상이 있고 불상이 앉아 있는 대좌 안에 박산향로가 그려져 있다. 이것으로 보아 삼국시대 4세기 후반 불교가 전래된 후 범종梵鐘과 사리기舍利器 등의 불교 공예품이 제작되기 시작하면서 향로 역시 공양구에 포함된 것으로 보인다.[105]

백제의 향로 역시 불교의식과 관계가 깊다. 대표적으로 충남 부여 능산리 절터에서 출토된 금동 용봉향로(사진 78)[106]는 용으로 표현된 수중 세계, 연꽃으로 표현된 수변 세계, 산으로 표현된 지상 세계, 새로 표현된 천상 세계로 나눠진다. 마지막 천상 세계는 한대의 박산향로와 후대의 여러 향로에 나타난 새 장식과 관련이 있는 것으로 보인다. 또한 익산 미륵사지彌勒寺址에서 발견된 금동 향로[107]는 당시 향 문화가 사찰을 중심으로 형성되었음을 추정케 하는 중요한 자료다.

신라는 고구려와 백제에 비해 향 문화가 늦게 시작되었지만 발달된 황금 문화로 인해 완성도가 뛰어난 향구를 선보였다. 경주 금관총에서 수습된 금제 허리띠(사진 79)는 17개의 드리

사진 76
향로를 들고 있는 시녀상, 안악 3호분 벽화

사진 77
「예불도」, 장천 1호분 벽화, 한성백제박물관

사진 78
금동 용봉향로, 높이 62.5cm, 부여 능산리,
국립부여박물관

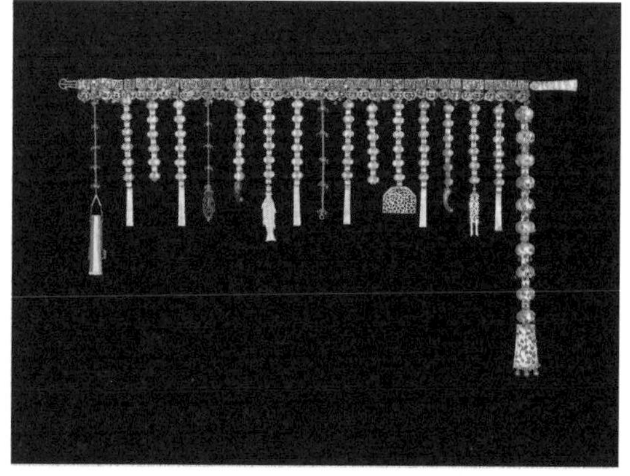

사진 79
금제 과대銙帶, 금관총, 5세기 후반, 길이 70×21cm,
경주 출토, 국립중앙박물관

개가 연결되어 있다. 드리개 끝에는 각형통, 물고기 모양, 곡옥, 방육각형 등의 장식이 달려 있는데 천마총에서 발견된 금제 허리띠 드리개의 투각 장식과 마찬가지로 안에 향을 넣고 다녔을 것으로 추정된다.[108] 경주 단석산斷石山 신선사神仙寺의 마애 조각에는 병향로가 묘사되어 있다.[109](사진 80) 마애 조각이 새겨진 시기는 삼국시대 후기인 7세기로 알려져 있으며 병향로는 불교의 유입과 함께 의식용 향로로 신라에 전해진 것으로 보인다.

사진 80
마애 조각, 경주 단석산 신선사

통일신라의 다양한 향로

통일신라시대에는 불교문화가 융성해지면서 향의 종류는 의식용, 제례용, 완향용玩香用 등 용도에 따라 다양해졌다. 그러한 영향 아래 향로 역시 불구佛具 이상의 관심을 받기 시작했다. 당시에 유행한 향로는 병향로, 삼족 훈로, 사자모양 뚜껑훈로, 박산향로 등이 있는데 불교의식용으로 예불을 드릴 때 불단에 안치하거나 행사를 치를 때 들고 이동할 수 있도록 손잡이가 달린 향로(병향로)가 사용되었을 것이다. 그리고 완향용으로는 투각장식 안에 향을 넣고 다니는 허리띠 드리개가 있다.

우리나라에서 병향로가 사용된 시기는 삼국시대부터 통일신라 8세기 중후반까지로 여겨진다.[110] 통일신라시대 혜공왕惠恭王 7년(771) 때 조성된 성덕대왕신종에도 병향로의 모습을

진 81
대왕신종 비천상, 국립중앙박물관,
의원판목록집』III 305

확인할 수 있다.(사진 81) 종신鐘身 사방의 면에 무릎을 꿇고 양손으로 연꽃 모양의 병향로를 다소곳이 잡고 있는 비천상이 새겨져 있는 것이다.[111] 대구 군위군에 위치한 인각사麟角寺에서는 또 다른 병향로가 나타났다. 인각사는 일연이 『삼국유사』를 저술한 곳으로 알려진 사찰로, 통일신라시대의 금동 사자진 병향로를 비롯하여 청동 향합, 청동 이중탑, 월요 청자옥벽저완 등의 문화재가 발굴되었다.(사진 82) 이 가운데 금동 사자진 병향로는 완형垸形(아가리 부분에 전振이 달리고 나팔형 굽다리가 달린 것)으로 꽃무늬 받침과 손잡이, 사자 장식이 달린 손잡이로 구성되어 있다. 향로의 각 부분은 리벳rivet(금속 재료의 결합에 사용되는 막대 모양의 못)으로 조립되었으며 손잡이 끝에 있는 사자 장식은 높이가 7센티미터밖에 안 되지만 연화좌 위에 앉아 있는 자세와 다문 입 사이에 보이는 송곳니, 얼굴 주위의 갈기와 꼬리 등이 생동적으로 표현되어 있다. 입 주위에 작은 구멍이 뚫려 있는 것은 고리를 끼운 흔적으로 보인다.[112] 익산 미륵사지(8세기)에서 발견된 금동 수각獸脚 향훈(사진 83)[113]은 8, 9세기 중국의 향로와는 달리 발이 4개다. 다리 위에는 동물 얼굴이 형상화되어 있는데, 머리 위에는 뿔이 좌우로 뻗어 있고 주변에는 갈기가 표현되어 있다. 다리는 갈기 부분에 박아넣은 못으로 노신과 연결되어 있다. 이 금동 수각

향로는 통일신라의 양식을 토대로 중국 당대의 수각형 향로를 본받고 있다는 점에서 독특한 조형미를 표출하고 있다.

그 밖에 경주 안압지에서 납석臘石 재질의 사자형 훈로 뚜껑(사진 84)이 발견되었다. 이는 사자의 입을 통해 향 연기가 새어나오는 구조로, 당나라에서 제작된 훈로의 일부로 여겨진다. 이처럼 신라에는 다양한 재질과 형태의 향로가 사용되고 있었음을 알 수 있다.

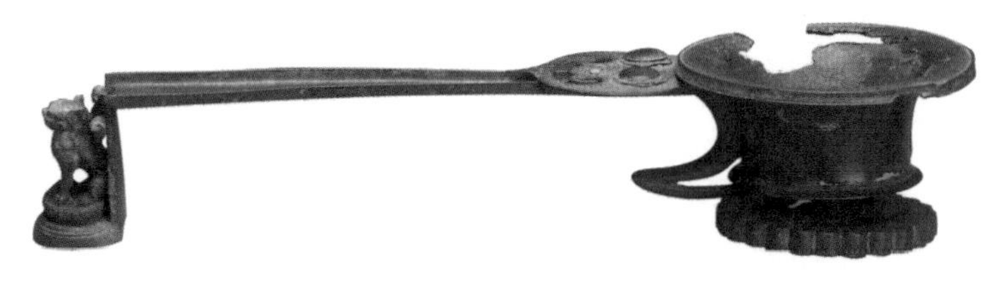

사진 82
공양구, 군위군 인각사, 8세기 중반~10세기 중반, 불교중앙박물관

사진 83
금동 향로, 익산 미륵사지,
전체 높이 30.0cm, 국립익산박물관

사진 84
납석제 사자상, 통일신라,
바닥지름 9.5cm, 높이 16.3cm, 국립경주박물관

향 문화의 전성기

한국 역사에서 불교가 가장 융성했던 시기는 바로 고려시대로, 태조 왕건은 나라를 건국한 후 불교를 숭상하여 많은 사찰을 건립했다. 이후 왕실의 행사나 국가 제례를 올릴 때에는 향을 피우며 불교식으로 치렀다.

고려시대의 중앙정권은 통일신라와 같이 호족들이 국제무역에 참여해 강력한 세력으로 성장하지 못하도록 무역을 독점하고 개인의 무역을 제한했다. 그 대신 외국 상인이 들어올 수 있도록 예성항禮成港을 개방했는데, 이로 인해 송상宋商들이 점차 고려의 사무역을 주도하게 되었다.[114] 이러한 무역정책으로 사찰의 향 문화에도 새로운 변화가 나타났다.

불국사 삼층석탑(석가탑)에서는 고려시대에 수입된 유향과 침향 편이 발견되었다. 유향은 금동사리외함에 담겨 있었고 침향 편은 헝겊 주머니에 담겨 금동사리외함과 금동방형사리

함 사이에 놓여 있었는데, 1038년 석가탑을 중수하고 사리장엄구를 봉안할 때 넣은 것으로 추정되고 있다. 이 향들은 부패를 막기 위한 용도로 봉안된 것이다. 함께 발견된 두루마리 기록 「불국사서석탑중수형지기佛國寺西石塔重修形止記」에는 "정균正均이 유향 한 봉과 골향骨香을 납입했다. 대사 위영位英이 골향 한 봉과 생파향生波香 한 봉을 납입했다. 승려 지림智林이 백단향白丹香을 납입했다"[115]는 내용이 있어 당시 승려와 속인들이 탑 안에 봉안할 공양물로 향을 넣었음을 알 수 있다. 전체 문서에서는 유향 6건, 골향 5건, 생파향 2건, 백단향 1건이 확인되고 있다. 송대에 저술된 『향보』에 따르면 생파향은 용뇌龍腦를 지칭한다.

송대에 고려에 사신으로 왔던 서긍徐兢이 고려에서 보고 들은 것을 기술한 『고려도경高麗圖經』에는 고려 왕실의 향 문화를 알 수 있는 자료가 제법 많다. 향의 종류에 대한 기록 및 은으로 만든 향로에 대한 설명과 함께 "나라의 중요한 외국 손님이 오면 사향麝香을 피우고 모임 때에는 독누篤耨, 용뇌龍腦, 전단旃檀, 침수沈水 등을 태웠는데, 그것들은 모두 송나라 조정에서 하사한 향이다"[116]라고 적힌 것으로 보아 사신을 영접하거나 조회할 때 왕실에서 다양한 향을 사용했음을 알 수 있다.

이렇듯 향은 왕실과 상류사회에서 쓰이는 귀한 물건으로 왕이 신하들에게 내리는 하사품 중 하나였고 중요한 약재로 쓰이기도 했다. 『고려사』에는 송나라가 특별히 사신을 통해 선물로 침향을 보냈다는 기록이 있고,[117] 문종 때 송나라에 요구한 약재 목록에는 침향이 맨 앞줄에 등장하고 있다. 또한

침향 외에 정향, 목향木香, 안식향安息香 등 다양한 종류가 고려에 유입되었음을 확인할 수 있다.[118]

격조 높은 복고풍 향구의 유행

고려시대에 향은 주로 종교의식에 쓰이거나 옷에 향을 입히거나 개인적으로 향유하는 용도로 소비되었다. 향로는 삼국시대부터 사용해온 병향로 외에 정형 향로, 향완, 현懸 향로 등 새로운 종류가 등장했다.

송나라 사신 서긍이 저술한 『고려도경』에는 고려인이 사용하는 그릇 종류와 향구에 대해 설명하고 있다. 우선 송에서 온 사절단이 머무는 관사에는 은으로 만든 향렴香奩(향합香盒)과 주합酒榼, 타구唾具 등의 그릇이 있었다는 내용이 있고,[119] 도교사원, 사찰, 신당에서 의식을 치를 때에는 정형 향로를 사용하며 "연꽃 같은 산 모양의 뚜껑과 삼족이 달린 몸체에 받침이 붙어 있는" 박산향로는 옷에 향 연기를 쏘이는 훈물薰物 용도로 쓰였다는 내용이 있다.[120] 그리고 고려 비색청자 산예출향에 대해 "아래에는 앙련仰蓮이 받치고 있으며 위에는 꿇어앉은 사자 모양의 뚜껑이 있다"[121]라고 묘사하고 있다. 이처럼 향 문화가 번성했던 고려시대에는 사용자의 신분과 장소에 따라 다른 종류의 향구를 사용했으며 향로 또한 다양한 형태를 선보였는데, 현존하는 향로를 중심으로 살펴보기로 한다.

연화형 향로

연화형 향로는 중국 7세기 중반(당대)에 대안탑大雁塔 석각 설법도石刻說法圖[122]에서 처음 선보였으며 9세기 후반 중국의

사진 85
연화문 오족 은훈로, 당, 높이 29.5cm,
법문사 지하보궁

사진 86
청자 연화형 향로, 고려,
높이 15.2cm, 입지름 10.5cm,
국립중앙박물관

법문사 지하보궁에서 발견된 연화문 오족 은훈로(사진 85)에서 완성된 형태를 보인다. 고려 개경에서 출토된 청자 연화형 향로(사진 86)는 북송대 여요에서 제작한 청자 연화형 향로(사진 53)의 영향을 받은 것으로, 『고려도경』에도 이러한 사실이 언급되어 있다.[123] 여요 유적에서 발견된 연화형 향로는 원래 당대唐代의 양식을 이어받은 것으로, 연잎 모양으로 만든 굽다리에는 잎맥이 선명하게 새겨져 있다. 여요 특유의 우아함과 격조를 자랑하는 북송의 여요 청자는 황실에서 쓰였던 것인 만큼 황실에서 고려에 하사했거나 도상圖像을 입수하여 모방 제작했을 것이다.[124] 그 밖에 고려시대의 청자 연화형 향로는 파주에 위치한 혜음원지惠陰院址, 강진 사당리와 삼흥리, 부안 유천리 청자요지에서 편으로 출토되었다.[125] 이 가운데 사찰과 관련된 곳에서 청자 연화형 향로가 발견된 것은 혜음원지 출토품이 유일하다. 「혜음사신창기惠陰寺新創記」를 보면 1119년 8월 이소천이 예종睿宗에게 건의하여 1122년에 혜음사를 건립하면서 왕이 머무를 별원別院을 함께 지었으며, 인종仁宗이 즉위한 후 혜음사라는 편액을 하사했다고 한다.[126] 이곳에서 출토된 고급 청자들은 강진과 부안에서 제작된 것으로, 왕실의 후원을 받았으리라 추정된다.[127] 이를 토대로, 개성에서 출토된 청자 연화형 향로 역시 왕실과 관련이 있는 사찰에서 사용된 것으로 추정된다.[128]

향완

고려 향로 중 가장 많이 알려진 것이 향완香垸이다. 향완은 원통형 몸체에 전이 둘려 있고 아래는 나팔형 굽다리 받침으

사진 87 청자 향로, 북송, 요주요박물관

사진 88 청동 삼족 향로, '봉업사'명(고려, 13세기), 높이 48.5cm, 국립중앙박물관

로 이루어진 종류다. 고려의 향완은 사찰의 법당 안 불전에 놓이는 조형물로, 헌납자에 따라 장소와 대상이 선택되며 정해진 자리는 바뀌지 않는다.

고려 향완의 기원에 대해서는 다양한 설이 있지만 중국 당대 말부터 오대五代까지 사용된 불교의식용 향로 그리고 북송대 자기 향로의 영향을 받았다는 주장[129]이 가장 설득력이 있다. 예컨대 요나라 1053년에 사망한 왕택王澤 묘에서 출토된 정요 백자 향로(사진 56)와 북송 말기의 요주요 청자 향로(사진 87)에서 그 관련성을 엿볼 수 있다.

당시 향완의 변화는 세 단계로 구분할 수 있다. 먼저 10~12세기의 향완은 주로 삼족 형태를 이루는데 통일신라에서 고려시대로 넘어가는 시기에 나타난 형태다. 그 대표적인 것이 봉업사명奉業寺銘 청동 삼족 향로(사진 88)이다. 이 단계를 지나면 삼족이 사라지고 윗부분의 전이 넓어지며 몸체 아래 나팔형 다리가 이어지면서 점차 향완의 형태를 갖추기 시작한다. 경주 굴불사지掘佛寺址에서 출토된 두 점의 향완이 바로 이 단계에 속하는데, 몸체가 직선 혹은 직사선형이며 밑바닥이 평평하다. 두 점의 향로 중 수리한 흔적이 없는 향완은 10세기 후반에 만들어진 것으로 간주된다.[130]

뚜껑이 있는 삼족 향로에서 향완으로 변화된 것은 숯을 넣고 향을 태우는 기존의 연소 방식에서 새로운 방식으로 이행되었음을 의미한다. 다시 말해 송대에 등장한 선향이 고려에 유입되었을 가능성을 보여준다. 현존하는 고려시대 향완 가운데 명문이 있는 가장 오래된 것은 황통 4년(명대, 1144)에 제작된 청동 향완(사진 89)이다.[131] 이 향완과 초기 명문이 있는 청동은입사 향완의 연대를 고려해볼 때 고려시대에 향완이 일반화된 시기는 12세기 중반 이후로 보인다. 금속기에 은입사 기법이 나타나고 자기에 상감기법이 크게 유행하는 시기가 12세기 중반 이후이기 때문이다. 고려의 은입사 향완은 비교적 많이 출토되었는데, 대표적인 것으로는 밀양 표충사의 은입사 향완[132]과 통도사의 청동 은입사 향완(사진 90)이다.[133]

일반적으로 고려시대 은입사 향완에 새겨 넣은 문양은 다음과 같다. 윗부분의 둥근 테두리 바깥쪽에는 모란넝쿨무늬가, 안쪽에는 원 안에 뇌문誄文(네모꼴 무늬) 혹은 범자梵字가 장식되어 있다. 몸통에는 이중 동심원 안에 범어 문자가 있고 그 사이에는 연꽃 넝쿨무늬가, 몸통 아랫부분에는 펼쳐진 연

사진 89
청동 향완, 황통 4년(명대, 1144),
높이 16cm, 경희대학교박물관

사진 90
청동 은입사 향완(건판887-13), '통도사'명,
유리원판목록집 IV193, 국립중앙박물관

잎무늬가, 나팔형 다리에는 모란 넝쿨무늬와 꽃부리가 아래로 향한 연잎무늬가 새겨져 있다.

정형 향로

고려시대에 정형 향로가 사용된 데는 성종 당시 관제 및 예제 개혁으로 송나라의 의례를 받아들인 역사적 배경이 있다. 그 예로 황해도 배천군 원산리에서 발견된 청자 제기 조각과 순화淳化 4년(993)명 제기(이화여자대학교 소장)[134]는 송 태조 건륭建隆 3년(962) 섭숭의聶崇義가 편찬한 『삼례도三禮圖』를 참고한 것으로 추정되고 있다.[135] 이후 고려는 송이 보내온 제기와 예서禮書를 참고로 새로운 제기를 제작했다. 고려청자 도철문 방정형方鼎形 향로 중에는 『선화박고도宣和博古圖』에 수록된

'상소부정商召夫鼎', 즉 상대商代에 '소부召夫'라 새겨진 향로를 모방한 것이 있다.(사진 91) 사각으로 된 몸체에 4개의 발이 붙어 있으며 몸체에 도철문(중국 은·주 시대의 청동기에 사용된 괴수면 무늬)과 기夔(외발을 가진 짐승 모양)의 문양이 인화 기법으로 장식된 도철문 방정형 향로는 크기나 문양, 귀 모양 등 상소부정과 흡사하다. 심지어 명문까지 비슷하다. 상소부정에는 '아亞'자형 틀 안에 '소부召夫'를 새겼고 그 아래에는 '자子' '신辛' '월月' 등의 명문이 확인되는데 도철문 방정형 향로에서도 똑같은 명문이 확인된다.[136] 『선화박고도』의 상소부정을 모방해 자기 향로를 만든 시기는 12세기 전반으로 추정된다.

그리고 청자 정형 향로 사례가 있다.(사진 92) 두 향로의 차이는 기둥형 다리와 동물형 다리라는 점이며 동물형 다리의 경우 거의 지면에 닿을 듯 짧다.

이후 송나라의 제기를 모방하는 방식에서 벗어나 고려 특유의 형태를 드러낸 청자 고룡문顧龍紋 향로가 등장했다.(사진 93) 도철문 정형 향로와 같은 원통형이지만 위쪽이 넓고 아래가 좁은 형태이며 몸통 바깥쪽에는 뇌문 등의 바탕 문양이 없으며 용이 머리를 돌려 뒤를 바라보는 무늬가 장식되어 있다. 이러한 문양은 서주西周 시기에 유행한 청동기 문양이다.[137] 입구 테두리 부분에는 넝쿨무늬가 둘려 있고 각진 2개의 귀와 3개의 동물형 발이 붙어 있다. 이렇듯 고려화된 향로가 제작된 시기는 12세기 후반부터 13세기 전반으로 추정된다.[138]

상형 향로

서긍은 『고려도경』에서 짐승 모자의 형상을 새긴 자모수로

사진 91
청자 도철문 방정형 향로, 고려, 높이 18.8cm,
국립중앙박물관

사진 92
청자 도철문 정형 향로, 고려, 높이 13.3cm,
국립중앙박물관

사진 93
청자 고룡문 향로, 고려, 높이 11.5cm,
국립중앙박물관

子母獸爐와 산예 향로 등 상형 향로에 대해 언급했다. "자모수로는 은으로 만든 것으로, 조각하여 새긴 것이 매우 정교하다. 웅크리고 앉아 있는 큰 짐승이 작은 짐승을 움켜쥐고 있는 형상이며 입에서 향이 나온다. 오직 회경전會慶殿과 건덕전乾德殿에서 공식 행사가 있을 때 사용한다. 높이가 4척이고 너비는 2척 2촌이다."[139] 이 수로獸爐는 4척이나 되는 대형 향로이며 회경전과 건덕전에서 공식행사가 있을 때에만 사용되었음을 알 수 있다. 또한 『고려사』에 따르면 수로는 주로 왕실의 가례에 사용되었는데 건물 중앙 칸 기둥 앞쪽에 2개를 설치했다고 한다.[140]

산예 향로에 대해 서긍은 "산예가 향을 뿜는데 또한 비색이다. 위에 산예가 웅크리고 앉았으며 아래로는 앙련이 그것을 받치고 있다. 여러 기물 중 오직 이것이 가장 정교하여 비할 것이 없다. 그 나머지는 대략 월주의 비색자기나 여주의 신요기와 비슷하다"[141]라고 하여, 정교한 제작기술을 찬사했다.

송대의 홍추洪芻(1066~1128)가 쓴 『향보香譜』에는 향로의 뚜껑에 장식된 동물로 산예, 기린, 원앙과 오리를 언급하고 있는데,[142] 고려청자 상형 향로에도 그러한 동물이 표현되어 있어 『향보』를 근거로 제작되었을 가능성이 크다. 그 밖에는 기린 향로(사진 94), 사자 향로(사진 95) 등이 확인되고 있다.

향로와 세트를 이루는 향합도 많이 제작되었다. 은제 도금 합(사진 96), 청자 동채화형銅彩花形 합(사진 97), 청자 상감 연화당초동자문蓮花唐草童子文 합(사진 98) 등은 당시 고려 향 문화의 정점을 보여주는 최고의 작품이다.

사진 94
청자 기린 향로, 고려, 높이 17.6cm,
국립중앙박물관

사진 95
청자 사자 향로, 고려, 전체 높이 21.2cm,
국립중앙박물관

사진 96
은제 도금 합, 고려, 입지름 4.2cm, 국립중앙박물관

사진 97
청자 동채화형銅彩花形 합, 고려, 높이 5.2cm, 국립중앙박물관

사진 98
청자 상감 연화당초동자문 합,
고려, 높이 4cm, 국립중앙박물관

병향로

고려의 병향로는 통일신라의 병향로를 계승한 것도 있고 외래의 영향을 받아 새롭게 변화된 것도 있다. 11세기 전반에 등장한 요나라의 연지형蓮枝形 병향로를 모방한 것이 후자의 경우로, 가장 앞선 시기의 병향로(요녕성 조양 북탑 유물)는 1043년에 제작되었다고 한다. 탑의 기단부 중앙에는 보관寶冠을 쓴 여래상과 좌우에 협시보살이 있는데, 왼쪽 협시보살의 오른손에 연지형 병향로가 쥐어져 있다.[143]

실물로 전하는 요대의 연지형 병향로는 네이멍구 닝청현寧城縣 매왕구埋王溝 4호묘에서 발견되었는데,(사진 99)[144] 연잎 받침에 연꽃 문양의 몸통, 연지형 손잡이로 구성되어 있고, 손잡이 중간에는 연꽃 모양의 향합이 붙어 있다. 또한 '대강太康 3년'(1077)이라 새겨진 연지형 병향로(국립중앙박물관 소장, 사진 100)도 요나라의 영향을 받아 제작된 것으로, 몸체를 연꽃과 연잎으로 형상화하여 기존 병향로보다 화려하다.

『고려사』와 『동문선東文選』에 나타난 기록을 보면 고려 당대에는 '병향로'라 불리지 않고 '수로手爐' '수격향로手擊香爐' '수집향로手執香爐' '작로鵲爐'라 불렸다.[145] 연지형 병향로의 다른 사례는 법천사지法泉寺址 지광국사현묘탑비智光國師玄妙塔碑에 음각으로 새겨진 그림에서 찾아볼 수 있다. 수미산 위에 용화수龍華樹를 기준으로 오른쪽에는 삼족오가 있고 왼쪽에는 토끼가 있으며 외곽에는 연지형 병향로를 들고 있는 비천상이 있다.[146] 14세기의 것으로 추정되는 「수월관음도水月觀音圖」(일본 다이토쿠사大德寺 소장)(사진101)에도 연지형 병향로가 묘사되어 있다. 바위 위의 관음보살은 오른쪽을 향하여 반가좌하고

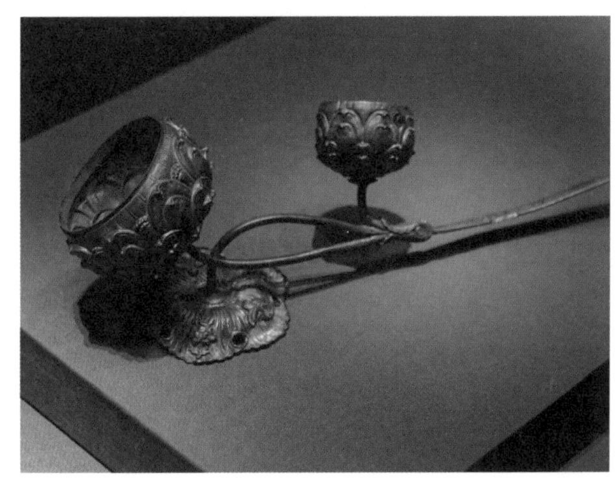

사진 99
연지형 병향로,
네이멍구 닝청현 매왕구 4호묘

사진 100
연지형 병향로, 대강 3년(1077),
높이 14.7cm, 국립중앙박물관

사진 101
「수월관음도」, 고려 후기,
일본 다이토쿠사大德寺

있으며, 관음보살 앞의 정병이나 등 뒤의 대나무 등은 고려 후기의 전형을 따르고 있다.[147] 관음보살 앞에는 면류관을 쓰고 관복을 입은 용왕이 연지형 병향로를 두 손으로 잡은 채 관음보살을 향하고 있다. 용왕의 손에 들려 있는 병향로는 연잎 받침과 연봉 형태의 노신, 연지형의 손잡이로 구성되어 있으며, 손잡이와 노신이 연잎 받침과 연결되어 있다. 대강 3년(1077)에 제작된 연지형 병향로와 가장 유사하다.[148]

현향로

고려시대 향로 중 가장 독특한 종류로, 몸통과 걸이용 손잡이가 결합된 청동 향로다.(사진 102) 현존하는 고려의 청동 현향로는 원주 법천사지, 청주 사뇌사지, 하남시 춘궁동 등지에서 발견되었는데, 대부분 비슷한 모양이지만 손잡이는 다소 차이가 있다.

청주 사뇌사지에서는 병향로를 제외한 고려시대의 모든 향로가 발견되었는데, 이 가운데 완형의 청동 현향로 2점이 있다. 하나는 높이 46.5센티미터에 달하는 대형 향로로 몸체는 항아리 형태이며 연꽃봉오리 꼭지가 달린 반원형의 뚜껑, 구름 모양의 손잡이 걸이로 구성되어 있다. 몸통 위 양쪽에 고리를 걸 수 있는 귀를 부착하여 리벳으로 고정시켰고, 양쪽 귀에는 고리 끝부분이 연꽃 봉오리로 장식된 구름 형상의 걸이가 끼워져 있다. 향 연기가 빠져나오는 뚜껑에는 잎사귀 문양의 장식이 투각되어 있다.[149] 원주 법천사지의 현향로는 1168년에 제작된 것으로 추정되는데,[150] 이를 토대로 사뇌사지의 현향로도 12세기 후반에서 13세기 전반에 제작되었을

것으로 보고 있다.[151]

하남시 춘궁동에서 발견된 현향로는 높이가 42센티미터로, 사뇌사지에서 출토된 현향로보다 몸체가 납작한 형태인 것을 제외하면 매우 비슷한 모양이다. 뚜껑에는 여의두문의 장식 3개가 투조되어 있으며 뚜껑의 구슬 장식 끝이 두 갈래로 뻗어 있다.[152] 손잡이 걸이는 여의두형이며 꼭대기에 연꽃과 연꽃받침으로 보이는 장식이 있어 다른 현향로보다 화려하다. 시기는 사뇌사지의 현향로와 그리 차이가 크지 않을 것이다.

사진 102
동제 현향로, 고려, 높이 42cm,
경기도 광주 출토, 국립중앙박물관

수도 개경에서 유행한 송대 향로와 향합

고려시대의 유물 중에는 중국 송나라에서 생산된 청백자 향로와 향합이 적지 않다. 국립중앙박물관에 소장된 송대의 백자 향로와 향합들은 고려의 개경 일대 유적에서 출토된 것이지만 중국 장시江西 경덕진요와 푸젠 지역에서 만들어진 것이다. 당시 중국에서 수입된 백자 향로가 고려 귀족층에게 인기 있는 애호품이었음을 짐작할 수 있다.[153]

앞에서도 밝혔지만 남송 시기에 그려진 「경직도」(사진 48) 속의 연화향로는 청백자 연화향로(국립중앙박물관 소장)(사진 49)와 유사하다. 고려의 수도인 개경 일대에서 발견된 이 향로는 연꽃 좌대 위에 주판알처럼 불룩한 자루가 받치고 있고 그 위에 각진 연꽃 모양의 몸체가 얹힌 형태다. 또한 남송의 석각

石刻「석가모니설법도」[154](사진 57)에 그려진 참외 모양의 향합과 비슷한 형태의 향합(사진 58) 역시 개경 일대에서 발견되었다. 이러한 유물을 토대로 고려의 상류층에서 유행한 향 문화의 일면을 엿볼 수 있으며 그 기술 또한 송대에 비견될 정도의 수준이었음을 짐작할 수 있다.

당시 고려인의 향 취향은 유행에 치우치지 않고 다양한 편이었다. 특히 실내 또는 건물 안에 놓아두고 피우는 향로 외에 손에 들고 외출할 수 있을 정도로 아주 작은 종류도 적지 않다. 이러한 작은 향로들은 역시 작고도 정교한 향합과 세트를 이뤘다.

유교 문화와 문인들의 향 취미

조선 사람들은 중국과 일본에서 수입된 침향이나 용뇌 등의 고급 향을 즐겼다. 특히 왕들은 침향에 큰 관심을 보였다. 『조선왕조실록』(세종 14년, 1432)에 보면 침향은 중국에서도 구하기 어려운 물품이라면서 비싸더라도 구입하라는 어명이 내려졌다는 기록이 보이며,[155] 성종 25년(1494)에는 침향과 용뇌는 긴요한 물품이니 값을 더 치르더라도 일본과 거래하라고 명한 기록도 있다.[156] 조선 왕실에서 수입에만 의존한 건 아니었다. 경상도와 강원도 등지에 백단향과 자단향을 직접 생산하게 하고 궐내에 전문적으로 향을 관리하는 향장香匠을 두는 등[157] 나라에서 직접 관리했다.

종묘 의례를 비롯한 국장 행렬 등 성대한 국가 의례에도 향은 중요한 지위를 차지했다. 『정조국장도감의궤正祖國葬都監儀軌』「반차도班次圖」(사진 103)를 보면 국장 행렬의 중심이 되는

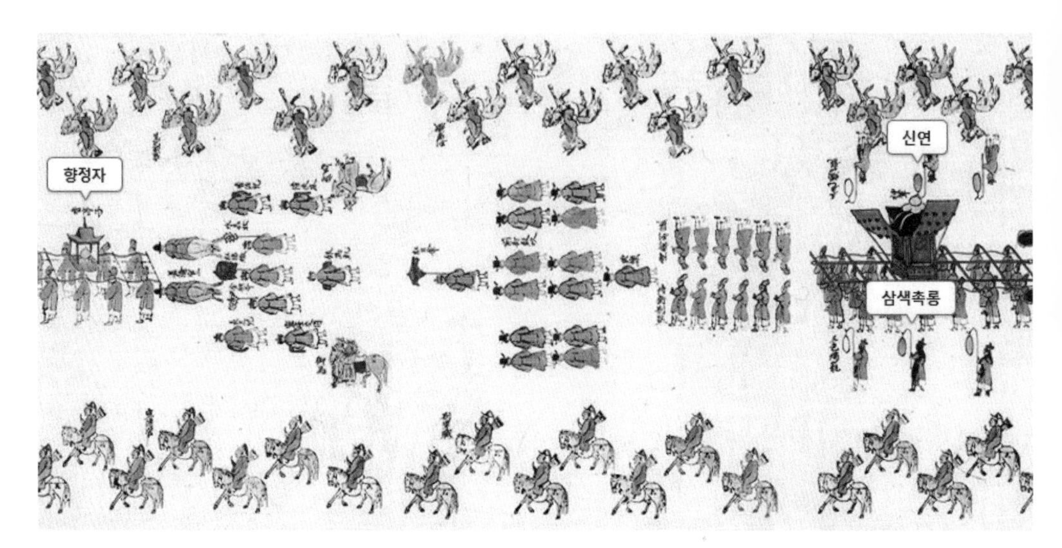

사진 103
향정자, 『정조국장도감의궤』, 「반차도」, 국립중앙박물관

큰 상여 바로 뒤에 왕을 상징하는 깃발과 시책諡冊 그리고 향정자香亭子에 실린 향이 따르고 있다.158 여러 제기 가운데 향로만이 국장 행렬에 포함되었다는 것은 의례에서 차지하는 향의 비중이 매우 컸다는 사실을 말해준다.

향은 의례에서도 중요한 자리를 차지하지만 문인 곁에 놓이는 문방구로도 소중한 존재였다. 17세기에는 국내에 들여온 중국 서적을 통해 송·명대 사대부의 분향 문화와 문방도구를 수집하고 완상하는 문방청완文房淸玩이 유행했다. 많은 조선 문인들은 도륭屠隆의 『고반여사考槃餘事』 「향전香箋」(1606)에 기록된 중국 문인들의 향에 대한 생각과 취미를 받아들여159 실제 생활에서 즐기기 시작했다.160

다산 정약용(1762~1836)의 『다산시문집』에 보면 당시 문인들이 문방청완을 즐기는 모습이 묘사되어 있다. "지역을 선택할 때는 모름지기 아름다운 산수를 골라야 한다. (…) 책상 위에는 『논어』 한 권을 펴놓고 (…) 책상 밑에는 구리로 만든 향로 한 개를 두고 아침저녁으로 옥유향玉蕤香 한 잎씩을 태우며".[161] 당시 조선 문인들은 『고반여사』에서 말한 것처럼 서재 공간에 향을 피우면 마음과 정신이 맑아지고 마음속에 품고 있던 생각과 느낌이 분명해지며 졸음도 떨쳐낼 수 있다는 이유로 향을 가까이 했던 것이다.

성리학이 조선의 중심 사상으로 자리 잡자 『주역周易』에 대한 관심이 높아지고 성리학 우주론과 관련하여 태극과 함께 팔괘八卦가 자주 다루어졌다.[162] 팔괘는 천지 만물의 현상과 형태의 기본이 되는 여덟 가지를 나타낸 일종의 기하학적 상징 부호로 모든 자연 현상이나 길흉화복과 관계가 있다. 사람들은 천지자연과 인생의 도가 그 안에 포함되어 있으니 그 법칙을 본받아 생활에 실천한다면 인간의 흥망성쇠와 길흉화복 역시 자연의 도와 합치될 수 있다고 믿었다.[163] 조선 중기 문인 최립崔岦(1539~1612)의 시문집인 『간이집簡易集』에서도 그러한 경향을 읽을 수 있다. "향로 하나 술병 하나에 책이 한 권 놓였나니 선천 아니면 후천의 책인 줄 내가 안 봐도 알겠노라"[164]라는 대목은 문인들 사이에서 복희팔괘伏羲八卦인 선천팔괘先天八卦와 문왕팔괘인 후천팔괘後天八卦에 관한 서적이 유통되었거나, 적어도 문인들이 팔괘에 대해 인식하고 있었음을 말해준다. 백자 투각팔괘문 향로(사진 104)의 경우 형태는 뚜껑이 있고, 전이 넓으며 굽다리가 높고 둥근 단지와 같은 몸체에 문패 같은 귀가 달려 있다. 뚜껑에는 팔괘 무늬와 둥근 구멍을 투각 기법으로 나타내었다. 기면 전체에 청백색의 맑은

사진 104
백자 투각팔괘문 향로, 조선,
높이 7.9cm, 입지름 8.5cm
국립중앙박물관

유약이 덮여 있어 은은한 느낌을 준다.

그 무렵의 불교미술에도 팔괘가 자주 등장한다. 그 까닭을 정확히 알 수는 없으나, 조선 후기에 승려와 사대부 사이에 교류가 활발해지면서 불교와 유교가 서로 연계하고 조화하려는 시도가 있었으며 불교계에서는 유교와 도교를 포용하여 불교와 융화하고자 노력했다.[165]

한편 고려시대부터 실행되다가 조선 중종 때 폐지된 대표적인 불교의례 수륙재水陸齋[166]가 거행될 때는 상단에 불佛, 중단에 승僧, 하단에 왕후王后를 공양한다는 기록이 있다.[167] 이에 왕실에서는 수륙재의 성격에 따라 각종 향을 내렸는데, 특히 태상왕의 수륙재에는 왕실에서 행향사行香使를 보내 향을 올릴 정도로 관심을 보였다.[168] 행향이란 향로를 손에 들고 분향하는 불교의식으로, 세월이 흐르면서 왕실 및 국가 의식에 차용되었다. 국가 의식의 경우 행향사가 왕을 대신했다. 문헌에는 고려 후기인 충렬왕대에 처음 등장해 연산군 9년(1503)까지 행향사가 활동한 것으로 나타난다.[169] 이후 1516년 중종 때 수륙재를 비롯한 불교의례가 폐지되고 임진왜란 이후 『주자가례朱子家禮』가 보급됨으로써 불교는 현세의 삶에 관여할 기반을 상실하게 되었다. 그 결과 불교는 현세를 중시하는 유교가 제시하지 못하는 사후세계의 삶, 즉 극락왕생을 기원하는 종교로 축소되었다.[170]

왕실에서는 불교행사를 통제하고 승려들을 환속시키는 등 억불 정책을 취했지만 세조와 문정왕후같이 때로는 불교를 숭상하는 왕과 왕후들에 의해 불사가 이루어지기도 했다. 김홍도의 「포의풍류도」「탑상고사도」「혜능상매도」 등을 보면 문인들의 서재 공간에는 지필묵연紙筆墨硯 등과 함께 품다品茶, 분향焚香, 상화賞花 등의 취미용품으로 항상 향로가 자리 잡고 있다. 그러나 고려시대와 같이 다양한 향로들은 사라지고 정형 향로와 향완 등 단순한 형태의 향구가 주류를 이룬다.

정형 향로와 향완

조선시대에는 유교의 예론에 근거한 의례용 기물이 제작되었는데[171] 『세종실록世宗實錄』「오례五禮」와 『국조오례의國朝五禮儀』에 도설圖說을 수록한 뒤 제기 장인들로 하여금 이를 견본으로 삼아 제작하도록 했다.[172] 향로 중에서는 고대의 정형 향로가 많은 관심을 받았다. 원래 정형 향로는 두 귀가 달린 세발 솥 모양이지만 조선시대에는 두 귀가 생략된 형태가 많다.

정형 향로는 고려시대에 송대의 영향으로 등장했지만 조선에 이르러 왕실에서 서민에 이르기까지 널리 쓰이게 되었다.

사진 105
정형 향로,
무위사 극락전 벽화

무위사無爲寺 극락전 벽화(사진 105)에는 조선 초기의 정형 향로가 그려져 있는데, 두 귀와 세 발 솥 형태를 유지하고 있다. 벽화 속 향로에 채워진 물체는 침향목을 묘사한 것이다.

정형 향로 가운데 철제 은입사 향로(직지사 성보박물관 소장)(사진 106)는 몸체 하단부 다리 사이에는 3개의 능화문菱花紋이 입사되었고 그 안에 각각 '건륭 15년 경오년(1750) 5월에 조성乾隆十五年庚午五月日造成' '황악산 직지사에 머무는 대공덕주 승통 가선 석태감黃岳山直指寺留鎭大功德主時僧統嘉善釋泰鑑' '청정한 연기 자비의 자리 훈향하고 법화로 어두운 자리를 밝힌다淨煙薰慈席法火昭昏席'라는 글이 새겨져 있다. 즉 이 향로는 1750년 5월에 직지사 승통인 태감이 대공덕주로서 발원하여 제작된 것임을 알 수 있다.[173] 향로 몸체에는 고려 은입사의 전통을 계승한 문양이 정교하게 장식되어 있는데, 문양 중 『주역』의 팔괘는 범자梵字인 육자진언과는 달리 불교·도교·유교 공예품에 보편적인 소재로 이용되었다. 따라서 직지사의 철제 은입사 향로에 장식된 팔괘는 불교와 유교의 융합이 작품으로 드러난

사진 106
철제 은입사 향로, 조선(1750), 직지사 성보박물관

사진 107
청동 은입사 청곡사명 향완, 홍무 30년(1397), 높이 39cm, 국립중앙박물관

결과라 할 수 있다. 그 밖의 종류로는 해인사에 있는 청동 은입사 향로와 통도사에 있는 옥제 정형 향로가 있다. 전자는 조선 후기에 나타난 사찰의 정형 향로 중 가장 앞선 것으로, 명문은 없지만 개인문집의 기록을 통해 적어도 1700년 이전에 만들어졌음이 확인되었다.[174]

불교의 쇠퇴와 함께 의식에 주로 사용되던 병향로는 점차 자취를 감춘 반면 향완은 꾸준히 생산되고 사용되었다. 청동 은입사 향완의 경우 고려시대(14세기)에 제작된 것을 고스란히 이어받아 사용했기 때문에 조선시대에 새로 제작된 것은 그리 많지 않다. 조선시대에 제작된 청동 은입사 향완 가운데 현재까지 전해진 것은 홍무洪武 30년(1397)의 청곡사명靑谷寺銘, 만력萬曆 12년(1584)의 백장사명百丈寺銘, 순치順治 10년(1653)의 동화사명桐華寺銘, 강희康熙 13년(1674)의 통도사명通度寺銘 등의 향완이다. 각각 제작 시기는 다르지만 고려 후기에 나타난 청동 은입사 향완의 형태를 계승하고 있다. 이 가운데 가장 오래된 것은 신덕神德 왕후(태조 이성계의 비)의 명복을 기원하기 위해 제작된 청곡사명 향완(사진 107)으로, 기형이나 문양이 14세기 고려의 것과 매우 비슷하다. 다만 받침 상단을 크고 둥글게 처리하고 이중 동심원

사진 108
강희 13년명 청동 은입사 향완, 가로 12.0cm, 세로 16.4cm, 통도사 성보박물관

안에 여의두문을 새겨 넣은 다음 중심에 범자를 넣었다.[175]

통도사의 청동 은입사향완(사진 108)은 전 밑면에 '강희 13년'이라는 명문이 있어 1674년에 제작되었음을 알 수 있다. 이 향완은 받침이 2단으로 나뉘어 있는데 상단에만 은입사 연화넝쿨무늬가 장식되어 있다. 나팔형 기둥에는 두 줄의 음각선 사이에 여의두문이 있고 아랫부분에는 구름과 봉황 무늬, 윗부분에는 뒤집힌 연꽃잎 무늬가 빙 둘려 있다. 기둥 위쪽에는 2단의 원룡대를 만들어 넝쿨무늬와 꽃잎무늬로 장식했다. 몸통은 1단 받침에 쌍엽칠보 무늬, 밑부분에는 은입사로 여의두무늬, 그 위로는 모란넝쿨 무늬와 범자가 새겨져 있다. 이 향완은 신경남申慶男이 주조하고 장후생張厚生이 입사했다고 되어 있는데, 이들은 민간 기술자로 추정된다. 또한 명문에 '입사향入絲香'이라 되어 있어 1674년 당시에 이미 '입사'라는 명칭을

사용했음을 알 수 있다.[176]

중국 향로의 유입과 유행

조선시대에는 정기적으로 명·청에 파견되는 사행단을 통해 유입된 향로가 사대부들에게 인기를 얻었다. 영조 27년(1751) 『영조실록』에 그러한 사실을 말해주는 대목이 있다. "승지 권일형權一衡에게 명하여 황단皇壇의 향로를 봉심하도록 하니, 대개 금년에 동지사로 갔던 사행이 얻어온 것이다. 권일형이 돌아와 아뢰기를 '향로의 전면에는 대명大明 선덕년宣德年에 제조했다고 쓰여 있고 향로의 뒷면에는 '내단교사內壇郊社'라는 네 글자가 쓰여 있는데 이끼가 짙게 끼어 분명하지 않다'고 했다. 병조판서 홍계희洪啓禧가 말하기를 '주전소鑄錢所(동전을 주조하는 관청)에 향로를 판매하는 자가 있는데 또한 명나라 선덕 연간에 제조한 것입니다'라 하고, 도제조 김약로金若魯가 말하기를 '향로가 작으면 마땅히 향합으로 사용해야 할 것입니다'라 하니, 임금이 가져올 것을 명했다."[177]

이 기록에 따르면 선무사宣武祠(임진왜란 당시 원군을 왔던 명나라 관리 형개邢玠와 도어사 양호楊鎬를 모신 사당)의 제단에 올리는 향로는 청나라에 동지사로 파견되었던 사행원이 가져온 것으로, 선덕 연간(1426~1435)에 제조된 명대의 향로다. 향로에 이끼가 끼었다는 언급이 있는 것으로 보아 금속 향로일 가능성이 높다.[178]

또한 주전소에 있는 자가 선덕 연간에 제조된 향로를 판매한다는 기록이 있어 명나라 향로가 왕실 바깥에도 공급된 것으로 짐작된다. 그러한 사례로 사도세자의 능침사찰인 용주사龍

珠寺(경기도 화성시)에서 발견된 방정 향로(경기도 유형문화재 11호) 한 쌍과 팔각산수문八角山水紋 정형 향로를 들 수 있다.[179] 방정 향로(사진 109)는 양쪽에 수직형 귀가 붙어 있고 편족扁足 다리가 특징으로, 제작 방법이 자못 복잡해 보인다. 별도로 주조된 다리를 리벳으로 몸체에 연결했으며 다리 상부는 도금 처리되었다. 몸체는 4개의 판으로 구성되어 있는데 사방에 극戟(기물 위에 돌기된 형태로 나와 있는 선)이 있으며, 바닥판은 별도로 만들어 접합하고 수직형의 귀는 리벳으로 고정했다. 뚜껑은 투조된 연기 구멍을 별도 주조하여 접합하고 중앙의 손잡이도 리벳으로 연결했다. 뚜껑 테두리에는 넝쿨 문양을 새기고 여백은 어자문魚子紋(물고기알 문양)으로 메웠다. 향로 윗부분에는 두 마리의 용이 교차하는 문양이 좌우 3구씩 대칭으로 장식되었고 아랫부분에는 보조 문양인 뇌문 바탕에 주 문양인 도철문을 입혔다. 이처럼 보조 문양으로부터 주 문양을 돌출시키는 방식은 중국 상대 후기의 청동기에 보이는 것으로, 북송 이후 청대까지 이어졌다.[180] 향로의 바닥면에는 방형의 문양틀 안에 전서篆書로 새긴 '노공사문왕존이魯公乍文王尊彝'이라는 명문이 있는데, 이것은 북송 휘종 때 편찬된 『선화박고도宣和博古圖』 권2에 수록된 '주문왕정周文王鼎'이라는 명문과 같은 것으로, 노공魯公은 주공周公을 뜻하고 문왕文王은 주나라의 문왕을 뜻하고 존이尊彝는 제기祭器를 뜻한다. '주문왕정'을 모방한 것임을 알 수 있다. 이러한 형태의 향로는 명·청대에도 모방되었는데 명대에는 주로 외발 짐승 문양(기夔)과 도철문 장식이었고 청대에는 용 문양으로 장식되었다. 따라서 용주사의 주문방정은 청대에 제작되었을 것이다.[181]

사진 109
방정 향로, 화성시 용주사

사진 110
팔각산수문 정형 향로, 화성시 용주사

용주사에 있는 또 다른 청대 향로인 팔각산수문 정형 향로(경기도 유형문화재 제12호, 사진 110)는 특이하게도 몸통이 8각이며 4개의 다리와 2개의 귀가 달려 있다. 입 아래 목 부위에는 '만세락萬歲樂'이라는 명문이 있으며 주위에 넝쿨 문양이 둘러져 있다. 8면의 몸통에는 능화형 틀을 그려 넣고 그 안에 각각 야월낙안도夜月落雁圖, 우중어옹도雨中漁翁圖, 촌중행사도村中行事圖, 산중별장도山中別莊圖, 고주귀범도孤舟歸帆圖, 산사참배도山寺參拜圖, 강촌심방도江村尋方圖, 효천출범도曉天出帆圖의 팔경을 새겼다.[182] 바닥 중앙에는 '대명선덕년제大明宣德年製'라는 전서체 관지가 새겨져 있다. 이것은 흔히 '선덕로'(사진 71)의 관지에 해당하는 것으로, 청대의 선덕로는 명대의 것보다 다채로운 변형을 보여주는 특징을 고려할 때 용주사의 팔각 정형 향로는 청대의 것으로 보인다.

정조正祖(1752~1800)는 세자 시절부터 골동骨董을 수집하는 취미가 있었던 것으로 알려져 있다. 『홍제전서弘齋全書』에도 정조가 갑오년(1774) 봄에 태호석을 구해 정원을 꾸미고 창문 앞에 약관藥罐·향구香甌·문왕정·선덕로를 배열했다는 기록이 있어[183] 당시 주문왕정과 선덕로가 정조의 관심 대상이었음을 알 수 있다. 조선 후기에 출간된 『단릉유고丹陵遺稿』[184]와 『열하일기』 등에 나타난 문왕정에 대한 기록으로 볼 때 정조가 소장한 문왕정은 18세기 중반에 조선에 유입되었음을 알 수 있다. 주문왕정과 팔각 향로는 1774년(영조 50) 이전부터 정조가 사용했던 것으로, 1790년 용주사의 창건과 함께 하사했던 것이다.

4장

일본의 향

향 문화를 적극 수용한 일본인들

중국, 한국과 마찬가지로 일본의 향 문화는 불교적인 공향供香으로 시작했다. 향과 관련한 최초의 기록은 『일본서기日本書紀』로, 6세기 아스카飛鳥시대 즈음 불교의식에 쓰이는 향 또는 향목香木에 관한 내용이다. 스이코推古 천황 3년(595)에 아와지시마淡路島에 표류하던 향목을 건져 관음보살의 단상檀像을 제작한 다음 요시노吉野의 히소사比蘇寺에 안치했다는 내용이다.[185] 또한 고교쿠皇極 천황 원년(642) 가을 7월조에는 기우제를 지낼 때 백제대사百濟大寺(지금의 다이안사大安寺)에서 경을 읽는 승려가 향로를 손에 쥐고 향을 피우며 발원했다는 기록도 보인다. 이후 덴지天智 천황 10년(671) 겨울 10월조에는 천황이 호류사法隆寺에 사절을 보내 가사袈裟, 금발金鉢, 상아象牙, 침수향, 전단향 및 여러 진귀한 보배를 바쳤다는 내용이 있다.[186]

호류사에는 7세기에 제작된 것으로 추정되는 불상궤가 전

사진 111
「다마무시노즈시」, 아스카, 7세기, 호류사 소장

해지는데, 비단벌레玉蟲 수천 마리의 날개로 수납함廚子을 장식했다는 뜻으로 '다마무시노즈시玉蟲廚子'라 불린다. 이 그림 장식(사진 111)을 보면 한가운데 놓인 큰 향로에서 향 연기가 올라오고 있으며 서로 마주보고 있는 두 승려의 손에는 작미형 병향로가 들려 있다.[187] 손잡이 위에는 탑 모양의 보자寶子가 붙어 있는 것이 특징이다.

나라·헤이안시대의 향 관련 유물을 살펴보면 중국 수·당대로부터 영향을 받았음을 한눈에 알 수 있다. 향로의 재질은 도자기, 금속, 석재, 나무 등 다양하며 형태상으로는 바닥에 놓는 거향로居香爐, 손에 들고 다니는 병향로, 공중에 거는 조향로釣香爐와 현향로 등이 있다. 주로 지정된 장소에 두는 거향로는 크기가 큰 편이며, 중국의 청동기를 모방한 정鼎, 역鬲, 사자, 코끼리, 거북이, 산악 등의 형상이 장식되어 있다. 「십육나한도」(사진 112)에서는 사자형 향로를 확인할 수 있다.

오늘날 호류사에는 7세기 쇼토쿠聖德 태자의 스승인 고구려의 혜자慧慈 법사가 들고 다닌 것으로 알려진 병향로(사진 113)가 전해지고 있다.[188] 또한 쇼토쿠 태자가 부친인 요메이用明

사진 112
「십육나한도」, 헤이안,
11세기, 95.9×51.8cm

사진 113
고구려 혜자법사의 병향로, 호류사

사진 114
「쇼토쿠태자 효양상」

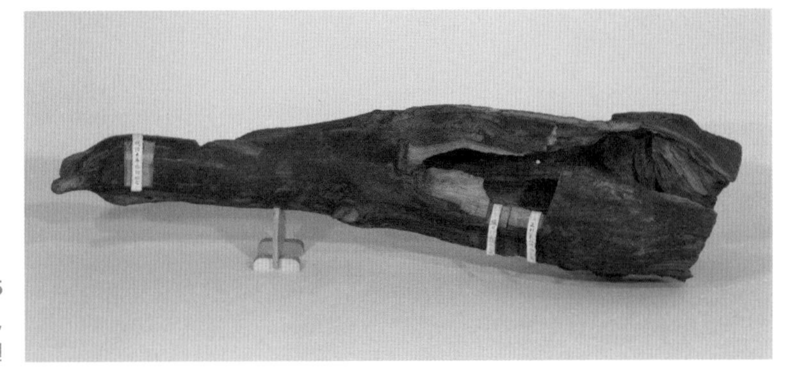

사진 115
란자타이, 길이 156cm, 무게 11.6kg, 쇼소원

천황의 쾌유를 빌기 위해 손잡이 달린 향로를 들고 기원하는 장면이 그려진 「쇼토쿠태자효양상聖德太子孝養像」(사진 114)에서도 당시에 사용된 병향로를 확인할 수 있다.[189] 그림 속 병향로는 손잡이와 노신으로 구성되어 있는데 노신은 뚜껑이 있는 완의 형태다.

오늘날 일본에서 가장 오래된 침향으로 란자타이蘭奢待라는 것이 있는데, 나라시대부터 도다이사東大寺 내 쇼소원正倉院에 보관되고 있다.(사진 115) 쇼소원은 진귀한 옛 유물들을 보관하는 공간으로, 주로 쇼무聖武 천황이 생전에 수집한 보물이 소장되어 있다. 덴표쇼호天平勝寶 8년(756), 고미요우光明 황후가 이 침향을 도다이사에 내려줄 당시에는 무게가 13킬로그램이었으나 현재는 11.6킬로그램이라 한다. 역대 천황과 장군들이 조금씩 떼어내어 사용하거나 공로를 세운 신하들에게 나눠주었기 때문에 줄어든 것이다. 기록에 따르면 아시카가 요시마사足利義政, 오다 노부나가織田信長, 도쿠가와 이에야스德川家康, 메이지明治 천황 등이 사용한 적이 있다고 한다.[190] 덴쇼天正 2년(1614)까지 이 침향의 명칭은 '황숙향黃熟香'으로 기록되어 왔다.[191] 『본초강목』에 따르면 침향은 물에 가라앉는 침향목, 물속에 떠 있는 잔향棧香, 물 위에 뜨는 황숙향黃熟香 세 종류로 분류되는데 황숙향은 비교적 수지가 적어 소향에만 쓰이고 약으로는 쓰이지 않았다.

헤이안시대 사람들은 단순히 향을 피워 옷에 배게 하는 훈의에 만족하지 않고 '연향練香(합향)'을 개발하기에 이르렀다. 이것은 향목을 가루 내어 사향이나 용연향 등의 동물성 원료를 섞은 다음 벌꿀을 넣어 응고시킨 것이다. 계절의 변화에 따라 6종의 훈향薰香, 즉 매화, 하엽荷葉(연잎), 시종侍從, 국화, 낙엽落葉, 흑방黑方을 만들어 사용했는데 모두 귀족의 기호에 따른 것이다.[192] 향훈의 배합은 후손에 의해 대대로 전해지고 있다. 왕실과 귀족들은 실내에서 향을 태우는 데 만족하지 않고 외출할 때에도 훈물을 지니고 다녔다. 이들에게 향을 즐기는 것은 '찬란한 헤이안 왕조에 화려한 옷을 한 겹 더 걸치는 것'이었다.

이와 같이 헤이안시대 이후 일본의 향 문화는 종교적 차원에서 벗어나 심미적 차원으로 나아갔다. 무엇보다 일본 귀족들은 향을 피워 향이 옷에 배도록 하는 훈의를 애호했다.[193] 일본의 문학작품 속에 이러한 문화가 잘 표현되어 있다. 그 최초의 기록은 나라시대(710~794)에 일본의 사계절과 남녀 간의 사랑을 노래한 '와카和歌(일본의 노래라는 뜻)'라는 정형시가를 모아 편찬한 시가집 『만엽집萬葉集』이다. 이후 10세기에 완성된 『고금집古今集』에도 "오월을 기다리는 다치바나 귤꽃의 향기를 맡으니 과거에 사랑했던 사람의 옷자락 내음이 나네"라는 가사가 있다. 이때부터 많은 와카에서 소매의 향袖の香'이라는 표현이 쓰였는데 꽃의 향과 의복에 입힌 훈물薰物의 향기

사진 116
「겐지모노가타리」, 도쿠가와미술관

를 의미하는 것이다.[194]

또한 「겐지모노가타리源氏物語」[195]에서는 헤이안시대 귀족 사회에 유행한 훈물 모임에 대한 구체적인 정보를 얻을 수 있다. 예컨대 훈물 모임의 참가자들은 각자 독자적으로 만든 훈물을 가져와 서로의 향을 비교해 우열을 가리곤 했다. 주인공인 가오루군薫君은 자신의 이름이 향에서 유래되었다고 밝히고 있으며, 선반 위 향로에 향을 피워놓은 정경이 묘사되기도 했다.(사진 116) 여인의 궁궐 생활을 담은 세이쇼나곤清少納言의 산문 「침초자枕草子」에는 귀부인이 향으로 옷에 훈증하는 모습이 묘사되어 있다. 이렇듯 일본 왕족이나 귀족 사회에서 시작된 훈물 풍속에 문학적 요소가 더해지면서 향 문화는 유희적 색채를 나타내기 시작했다. 그리고 고대 귀족 부녀자에게 향은 없어서는 안 될 애용품이자 자기 존재를 표현하는 매개체로 삼았음을 알 수 있다.[196]

무인들의 문향과 투향 그리고 가라모노 열풍

헤이안시대 이후 향은 더욱 다채로워졌으며 각 지방으로 확산되었다. 무사 계급이 정권을 장악한 가마쿠라시대(1185~1333)에는 희귀한 침향을 태우는 것으로 권력을 과시했으며 심지어 소유하고 있는 향목마다 이름을 지어 붙이기도 했다. 14세기 중반 가마쿠라 말기부터 남북조의 전란을 주제로 한 장편 서사 『태평기太平記』에는 차와 향을 즐기는 무사들의 모습이 잘 드러나 있다. 투향에서 향의 이름을 나무패에 적은 것을 문향찰聞香札이라고 하는데, 가마쿠라에서 무로마치 시대(1336~1573)에 해당하는 문향찰(사진 117)이 히로시마현 후쿠야마시에서 출토되었다.[197] 끽차의 유행이 금은과 재화를 내건 '투다鬪茶'로 발전되었듯이 문향도 마찬가지로 도박성이 강한 경쟁적 유희로 발전되어 '투향鬪香'이 되었다. 경쟁 방식이나 유희도구가 더욱 개발되면서 향합과 향시 및 향저를 갖

사진 117
문향찰, 세토 히로시마현 후쿠야마시 출토

추어 격식을 높였다. 특이하게도 당시 무사들은 외적으로는 향의 이름을 맞추는 투향을 통해 투쟁심을 기르는 한편 내적으로는 구도적 자세로 법식에 따라 홀로 향을 즐기는 문향聞香을 즐기기도 했다.

『후소송일기後小松日記』에 보면 "옛날에는 남자와 여자가 향을 태워 옷에 배도록 했으나, 무로마치 시대에는 여자의 경우 옷에 향냄새가 배게 했고 남자는 침향을 태웠다"고 기록하고 있다.198

무로마치 시대에 이르러 귀족 사회가 쇠퇴하고 무사 정권이 세력을 잡게 되자 향 문화도 변화를 맞았다. 향을 매개로 선禪 사상을 고취하고 유원悠遠과 고담枯淡을 숭상하는 풍조가 유행했으며 향료의 제조 기술이 더욱 정교해졌다. 이러한 향도香道로서의 문향과 분향 도구의 개량에 힘입어 향 문화가 빠르게 확산되었으며 다도茶道와 같은 향도 문화가 본격적으로 시작되었다. 일본 향도의 역사는 무로마치 시대에 형성된 두 유

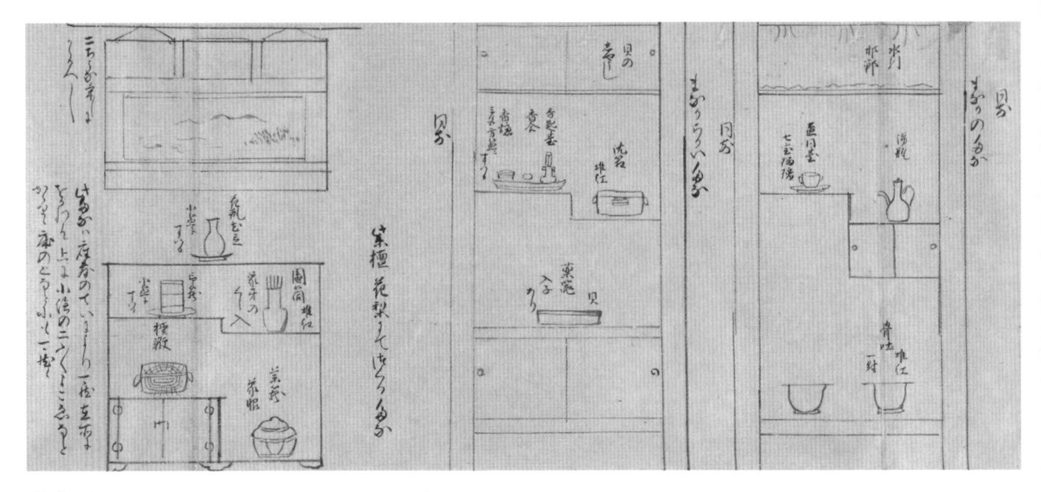

사진 118
『군대관좌우장기』, 무로마치, 국립민속역사박물관

파에 뿌리를 두고 있다. 하나는 산조니시 사네타카三条西實隆(1455~1537)를 시조로 하는 오이에御家 파, 다른 하나는 시노 소신志野宗信(1443~1523)을 시조로 하는 시노志野 파다. 전자는 고아한 분위기를 추구하는 귀족 중심의 계파로, 향구가 화려하고 의식이 번잡하다. 후자는 정신 수양을 중시하는 무사 중심의 계파로 소박한 향구를 추구하며 향을 태우는 과정은 간소하되 강렬함을 드러낸다.

향 문화의 발전은 건축 양식의 발전과도 깊은 연관이 있다. 가마쿠라시대에는 향, 꽃, 차를 즐기는 모임이 생겨나면서 상床, 선반 등이 갖춰진 쇼인즈쿠리書院造199 와 자시키座敷(다다미를 깐 접객실)가 등장했다. 이후 모임이 더욱 활발해지면서 칸막이 선반, 책상 등의 장식품이 설치되는 등 자시키 장식도 변화했다. 무로마치시대에 다이묘를 섬기며 장식과 도구를 관리하던 소우아미相阿彌가 정리한 『군대관좌우장기君臺觀左右帳

사진 119
「모귀회사」, 난보쿠조(14세기), 니시혼간지

記』(사진 118)에서 그 모습을 확인할 수 있다. 자시키 장식의 교과서라 할 수 있는 이 책에 따르면 무로마치시대의 자시키 장식은 향도뿐 아니라 화도, 다도의 산실이라 할 수 있다.[200]

무로마치시대에는 제8대 장군 아시카가 요시마사足利義政(1436~1490)가 교토에 지은 히가시야마東山 산장을 중심으로 무가, 공가, 선승의 문화를 융합한 하가시야마東山 문화가 탄생했다. 그 과정에서 향목을 태워 마음을 안정시키고 정신을 맑게 하는 향도香道 문화는 다도, 화도와 더불어 고아한 사교활동으로 자리 잡았다.

가마쿠라 이후 무로마치시대까지 향 문화가 비약적으로 발전함에 따라 중국의 향목을 비롯해 향로와 향합 등을 수집하고자 하는 열풍이 불었다. 난보쿠조시대의 그림으로 알려진 「모귀회사慕歸繪詞」(사진 119)[201]에는 14세기 사찰의 여러 모습이 담겨 있는데, 그중 어느 방에는 탁자 위에 대형 용천요 청자 화병이 놓여 있고 양쪽으로 촛대와 향로가 놓여 있다. 이는 향로, 촛대, 화병으로 진열한 삼구족三具足 장식으로, 당시 중국에서 유행하는 향 문화가 전해졌음을 알 수 있다. 그림 속 용천요 청자 화병과 향로는 신안 해저 유물에도 포함되어 있었다.[202]

지역의 부호 상인이자 차인이었던 쓰다 소다쓰津田宗達가 펴낸 『천왕사옥회기天王寺屋會記』에는 1549년 2월 11일의 차 모임에 사용된 도구와 공간에 대한 설명이 상세히 기록되어 있다. 그 내용을 요약하면, 모임 구성원들은 이로리囲爐裏에 올려진 차솥에 물을 끓이고 요변천목曜變天目 다완을 흑색 나전螺鈿 받침에 받쳐 차를 마셨다. 장식장에는 마쓰시마松島 명銘의 차호가 장식되어 있고 책상에는 향로와 향상香箱, 향합이 놓여 있다. 이날 사용된 향로는 중국산 가라모노唐物였으며 향합은 이름이 붙여져 있을 만큼 애지중지하는 것이다. 찻자리에서 사용하는 향합은 계절에 따라 다른 것을 사용했는데, 풍로風爐의 계절(5월~10월말까지 사용)에는 목제 향합에 가라伽羅 혹은 백단白檀 등의 향목을 담아 사용하고 노爐의 계절(11월~4월까지)에는 도자기 향합에 연향을 담아 썼다고 한다.

센고쿠시대의 차인으로 유명한 센노 리큐千利休의 제자 야마노우에노 소지山上宗二는 『산상종이기山上宗二記』라는 저작을 통해 걸개그림掛幅, 다완茶碗, 차이레茶入 등 명물 차도구와 리큐가 소장했던 '천조千鳥 향로'와 '주광珠光 향로' 같은 명물을 소개했다.[203]

한편 당시 종교 의례의 영향으로 중국 청자와 옛 청동 기물

같은 값비싼 수입품, 즉 가라모노 향구가 서원에서도 사용되었다. 건물 중앙에 놓인 탁자에 향로와 향합을 준비하고 향목을 피워 접대하는 식이다. 소박한 차실에서 이루어지는 '와비차'가 유행하기 전, 서원에서는 차를 음미하고 난 뒤 향로에 향목을 태우기도 했지만 오로지 감상용 명물 장식으로 놓이기도 했다. 이렇듯 차인들의 향에 대한 관심은 유명 향구에 대한 취향에도 영향을 끼쳐, 에도시대(1603~1868) 전기에 발표된 『완화명물기玩貨名物記』를 비롯한 여러 문헌에는 향로와 향합이 항상 명물 목록에 포함되었다.

그 후 아즈치모모야마安土桃山(1573~1603)시대에는 손님 앞에 놓인 한 잔의 차를 여러 사람이 돌려 마시는 와비차 모임이 유행하게 되면서 차를 격불하기 위해 화로의 숯불을 정성스럽게 다루는 하나하나의 절차를 즐기게 되었다. 그 결과 화로나 풍로의 탄불에 향을 넣어 피우기 시작하면서 향로는 쓰이지 않게 되었다.[204]

다실의 주인공이 된 마키에 향구

경제적 번영과 사회적 안정을 이룬 에도시대는 문화예술의 황금기라 할 수 있다. 에도 막부의 초대 쇼군인 도쿠가와 이에야스는 열정적인 침향 수집가였다. 게이초慶長 11년(1606) 그는 침향 중에서도 최고급품인 가람향伽藍香을 얻기 위해 동남아 국가의 왕들에게 편지를 써서 보냈다. 베트남 지역의 국왕에게 보낸 한 서신에는 "현재 일본에서 중하급 침향은 어렵지 않게 구할 수 있지만 침향 중 가장 좋은 가라향伽羅香을 얻기가 매우 힘드니 귀 왕국의 도움을 받고자 합니다"라고 쓰여 있다. 마침내 그의 요청이 수락되어 약 27관貫(1관은 3.75킬로그램)의 가람향과 50관의 침향을 구했다고 한다.[205]

호소카와細川 가문은 에도시대 천황이 하사한 백국白菊이라는 침향(혹은 가람향)을 대대로 보존해왔는데, 이 과정에서 2명의 무사가 목숨을 잃는 일도 있었다고 한다. 당대 유명한

사진 120
「문아미화전서」, 무로마치(1559), 28.4×575cm, 규슈국립박물관 Colbase

다이묘이자 차인이었던 호소카와 다다오키細川忠興 역시 향 애호가로서 1624년에 나가사키長崎로 가신들을 보내 중국 침향을 구하기도 했다.

17세기의 그림 「문아미화전서文阿彌花傳書」(사진 120)를 보면 당시 사람들이 향과 향로를 감상하던 다실 공간을 엿볼 수 있다. 벽면에는 3폭의 그림이 걸려 있고 그 앞에 향로, 촛대, 화병으로 구성된 삼구족과 좌우에 꽃병이 자리하고 있다. 선반에는 향로를 비롯하여 향 상자와 차 도구, 술 그릇 등으로 장식한 것이 보인다. 이렇게 다실을 장식하는 기물은 주로 칠기 표면에 문양을 그려 넣고 마르기 전에 금은 가루를 입혀 장식하는 마키에蒔繪 기법으로 제작되어 매우 화려하고 고급스러웠다. 예컨대 산수 문양이 장식된 직사각형의 작은 상자들이

사진 121
산수시회 향상,
에도(18세기),
도쿄국립박물관 Colbase

조합을 이루는 4단의 향상香箱(사진 121) 안에는 범종 모양의 향합, 향로, 은접시, 향찰 등의 향도가 담겨 있다. 향로 표면에는 금은 가루로 두텁게 입힌 산수가 표현되어 있다.

현존하는 에도시대의 향구 가운데 다이묘나 황족들이 사용한 향구는 호화롭기 이를 데 없다. 특히 다이묘 부인의 혼수품 향구는 화려하고 정교한 마키에 기법의 장식이 눈에 띈다. 이러한 화려한 향구는 막부 권력의 절정기인 도쿠가와 이에미츠德川家光의 시기를 전후로 전례 없는 황금기를 맞았다. 예를 들어 1637년 딸 지요히메가 태어나자 도쿠가와 이에미츠는 그녀의 혼수품을 주문 제작했는데, 그중 향구 품목으로는 침상沈箱, 향분香盆, 여향도구상旅香道具箱, 침향로沈香爐, 훈물호薰物壺 등 5건이 포함되어 있다.[206] 이는 에도시대를 대표하는 최고의 마키에 작품으로 '하츠네노조도初音の調度'라 불리며 일본의 국보로 지정되었다.

사진 122
산수시회 십종 향상, 에도(19세기), 도쿄국립박물관 Colbase

마키에 기법으로 장식한 에도시대의 향구 세트를 보자.(사진 122) 사각형 혹은 직사각형의 작은 상자들을 교묘하게 조합한 4단의 상자 안에는 범종 모양의 향합, 향로, 은반銀盤, 부채, 막대, 향찰 등의 향구가 담기며, 상자 표면에는 두터운 금분으로 정교한 산수가 묘사되어 있다.

일본에서는 죽은 자의 명복을 빌 때도 향로를 사용했다. 공중에 매다는 방식의 조향로가 그것으로, 19세기에 제작된 은제 화롱형花籠形 조향로(사진 123)를 예로 들 수 있다. 꽃바구니 형태의 향로에 색을 입힌 국화와 까치, 산호가 장식되어 있다. 또한 손잡이 고리와 바구니 테두리에는 까치가 붙어 있으며 바구니 양쪽에는 도자기로 만든 나비가 장식되어 있다.

에도시대 말기에는 뚜껑이 있는 향합이 인기를 끌었다. 오

사진 123
화롱형 조향로, 에도(19세기), 도쿄국립박물관 Colbase

사진 124
장주요 적회화훼문 향합, 명(17세기),
높이 5.0cm, 도쿄국립박물관 Colbase

사진 125
경덕진요 고염부태포대 향합, 명(17세기),
높이 6.9cm, 도쿄국립박물관 Colbase

사진 126
장주요 교지석류 향합, 명(17세기),
높이 6.5cm, 도쿄국립박물관 Colbase

리베織部 향합(사진 124), 소메쓰케染付 향합(사진 125), 교지交趾 향합(사진 126)을 비롯하여 조칠·마키에 등 다양한 향합이 있다. 그 후에도 차를 마시는 도구와 직접적인 관계가 없는 향합이 특별히 차도구로 환영받았다. 일본을 비롯하여 중국, 동남아시아, 유럽에서 만든 작은 기물 등 여러 가지 사랑스런 향합이 유행했다.[207]

3부

꽃 문화

꽃은 차, 향과 마찬가지로 머나먼 고대부터 인류의 삶과 함께해왔다. 화기花器를 이용해 꽃을 감상하는 문화는 메소포타미아 및 이집트 지역에서 시작되어 그리스와 로마로, 다시 인도 간다라 지방으로 전파되었다. 그리고 불교가 중국으로 전파될 때 꽃을 바치는 의식이 함께 유입되면서 새로운 형식으로 발전했고, 이어서 우리나라와 일본까지 전해져 각기 고유한 문화를 꽃피웠다. 화기에 꽃을 담거나 꽂는 것을 중국에서는 '병화瓶花', 한국에서는 '꽃꽂이', 일본에서는 '이케바나'라고 한다.

중국의 병화 문화를 확인해주는 가장 이른 시기의 기물은 서진西晉 당시의 관罐(항아리)이다. 이후 남북조 초기에는 크고 높은 형태의 병이 등장하고 꽃을 공양하는 방식도 다양해졌으며, 말기에는 도교와 조로아스터교의 영향을 반영한 양식이 출현했다. 수·당대에 이르러 병화는 어엿한 예술 분야로서 자리를 차지하게 되었으며 북송 시기에는 새로운 방식의 화훼 감상이 전개되었다. 오대에는 괘화掛花와 조화弔花 그리고 대나무를 활용한 통화筒花가 등장했으며, 정기적으로 꽃 전람회가 개최되기도 했다. 송대에는 왕실뿐만 아니라 민간에서도 병화가 생활사예四藝에 포함되었을 만큼 보편화되었다. 명대에는 이학理學 사상과 꽃을 연결한 서적이 문인들에 의해 저술되었고, 찻자리에서 꽃꽂이를 즐기는 다화茶花가 유행하기 시작했다. 청대 들어 병화 문화는 가장 화려한 전성기를 꽃피웠다. 역대 황제들은 명대의 고아한 한인의 아취를 동경하여 병화에 적극적이었고, 세상이 안정되고 물자가 풍부하여 풍류생활을 즐기는 분위기가 그러한 발전의 계기였다. 자연의 아름다움을 추구하는 분경盆景과 분재盆栽 예술이 크게 발전한 것도 이 시기의 일이다. 전반적으로 중국인은 자신과 꽃을 동일시하고 대담한 직관을 표현하면서도 주체적으로 바라보는 특징이 엿보인다.

우리나라의 꽃꽂이 문화는 삼국시대 문헌 기록에서 처음 발견되고 있다. 백제와 신라의 왕실에서는 못을 파고 산을 만들어 기이한 동물과 화초를 길렀다는 사실을 확인할 수 있다. 또한 신라가 당나라에 꽃을 선물했다는 기록으로 보아 이미 꽃꽂이 문화가 활발하게 전개되고 있었음을 알 수 있다. 이러한 관심은 고려시대에 이르러 귀족사회의 고급 취미로 자리 잡았다. 국왕들은 왕실 화원에 신하들을 초대하여 화초와 진귀한 물건을 관람케 하고 잔치를 베풀어 군신관계를 공고히 다졌다. 사대부 계층에서는 송대의 이학 사상을 반영한 이념화理念花가 유행하여, 이상적인 '군자君子'의 모습이 투영된 꽃을 자기수양의 대상으로 삼고자 했다. 고려의 꽃꽂이 문화는 분명 불교의식을 토대로 성장했으나 점차 종교 영역을 벗어나 선비들의 취미로 환영받았으며, 이는 고려청자라는 뛰어난 화병이 제작되는 원동력으로 작용했다. 조선시대에 이르면 화훼 재배에 대한 이해가 깊어지면서 여러 관련 서적이 저술되었으며, 궁중과 상류 사회의 높은 취향을 반영하는 병화도甁花圖라는 새로운 회화 장르가 등장했다. 이 그림에서는 꽃이 아니라 진귀하고 아름다운 꽃병이 주인공으로 채택되고 있다.

고려와 조선의 양상은 사뭇 다르다. 고려에서는 왕실과 사찰을 중심으로 웅장하고 화려한 성격을 드러내며, 다양한 화기가 제작되었고 꽃의 생명을 연장하는 방안에 대해서도 깊이 연구한 흔적을 남겼다. 반면 조선은 실용적 측면이 강하다. 즉 생화보다는 인조화, 분화盆花, 기명절지도와 화병에 그려진 꽃꽂이 그림까지, 꽃을 직접 체험하기보다는 매개체를 통해 감상하는 정서가 더 발달한 것으로 보인다. 삼국 가운데 한국의 꽃꽂이 문화는 예술에 대한 가치를 이해하면서도 이성적이며 경제적으로 접근했다.

일본의 이케바나는 꽃에 깃든 신에 대한 숭배에서 출발했다. 문헌상으로는 「겐지모노가타리原氏物語」를 비롯한 헤이안시대의 고전문학 작품에서 먼저 접할 수 있다. 뚜렷한 형태의 화기가 그림에 등장한 것은 9세기경의 불화에 그려진 정병 모양의 보병寶瓶이다. 가마쿠라시대의 불화에서는 화병에 꽃이 꽂혀 있는 형태를 확인할 수 있으며, 신화와 전설적인 인물을 묘사한 그림에서 동, 자기, 유리 등 다양한 재질의 화기가 등장한다. 가마쿠라 후기에 중국으로부터 선종禪宗 사상을 받아들이면서 일명 '가라모노唐物'라 불리는 중국 그림이나 기물이 유입되어 대유행했다. 이 가운데 중국 화병의 진귀함을 겨루는 '하나카이花會'라는 모임이 큰 비중을 차지하기도 했다. 모모야마시대에 들어서는 이케보池坊 가문에 의해 꽃꽂이 이론과 리카立花 양식이 완성된다. 아이러니하게도 일본에서 화기가 주인공으로 대접받은 자리는 화도花道가 아닌 다도茶道였다. 그 후 소안草庵의 차, 와비차わび茶 문화가 유행하면서 화기보다는 꽃이 중심이 되어 자연스러운 이케바나가 전개되었다.

부처님께 바치는 공화供花로 시작한 일본의 이케바나는 다다미방, 서원조 등 건축의 성격과 구조에 따라 꽃을 감상하는 양식이 등장하면서 화병의 배치도 특정한 양식을 얻었다. 이후 와비차의 유행과 함께 소박한 이케바나가 등장하는 등 꾸준히 중국의 병화를 받아들이면서 전통과 혁신 사이에서 독특한 길을 개척했다. 일본의 이케바나는 꽃의 본질을 탐구하면서 자기수련을 통해 삶을 깨닫는 것을 강조함으로써 삼국 가운데 가장 이미지적이며 감성적인 기풍을 이뤘다.

1장

중국의 꽃 문화, 병화 瓶花

인도 불교에서 유래된 병화

중국의 병화는 목적에 따라 세 유형으로 나눌 수 있다. 부처나 신 또는 조상에게 바치는 공양의 꽃, 경사스런 행사에서 분위기를 돋우기 위한 장식의 꽃, 마음을 즐겁게 하기 위한 감상의 꽃이다.[1] 공양의 꽃이 종교와 의례의 범주에 속한다면, 감상이나 마음의 즐거움을 위한 꽃은 개인적이고 문화적인 범주에 속하는 것으로 주로 왕실이나 상류층에서 향유했다.[2]

춘추시대의 『시경詩經』이나 전국시대의 『초사楚辭』를 보면 고대에 꽃은 풍속 교화 및 예교禮教의 은유적 장치로 표현되고 있다. 뿐만 아니라 다양한 미적 감상의 대상으로 인식되고 있다. 전한 때 동중서董仲舒(기원전 179~기원전 104)는 "작약의 또 다른 이름은 이별이기 때문에 헤어질 때 선사한다芍藥, 一名作離, 故將別贈之"고 하여 작약은 이별을 상징하는 꽃으로 비유되고 있다. 이는 당시 사람들이 생활 속의 희로애락을 꽃에 이입

해 표현했음을 말해준다.[3]

한 무제는 진대秦代에 지어진 상림원上林苑을 반경 300여 리로 늘리고 전국 각지에 자라는 기이한 꽃과 나무를 옮겨다 심었다. 이후로 화목의 종류가 매우 풍성해졌으며 눈과 코를 즐겁게 하기 위한 화사花事가 본격화되었다.[4]

한나라 멸망 이후 위진남북조시대의 오랜 혼란기를 거치는 동안 중국의 종교와 사상은 한층 성숙해졌다. 사람들은 노자와 장자로 대표되는 도가의 청정무위淸靜無爲, 소요자적逍遙自適 사상을 따랐으며 연단을 복용하여 신선이 되고자 했다. 이러한 도가 사상들을 흡수한 불가에서는 신령과 불멸 그리고 인과응보의 교리로 민심을 안정시켰다. 심지어 여러 황제와 황후는 석굴을 만들고 사찰을 짓는 등 불법佛法을 크게 일으켜 종교심을 북돋웠다. 이러한 문화적 배경에서 사람들은 산수자연으로부터 조화의 이치를 배웠으며, 이를 대표하는 상징물로서 꽃과 나무가 주목 받기 시작했다. 상류층은 화원과 원림에서 꽃과 나무의 아름다움을 직접적으로 경험했으며, 속세를 떠나 강호의 세계로 들어간 죽림칠현 등의 문인아사는 밤낮으로 산수화목을 벗하며 살았다. 이들은 산과 들에 피어난 꽃들을 서실에 두고 차를 마시며 감상하는 생활을 즐겼다. 남북조시대 양나라 때 꽃을 사랑하여 '꽃의 신'이라 칭송받은 유신庾信(513~581)은 연회에 참석한 빈객을 위해 금 접시에 붉은 살구꽃을 꽂아 장식했다고 한다.[5]

사람들은 꽃이 피지 않는 계절에도 그 아름다움을 즐기고 싶은 마음에 꽃 그림을 걸어두거나 '채화綵花'라는 인조 꽃을 만들어 감상했다. 채화란 염색한 비단을 가위로 잘라 연꽃이

나 매화를 만들고 밀랍을 이용해 물풀 등을 만드는 방식으로, 채화를 전문적으로 만드는 직업도 생겨났다.

남북조시대 역사서인 『남사南史』에는 앵甖 혹은 앵罌이라 불리는 화기花器에 대한 기록이 있다. 제 무제齊武帝의 아들 자무子懋(472~494)는 병든 모친을 위해 승려를 자주 불러들여 기도를 드렸는데, 어떤 이가 불전에 바친 연꽃을 동앵銅甖에 담아 물을 부었더니 꽃이 시들지 않았다고 한다. 이에 자무가 눈물을 흘리면서 칠일재 예불을 드리자 꽃이 더욱 선명해졌을 뿐 아니라 앵에서 뿌리가 자라나더니 모친의 병이 치유되었다는 내용이다.[6] 앵의 형태에 대해서는 여러 가지 설이 있는데 바르후트Bharhut(기원전 2세기~기원전 1세기 인도 마디아프라데시 북부에 있는 고대 불교 유적)의 현병賢瓶(사진 1)과 비슷할 것으로 보인다. 이는 불당에서 흔히 볼 수 있는 화기로 한대 이후에 등장한 입이 접시처럼 벌어진 형태의 반구형盤口形 기물의 유래와 관련이 있어 보인다. 또한 난징의 동진 묘에서 발견된 계수호에도 '앵罌의 주인 성이 황黃이며 이름은 제지다罌主姓黃名齊之'라는 명문이 있어 앵의 형태를 유추할 수 있다.[7] 후베이성 어강鄂鋼 유적에서 출토된 서진西晉 시기의 청자 타호(사진 2)를 보면 반구형의 입과 둥근 복부, 퍼지는 저부 형태로 바르후트 현병과 모양이 비슷하여 화기로 사용되었을 것으로 보인다. 또한 복부에 첩화로 장식된 서역인의 모습을 통해 동서 문화 교류의 흔적을 찾아갈 수 있다.[8]

중국에서 가장 이른 시기의 병화는 북위시대 불교의 관음상에서 확인된다. 당시 북방에서는 화병을 공양하는 의식이 있었는데, 놓이는 자리는 정해져 있지 않고 그때그때 상황에

사진 1
현병 부조, 인도 바르후트, 바르후트갤러리

사진 2
청자 타호, 서진西晉, 높이 14.8cm, 후베이성 출토

따랐던 것 같다. 북위 후기(525~527)의 용문석굴 연화동 남벽 제41굴에 나타난 불전고사佛典古事 석각(사진 3)을 보면 사유불思惟佛 옆에 연꽃이 꽂힌 화병이 자리하고 있다. 목이 가늘고 배가 불룩한 담병膽甁 형태의 이 화병은 초기 남북조 예술에서 볼 수 있다.[9] 또한 룽먼석굴 가운데 황보공굴皇甫公窟 북벽에는 북위 효창孝昌 3년(527)에 새긴 석가다보상감釋迦多寶像龕(사진 4)이 있는데, 석가불의 왼쪽으로 보살 사이에 놓여 있으며 몸체에는 연꽃이 장식되어 있다. 곧게 꽂혀 있는 연꽃의 높이는 화병의 2배가 넘는다.

산둥성 린추臨朐에 위치한 북조시대의 화상석묘畫像石墓에는 청룡도青龍圖(사진 5)가 그려져 있는데 운기에 둘러싸인 청룡 뒤쪽에 병화 공양이 보인다. 연좌 위에 놓인 화병은 입이 벌어

사진 3
룽먼석굴 연화동 남벽,
불전고사 석각

사진 5
화상석묘 청룡도, 산둥성 린추, 북조

사진 4
룽먼석굴 황보공굴(석굴사石窟寺), 석가다보상감

져 있고 목은 가늘고 길며 배는 타원형으로 불룩하다. 화병에 꽂힌 연잎과 연꽃은 대칭으로 벌어져 있다.[10] 도교에서 신령스러운 동물로 여기는 청룡, 백호, 주작, 현무 가운데 하나인 청룡이 화상석묘에 새겨져 있어 병화 공양이 도교에도 영향을 끼쳤음을 알 수 있다.

사진 6
바르후트 탑의 난간에 새겨진 부조,
기원전 2~기원전 1세기

1) 중국 병화의 외래적 요소

인도 바르후트 탑에 장식된 병화도(사진 6)에는 항아리 형태의 화병에 연꽃, 봉오리, 연잎이 각각 대칭으로 펼쳐져 있다. 춤추듯이 화병에서 빠져나온 줄기 끝에는 연잎이 활짝 펼쳐져 있으며 연꽃 위에 서 있는 마야 부인의 왼손에는 연꽃 봉오리가 들려 있다. 양 옆에는 두 마리의 코끼리가 마야 부인의 머리 위에 코를 얹고 있는데, 이는 곧 석가모니의 탄생을 의미한다.[11]

인도 중부에 있는 산치Sanchi 불탑에는 기원전 1세기 후반부터 기원후 1세기 초엽 사이에 세운 사방문이 있는데, 북문의 기둥 뒷면에 병화 도안이 있으며 화병에 연꽃이 꽂혀 있다.[12] 이것은 바르후트 탑의 병화도와 유사한 형태를 보이고 있다. 불탑의 탑기 난간의 부조에도 이와 유사한 병화 무늬가 10곳 이상 나타나는 것으로 보아 당시에 유행한 양식인 듯하다.

아프가니스탄의 카불 북쪽에 있는 고대 유적 베그람Begram은 원래 쿠샨제국(기원전 40년경~기원후 240년경)의 수도로, 현장玄奘 법사가 쓴 『대당서역기大唐西域記』에는 카필시迦畢試라 소개하고 있다. 베그람 성터에서도 진흙 판각에 장식된 병화(사진 7)가 발견되었는데, 화병에는 양쪽으로 각각 두 개의 연잎과 봉오리가 뻗어 있으며, 화병 모양은 산치 불탑의 화병보다 몸체가 길쭉하며 어깨에서 복부를 감싼 리본 장식이 있다. 이런 조각 문양을 산스크리트어로 '푸르나 가타purna-ghata'라 하는데, '가득 찬 항아리'라는 뜻이다.[13] 중국에서는 '번낭자자本囊伽吒'라는 음역어로 표기하고 '만병滿瓶'이라 의역했다. 이 병화도는 쿠샨제국 당시의 작품으로, 산치 불탑의 병화 장식으로부터 영향을 받았을 것이다.

사진 7
베그람 성터에서 발견된 진흙 판각의 화병

시안西安 지역에서 출토된 북주北周시대의 조로아스터교 병화 공양도에서는 문화가 널리 전파된 정황을 보여주고 있다. 예를 들어 대상大象 원년(579)에 조성된 안가安伽라는 소그드인 무덤의 문액門額에는 배화拜火 성단聖壇(사진 8)이 그려져 있어 당시 중원에서 조로아스터교가 유행했음을 알 수 있다.[14] 그림을 살펴보면 가운데 연판 좌대의 성단에는 세 마리의 낙타가 꼬리를 맞댄 채 서 있고, 오른쪽 상단에는 공후를 타는 천인이, 왼쪽 상단에는 비파를 든 천인이 있다. 제단 좌우에는 사람 머리에 매의 다리를 한 신이 있고, 그 앞에는 각각 다리가 여섯인 탁자 위에 잔과 접시 그리고 세 개의 병화가 놓여 있다. 가운데에 큰 병이 놓이고 양쪽에 작은 병 두 개가 놓였으며 꽃이 꽂혀 있다. 화병의 입은 반구형에 가깝고

사진 8
조로아스터교 병화 공양도, 북조北周, 579년, 시안西安 안가묘安伽墓

목이 가늘고 복부가 갸름하다.

이렇듯 중국 초기의 병화 문화는 인도 불교의 영향 아래 시작되었으나 남북조시대의 커다란 공양 화병을 비롯해 독자적인 양식을 드러내기 시작했다. 남북조 후기에 이르면 도교나 조로아스터교 등의 종교가 민간에 수용되면서 가정생활에 다양한 형태의 병화가 등장한다. 그리고 당대唐代에 이르러 공양 병화와 화기가 자리를 잡았고, 북송에 이르러서는 감상을 위한 화병이 등장했다.

병화 예술의 황금시대

380여 년에 걸친 수·당·오대(581~960)에는 전통적인 화훼 예술양식에 서역 기풍이 접목되면서 꽃에 대한 관심이 증폭되었다. 육조시대 이전까지 병화는 대체로 불전에 꽃을 바치는 종교의식용이었다. 관상이 주가 되는 경우도 있었으나 단순히 반盤 혹은 병甁에 꽃을 꽂는 정도에 지나지 않았다. 그러다 수·당대에 이르러 전문적으로 꽃이 재배되면서 병화 장식과 종류가 다양해졌다. 관련 용어만 해도 병화甁花, 항화缸花, 괘화掛花, 점경반화占景盤花, 죽통화竹筒花, 분화盆花, 소품화小品花, 대당화大堂花 등이 생겨났으며 공개 전람회를 정기적으로 거행하기도 했다.

병화는 꽃을 보기 좋게 배합하는 것도 중요하지만 화기 및 재료와의 조화, 꽃을 싱싱하게 오래 유지하는 기술과 품상品嘗 방법이 뒷받침되어야 한다. 이에 따라 병화가 예술의 한 분야로 자리 잡으면서 수·당에서 오대까지 병화 예술은 황금기를 누렸다. 아이러니하게도 수·당의 꽃을 감상하는 풍조는 백성의 재산과 노동력을 기반으로 대규모 궁전과 사치스런 원림을 조성한 수 양제의 혹정과 관련이 깊다. 그는 꽃을 감상하기 위해 어화원御花園을 따로 짓고 화초를 심게 했으며, 꽃이 피지 않는 계절에는 많은 인력을 동원해 비단 조화를 만들게 해 사시사철 초목이 무성한 풍경을 유지했다. 그가 행차할 때에는 특정한 사화녀司花女가 손에 꽃다발을 들고 왼쪽에 자리하게 했다.[15]

이러한 원림 관리는 당대唐代에도 영향을 끼쳐 신도원神都苑, 금전원禁殿苑, 어원御苑, 상원上苑 등 상당한 규모의 원림을 탄생케 했으며 양귀비의 오빠로 알려진 양국충楊國忠은 꽃을 즐기기 위해 특별히 사향각四香閣이라는 누각을 지었는데, 문설주를 침향목으로 하고 난간을 단향목으로 했으며 벽에는 사향麝香과 유향乳香으로 장식하는 등 지극히 호화롭게 단장했으며, 봄꽃이 만개했을 때 친구를 불러 아름답고 기이한 꽃들을 감상했다고 한다.[16]

꽃을 감상하는 정서는 민간에도 전파되어 봄이 되면 신분을 떠나 모두가 꽃을 감상하는, 이른바 춘일심방春日尋芳의 정서가 만연했다. 양 태조梁太祖의 부마이자 오대의 화가였던 조암趙嵒은 여덟 명의 귀족이 준마를 타고 나들이에 나서는 풍경의 「팔달춘유도八達春遊圖」(사진 9)를 그렸다. 그림 속 인물과 말, 나무와 돌이 매우 조화롭고 섬세하여 당대의 작품을 능가하는 것으로 평가되고 있다. 그림에는 나무, 돌, 난간 등이 전체 분위기를 받쳐주고, 벌집 같은 구멍이 나 있는 바위는 독특하고 우아하며, 몇 그루의 푸른 나무 옆의 난간에는 글씨와 꽃이 새겨져 있다. 저 멀리엔 호수와 맑은 샘이 있어 사람들의 마음을 사로잡는다. 화가는 숲속의 나무와 돌을 섬세하게 그리고 인물의 복식을 통해 황실 특유의 화려한 풍격을 드러냈다. 배경 정원에 있는 거대한 태호석은 옛 그림에 보이는 가장 이른 시기의 것이다.[17]

사진 9
「팔달춘유도」, 조암, 오대(양梁), 타이완고궁박물관

수·당·오대 시기에 꽃과 나무에 개성과 격조, 의의와 상징을 부여하는 것은 보편적인 일이었다. 수·당 시기의 병화 자료는 많지 않으나 나한도 및 돈황의 동굴벽에 그려진 병화도를 정리해보면, 화기의 종류에 따라 전통적으로 수반을 사용한 반화盤花, 항아리를 사용한 항화缸花 또는 화분을 사용한 분화盆花 등으로 나눌 수 있다. 반화의 대표적인 소재는 모란이고 병화의 대표적인 소재는 연화로, 꽃의 형태가 청신하고 풍성하다.

당시에는 눈으로 꽃을 바라보는 데 그치지 않고 머리에 꽂는 것도 유행했다.[18] 주방周昉의 「잠화사녀도簪花仕女圖」(사진 10)는 화려한 옷차림의 귀부인 4명과 시녀 2명이 봄날의 화원을 감상하는 모습을 그리고 있는데, 그 가운데 여인의 머리에는 탐스러운 연꽃이 얹혀 있으며 오른손에는 붉은 꽃 한 송이가 들려 있다.

오대 전촉前蜀(891~925) 때의 승려인 관휴貫休는 당대의 회소懷素와 염입본閻立本에 비유될 만큼 서화 실력이 뛰어났다. 그가 그린 「나한상」(사진 11)을 보면 오른쪽에 화려한 칠 장식의 탁자가 놓여 있고 그 위에 두루마리 서화, 뒤쪽에는 복부가 깊은 완 형태의 화기에 백합꽃 두 송이가 꽂혀 있다. 화기는 일반적으로 쓰는 화병이 아니라 음식 용기로 썼을 법한 복부가 깊고 넓은 완 형태로 구연부와 굽 측면에 흰색 선이 둘려 있다. 이 그림은 당대의 풍성하고 화려한 병화와 달리 한 종류의 꽃을 자유롭게 꽂아 생활의 정취를 표현한 자유화自由花의 특징을 보인다.[19] 구도를 보면 백합 두 송이가 좌우로 벌어졌는데, 한송이는 높고 다른 한 송이는 조금 낮은 위치에 있으며 그 밑에 녹색 잎이 자연스럽게 연출되었다. 비례로 보면 화기가 꽤 높지만 꽃은 작아서 형식에 구애받지 않고 꽂은 것을 알 수 있다. 그림에서 선禪적인 분위기를 느낄 수 있다.

사진 10
「잠화사녀도」, 주방, 당, 46×180cm, 랴오닝성박물관

남당南唐의 마지막 군주 이욱(일명 이후주李後主)은 오대의 북송 휘종이라 불릴 만큼 서화에 심취한 인물로, 꽃에도 조예가 깊어 혁신적인 병화 기법을 창안해냈다. 그는 최초로 꽃을 벽에 거는 괘화掛花, 죽은 이에게 꽃을 바치는 조화弔花를 발명했을 뿐만 아니라 대나무를 화병으로 이용하기도 했다. 대나무의 마디 사이 공간에 물을 채우고 꽃을 꽂아 화

병으로 활용한 것인데, 이러한 꽃꽂이를 '통화筒花'라 했다.[20] 뿐만 아니라 그는 자신이 가꾼 꽃들을 대중에 공개함으로써 1000년 전 세계 최초로 꽃 박람회를 개최했다.

1) 신에게 바치는 꽃의 노래

당대 구양첨歐陽詹(761~801)이 지은 「춘반부春盤賦」와 나규羅虬(874~?)가 지은 「화구석花九錫」에는 당대 휘황찬란했던 병화 예술의 면모를 충분히 반영하고 있다. 구양첨의 「춘반부」에서 말하는 '춘반春盤'은 부추韭, 염교薤, 마늘蒜, 생강薑, 여뀌蓼, 겨자芥, 산마늘蒚, 미나리芹 등 매운 향을 가진 5~7종의 식물을 꽂아 신께 바치는 화반이다.[21] 당대의 춘반은 한대의 도분陶盆과 관념적으로 일치하는데, 이는 훗날 분盆을 대지大地로 삼아 매화, 배, 작은 나무와 새해에 사용하는 꽃(연화年花)을 심어 실경을 표현하는 분경盆景의 기원이 된다.

사진 11
「나한」, 관휴, 오대(전촉前蜀), 139.9×62.8cm, 타이완고궁박물관

당대 장회태자章懷太子 이현李賢 묘 벽화(사진 12)에는 궁중 사녀와 대감이 꽃을 담은 춘반을 들고 있는 모습이 묘사되어 있다. 이는 당대 궁중의 반화 기풍을 보여주는 가장 앞선 자료로, 반·완 등의 화기를 땅으로 삼아 화훼 재료가 조화롭게 담겨져 있다. 사실적이고 생동감 넘치는 정취를 자아

사진 12
반화도, 이현 묘 벽화, 당대

내는 이 반화는 「춘반부」에서 묘사된 경관과 완전히 일치한다. 「춘반부」를 보면 이미 수반에 화훼를 장식하는 게 생활화되었으며 꽤 창의적인 방식을 드러내고 있다. 형식과 색채의 배합, 화병과 꽃의 종류, 구도 등 어떻게 하면 신묘한 분위기를 표현할까 고심한 흔적을 엿볼 수 있다.

당말 타이저우臺州에서 출생한 나규는 유명한 시인이자 화예가로, 꽃을 감상하는 의식을 설명해놓은 글 「화구석花九錫」을 지었다.[22] 원래 '구석九錫'이란 고대 제왕이 신하에게 예우하는 아홉 가지 예물을 말하는데,[23] 나규는 병화의 관점에서 국화國花인 모란에 대한 아홉 가지 예우禮遇 원칙을 언급한 것이다. 이렇듯 진지한 태도는 당시 꽃에 대한 열정적인 탐구와 감상의 분위기를 보여준다. 「화구석」에서는 모란꽃 외에도 수란須蘭, 혜蕙(혜초), 매화, 연꽃 등을 함께 배치했다.[24]

「화구석」의 내용으로 당시 병화 문화를 정리하면, 우선 꽃을 담는 그릇은 주로 백자 또는 동기銅器를 사용했으며 도기陶器는 쓰지 않았다. 어떤 꽃을 꽂느냐에 따라 다른 화병 또는 화반을 선택했다. 모란처럼 큰 꽃은 항缸(항아리), 옹甕(옹기) 등을 사용하는데, 이를 항화缸花라고 한다. 이러한 화기는 화려하고 아름다운 문양이 장식된 고급 목각 칠궤좌漆几座나 청옥으로 장식된 안案 위에 놓여 모란의 격조를 강조한다. 가지와 잎을 다듬는 가위는 표면에 금으로 꽃무늬가 상감되어 있어 금착도金錯刀라 불린다. 화기에 쓰는 물은 차갑고 단맛이 나는 샘물 혹은 빗물을 쓰며 우물물은 사용하지 않았다고 한다. 즉 꽃을 담는 화기, 꽃 가위, 물, 대좌의 선택과 함께 꽃이 놓이는 주변 환경까지 섬세하게 신경 썼다는 것을 알 수 있다.

병화를 배치할 때 고려할 점은 우선 바람을 막아주기 위해 가급적 지붕이 이층으로 된 장막을 사용해야 하며, 주변에는 훌륭한 그림을 배치하여 병화와 회화의 절묘한 조화를 추구했다. 꽃을 감상할 때 흥을 돋우기 위해 시가를 읊었는데, 노래는 새로 만든 곡이어야 하며 시는 청신하고 세속적이지 않은 가사여야 한다. 이렇듯 그림, 음악, 시가 어우러진 공간에서 모란꽃의 우아함을 감상했다.

2) 감상의 대상으로 격상된 병화

오대五代 전후 50여 년은 중국 병화 예술의 성숙기로서 매우 중요한 시기라 할 수 있다. 이 시기 역시 정치적 혼란기로, 야심가들이 판을 치는 세상을 피해 산속으로 은거하는 문인들이 많았다. 이와 더불어 당대의 예술은 정체기를 맞았으나 새로운 사상을 바탕으로 형식에 구애받지 않고 형형색색 온갖 종류의 꽃으로 아름다움을 발산하는 새로운 병화 문화가 부상했다. 이 당시 서희徐熙의 「옥당부귀도玉堂富貴圖」(사진 13)와 황전黃筌의 「죽매한작도竹梅寒雀圖」(사진 14)는 후대에 등장하는 화조화의 시조가 되었다.

수·당대에 장안長安을 중심으로 유행한 화원 풍속은 오대에 이르러 남당, 촉, 오월 및 남한南漢까지 널리 전파되었다. 봄에는 귀족 부녀들 사이에서 기이한 꽃을 머리에 꽂고 아름다

사진 13
「옥당부귀도」, 서희, 오대(남당),
112.5×38.3cm, 타이완고궁박물관

사진 14
「죽매한작도」, 황전, 오대(후촉後蜀), 43.8×62.9cm, 타이완고궁박물관

움을 겨루는 투화鬪花가 유행했다.[25] 남한南漢의 마지막 군주 유장劉鋹(958~971)은 봄이 무르익으면 새벽에 궁녀들로 하여금 후원後苑에 가서 기이한 꽃을 채집하게 한 뒤 환궁하여 투화를 하도록 했다.

장익張翊의 『화경花經』에서는 관리 등급을 매기듯이 71종의 화훼를 품질에 따라 구품구명九品九命[26]으로 지위를 나눴다. 그 예로 가장 높은 등급인 일품구명一品九命에는 난蘭, 모란, 납매臘梅, 도미酴醾, 자풍紫風 류가 포함되었다. 또한 궁중에서는 화훼 감상의 흥을 더하기 위해 향로에 다양한 향을 피우는 '향상香賞'을 즐기기도 했다.

사진 15
용천요 청자오관병,
남송(13세기),
타이완고궁박물관

오대 남당南唐의 관리 한희재韓熙載는 향상에 대한 관심이 각별했으며 화훼의 품상品嘗에도 남다른 감각을 지녔던 인물이다. 그는 40명이 넘는 첩을 두었으며 밤마다 사람들을 불러 모아 잔치를 벌여 뭇사람들의 비난을 사기도 했지만 꽃과 향香을 한데 엮은 '오의설五宜說'[27]을 통해 독특한 방식을 창안했다. 오의설이란 꽃의 향미와 형색에 따라 용뇌향, 침향, 사절, 사향, 단향 등의 향료를 태우는 것으로, 향료를 꽃 감상의 영역으로 끌어들인 것이라 말할 수 있다. 시각과 후각을 결합한 그의 화훼 심미관은 병화 예술을 한 단계 끌어올린 것으로 평가되고 있다.

한편 오대의 곽강주郭江洲는 점경반占景盤이라는 새로운 종류의 화기를 고안했다.[28] 정확한 형태는 알 수 없지만 '점경'은 화초경물花草景物을 세운다는 뜻을 함축하고 있다. 꽃줄기를 꽂을 수 있는 침봉이 발명되기 전, 전통적인 화반은 깊이가 얕아서 뻗어난 꽃가지가 만들어내는 조형성을 표현할 수 없었다. 점경반은 이러한 취약성을 극복함으로써 송대에 이르러 내부가 깊숙한 다관병多管瓶의 모태가 되었다. 그 대표적인 것이 용천요龍泉窯 청자오관병青瓷五管瓶(사진 15)이다.

연회석을 풍성하게 장식했던 병화

송대에는 왕이 신하에게 화관花冠을 내리는 잠화簪花라는 풍속이 있었다. 군주가 신하에 대한 예우로 모란 등의 꽃으로 장식한 화관을 내렸는데 신하들은 이를 크나큰 영광으로 여겼다. 이로 인해 전국 각지에서 앞을 다퉈 유명한 꽃을 궁궐에 바쳤다고 한다.

송대 황제들은 꽃과 원림을 즐기기 위해 궁정 후원에 무수한 어원御園을 두었다. 그 예로 조창趙昌(970~1040)이 그린 「세조도歲朝圖」(사진 16)는 정성스럽게 가꾼 원림을 보여주고 있다. 그 후 휘종은 정화政和 연간(1111~1118)에 궁궐 내에 산을 만들어 '수산간악壽山艮岳'이라 이름 짓고 환관 양사성梁師成에게 명하여 저장 지역의 진귀한 꽃과 나무, 기이한 바위 등을 옮겨다 꾸미게 했다. 사람들은 이를 '화석강花石綱'이라 불렀다. 10년 뒤 금金의 침략으로 북송이 멸망하자 혹세무민의 결과물인 수산간악의 화목들은 땔감으로 처리되었다고 하니 역사의 아이러니가 아닐 수 없다. 그간의 번영은 일장춘몽이 되고 백성의 원성을 불러일으킨 이 원림은 '수산간옥壽山艮獄'이라 불렸을 정도였으나, '간옥艮獄'29의 교훈은 오래가지 못했다. 오히려 남송 시기에 이르러 궁정의 꽃 사랑은 극에 달했다.

송대 궁중 병화는 일상용과 명절용으로 분류된다. 일상용 병화는 궁실 장식과 연회에 장식되는 삽화插花를 말하며, 명절용 병화는 대부분 사사육국四司六局 혹은 후원後苑 수내사修內司에서 관장했다. 오자목吳自牧의 『몽양록夢粱錄』에 따르면 사사육국에서는 관부와 귀족 가문에서 치르는 연회 장식을 관장했다. 향약국香藥局에서는 소향燒香을, 차주사茶酒司에서는 점다點茶를, 장설사帳設司에서는 괘화掛畫를, 배판국排辦局에서는 삽화를 관장했다. 병화는 장식성이 강한 원체화院體花 위주였다. 연회를 장식하는 데는 매우 다양한 종류의 꽃이 쓰였으며, 화려하고 입체적인 조형을 갖추었다. 예를 들어 휘종이 그린 것으로 알려진 「문회도文會圖」(사진 17)를 보면 음식 사이사이에 정연하게 놓여 있는 6개의 꽃병이 연회석을 화려하게 꾸며주고 있다. 화병이 놓이는 자리 안배도 중요하며 탁자

사진 16
「세조도」, 조창, 송, 103.8×51.2cm,
타이완고궁박물관

사진 17
「문회도」(부분), 전 휘종, 송,
184.4×123.9cm, 타이완고궁박물관

사진 18
「청금도」, 전 휘종, 송,
51.3×147.2cm,
베이징고궁박물원

사진 19
「한궁도」(부분), 조백구, 송,
직경 24.5cm,
타이완고궁박물관

규모에 따라 꽃의 크기도 달라진다. 꽃은 작은 병에 담긴 다음 다시 자기로 만든 꽃바구니에 담기는데, 이는 떨어지는 꽃잎을 받거나 물에 잠기게 함으로써 감성을 극대화한 것으로 보인다.

또한 휘종의 「청금도聽琴圖」(사진 18)에는 기암괴석을 받침으로 삼은 정형 향로에 암계巖桂가 꽂혀 있는 것을 볼 수 있다. 암계는 계수나무꽃 가운데 가장 향기로운 종류로 '선우仙友' '초은객招隱客' '암객巖客'(산중은자山中隱者) 등으로 불린다. 향로에 꽂힌 꽃가지가 춤을 추는 듯 가볍게 흔들리는 모습이 청신하고 사랑스럽다.

궁에서 쓰인 화기의 재질은 주로 연옥병, 수정병, 동병, 아라비아 유리병, 관요 자기 등으로 골동 감상을 겸한 화기라 할 수 있다. 칠석날 궁중의 화려한 풍경을 묘사한 송대 조백구趙伯驅의 「한궁도漢宮圖」(사진 19)를 보면 크고 작은 동기와 자기 화병이 배치되어 있고 화기에 꽂힌 꽃과 산호가 장식되어 있다. 새해 명절 외에도 절기마다 꽃을 장식하는 송대 병화 문화가 잘 드러난다. 「서호지여西湖志餘」에는 순희淳熙 6년(1179) 황제의 생일에 올린 화훼 장식에 대해 "(모란) 9000송이를 따서 수정, 유리, 천청天青, 여요汝窯, 동병銅瓶에 꽂았다"라는 글이 담겨 있다. "또한 침향 탁자에 놓인 백옥 준尊에 조전홍照殿紅(산차화山茶花) 15가지를 꽂았다"[30]라는 기록을 보면 당시 병화가 얼마나 풍성하고 화려했는지 가늠할 수 있다.

1) 차, 향, 꽃 그리고 그림

송대에는 황실을 비롯하여 고관대작, 시인 묵객에 이르기까지 생활 속에서 꽃을 즐겼다. 화조절花朝節인 음력 2월 15일에는 문인들이 모여서 아름다운 꽃과 더불어 다양한 골동 화기를 감상했다. 뿐만 아니라 향, 차, 꽃, 그림 감상을 문인의 생활 사예四藝로 삼았다.

한편 송대의 문화적 리더들은 유가의 이학理學 사상에 병화를 결부시켜 예술의 새로운 경지를 전개했다. 즉 매화, 난초, 국화, 대나무 등을 군자의 품덕에 비유하고 윤리와 결합한 이념화理念花를 탄생시켰다. 또한 고동古董 기물에 꽃을 꽂아 복고풍의 고아함을 향유했으며, 점점 고조되는 병화 열기에 부응하기 위해 새로운 화기를 설계하는 데 관심을 기울이는 한편 여요汝窯, 관요官窯, 가요哥窯, 균요鈞窯, 정요定窯 등의 이름난 요장에서는 고동 기물을 모방한 화기가 제작되었다. 등죽藤竹 꽃바구니 또는 태호석으로 만든 화대花臺 등의 화훼용 공예품도 발달했다. 찻집과 주점에서는 문간에 꽃장식을 하는 등 화

사진 20
「송인물도책」, 송,
타이완고궁박물관

훼 문화가 저변화되면서 송대 사회의 예술과 생활의 질이 향상되었다.

「송인물도책宋人物圖冊」(사진 20)을 보면 평상에 앉아 있는 한 선비가 글을 쓰려는 듯 붓을 들고 있다. 그 옆에는 거문고, 바둑판, 서화 및 음식이 놓여 있고 동자는 술을 따르고 있다. 평상 뒤에는 병풍이 둘렀고 선비의 초상이 그려진 족자가 걸려 있어 '그림 속의 그림'이 표현되어 있다. 대체로 병풍 그림은 산수로 채워지는데 특이하게도 이 그림은 화조화가 담겨 있어 화조화가 유행했던 북송 말 휘종 시기의 풍조가 반영된 것으로 보인다. 이 그림은 송 휘종, 송 고종, 청 고종(건륭제)으로 이어지는 황실 소장품으로 전해졌으며, 건륭제는 그림 속 인물에 관심이 많아 요문한姚文瀚에게 비슷한 그림을 그리도록

사진 21
「약산이고문답도」, 마공현, 송, 25.9×48.5cm, 일본 교토 난센사南禪寺

했다. 요문한의 그림 속 인물은 사복 차림의 건륭제로, 고상한 문인의 삶을 동경하는 황제의 내면을 드러낸 것으로 평가되고 있다.

송대 문인 묵객들은 이전과 마찬가지로 생활 속에서 병화 혹은 반화를 즐겼으며, 사대부 혹은 재력가에서는 공개적으로 화회花會를 벌이곤 했다. '만화회萬花會'라는 모임에서는 1만여 가지의 꽃을 사용했다고 하고, 원우元祐 7년(1086) 어느 태수가 벌인 화훼 전람에는 1000만 송이가 동원되었다고 하니 고금 이래 가장 규모가 큰 화훼 전람회라 할 것이다. 이 전람회에는 각종 반화와 병화 외에 죽통을 사용한 통화筒花, 벽에 거는 괘화掛花, 조화弔花, 공중에 매다는 현화懸花, 나무 화병을 사용한 목병화木瓶花 등이 등장했으며, 한 가지 꽃으로 장식한 단체화單體花, 여러 종류 꽃을 담은 다체화多體花 혹은 대나무 등의 화병을 두 개 공간으로 만들어 장식한 첩체화疊體花 등 각양각색의 화식花式이 형성되어 사치와 낭비가 궁정 화훼에 버금갈 정도였다고 한다.[31]

불교의 공화供花는 그 연원이 매우 깊다. 어느 시대에서든 꽃을 공양하는 일은 중요한 과정이었으며 기본적으로 고즈넉하게 한두 송이가 꽂히며 그 꽃은 심오한 선의禪意를 상징한다. 그런 의미에서 승려가 선방에서 사경寫經할 때에도 꽃이 함께했다. 마공현馬公顯의 그림 중 「약산이고문답도藥山李翶問答圖」(사진 21)는 선종을 소재로 한 유일한 작품으로, 당나라 낭주자사朗州刺史 이고李翶(772~841)가 선승 약산유엄藥山惟儼(745~828)에게 도를 청하는 모습을 담고 있다. 관복 차림의 이고가 석상 앞에 서 있고 대나무 의자에 앉은 약산은 손으로 위아래를 가리키며 재치 있고 익살스러운 표정을 짓고 있다. 소나무 가지는 곁으로 드리운 형태를 하고 있다. 대각선의 구도와 인물의 옷을 거친 필선으로 그려 질감을 잘 살렸는데 구조가 선명하고 초점이 집중되어 있다. 석상 위에는 경함經函과 매화가지가 꽂힌 매병이 하나 있는데, 보는 이로 하여금 선의禪意를 느끼게 한다.

이고와 관련된 또 다른 작품으로 미국 메트로폴리탄 박물관에 소장된 남송 직옹直翁의 「약산이고문도도藥山李翶問道圖」가 있다. 이 그림 역시 이고가 약산 스님을 만나 깨달음을 구하는 장면의 선화禪畫로, 그림 속 바위에 앉아 있는 약산선사 앞에는 꽃이 꽂힌 정병淨甁이 석안石案 위에 놓여 있다. 단순하고도 대담한 수묵의 필치가 선종의 공허한 영적 세계를 잘 표현하고 있다. 선사는 이고를 외면한 채 소나무 아래에서 경전을 읽고 있다. 이고가 "직접 뵈니 들던 것보다 못합니다"라고 하자, 선사는 "고귀한 귀와 천박한 눈은 어떻게 하면 얻을 수 있을까요?"라고 답한다. 이고가 "무슨 말씀입니까?"라고 묻자, 선사는 손가락으로 위와 아래를 가리키며 "구름은 푸른 하늘에 있고 물은 병에 담겨 있네"라고 답한다. 이고가 문득 깨달아 "몸이 학이 될 정도로 수련하고, 천 그루의 소나무 아래에서 두 상자의 경전을 읽으시니, 제가 더 할 말이 없습니다. 구름은 푸른 하늘에 있고 물은 병에 담겨 있구나"라고 읊조렸다고 한다.[32] 이고와 관련된 두 점의 그림은 북송 시기에 화병에 꽃을 꽂아 감상하는 풍류가 보편적으로 형성되어 있었음을 보여준다.

민간에서도 궁정 및 사대부, 사원 병화의 영향을 받아 주로 화계花季 혹은 명절에 병화를 즐겼는데, 계절에 따라 다른 종류의 꽃을 택하는 실용성을 보였다. 오자목吳自牧의 『몽양록夢粱錄』을 보면 북송의 수도 변경과 남송의 수도 항주에서는 객잔마다 손님을 끌기 위해 꽃을 꽂고 그림을 걸었다는 내용이 있다.[33]

2) 송대의 병화, 원체화와 이념화

원체화院體花는 전통적인 꽃꽂이 예술에서 발전한 반화盤花로, 오대 궁정에서 시작되어 송대 들어 번성했다. 화반이나 꽃 종류를 다양하게 사용하며 규모가 크고 색채가 화려하며 가지와 잎이 풍성하고 구조는 엄격한 특색이 있다. 송대의 반화는 꽃과 반盤의 비례가 약 2:1이며 꽃과 잎의 비례도 2:1이다. 그 나머지 꽃가지는 길고 짧게 사방으로 뻗어 반원형을 그리는데, 얼핏 보면 서양 화훼와 유사해 보인다. 그러나 송대 화훼는 꽃색의 배치가 불규칙한 삼각형이며 가지는 구불구불 휘어져 운율감과 생동감이 풍부하다. 꽃 종류는 모란을 비롯해 많게는 56종을 사용한다. 이숭李嵩의 「남화도籃花圖」(사진 22)에 나타난 형태는 전형적인 원체화로 대바구니의 짜임이 정교하며 겨울 차화茶花, 서향瑞香, 납매臘梅, 수선, 매화

사진 22
「남화도」, 이숭, 송,
26.1×26.3cm,
타이완고궁박물관

등 품격이 높은 꽃들로 삼각형 구도를 이룬다. 가지와 잎이 교차하면서 시원하고 아름다운 공간미를 나타낸다. 세련되고 엄격한 면모에 활기가 적고 융통성이 적은 송대 원체화의 특징을 보여준다.[34]

진정한 송대 병화의 특색은 앞서 말한 이념화에서 찾아볼 수 있다. 이념화는 이학 사상과 결합된 개념으로 꽃의 선택에서 소나무, 측백, 대나무, 매실, 난초, 계피, 수선화, 동백 등 고상한 재료를 선택하며 꽃이 없는 가지와 잎을 주요 재료로 삼았다. 꽃의 색채보다는 꽃, 가지, 잎의 구조로써 정신의 맑음을 취하고 선과 맥락을 중시하여 간결하면서도 질서 정연함을 표현했다.[35]

품화品花와 병화 예술은 절대적인 관계에 있다. 송대 사람들은 꽃의 품격이나 성질을 비교하면서 꽃을 벗이나 손님에 비

사진 23
「정장사녀도」, 소한신, 송, 25.2×26.7cm,
미국 보스턴미술관

유하기도 했다. 예를 들어 소동파는 『동파잡기東坡雜記』에서 국화는 인내성이 강하며 피고 지는 모양이 여느 꽃과 달리 서리가 내려도 피어나며 자태가 고결하다고 평했다.[36] 주돈이周敦頤는 「애련설愛蓮說」에서 국화는 은일자이며, 모란은 꽃 중의 부귀한 자이며, 연화는 꽃 중의 군자라고 평했다.[37]

증조曾慥(?~1155)는 열 가지 꽃을 벗에 비유하여 '십우十友'[38]라 했다. "난蘭은 향기로운 벗, 매梅는 맑은 벗淸友, 서향瑞香(천리향)은 특별히 뛰어난 벗殊友, 연蓮은 깨끗한 벗, 담복薝葡(치자꽃)은 참선하는 벗禪友, 납매臘梅는 기이한 벗奇友, 국화는 아름다운 벗佳友, 계桂(만리향)는 신선 같은 벗仙友, 해당화는 유명한 벗名友, 도미荼蘼(맥문동)는 여운을 남기는 벗韻友"이라고 했다. 그리고 황정견黃庭堅(1045~1105)은 '화십객花十客'[39]이라고 불렀다. 주목할 점은 '십우十友'와 '십객十客'에 모란이 빠져 있다는 것이다. 모란은 부귀의 상징으로 송대 사람들은 부귀를 낮게 평가하여 포함시키지 않았다.

소한신蘇漢臣(1094~1172)의 「정장사녀도靚妝仕女圖」(사진 23)를 보면 크고 작은 분재풍의 화훼가 실내에 배치되어 있다. 탁자 위에는 각진 형태의 고형觚形 화병에 수선화가 꽂혀 있고, 아래쪽 단목檀木 좌대 위에는 두 개의 병화가 놓여 있다. 가지와 잎의 장단, 대소, 방향, 형태, 기세 등이 서로 중복되지 않는다. 거울에 비친 사녀의 얼굴이 차분하면서도 어딘가 슬퍼 보이는데, 탁자 위의 수선화와 꽃이 진 복숭아나무, 몇 개의 대나무가 그녀의 심경을 대변하고 있다. 이는 전형적인 이념화에 해당한다.

1085년에 완성된 이공린李公麟의 「효경도孝經圖」(사진 24)를 보면 한가운데 병화와 반화가 하나씩 놓여 있다. 병화의 화기는 목이 가늘고 입이 좁은 매병 형태로 가지와 잎이 사방으로 퍼져 있는 이념화의 전형을 보인다. 그 옆의 수반 화기에 꽂힌 꽃은 침봉 같은 것을 사용한 듯 무척 견고해 보인다.

사진 24
「효경도」, 이공린, 송, 21.9×475.5cm, 미국 메트로폴리탄박물관

3) 화병을 노래한 시와 그림

화병이 화기로 등장한 지는 오래되었지만 '화병花甁'이라는 명칭으로 불리기 시작한 때는 북송 말기였다. 가장 직접적인 자료는 허난성 노산魯山의 단점요段店窯에서 출토된 진주지각화매병珍珠地刻花梅甁으로, 복부 조각에 '원본조가화병元本趙家花甁'이라는 명문이 있고 그 옆에 '덕德'자가 있다.[40] 이 표본은 술병으로 쓰이던 매병의 일부로, 매병도 화병으로 쓰였다는 사실을 알 수 있다. 또한 북송의 서긍徐兢이 쓴 『선화봉사고려도경宣和奉使高麗圖經』에 "완碗, 설碟, 배杯, 구甌, 화병花甁, 탕잔湯

盞"이라는 구절이 있어 당시에 '화병'이라는 종류가 있었음을 나타내고 있다.

송대 사람들은 화병을 정확히 꽃을 꽂는 용도로 인식하고 있었다. 남송 때 진숙방陳叔方의 『영천소어潁川小語』에서는 "꽃이 병에 꽂혀 있지만 옛 것이 아니니다. 석도釋道에게 헌화하는 것으로부터 시작되었으며, 고대의 정鼎, 준尊, 뇌罍가 본래 그 이름이었으나 모방하여 제작한 기물을 꽃꽂이용으로 사용하며 화병이라 불렀다"[41]라고 설명하고 있다. 즉 송대 사람들은 병화가 불교 공양에서 시작되었으며 화병의 양식은 고대 동기銅器에서 비롯되었다고 생각하고 있었던 것이다. 더욱이 조희작趙希鵠은 "옛 동기에 흙을 넣어두면 흙은 깊은 기운을 받는다. 여기에 꽃을 기르면 꽃이 선명하며, 꽃이 피는 속도가 느려지고, 사그라지면 열매를 맺게 된다"[42]라고 하며 동병銅甁을 좋은 화병으로 여겼다. 천 년의 기운을 지닌 동제 기물은 흙의 자양분을 흡수하여 꽃을 빨리 피우되 천천히 시들게 하며 꽃의 빛깔을 선명하게 하고 열매를 맺게 한다는 것이다. 오늘날 이러한 생각은 미신처럼 보이지만 후대 사람들은 나름 과학적 의미가 있다고 여겨 향후 동병을 꽃꽂이용으로 애용했다.

최초의 금석학 저술이자 후대에 고대 동기 연구의 효시가 된 여대림呂大臨의 『고고도考古圖』에는 여러 종류의 감상용 동기銅器가 소개되어 있는데, 그중 몸집이 큰 준尊은 본래 예기禮器였으며(사진 25) 고觚는 주기酒器로 사용되었지만[43](사진 26) 북송대 복고풍이 유행하면서 화병으로 쓰였다. 북송 말기에는 자기 기술이 크게 발달하여 동제 화병뿐 아니라 다양한 종

사진 25
수면문준獸面紋尊, 상商 후기,
높이 22.8cm 입지름 23.1×23cm, 타이완고궁박물관

사진 26
수면문고, 상商 만기, 높이 24.7cm 입지름 13.8cm,
타이완고궁박물관

사진 27
정요 백자획화연문장경병, 북송(12세기),
타이완고궁박물관

사진 28
「요대보월도」, 남송, 유종고, 25.6×26.7cm,
베이징고궁박물원

사진 29
「관화세수도」, 남송,
작자 미상, 30.3×32.5cm,
텐진예술박물관

류의 자기 화병이 제작되었다. 형태로 보면 담병膽甁, 매병梅甁, 화구병花口甁, 장경병長頸甁, 지추병紙槌甁[44], 옥호춘병玉壺春甁[45], 화고花觚 등이 있다.[46] 이 외에 회화나 실물 자료에 따른 화기 종류로는 남籃, 정鼎, 방이方彝, 뇌罍 등이 있으며 그 소재는 금, 은, 동, 유리, 수정, 자기, 대나무 등이다. 실물로 확인된 옥호춘병과 화고의 모양은 목이 가늘고 길며 구연부가 밖으로 벌어진 특징을 나타낸다.[47] 백자 재질의 옥호춘으로는 정요定窯 획화연문장경병劃花蓮紋長頸甁(사진 27)을 예로 들 수 있다.

남송 시기 유종고劉宗古의 그림 「요대보월도瑤臺步月圖」(사진 28)를 보면 한 무리의 시녀들 옆 탁자에 싱싱한 꽃이 꽂힌 화고가 자리하고 있다.[48] 그리고 작자 미상의 「관화세수도盥花

洗手圖」(사진 29)를 보면 높은 사각 탁자 위에 모란꽃이 가득 꽂힌 고형觚形 화병을 볼 수 있다.[49] 원래 고觚는 고대 술 그릇으로, 청동제는 중국 상나라와 서주 초기에 성행했다. 나팔 모양의 입, 가는 허리, 높은 권족을 가진 형태로 옛날에는 '고孤'와 같이 썼는데 홀로 우뚝 서서 무리에 휩쓸리지 않는다는 뜻으로 고고한 인품을 가리킨다. 고의 형태와 어울리는 해석이라고 여겨진다. 원·명·청 시대에는 청동고를 모방해서 만든 도자기 화병이 더 인기가 있었는데 이를 '화고花觚'라고 한다.

사진 30
용천요 청자반구장경현문병靑瓷盤口長頸弦紋甁, 남송, 타이완고궁박물관

남송 당시 문인들은 청자와 백자 화병을 소재로 시가를 쓰기도 했다. 먼저 양만리楊萬里(1127~1206)의 「도방점道旁店」이라는 시를 보면 "길가에 두세 곳의 가게가 있는데, 맑은 새벽에 국물이 없으면 차茶가 있다. 그 사람은 도道는 잘 모르지만 청자병에 자미화紫薇花를 꽂는다"[50]라고 했다. 이렇듯 저잣거리에서도 청자 화병이 쓰이게 되자 수요를 충족하기 위해 용천요(사진 30), 요주요 등지에서 화병이 대량 제작되었다. 이공李龏은 자신의 문집 『산암유고山庵遺稿』에서 정요 자기 화병(사진 27)에 대해 이렇게 언급했다. "화리목花梨木 선반 위에 놓인 정요 화병에 꽂힌 붉은 매화 한 송이가 등불과 마주한다. 가도賈島는 불전에서 야간 수업을 하고 와빙암주臥冰庵主는 시승詩僧이라."[51] 흰색의 화병에 꽂힌 붉은 매화 한 송이가 선적

사진 31
여요 청자담병, 북송(11~12세기), 타이완고궁박물관

인 경지로 이끄는 듯하다.

담병은 일종의 새롭게 개발된 형식으로 목이 길고 배 부위가 불룩하여 쓸개주머니(담낭)처럼 생긴 꽃병이다. 훗날 명대 문인들은 송대 문인들이 시문 속의 담병을 '아경병鵝頸瓶'이라 부르기도 했는데, 모양이 거위 목처럼 길어서 붙여진 별칭이다. 담병은 꽃꽂이 전용의 감상용 화병으로, 남송 시기에 성행했다.[52] 남송의 문인 누약樓鑰은 「희제담병초戲題膽瓶蕉」라는 시에서 '뿌리가 불룩한 파초'와 닮은 '여요 청자 담병'(사진 31)을 다음과 같이 묘사했다. "아랫배가 불룩한 새 자기가 여요에서 나오니, 속이 찬 몇 개의 꼬투리가 노을빛에 물들었네. 병에 물 채우지 않아도 물이 마르지 않으니 잎이 펼쳐지고 뿌리가 절로 시들지 않네. 이슬이 맺히니 도연명의 조를 담았는지 의심스럽고, 바람이 흔드니 허유의 표주박을 울려 소리나게 하고자 하네. 녹천에 함께 이르니, 혹시 민산의 파초란 말인가."[53]

「희제담병초」에서 언급한 도연명의 조와 허유의 표주박에는 전해지는 이야기가 있다. 도연명은 전원으로 '귀거래'하기 전, 팽택彭澤縣 현령을 지냈다. 어느 날 감찰관이 팽택현을 시찰하러 내려온다는 소식에 현리가 의관을 갖춰 맞이하라고 하자, 도연명은 "내 어찌 다섯 말의 쌀(또는 조) 때문에 허리를 굽힌단 말인가吾不能爲五斗米折腰!"라 하고는 벼슬을 내려놓고 귀향

했다고 한다. 앞의 시에서 '도연명의 조'란 이 오두미를 담병의 이슬 문양에 빗댄 것으로 여겨진다. 허유許由는 상고시대의 청렴한 선비로 요堯임금이 그의 인성을 파악하고 군위를 넘겨주려 하자 이를 사양했고, 구주九州의 장관이 되라고 하자 영수潁水에 가서 귀를 씻었다는 고사가 전해진다. 허유는 여름에는 나무에 둥지를 틀고 겨울에는 동굴에 살았으며, 그릇도 없어 손으로 음식을 먹고 마셨는데, 그걸 본 누군가 그에게 바가지 하나를 주었다. 허유는 그 바가지로 물을 마시고 나무에 걸어 놓았는데 바람이 불어 나무가 흔들리고 바가지가 요란한 소리를 내자 결국 떼어버렸다고 한다. 녹천綠天이란 당대 서예가 회소懷素가 고향에 파초 만 그루를 심고 파초 잎에 글씨를 썼던 곳으로 그가 거처하던 곳이 녹천암綠天庵이라고 불렸다. 이 시에서는 욕심을 버리고 은둔해 사는 세 사람의 모습을 여요 담병에 비유하고 있다.

수정으로 만들어진 화병을 사용한 예도 있다. 남송 허급지許及之의 「백석류白石榴」에는 "꽃은 수정 병에 피었고 잎줄기는 청소창青瑣窗[54]에 피었네."[55] 그 밖에 등나무 바구니도 있는데 앞서 언급한 이숭李嵩의 「남화도籃花圖」(사진 22)에 보인다. 화병 대신 바구니를 사용하여 꽃을 꽂는 방식으로, 등나무 바구니에는 여러 종류의 꽃을 섞어 풍성하게 가득 채웠으며 빛깔이 선명하고 흔들림이 없으며 활기가 없다. 깔끔한 필치의 전형적인 송대 원체화풍 그림이다.

송대 문인들의 시와 그림에 묘사된 병화와 실물을 종합해 보면 형식에 얽매이지 않고 다양한 방식을 즐김으로써 병화 문화가 가장 번성했던 시기였음을 알 수 있다.

병화 문화의 침체

한족 중심으로 발전해온 중국의 병화 문화는 몽골의 지배(1279~1368)를 받게 되면서 침체되기 시작했다. 원 세조는 농사를 장려했으나 유목민족인 몽골인은 농업에 적극적이지 않았으며 화훼 산업에는 더욱이 관심이 적었던 탓에 꽃을 감상하는 정서도 활발하지 않았다. 다만 산속에서 은거 생활을 하는 문인아사와 부귀한 사대부, 자급자족하는 사찰 승려들에 의해 병화의 명맥이 이어졌다.

기본적으로 원대의 병화는 송대의 전통을 계승했다. 궁정 또는 상류층에서는 여전히 송대의 화려한 꽂꽂이 양식을 즐겼으며, 일부 귀족은 관리인을 고용하여 화원을 가꾸면서 때때로 손님을 불러 꽃과 함께 풍류를 즐기곤 했다. 그러나 후반으로 접어들면서 이러한 문화는 자취를 감추었다.

원대 궁정에서 사용한 화기 중에 눈에 띄는 것은 화려하고 묵직한 화병이다. 장중張中의 「태평춘색太平春色」(사진 32)을 보면 네 가지 색의 모란이 위 아래로 층층이 배치된 형태를 이루며 꽃 사이에 녹색 잎이 섞여 있는 색채 중심의 꽃꽂이를 확인할 수 있다. 화병은 붉은색 꽃과 대조를 이루는 백색으로, 목 부위가 가늘고 길어 청신한 느낌을 자아낸다. 꽃잎이 큼직하고 화려한 원체화의 특징을 드러내고 있다.

원대 문인들은 이른바 '심상화心象花'라 불리는 독특한 병화 문화를 즐겼다. 이는 문인의 명상적 사유를 함축한 것으로, 형식적인 구성이 원체화와는 거리가 멀다. 즉 꽃들을 자유롭게 구성함으로써 자신의 정서와 감성을 표현하는 식이며, 내면에 초점을 두고 생명의 깊이를 더하는 독창적인 양식으로서 추상의 개념을 구체화하는 예술성을 지향한다.[56] 예를 들어 단오절을 축하하기 위해 그린 화훼 그림 「원인천중가경元人天中佳景」(사진 33)은 꽃의 소재에 구애받지 않고 자유롭고 낭만적으로 표현되어 있다.(제목의 '천중天中'은 단오절의 별칭이다.) 화폭 위쪽에는 도교의 신령한 부적인 영부靈符 네 가지와 역귀를 쫓아내는 신 종규鍾馗의 초상이 그려져 있어, 귀신을 쫓고 복을 받는다는 단오절의 의미를 뚜렷이 전하고 있다. 눈에 띄는 부분은 화병을 입체적으로 표현한 것이다. 이러한 방식은 원래 원대 사람에 의해 만들어졌으나, 청나라 때 이탈리아의 선교사이자 화가인 카스틸리오네(낭세녕郎世寧)를 통해 서양 화법을 받아들인 후 활발하게 전개된 기법이다. 화병의 어깨에는 네 개의 고리 장식이 붙어 있으며 가요哥窯의 빙렬氷裂[57]을 모방하고 있다. 화병에는 촉규蜀葵(접시꽃), 석류, 창포 등 5월의 꽃이 꽂혀져 있고, 가지 끝에는 향낭이 달려 있다. 왼쪽

사진 32

「태평춘색」, 장중, 원, 99.1×41.1cm, 타이완고궁박물관

사진 33

「원인천중가경」, 작자 미상, 원, 108.2×63.5cm, 타이완고궁박물관

에 과일이 담긴 접시도 건륭제 이후에 유행한 법랑채 작품으로, 이 그림은 원대의 화병을 그린 청대의 작품일 것으로 보인다.

병화 문화의 부흥

명 태조 주원장朱元璋은 일찍이 궁정에 어원을 만들지 않았으며, 관리들 또한 자택에 정자를 짓거나 연못을 만들지 못하도록 법으로 금했다.[58] 이러한 규제에 따라 화훼 장식은 설날 같은 경축절에만 행해졌을 뿐이었다. 단오에도 꽃을 장식하긴 했지만 최소한에 그쳤으며 심지어 분재로 대신하기도 했다. 꽃은 한 가지 종류만 쓰거나 인조화人造花로 대신하기도 했다. 명대 초기에는 원림에 관한 기록이 매우 적은 것으로 보아 민간의 사정도 마찬가지였을 것이다.

이후 정덕正德, 가정嘉靖 연간부터 정치가 느슨해지자 사치 풍조가 일어나면서 병화 문화가 빠르게 발전했다. 문인들은 꽃과 나무와 교유하는 법을 학습했으며 화목의 성정과 격조에 대한 이해를 바탕으로 낮밤을 가리지 않고 꽃을 감상하는 모임을 열었다. 문인들은 송대 문인화文人花의 전통을 이어받아 화훼에 유가적 가치를 이입하여 음미하는 문화를 발전시켰다. 그들은 소나무·대나무·매화를 묶어 '세한삼우歲寒三友'라 했는데, 추운 겨울에도 강한 생명력을 유지할 수 있어 붙여진 명칭으로 고상한 인격과 충절을 상징한다. 또한 24절기 중에 추운 겨울에 피어나는 꽃인 매화·산차山茶·수선을 일컬어 '화국세한삼우花國歲寒三友'라 했다. 그런가 하면 연꽃·국화·난을 '풍월삼곤風月三昆'이라 하고, 매화·난·국화·대나무를 '사군자四君子'라고 했으며, 백매白梅·납매臘梅·수선·산차를 '설중사우雪中四友'라 표현했다. 축윤명祝允明과 문징명文徵明의 가르침을 받은 육치陸治(1496~1576)가 그린 「세조도」(사진 34)에는 매화, 동백, 산차, 천죽天竹이 어우러져 있다. 뒤쪽에는 가요哥窯를 모방한 양이兩耳 화병이 있고, 앞쪽에는 유두문乳頭紋이 있는 균요 화분에 수선이 담겨져 있다. 화분 앞에는 감과 백합, 그리고 여의如意[59]와 분채粉彩 접시가 있다. 제발題跋에 가정 12년(1533) 겨울 서원재西畹齋에서 포산육치包山陸治가 그렸다는 내용이 담겨 있다.

명대 중기 이후 궁정 내에서는 병화가 독려되지 않았지만 민생 산업의 발달과 함께 민간의 화훼 재배가 흥성했으며, 문인 사이에서 복고 문화에 대한 관심이 깊어지자 옛 기물과 병

사진 34
「세조도」, 육치, 명, 121.7×48.6cm, 타이완고궁박물관

사진 35
「완고도」, 두근, 명,
126.1×187cm,
타이완고궁박물관

화를 즐기기 시작했다. 두근杜堇(1465~1505)의 「완고도玩古圖」(사진 35)60가 당시의 분위기를 보여주고 있다. 그림 한가운데에 앉아 있는 주인은 오른쪽 탁자에 놓여 있는 골동품을 내려다보고 있고 손님은 고동기를 살피고 있다. 왼쪽의 하인은 두루마리 그림과 바둑판을 가져오는 중이며, 오른쪽 사녀는 둥근 부채를 들고 부용가산芙蓉假山 사이에서 나비를 내려다보며, 화면 오른쪽 뒤편에는 두 명의 사녀가 책상 위에 놓인 골동품을 정리하고 있다.

1) 병화에 관한 인문학적 시선

송·원 시기의 이학 사상은 명대의 문인 사상에 깊은 영향을 끼쳤으며, 개인 수양과 자연을 벗하는 생활이 중시되었다.

명대 문인 병화의 이념을 천양한 저서로는 김윤金潤의 『병화보瓶花譜』, 고염高濂의 『병화삼설瓶花三說』 『초화보草花譜』, 도릉屠隆의 『고반여사考槃餘事』, 장겸덕張謙德의 『병화보瓶花譜』, 원굉도袁宏道의 『병사瓶史』, 문진형文震亨의 『장물지長物志』, 도본준屠本畯의 『병사월표瓶史月表』, 하선랑何仙郎의 『화안花案』 등이 있다. 이 가운데 장덕겸의 『병화보』와 원굉도의 『병사』는 중국 화훼 전적 중 쌍벽을 이루는 저술로 후대 병화 예술의 교본이라 할 수 있다.[61]

고염의 『병화삼설』은 그에 앞서 저술한 『연한청상전燕閒淸賞牋』 중의 일부로, 「병화지의瓶花之宜」 「병화지기瓶花之忌」 「병화지법瓶花之法」으로 구성되어 있다. 「병화지의」에서는 문인 병화의 관점에서 진술하고 있는데 '청당삽화廳堂插花'와 '서재삽화書齋插花'로 나누어 화기, 화구, 꽃의 선택에 따른 다양한 기법을 구체적으로 언급하고 있다. 「병화지기」에서는 흔히 보이는 병폐와 소홀했던 부분을 정리했으며, 「병화지법」에서는 꽃의 취사선택과 섭양 방법에 대한 원칙적인 견해를 담았다. 전체적으로는 과거로부터 전해진 경험을 토대로 개인적 의견을 타진하고 있다.

만력 28년(1600)에 원굉도가 완성한 『병사』는 고염의 『병화삼설』을 바탕으로 화훼의 이론 및 기술 방법을 망라한 것이다. 이 저술은 당시 문인 사회는 물론 조선과 일본에까지 큰 영향을 끼쳤다. 조선 후기 허균은 『한정록閑情錄』에 그 내용을 인용하고 있으며,[62] 일본에서는 1696년에 『병사』가 번역 출판되어 일본 화도花道를 견인했다. 오늘날에도 일본에는 '굉도류宏道流'라는 유파가 이어지고 있다.

만력 23년(1595)에 완성된 장덕겸의 『병화보』는 많은 부분이 고염의 『준생팔전遵生八牋』의 내용과 유사하지만 논리가 예리하여 『병사』와 더불어 후대의 법식으로 삼을 만하다는 평가를 받았다. 문진형의 『장물지』는 실려室廬, 화목花木, 수석水石, 금어禽魚, 서화書畫, 궤탑几榻, 기구器具, 의식衣飾, 주거舟車, 위치位置, 소채蔬菜, 향명香茗 등 12권으로 이루어져 있으며, 우주 자연계의 사물을 매우 상세하게 기재하고 있다.

당시 병화 예술의 사회적 가치는 일상생활에서 느끼는 아름다움을 통해 선량한 인성을 고양하는 데 있었다. 따라서 명대의 병화 문화는 성격상 음주 문화보다 음다 문화에 더 가깝다고 할 수 있다.63 깨어 있는 예술 정신을 추구하는 측면에서 송대 이념화의 전통을 따르고 있으나, 형식이 좀더 간결하며 화덕花德을 중시하는 경향으로 신이념화新理念花라 불렸다. 명초 신이념화는 송대의 반화盤花 및 남화籃花의 영향을 받아 다양한 종류의 꽃을 사용했다. 꽃의 색깔은 홍·황·백 3색을 갖췄으며 화기는 고대 청동의 병 혹은 준과 호, 때로는 자기 및 옛 기물을 모방한 법랑기가 이용되었다. 궁중에서는 옥, 마노 등을 사용했다.

일반적으로 이념화의 표현 기법은 추상적 이념을 꽃에 비유하거나 상징하는 식으로 전개된다. 주로 사회 안정에 대한 염원이나 바람직한 인간관 등 도덕 윤리에 관한 가치가 많이 나타나고 있다. 예컨대 소나무는 '대장부'를 상징하고, 매화는 '청고淸高'의 상징으로 '존객尊客'이라 부르고, 무궁화木槿는 하지 절기에 딱 맞춰 싹이 트고 꽃을 피우는 특성으로 '시객時客' 또는 '장객莊客'이라 하고, 말리茉莉를 향이 가장 훌륭하다 하여 '신객神客'이라 하고, 귤화橘花를 인재, 총명, 존귀, 고귀,

고상의 의미로 '준객雋客'이라 했다.[64]

명대 초기의 홍무·영락·선덕·성화 연간은 무공武功과 문사文事가 가장 성한 시기로, 병화의 분위기도 원대의 굵직하고 호방한 수직형의 당화堂花 형식에 장엄과 화려함을 더했다. 선덕 2년(1427) 음력 정월 새해를 경축하는 뜻에서 화조화의 대가 변문진邊文進이 그린 「세조도」(사진 36)는 청당廳堂에 놓인 병화를 묘사하고 있다. 꽃을 짝수로 취해 완전무결함을 추구했다. 특히 '십十'은 짝수의 극수極數로 완벽한 아름다움을 의미한다. 고풍스런 청동호에 담긴 화형花形은 이념화의 형식대로 굴곡진 선을 이루며 위로 향하는 구조다. 핵심은 방향이 세 번 꺾이는 매화가지로, 가운데에서 뒤쪽으로 향하다가 위로 뻗으면서 전체 분위기를 압도한다. 양쪽으로 잣나무와 소나무 가지가 날개가 되고 짧게 늘어진 가지가 함께 안배되었다. 가지와 잎이 상호 보완하는 가운데 장단이 있고, 부드럽고 연약함 속에 화려한 장엄미가 우러난다. 꽃과 병의 비례는 약 2대 1로 원대에 비해 꽃의 비중이 높아졌다. 매화의 청고, 소나무의 견고함, 측백의 건강과 장수, 산차의 밝고 고귀함, 난

사진 36
「세조도」, 변문진, 명 선덕 2년(1427), 108×46.1cm, 타이완고궁박물관

의 은은한 향과 아취, 수선의 고결, 남천죽南天竹(매자나무과)의 다자다손多子多孫, 영지의 장수, 붉은 감의 만사형통, 여의如意의 만사여의萬事如意 등 지극히 높은 도덕적 의미를 담고 있다. 이 그림 속의 병화는 명대 초기 신이념화를 대표하는 형태로 일본에 전해졌으며, 1488년 일본의 승려화가 이케노보 센케이池坊專應가 만든 화형과 자못 유사하다.[65]

홍치에서 만력 연간(1488~1595)에 이르는 명대 중기의 문인화는 특별한 명절을 제외하고는 한두 가지의 꽃을 사용했으며 많아봤자 세 가지였다. 이는 초기에 10여 종을 써서 화려하게 장식하는 방식과는 달리 색채미를 지양하고 비세속적이면서 맑고 높은 덕을 추구한다.

후기에 이르러서는 『병사』와 『병화보』 등의 관련서가 널리 알려지고 명대 병화와 차를 함께 즐기는 문화가 결합되어 찻자리에서 꽃꽂이를 즐기는 '다화茶花'가 유행했다. 꽃의 종류뿐만 아니라 화병, 물의 선택에 정성을 기울였다. 격조 있는 문인화는 가지와 잎이 시원하고 조형이 간결 정갈하며 개성이 있다.

2) 장소와 쓰임에 따라 다양해진 화기

명대 중기 이후 사회가 안정되자 고풍스런 화기에 꽃을 꽂아 감상하는 문화가 확산되었다. 화기의 재질은 동기와 자기가 많았으며 크기가 작은 것이 선호되었다. 자기로는 격이 있는 관요, 가요, 정요, 용천요, 균요 등 송·원대의 기물이나 모방 제작된 것을 사용했다. 그중 최상품은 여요 자기였지만 전해지는 것이 많지 않아 관요, 가요 자기가 애용되었다. 그 외에는 유리, 도기, 목기, 죽통, 등나무 줄기 및 천연옥석으로 만든 화기로 쓰였다.[66] 화기뿐만 아니라 화궤에 대한 관심도 늘어나 목제 궤와 등나무 궤가 고급으로 간주되었다. 가장자리를 칠로 마감한 탁자, 나전 평상, 채화彩花 화병은 주로 궁중에서 사용되었고 문인은 사용하지 않았다.

명대 화기는 크게 두 종류로 나뉘는데, 하나는 사원 등의 건물 내부에 장식하는 당화堂花, 다른 하나는 서재 공간에 놓이는 재화齋花이다. 명대 병화의 특징 중 하나는 화기를 옛 동기 아니면 송대 유명한 요장에서 생산된 명품으로 제한했다는 점이다. 당화에 사용된 화기는 한대漢代의 동기(동호銅壺·화고花觚·동치銅觶·준뢰尊罍·방호方壺·소온호素溫壺·편호扁壺), 송대의 자기(관요와 가요 대병, 용천요 사각병 등), 명대의 법랑이다.[67] 일반적으로 동기 혹은 법랑은 격식 있는 행사에 사용되었으며 크기가 크고 묵직하며 귀가 붙어 있고 대치된 문양을 지닌다.

자기 화병의 유형으로는 고호古壺, 담병, 준고尊觚, 하나의 가지만 꽂는 일지병一枝瓶, 밑배가 부르고 목이 긴 형태의 지추병紙槌瓶 등이 있으며 줄기 여러 개를 보기 좋게 꽂을 수 있도록 병 입에 작은 구멍들을 설치하기도 했다.[68] 이 화구를 내담內膽이라 하며 주로 청동 재질을 사용했다. 선덕宣德 시기의 청화수파문사두靑花水波紋渣斗(사진 37)가 바로 그러한 화병으로, 옛 동제 기물인 준 형태를 본떠 만든 사두渣斗(타호)로, 목이 굵고 입 부분이 밖으로 벌어지며 둥근 배는 밑으로 갈수록 좁아진다. 어깨에는 여의 구름문양을 두르고 있고 복부에는 파도와 산이 그려져 있다. 입구에 크고 작은 구멍이 뚫려 있는 동제 내담이 덮여 있다.

사진 37
청화수파문사두, 선덕 시기, 타이완고궁박물관

사진 38
「초음결하도」, 구영, 명, 279.1×99cm, 타이완고궁박물관

사진 39
균요 월백유출극준, 명, 타이완고궁박물관

명대 중기 이후 문인들은 박고博古를 숭상했기 때문에 문인 서재에는 흔히 화고가 놓여 있었으며 글과 그림에 빈번히 등장한다. 화고에 꽃을 꽂아두지 않을 때는 여의, 영지 혹은 산호 가지 등을 꽂아 길한 기운을 얻고자 했다. 그림에 병화와 함께 영지, 여의, 산호 등의 사물을 배치하는 것은 중국 문인화의 특색으로, 미래에 대한 여러 가지 소망을 담고 있다.

구영仇英의 「초음결하도蕉陰結夏圖」(사진 38)를 보면 파초와 괴석을 배경으로 두 명의 고사高士가 마주앉아 있다. 한 사람은 비파의 일종인 완함阮咸을 뜯고 있으며, 다른 한 사람은 거문고 연주를 멈추고 귀를 기울이고 있다. 탁자 위에는 꽃이 꽂힌 화고와 향로가 있으며 동자는 찻잔을 들고 있다. 이러한 화고의 실물 사례로는 준을 모방한 월백유출극준月白釉出戟尊(사진 39)이 있다. 기물 전체에 월백유月白釉가 입혀져 있고 목, 복부, 족부에는 돌출된 극戟이 장식되어 있으며 굽바닥에 '十'자가 새겨져 있다.

명말의 문인화가 진홍수陳洪綬(1599~1652)가 그린 「완국도玩菊圖」(사진 40)에서도 고형 화병을 볼 수 있다. 선비가 무뚝뚝한 표정으로 낮은 나뭇등걸을 의자 삼아 바위 위에 놓인 화병의 가을국화를 바라보고 있다. 도연명과 연관된 일반적인 특징은 보이지 않지만 도연명의 아취를 연상케 한다.

정덕제 이후로 명말까지는 화준과 화고가 대단히 많이 제작되었으며 해외에서도 호응을 얻어 수출되었다. 이를 통해 옛 기물을 모방한 화기가 많이 소통되었음을 알 수 있다. 명대 말기에 정치적으로 혼란해지자 많은 문사들이 자연에 몸을 의탁한 채 뜻을 같이하는 이들끼리 모임을 짓고 아회雅會라는

사진 40
「완국도」, 진홍수, 명, 118.6×55.1cm, 타이완고궁박물관

사진 41
여요「봉화奉華」명銘 청자 지추병, 북송,
타이완고궁박물관

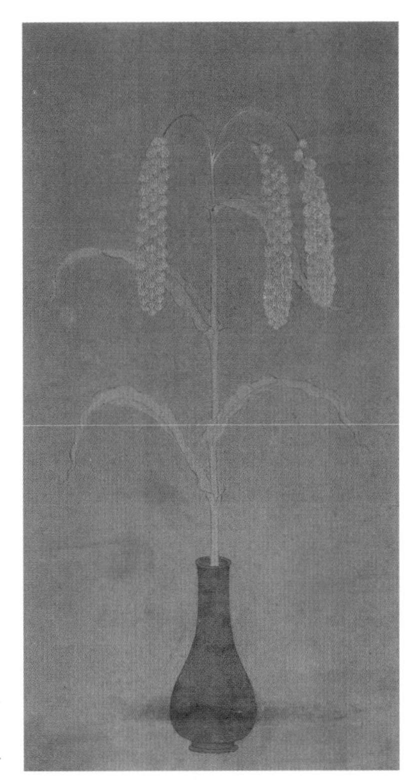

사진 42
「명인풍임도」, 명, 75.3×39.5cm,
타이완고궁박물관

문화예술 활동을 펼치곤 했다. 이때 화기, 향기香器, 문방도구는 모임에 빠질 수 없는 예술적 장치가 되었다. 이것이 명대 말기 회화에 화고 등의 병화와 향구, 다구가 자주 등장하게 된 배경이다.[69]

명대에는 아경병이라 불린 담병(사진 31)[70]은 주로 서재에 놓이는 고아하고 자그마한 화기로, 송대부터 문인들이 애호했으며 화예의 대가 원굉도가 지추병(사진 41)과 함께 찬미한 화기 조형이다.[71] 「명인풍임도明人豐稔圖」(사진 42)를 보면 소박하고 우아한 담병에 상서로움을 상징하는 조 이삭 한 줄기가 꽂혀 있는데 주로 궁궐에서 사용된 장식이다.

명대 문인들은 화기 가운데 단정하고도 엄숙미를 풍기는 병 종류를 가장 선호했으며, 계절과 공간에 따라 재질이 다른 병을 사용했다. 봄과 겨울에는 동기를, 가을과 여름에는 자기를 선택했으며, 당실堂室에는 큰 것을 두고 서재처럼 작은 공간에는 작은 것을 두었다.[72] 병은 환環이 있는 것과 쌍을 이루는 것을 금했으며, 꽃의 종류가 적고 소박한 자연스러움을 추구했다.[73] 병 외에는 호壺, 준尊, 뇌罍 등도 사용했으며 반盤, 항缸, 완碗, 통筒 등은 드물게 사용했다.

병화 문화의 정점

청대 초기에는 문인아사로부터 일반 서민에 이르기까지 꽃을 심고 감상하는 취미가 널리 유행했으며, 관련 업종에 종사하는 이들도 적지 않았다. 궁궐에서는 명대의 문화를 흠모하여 괘 화려한 화훼를 즐겼으며 청대 말 자희태후(서태후) 시기에는 병화 문화가 자못 번성했으나 아편전쟁 이후로 침체기를 맞았다.

설날 아침 궁중에서 개최하는 행사에서는 가장 규모가 크고 화려한 병화를 선보였다. 경성京城에서는 매번 납월臘月(음력 12월)에 새로운 꽃으로 장식하는 습속이 있었는데 이를 연화年花 또는 당화唐花라 했다.[74] 궁녀들이 꽃꽂이하는 형식은 주로 장식적인 이념화 풍에 가까웠다. 꽃의 종류는 6종 이상이었으며 화기는 봄과 겨울에 동기를 쓰고 가을과 여름에 자기를 쓰는 원칙을 따르되 때때로 바구니를 쓰기도 했다.

청대 초기에 궁정의 화사花事가 활기를 띠게 된 요인은 크게 세 가지로 요약된다. 청 황제가 명대 한인漢人의 고아한 정취와 생활을 동경했고, 물자가 풍부하고 천하가 태평하여 많은 이들이 풍류를 즐겼으며, 재배 산업의 발달과 함께 화훼가 번성했다는 것이다. 이로 인해 청대 황실 화원을 비롯한 궁정의 화사는 한대의 상림원이나 송대의 간악을 추월하는 정도에 이르렀다.75 황실에서는 강희 연간부터 향산행궁香山行宮, 정명원靜明園, 창춘원暢春園 등의 원림을 지었으며 청더承德에 가장 규모가 큰 피서산장避暑山莊을 짓기도 했다. 옹정제 때는 원명원圓明園을 지었고 건륭제 때 동쪽 구간을 확장했다. 건륭제는 여러 차례 강남 지역을 순시하면서 아름다운 경관을 즐기곤 했으며, 오래지 않아 옥천수계玉泉水系에 강남 원림의 장점을 취해 최고 수준의 청의원淸漪園을 지었다. 이 원림은 광서제 무렵에 '이화원頤和園'이라는 이름으로 바뀌었으며, 만천수계萬泉水系의 원명원과 더불어 중국 최고의 원림으로 손꼽힌다. 이들 황실 원림은 산수 경관이 빼어나기도 했지만 원내에 심은 다양한 식물과 화훼, 기이한 나무 등이 장관이었다.

사진 43
「세조도」, 김정표, 청, 96×65.9cm, 타이완고궁박물관

궁 안의 새봄을 경축하는 새해 풍경을 묘사한 김정표金廷標의 「세조도」(사진 43)는 청대의 궁정 화사를 잘 보여주고 있다. 정원에서 놀고 있는 아이들의 손에는 꽹과리와 북이 들려

있거나 나팔을 불고 있으며, 평안을 기원하는 의미로 대나무 지팡이에 폭죽을 걸어 터트리는 중이다. 정원에는 붉고 작은 열매가 맺힌 남천죽이 많이 심어져 있고, 백옥석白玉石으로 만든 난간과 문 뒤쪽의 향비죽香妃竹 난간은 화면의 깊은 공간을 차단하고 있다. 화가는 인물의 이목구비를 사실적이고 생동감 있게 묘사했으며, 옷의 무늬를 그린 붓놀림이 예리하다.

1) 화왕花王의 탄생

청 궁정의 영향을 받아 사대부 등 상류층에서도 화사가 활발해졌으며, 강남 일대에 원림을 경영하는 인사가 속속 등장했다. 유명한 정원으로는 쑤저우의 졸정원拙政園과 유원留園, 양저우의 구봉원九峰園과 영원影園 등이다. 꽃이 피어 장관을 이루는 시기에는 화원이 수많은 인파로 붐볐다고 한다. 문인 이어李漁가 남긴 기록을 보면 당시 상황을 확인할 수 있다. 이어는 명대 고염高濂이 침실에 꽃을 걸었던 방법을 따라했으며, 침상 머리맡이나 대자리 주변에 분재 몇 개를 두어 아침에 깨어났을 때 감상할 수 있도록 했다.[76]

민간에서는 자신이 키운 꽃을 아침 일찍 성안으로 가져가 거리에서 판매하는 이들이 많았다. 모란, 작약, 금은화 같은 화훼는 약재로도 쓰였기 때문에 많이 거래됐으며 관상용 꽃은 더욱 풍부했다. 북경 시장에서는 꽃을 사고파는 불편함을 덜기 위해 제때에 배달하고 제때 대금을 치르기로 약속하는 '화권花券'이 고안되어[77] 화훼 산업의 활기를 더했다.

전체적으로 청대의 예술 창작은 침체기라 할 수 있지만 감상법이나 이론은 앞선 시대 못지않았으며, 품화品花 분야에서는 오히려 진보했다. 예컨대 꽃에 부여된 상징적 의미를 훌륭한 명인의 개성과 품덕에 비유하여 화신花神으로 대접했으며, 계절별 또는 월별에 피어나는 꽃과 화신을 연결 지어 기념하기도 했다. 『오우여인물화집吳友如人物畫集』에서는 열두 달의 꽃과 화신을 정리했는데, 그 내용은 아래 표와 같다.[78]

월	꽃	화신
1월	매화梅花	유몽매柳夢梅
2월	행화杏花	양옥환楊玉環
3월	도화桃花	양연소楊延昭
4월	장미薔薇	장려화張麗華
5월	석류화石榴花 (혹은 창포菖蒲)	종규鍾馗
6월	하화荷花	서시西施
7월	봉선화鳳仙花	석종石宗
8월	계화桂花	녹주綠珠
9월	국화菊花	도연명陶淵明
10월	부용芙蓉	사소추謝素秋
11월	산차화山茶花	백낙천白樂天
12월	납매화臘梅花	노령파老令婆

화신花神에 관한 설은 송대 이전부터 있었다.[79] 전통적으로 여이女夷(251~334)를 화신으로 섬겨 2월 15일을 꽃의 날로 정해 제사를 지냈으며, 명대 초에는 화신묘花神廟가 설치되고 화훼를 관리하는 관리官吏 혹은 각지의 화장花匠, 화농花農이 제

사를 관장했다. 청대에는 이러한 풍속을 이어받아 베이징 교외의 풍대豊臺, 난징의 화대花臺, 쑤저우와 항저우의 서호西湖에 화신묘가 만들어졌다. 화신묘에는 화왕신花王神 및 각 지역의 화신의 위패를 모셨다.

오우여吳友和가 열두 달의 화신을 소개했지만 사실은 여러 설이 존재한다. 만청晩淸의 학자 유곡원兪曲園의 「십이월화신의十二月花神議」에는 남녀가 쌍으로 화신에 올랐다. 유곡원은 가섭존자迦葉尊者를 꽃 중의 남화왕男花王으로 여겼으며 화신 여이를 여화왕女花王으로 인정했다.

2) 분재 예술에 담긴 상징

청대에 병화 예술은 자연을 완상하고 탐미하는 데 그치지 않고 자연을 표현하는 쪽으로 나아갔다. 이렇듯 자연미를 추구하는 것은 청대 병화의 가장 뚜렷한 특징으로, 꽃으로 풍경을 표현하는 사경화寫景花가 크게 유행했다. 즉 돌이나 모래로 화분 안에 산을 만들고 나무와 화초를 심어 자연 풍경을 조성하는 분경盆景 및 분재盆栽 예술이 크게 발전했다. 심복沈復의 『부생육기浮生六記』 중 「한정기취閑情記趣」에는 분재 예술을 "동완銅碗에 모래를 덮으니 보는 사람들로 하여금 완의 바닥에서 꽃들이 태어난 것으로 의심케 한다"라고 묘사했다.[80]

원래 사경화는 당대에 싹텄으나 수백 년 지난 명대에 이르러 인기를 얻었으며 주로 반盤 형태의 화기가 이용되었다. 추일규鄒一桂(1686~1772)가 그린 「화앙춘생의畫盎春生意」(사진 44)에서 청대 초기의 사경화를 엿볼 수 있다. 고대에 물그릇으로 쓰이던 이匜를 모방한 화기에 자갈을 깔고 야자나무와 가느다

사진 44
「화앙춘생의」, 추일규,
청, 42.2×74.5cm,
타이완고궁박물관

란 대나무를 심고 호석湖石을 배치했다. 그 옆에는 표면에 균열 무늬를 넣은 가요哥窯 자기를 모방한 자기 화병이 놓여 있고, 산반山礬(노린재나무) 가지와 개나리가 꽂혀 있어 자연 속의 경치를 보는 듯하다. 화분 안의 호석이 입체적으로 표현되어 있고 계절에 맞는 화분에 만卍자 매듭 장식을 곁들여 새봄의 느낌을 전하는 이 그림은 필법이 생동감 넘치고 색채가 담담하면서도 깔끔하다.

청대 초기의 여류화가 진서陳書(1660~1736)가 그린 「세조여경歲朝麗景」(사진 45)은 옹정 연간 을묘년(1735) 정월 대보름 화조절을 맞아 장식한 분경을 묘사하고 있다. 화분에는 여러 종류의 꽃이 심어져 있는데 화초의 특성을 살려 높낮이를 조절하는 등 꽃꽂이와 분재 기술이 절묘하게 어우러져 있다. 청자

사진 45
「세조여경」, 진서, 청, 96.8×47cm,
타이완고궁박물관

화분의 중앙은 연꽃 문양으로 아래쪽은 이중 파초 문양으로 장식했다. 수석壽石에 수선과 남천죽을 더한 것은 장수를 기원하는 의미이며, 백합·감·영지·복숭아를 더한 것은 모든 일이 뜻과 같이 된다는 만사여의萬事如意를 의미한다. 이렇게 조성한 분경은 화병의 꽃꽂이보다 더 오래 유지할 수 있다.

이 밖에 채소와 과일을 소재로 한 '과반삽화果盤插花'가 성행하기도 했다. 이는 햇과일과 농산물을 조상에게 먼저 바치는 의례에서 유래한 것이다. 백수柏樹(측백나무), 만년청萬年青, 하화荷花(연꽃), 백합百合이 어우러진 삽화는 혼례를 치르는 이들을 축복하는 '백년화합百年和合'의 의미로 쓰인다. 이 경우 꽃 자체의 상징이 아닌 꽃 이름의 앞글자를 조합하여 만든 것으로, 이런 화훼를 '해음조형화諧音造型花'[81]라 한다. 장부蔣溥가 그린 「서춘첩자사병회 세조도書春帖子詞並繪歲朝圖」(사진 46)는 계절이 다른 꽃 재료와 여의 등을 더해 평범하지 않은 의미를 표시했다. 청대에는 큰 꽃을 위주로 하고 가지는 꽃의 추세에 맞춰 선별했다. 그림에서 주된 꽃은 월계月季이며, 보조하는 꽃은 추국雛菊이고, 꾸며주는 꽃은 매화다.

사진 46
「서춘첩자사병회 세조도」, 청,
장부, 30.5×313cm,
타이완고궁박물관

3) 창의적인 꽃꽂이 도구, 내담

강희제와 건륭제는 명대 문인의 화훼 예술을 선호했다. 베이징고궁박물원에 소장된 「건륭고장상축乾隆古裝像軸」과 「건륭제비고장상축乾隆帝妃古裝像轴」을 보면 여요(사진 47), 정요(사진 48), 관요(사진 49), 가요(사진 50), 균요(사진 51) 등의 작은 화분과 화병이나 상·주 청동기, 벽에 붙이는 교병轎瓶(사진 52)을 이용해 서재를 장식하는 꽃을 만들었는데, 꽃 종류는 보통 한두 가지를 써서 고아하고 담백하다.

「건륭제비고장상축」(사진 53)은 문인의 전통적인 아취를 좋아한 건륭제를 멋지게 해석해주고 있다. 그림 속의 건륭제는 한족의 복식으로 서재에 앉아 있으며 오른손에는 붓이 들려 있고 왼손은 수염 끝을 만지고 있는데, 그 모습이 자연스럽고

사진 47
여요 청자수선분靑瓷水仙盆, 북송, 타이완고궁박물관

사진 48
정요 백자반구지추병白瓷盤口紙槌瓶, 북송·금,
타이완고궁박물관

사진 49
방관유仿官釉 청자현문병靑瓷弦紋瓶, 청,
타이완고궁박물관

사진 50
방가유仿哥釉 해당식화고海棠式花觚, 청 옹정,
타이완고궁박물관

사진 51
방균유仿鈞釉 과릉병瓜稜瓶, 청 건륭,
타이완고궁박물관

사진 52
녹지금상첨화쌍이교병綠地錦上添花雙耳轎瓶,
청 건륭, 타이완고궁박물관

편안해 보인다. 책상 위에는 붓, 먹, 벼루, 연적, 문진 등 문방 도구가 나란히 놓여 있어 화향花香, 묵향墨香, 서향書香이 가득하다. 가까운 거리에 두 종류의 화병이 놓여 있어 건륭제의 취향을 알 수 있는데, 앞에는 매화가 꽂힌 화병이 있고 뒤쪽으로 난혜蘭蕙가 꽂힌 화고花觚가 보인다. 앞쪽의 화병은 타이완고궁박물관에 소장된 남송의 관요 담병과 흡사하다. 이 담병 외에는 발굴되거나 전해지는 것이 없는 단 하나의 작품이다. 그림 뒤쪽의 화고는 한옥반절고漢玉半截觚(사진 54)로 보이며, 기형은 옛 청동기물 가운데 고觚의 윗부분 형태만 모방한 것이다. 표면에는 용과 호랑이를 합친 이호螭虎 무늬가 선각문으로 장식되어 한대의 기물처럼 보이지만 사실은 명·청대의

사진 53
「건륭제비고장상축」, 낭세영郎世寧·김정표金廷標, 청, 베이징고궁박물원

사진 54
반절옥고, 명·청, 타이완고궁박물관

모방 작품이다. 그러나 건륭제는 한대의 작품으로 보고 화병에 내담을 넣게 했으며 이 기이한 기물을 소재로 시를 짓기도 했다. 이런 작은 화병은 송대부터 문인의 애장품으로 서재를 장식하는 용도로 쓰였다고 할 수 있다.

청대에 이르러 화고는 주로 궁궐에서 장식으로 진열하는 용기로 사용되었다. 경덕진 어요창에서는 단색유, 청화, 채색자기 등의 화고를 제작했다. 그 밖에도 법랑기, 옥기, 대나무, 상아로 만든 화고도 있었다.[82] 이들 화고는 각 궁전이나 당헌堂軒 외에 불당佛堂에 올리는 다섯 가지 기물에 속하는데, 다섯 가지 기물이란 하나의 향로, 두 개의 촉대, 두 개의 화병을 말한다. 화병으로는 대부분 화고 한 쌍을 사용했다.

작은 병에 작은 꽃을 꽂아 서재에 두는 명대의 전통은 청대에도 이어져 서재나 차실에 응용되었다. 옹정제와 건륭제 당시의 서재에서는 화고 병화의 전경을 볼 수 있으며 청대 경덕진 어요창에서 제작한 관요기도 이러한 조형이 많다. 강희, 옹정, 건륭의 3대 관요 자기에서는 여요를 모방한 것(사진 55), 관요를 모방한 것(사진 49), 가요를 모방한 것(사진 50) 등 다양한 크기의 화병이 생산되었다.[83]

사진 55
방여요 청자화고靑瓷花觚 청 건륭, 높이 25.2cm, 타이완고궁박물관

명말 유민遺民인 이어李漁(1611~1680)가 지은 『한정우기閒情偶寄』에는 건물, 완물玩物 및 화훼 등에 대한 내용을 담고 있다. 그중 화훼에 관한 글에서 이와 같이 언급했다. "병은 도자기가 가장 좋으며, 꽃을 기르는 물은 탁하지 않고 맑아야 하며, 구리 비린내도 없어야 한다. 그러나 동은 때로 비싸고 겨울에는 얼음이 생긴다. 도자기는 깨지기 쉽고 떨어뜨리기 쉬워 동기를 많이 사용한다. 그러나 자기 병에 내담을 넣으면 문제가 없다. 담은 비린내가 나지 않는 주석臺接을 사용하는 것이 좋다. 동은 강해서 만들기 어렵지만 주석은 부드러워 만들기 쉽고 가격도 동에 비해 저렴하다."[84] 대체로 내담은 원통 혹은 장방형이며 구멍 개수는 1, 3, 5, 6, 7, 9개 등이다. 모양이 연봉蓮蓬과 비슷하여 옹정 시기에는 '연봉식안蓮蓬式眼'이라 칭했다. 눈의 형태는 원형圓形, 해당형海棠形, 오판화형五瓣花形 등으로 여러 종류의 꽃가지를 꽂는 데 편리하다. 내담은 여러 종류의 꽃을 구멍에 꽂아 균형을 잡아줄 수 있다는

사진 56

「세조도」, 당인, 명, 125×49.7cm 타이완고궁박물관

사진 57

청동 수면문獸面紋 준尊, 상商, 높이 29.3cm,
타이완고궁박물관

점에서 안정적이지만 다소 기계적인 느낌을 자아낼 수 있다.

준은 상·주商周 시대의 술잔이지만 명·청대에는 내담을 부착해 꽃꽂이 그릇으로 사용했다. 3대 가족이 새해를 맞이하는 정경을 그린 당인唐寅의 「세조도」(사진 56)를 보면 대청마루의 탁자 위에 상대商代 말의 동준銅尊(사진 57)과 유사한 화병이 놓여 있다. 이 화병 복부에는 동물문, 운문, 뇌문이 있고 안에는 원통형의 구리 내담이 부착되어 있다. 내담은 청대에 제작된 것으로 상면 가운데에는 매화형 구멍이 나 있고 외벽은 황색 능綾으로 덮여 있어 청대 초기 화기 내담의 특징을 보여준다.[85] 꽃의 형태를 살펴보면 소나무 가지가 왼쪽에서 층을 이루고 그 옆에 홍매가 꽂혀 있으며 화병 입 가까이 초록 잎들이 펼쳐져 있다. 이는 고염의 「병화삼설」에서 말하는 '왼쪽은 높고 오른쪽은 낮게' 하는 것과 나뭇가지가 굽이쳐 S자 모양의 곡선을 그리며 매복하는 형세의 '양반대접兩蟠臺接' 화형에 가깝다.

2장

한국의 꽃 문화, 꽃꽃이

당나라로 간 신라의 꽃

문헌에 나타난 한반도 꽃 문화의 시작은 삼국시대로 거슬러 올라간다. 『삼국사기』에 따르면 백제 진사왕辰斯王 7년(391)에 궁실을 중수하고 못과 산을 만들어 기이한 동물과 화초를 길렀다는 기록이 있고, 신라 문무왕 14년(674)에도 궁 안에 못을 파고 산을 만들어 화초를 심고 동물을 길렀다는 기록[86]이 있다. 이것으로 보아 삼국시대 식물을 가꾸는 문화는 왕실에서 시작된 듯하다. 이를 입증할 만한 실물 자료는 아직 발견되지 않았으나, 중국 송대의 문헌에서 그 단서를 확인할 수 있다. 978년에 저술된 중국 설화집인 『태평광기太平廣記』에 따르면 "신라에는 해홍海紅과 해석류海石榴가 많아서 당대 재상이었던 이덕유李德裕가 꽃 이름 가운데 '해海'자가 있으면 바다의 동쪽, 즉 신라에서 온 것이라 했다"[87]라는 내용으로, 당시 신라의 화훼가 당으로 보내졌음을 확인할 수 있다. 신라의 꽃을

사진 58
달과 토끼무늬 수막새,
통일신라, 지름 12.5cm,
국립중앙박물관

중국에 보냈다는 내용은 꽃을 가꾸는 문화가 어느 정도 이 땅에 형성되어 있었음을 암시한다. 뿐만 아니라 통일신라시대의 유물 가운데 '두꺼비 토끼무늬 수막새'와 '달과 토끼무늬 수막새'(사진 58)에는 꽃이 꽂혀 있는 항아리와 화병 장식을 볼 수 있다. 이러한 기록들을 종합해볼 때 한반도에서는 적어도 7세기부터 꽃을 가꾸기 시작했으며 그에 따른 화기가 제작되었을 것으로 여겨진다.

호화스러운 어원,
금은화로 장식한 연회

고려시대에는 중국과 교류하는 과정에서 왕실과 문인 귀족사회에 꽃꽂이 문화가 형성되었다. 예종睿宗, 의종毅宗 무렵에 송나라 상인들이 꽃과 진기한 화초를 왕에게 바쳤다는 기록이 『고려사高麗史』에 담겨 있다.[88] 앞서 살펴보았듯이 송대는 다양하고도 화려한 꽃꽂이 문화가 발달한 시기로, 원체화와 이념화라는 꽃 문화가 유행했으며 문인들의 예술 취미생활에 없어선 안 되는 요소로 자리 잡고 있었다. 이와 더불어 다양한 재질의 화기도 감상의 대상이었다. 따라서 송나라 상인들이 바쳤다는 화초는 아름다운 화기에 심어져 있었으리라 예상할 수 있으며, 개경 일대의 왕릉과 주변 유적에서 출토된 중국의 화병, 화분, 수반 등이 이러한 사실을 뒷받침한다.[89]

예종 8년(1113)에는 궁 안에 화원 두 곳이 조성되었는데, 내시들이 왕의 환심을 사기 위해 누각을 세우고 담장을 높이 두르고 민가에 자라는 화초를 옮겨다 심었으며 송나라 상인에게서 값비싼 화초를 구입하기도 했다.[90] 강희안의 『양화소록養花小錄』에 따르면 충숙왕忠肅王이 원나라 선양瀋陽에서 고려로 돌아올 때 다양한 품종의 화훼를 가져왔으며,[91] 고려 후기의 문인 민사평閔思平은 원나라 수행을 마치고 돌아올 때 모란 뿌리를 가져왔다.[92] 이러한 기록을 토대로 할 때 국내외 진귀한 꽃과 나무가 우거진 고려 왕궁의 화원의 화려한 풍경을 상상할 수 있다.

의종 치세의 기록을 보면 어원御苑에 대한 언급이 빈번하게 나타나고 있어 왕실 화원을 관리하는 데 많은 정성을 기울인 흔적이 엿보인다. 1156년 10월의 기록에서 의종은 신하들을 불러 선구보善救寶(병자를 치료하기 위하여 만든 의료기관), 양성정養性亭(괴석과 아름다운 꽃을 모아놓은 정자) 및 어원의 화초를 두루 관람시킨 다음 충허각冲虛閣에서 연회를 열었다. 이듬해에는 민가를 헐어서 태평정大平亭을 짓고 유명한 꽃나무와 기이한 과실나무를 심었으며, 진기하고 아름다운 기물로 장식했다. 또한 연못을 파서 관란정觀瀾亭을 짓고 양이정養怡亭에는 청자 기와로 지붕을 덮었다. 옥돌로 환희대歡喜臺와 미성대美成臺를 짓고 기암괴석을 모아 신선산을 조성했으며, 멀리서 물길을 끌어다 비천飛泉을 만들었다. 그해 가을에는 송나라 상인이 앵무와 공작, 진귀한 꽃을 바쳤으며[93] 뭇 신하들은 민간의 진귀한 물건을 빼앗아 왕에게 바쳤다고 하니, 백성의 희생을 바탕으로 매우 호사스럽게 조성된 어원임을 알 수 있다.[94]

의종을 비롯한 고려의 왕들은 신하들을 어원에 초대하여 화초와 진귀한 물건을 완상하고 연회를 즐기곤 했다. 연회는 군신 간 친밀감을 쌓고 충성심을 공고히 하는 자리였던 만큼 어원이라는 공간은 단순히 보기 드문 꽃과 나무를 과시하는 곳이 아니라 일종의 외교적 공간으로 쓰였던 듯하다.[95] 따라서 의종이 국내외 희귀한 꽃과 나무에 공을 들인 데는 정치적 의도가 숨어 있었음을 알 수 있다.[96]

한편 의종 21년(1167)에 치러진 연회에서 "채붕彩棚, 준화樽花, 헌선도獻仙桃, 포구락抛毬樂 등 풍악 놀이를 준비했다"[97]는 기록은 왕실 의례에 꽃이 사용되었음을 말해준다. 채붕은 가설 누각 형태의 무대이며, 준화란 꽃을 꽂은 준樽(화병)으로 가화를 꽂아서 상 위에 놓았는데, 대관전 연회에서 사용된 화안花案(큰 화병)과 같은 기능을 한다.[98] 헌선도는 왕모가 하늘에서 내려와 왕에게 하늘의 복숭아를 드리며 왕의 장수를 기원하는 춤이고, 포구락은 두 틀의 포구문에 채구를 던져 넣어 승부를 가리는 내용을 형상화한 춤으로, 조선시대에도 궁중 연향에서 시연되었다.

고려 왕실 의례에는 어떤 꽃이 사용되었을까? 무신 최우崔瑀가 최고의 권력을 행사할 무렵 그가 벌인 연회석에는 "4개의 큰 준에 붉은 작약과 자줏빛 작약 10여 품品이 가득 꽂혀 있다"[99]라는 기록으로 보아, 왕실에서는 작약도 사용했던 것으로 보인다. 의종 24년(1170)에는 영험한 산천에서 왕실의 안녕을 기원하는 제례를 지내기 위해 별기은소別祈恩所를 지을 때 금은으로 꽃을 만들고 금옥으로 그릇을 만들었다는 기록도 있다.[100] 1289년(충렬왕 15)에는 단오를 맞이하여 왕과 공주가 양루凉樓에서 연회를 베풀었는데, 장식할 모란꽃이 져버리자 채랍綵蠟(밀랍을 입힌 비단 꽃)을 만들어 가지마다 달았다는 기록이 있다.[101] 당시 연회에 사용할 꽃을 만들기 위해 포백布帛 5000여 필을 쓰는 바람에 물가가 폭등했다고 한다.[102]

1) 불교 공화와 유가 이념화의 공존

고려 불화에는 부처님께 꽃을 공양하는 장면이 자주 등장하는데 감상용 꽃꽂이와 달리 일정한 양식을 갖추고 있다.[103] 아쉽게도 대부분의 고려 불화가 일본 사찰에 소장되어 있어 자세한 설명에는 한계가 있지만, 1300년경에 제작된 것으로 알려진 「관경십육변상도觀經十六觀變相圖」에는 병화 공양의 모습을 잘 드러나 있다. 사이후쿠사西福寺에 소장된 이 그림에서 석가모니 좌우와 앞쪽에 3점의 수반이 금색 받침대 위에 놓여 있고, 수반에는 크고 화려한 모란과 연꽃 그리고 수생화水生花가 피어나 있다.[104] 수반은 오늘날 전해지는 수반보다 정교한 형태로 수덕사 대웅전 벽화에 그려진 공양화(사진 59)의

사진 59
벽화모사도 공양화,
수덕사 대웅전,
가로 16.3×12cm,
국립중앙박물관

수반과 비슷하다. 아마도 이러한 형태가 일반적인 고려의 수반이었던 것 같다. 당대에 선호된 모란이나 작약 외에 야생화까지 꽃꽂이에 사용되고 있어 고려인의 섬세한 미의식을 느낄 수 있다.

꽃 공양에 쓰인 화병이 묘사된 다른 그림은 1323년(충숙왕 10)에 제작된 「관경십육변상도觀經十六觀變相圖」로 현재 일본의 지온원知恩院에 소장되어 있다. 그림 속 불단 중앙에는 모란 화병이 배치되어 있으며 그 형태는 용천요 청자 화병과 유사하다. 왼쪽에는 고려시대에 많이 제작된 향완이 놓여 있고 화병 오른쪽의 흐릿하게 보이는 것의 정체는 명확하지 않다.

사진 60
'청림사青林寺' 명 청자 철화 화병,
고려, 높이 11.9cm, 국립중앙박물관

당시에는 향과 꽃만 공양한 게 아니라 화병도 개인적으로 공양했다. 탑이나 향완, 범종 등과 마찬가지로 화병 역시 개인의 소원을 담아 발원하는 불교 공예품으로 쓰였던 것이다. 고종 10년 최우는 몽골의 침입에 대비하기 위해 개경에 황라성隍羅城을 짓고 황금 200근으로 탑과 화병을 제작하여 흥왕사興王寺에 헌납했다는 기록이 『고려사』에 있다.[105] 공양 화기로는 크게 화병, 수반, 꽃바구니, 화분 등이 있는데 가장 먼저 사용된 것은 화병일 것이다. 고려시대 사찰에서 사용된 화병의 실물 자료로 '청림사青林寺'라 쓰인 청자 철화 화병(사진 60)을 들 수 있다. 높이 11센티미터의 작은 이 화병의 뒷면에는 '천당화□天堂花□'라는 명

문이 있다. 청림사는 부안군 상서면 청림리에 있던 사찰로 추정된다.[106]

불교 의례에서 꽃꽂이 공양이 활발하게 이루어지는 가운데 송대의 이념화가 유입되자 문인 사회에서는 새로운 병화 취향이 등장했다. 고려 후기의 문인 이숭인李崇仁의 『도은집陶隱集』 권3에 서향화瑞香花(천리향)를 읊은 시가 있는데 제목 옆에 "푸른 잎에 보라색 꽃이 가장 향기롭다고 화보에 적혀 있다"[107]라는 구절이 있다. 이는 고려 문인들이 송대 화보花譜에서 화훼에 대한 정보를 접했음을 말해준다.[108]

화분에 꽃을 심는 분화盆花는 송대 이학 사상과 결합된 이념화의 영향을 받은 것으로, 고려 후기 성리학을 공부한 문인 관료들에게 특별한 의미를 지니는 꽃꽂이 문화라 할 수 있다. 이념화의 주된 대상은 소나무, 측백, 대나무, 난초, 수선화, 동백 등 격조 있는 식물로 이색, 정몽주, 정도전 등으로 대표되는 여말선초의 신진사대부는 유가의 이상적인 인간상인 '군자君子'를 이 화훼에 투영했다. 특히 국화, 매화, 소나무 등을 화분에 심고 완상했으며 그에 관한 시를 문집으로 담기도 했다.[109] 실제로 문인들은 매화 화분을 앞에 두고 몇 사람이 모여 구를 이어가며 시를 짓는 모임을 즐기곤 했다.[110] 또한 정몽주는 소나무 화분을 책상 옆에 두고 완상했다는 기록으로 보아 당시 서재에 식물 화분을 두고 관상했던 듯하다.[111] 이처럼 유가 사상과 결합된 문인의 병화 취향은 다양한 화분이 등장하는 동기로 작용했다.

2) 꽃의 생명을 연장하는 비책: 토실土室과 빙화氷花

고려 왕실뿐 아니라 사대부 계층에서도 병화에 대한 관심이 깊었다. 의종 당시의 문인 임춘林椿은 "벼슬하는 집들은 다투어 모란을 심는다"고 했고,[112] 이규보는 「종화種花」라는 시에서 "꽃 심으면 안 필까 걱정하고 꽃 피면 또 질까 걱정하네. 피고 짐이 모두 시름겨우니 꽃 심는 즐거움 알지 못해라"라고 하여 꽃을 키우며 노심초사하는 자신의 모습을 묘사하기도 했다.[113]

화초에 대한 애정과 관심은 식물의 생명을 장기간 유지시키는 노력으로 이어졌다. 예를 들어 왕실이나 문인들이 겨울에 피어난 계관화(맨드라미)를 화분에 심은 다음 방한 시설인 토실土室에 보관했다는 기록이 눈길을 끈다. 이규보의 시에도 "겨울에 피는 신기한 꽃은 왕후들의 저택에 더욱 많은데 옥분玉盆에 심은 다음 토실에 저장하여 마치 규중처녀처럼 보호한다네"[114]라는 구절이 있다. 이규보는 토실의 형태에 대해 이와 같이 언급했다. "10월 초하루에 내가 밖에서 돌아오니, 아이들이 흙을 파서 집을 만들었는데, 그 모습이 무덤과 같았다. 내가 어리석은 척 "무엇 때문에 집안에다 무덤을 만들었느냐?" 하니 아이들이 말하기를 "이것은 무덤이 아니라 토실입니다"라고 했다. "어찌 이런 것을 만들었느냐?"라고 하니 "겨울에 화초나 과일을 저장하기에 좋고, 또 길쌈하는 부인들에게도 편리하여 아무리 추울 때라도 온화한 봄 날씨와 같아서 손이 얼어터지지 않으므로 참 좋습니다"라고 했다. (…) 토실을 만들어서 추위를 더위로 바꿔놓는 것은 하늘의 명령을 거역하는 것이다. 사람이 뱀이나 두꺼비가 아니거늘, 겨울에 굴

속에 엎드려 있는 것은 매우 상서롭지 못한 일이다"라고 적고 있다.115 이에 따르면 고려의 토실은 무덤처럼 둥근 모양으로, 굴처럼 땅을 팠기 때문에 겨울 추위에도 꽃과 과일을 보존할 수 있는 시설이다. 그러나 이규보는 아이들이 만든 토실을 자연의 이치에 거스르는 괴이한 것이라 하여 헐어버렸다고 한다.

꽃이 죽지 않도록 보존하는 방법은 송나라에도 있었다. 청나라 초기 왕사진王士禛(1634~1711)이 지은 『향조필기香祖筆記』에는 송나라 때 꽃을 보관하던 방법이 자세히 소개되어 있다. "송나라 때 무림武林 마승馬塍의 장화법藏花法이 있는데, 그 방법은 종이를 발라서 밀실을 꾸미고 구덩이를 판 다음 대나무로 덮고 그 위에 꽃을 놓는다. 그리고 소 오줌과 유황으로 땅에 거름을 준 다음 끓는 물을 구덩이 속에 넣어 그 증기가 훈훈하게 된 뒤에 하룻밤 부채질을 하면 꽃이 핀다는 것이다"라고 했다.116 이 내용은 조선시대 철종 때 서경순徐慶淳이 청나라를 다녀와서 쓴 『몽경당일사夢經堂日史』에도 그대로 인용되어 있다.117

이와 관련하여 『고려사절요高麗史節要』에 최우의 집에서 열린 연회에 관한 기록이 주목된다. "5월에 최이崔怡(최우)가 종실의 사공司空 이상과 재추宰樞(재부와 중추원의 관리)들을 위해 그 집에서 잔치를 벌였다. 이때 채색 비단으로 산을 만들어 비단 장막을 두르고 가운데에 그네를 매었는데 문수文繡, 채화綵花로 장식했다. 또 팔면은구패전八面銀釦貝鈿으로 꾸민 4개의 큰 분盆에 각각 얼음 봉우리가 담겨 있고 또 4개의 큰 준尊에는 붉은 작약과 자줏빛 작약 10여 품을 가득 꽂았는데 빙화氷花가 서로 비치어 겉과 속에서 찬란하게 빛을 발했다."118 여기서 팔면은구패전이란 여덟 면을 은단추와 자개로 장식한 나전칠기 화분이다. 이렇게 화려한 소반에 얼음 봉우리를 담은 모습은 원대 유관도劉貫道의 「소하도消夏圖」(사진 61)를 참고할 수 있다. 그림의 하단에 보이는 수반에는 얼음산이 담겨 있는데, 최우의 연회에서 팔면은구패전으로 장식된 화분도 이와 유사한 형태였을 것이다. 이렇게 고려에도 중국에 견주어 손색이 없는 화기를 사용했다는 사실을 알 수 있다.

사진 61
「소하도」, 유관도, 원, 29.3×71.2cm, 넬슨-앳킨스 미술관

3) 꽃꽂이의 종류에 따른 화기의 사용

고려시대 꽃꽂이는 화기 형태와 꽃을 꽂는 방법에 따라 세 가지로 나눌 수 있다. 즉 병을 사용하는 병화瓶花, 반盤을 사용하는 반화盤花, 화분을 사용하는 분화盆花로 구분된다. 병화는 입이 좁은 병에 꽃을 꽂는 방식이며, 반화는 수반이나 항아리 등 입이 넓은 화기에 침봉針峰(劍山) 등을 이용해 꽃을 꽂으며, 분화는 화분에 흙이나 모래를 담고 꽃을 심는 방식이다.

꽃꽂이는 종교를 떠나 문인, 선비들에게 많은 사랑을 받았으며 고려청자 화병을 탄생케 하는 원동력이 되었다. 고려시대 병의 종류는 참외 모양을 본딴 과형병瓜形瓶(사진 62), 어깨가 꺾인 형태의 절견병折肩瓶(사진 63), 매화

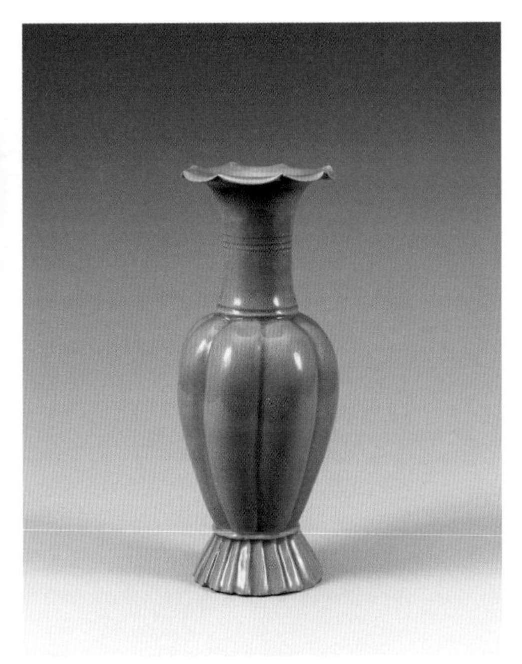

사진 62
청자 과형병, 고려, 높이 22.7cm, 국보, 국립중앙박물관

사진 63
청자 절견병, 고려, 국립중앙박물관

사진 64
청자 매병, 고려, 높이 43.9cm, 국보, 국립중앙박물관

사진 65
청자 옥호춘병, 고려, 높이 25.1, 국립중앙박물관

문양의 매병梅甁(사진 64), 목이 가늘고 복부가 풍만한 옥호춘병玉壺春甁(사진 65), 목이 긴 장경병長頸甁(사진 66) 등 다양하다. 중국의 송·요·금 시기의 무덤 벽화를 보면 매병과 옥호춘병은 주로 술을 담는 용도였으나 때로는 꽃을 꽂는 화기로도 쓰였다. 특히 과형병이나 절견병의 형태는 구연부가 넓게 벌어져 있어 액체를 따르기에 불편한 것으로 보아 꽃꽂이 전용으로 사용되었을 것으로 보인다.

고려 17대 임금인 인종仁宗(재위 1122~1146)의 장릉長陵에서 황통皇統 6년(1146)의 시책諡冊과 함께 청자 과형병(사진 62)이 출토되었다. 청자 과형병은 구연부의 형태로 보아 꽃꽂이용으로 쓰였음을 알 수 있다. 이 화병은 중국의 경덕진요(사진 67)나 자주요, 정요의 양식을 따른 것이지만 비색翡色이라 불리는 푸른빛 유색이 무척 아름답고 기형이 단아하다.[119] 이와 비슷한 화병이 중국 산시성 원시현聞喜縣 금대 6호묘,[120] 산시성 핑양현平陽縣 금대묘, 간쑤성甘肅省 린샤시臨夏市 금대묘 벽화[121] 등의 유적에서도 발굴되었다.

정병淨甁은 원래 승려가 지녀야 할 열여덟 가지 물건 중 하나였으나 점차 불전에 깨끗

사진 66
청자 장경병, 고려, 높이 34.8cm, 국립중앙박물관

사진 67
경덕진요 청백자 과형병, 송, 높이 17.9cm, 국립중앙박물관

사진 68
「양류관음도」, 서구방徐九方, 고려(1323), 165.5×101.5cm, 스미토모가住友家

한 물을 담아 바치는 그릇으로 사용되었다. 「양류관음도楊柳觀音圖」(사진 68)에서 보듯이 정병에는 버드나무 가지를 꽂는 경우가 많았다. 우리나라 국보로 지정된 고려의 청동 은입사 포류수금문 정병靑銅銀入絲蒲柳水禽文淨瓶(사진 69)은 길고 매끈하게 빠진 목 위로 뚜껑 형태의 둥근 테가 놓이고, 그 위로 다시 대롱형의 첨대尖臺가 솟아 있다. 몸체 한쪽에는 귀때가 튀어나와 있다. 정병의 표면에는 은입사 기법으로 버드나무가 있는 물가 풍경이 새겨져 있다. 노 젓는 어부와 물새들이 아름다운 정경을 이루고 있으며 구름 무늬와 여의두 무늬도 보인다. 은을 돌린 굽과 귀때 부분은 녹슬어 푸르죽죽한 몸체와 어울려 독특한 분위기를 자아낸다.

고려청자 가운데 이와 같은 정병 형태로 제작된 종류가 있다. 목이 살짝 밖으로 휜 이 청자 정병은 상감기법으로 장식된 문양으로 기품이 넘치며, 어깨부위에는 모란 넝쿨이 있고 복부에는 이름을 알 수 없는 풀꽃이 장식되어 있는데 선의 흐름이 매우 뛰어나다.(사진 70)

고려시대에 제작된 청자 방형향로(사진 71)는 상·주 시대 왕의 권위를 상징하는 정鼎을 모방한 향로가 화기로 사용되었을 가능성을 보여준다. 고려시대 청자 화분은 방형뿐 아니라 원통형(사진 72), 다각형, 항아리형, 반형 등 여러 기형이 있으며

사진 69
청동 은입사 포류수금문 정병, 고려, 높이 37.5cm,
국보, 국립중앙박물관

사진 70
청자 상감화훼문 정병, 고려, 높이 35.2cm,
국립중앙박물관

사진 71
청자 양각도철문 방형향로, 고려, 높이 13.3cm,
국립중앙박물관

사진 72
청자 상감운학화문 화분, 고려, 높이 13.5cm,
국립중앙박물관

문양도 국화문, 모란문, 연화문, 물가풍경문, 용문 등 고려청자에서 보이는 거의 모든 문양을 담고 있다.[122]

꽃꽂이 이론과 기술의 향상

조선시대에는 왕실의 원림을 관리하는 기관이 따로 있었다. 세조 12년(1466) 상림원上林園을 개편한 장원서掌苑署가 바로 그러한 기관으로, 성삼문의 옛 집터(지금의 서울시 종로구 정독도서관 입구 부근)에 있었다고 한다. 장원서에 딸린 분원으로는 경원京苑과 외원外苑이 있었는데 경원은 용산·한강에 있고 외원은 강화·남양·개성·과천·고양·양주·부평 등지에 있었다.[123] 경원과 외원의 주된 임무는 음력 9월 9일 중양절에 대궐과 내각에 바칠 국화 화분을 기르는 것이었다.[124]

역대 왕들의 화훼에 대한 인식은 문인지식층을 비롯한 민간의 병화 문화에도 영향을 끼쳤다. 성종成宗(1469~1494)은 장원서에서 진상한 영산홍과 매화를 인위적으로 길렀다는 이유로 꽃을 물리쳤다는 일화가 『조선왕조실록』에 전해진다.[125] 이는 겨울에 꽃을 피우는 것은 자연의 순리에 어긋나는 일이므로 즐기지 않았다는 뜻으로, 꽃꽂이에 적극적이었던 고려 왕실과는 전혀 다른 분위기를 드러낸다. 당시 서화가이자 문신인 왕희걸의 해석에 따르면, 겨울에 꽃을 기르기 위해 흙집을 짓고 땔감을 모으게 하는 것은 백성을 수고롭게 하는 폐단이 크고 천지의 기운을 어기는 놀음이라는 게 성종의 인식이다.[126]

연산군은 성종과는 달리 화초를 완상하는 생활에 심취했다.[127] 연산군은 전국에 명하여 왜철쭉, 치자, 유자, 석류, 동백, 장미 등을 바치게 했으며 장원서 노비들을 고관 대하듯 했다고 한다. 그런가 하면 장원서 관원들을 편 갈라 진귀한 화초를 구하는 경쟁을 시켰으며 과도한 업무로 목숨을 잃는 경우도 있었다고 한다. 이러한 폐단으로 인해 중종中宗은 겨울과 가을에 대비전에만 꽃꽂이 장식을 올리고 다른 곳에는 진상하지 못하게 했다.

철쭉의 경우 원래 자생종이 있었으나 세종 23년 일본이 왜철쭉을 진상한 이후로 색이 곱고 아름다워 큰 인기를 얻었다고 한다. 우리나라 최초의 원예서라 할 수 있는 강희안의 『양화소록養花小錄』에 따르면 연산군은 장원서에 명해 팔도에 있는 왜철쭉을 바치도록 했다는 기록이 있다. 화기로는 철쭉문이 장식된 백자 청화병(사진 73)과 백자 청화발(사진 74)이 있는데, 연산군과 연관이 있는지 살펴볼 만한 자료가 아닌가 싶다.

조선 중기 왕실에서는 고희를 맞은 원로 종친과 신하들을 축하하기 위해 잔치를 베풀어줬는데, 이 자리에 화준花罇과 주준酒樽이 화기로 등장한다. 선조 17년(1584)과 선조 18년(1585)에 그려진 「기영회도耆英會圖」(사진 75)[128]를 보면 대청 한

사진 73
백자 청화각촉문병白磁青畫脚蠋文瓶, 조선,
높이 34.7cm, 국립중앙박물관

사진 74
백자 청화화문발白磁青畫花文鉢, 조선, 국립중앙박물관

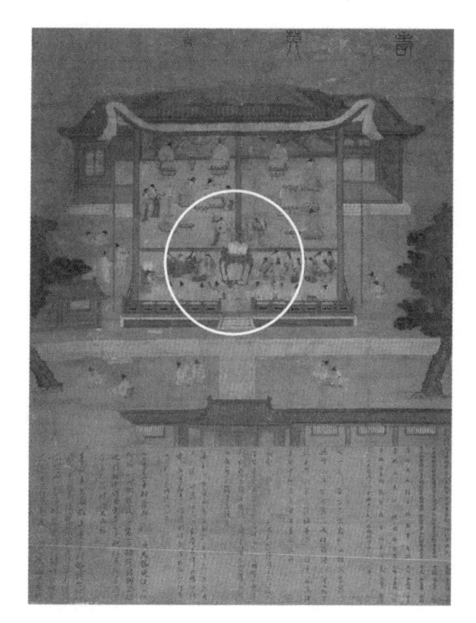

사진 75
「기영회도」, 조선(1584), 163×128.5cm, 보물, 국립중앙박물관

가운데 붉은 옻칠을 한 탁자가 있고 그 위에 꽃이 담긴 커다란 청화백자 화준이 놓여 있어 경사스러운 분위기를 더하고 있다. 화준은 화면 중심에 위치해 있을 뿐만 아니라 과장된 크기로 그려져 있어 기물의 존재감과 왕실의 존엄이 부각되고 있다.[129] 화준의 형태와 문양 등을 살펴보면 때 조선 전기에 관요에서 제작된 백자 청화호인 듯하다.[130] 구연이 곧으며 어깨선이 둥글고 저부를 향해 좁아지는, 전체적으로 길고 높은 형태의 입호立壺[131]에 해당한다.

명종 15년(1560) 관인들에게 베푼 잔치를 그린 「서총대친림사연도瑞蔥臺親臨賜宴圖」에서도 화준을 확인할 수 있다. 정조 20년(1795) 임금의 수원 화성 행차를 기록한 「원행을묘정리의궤園幸乙卯整理儀軌」에서는 용무늬가 그려진 '화준'이라는 명칭이 등장한다. 형태는 목과 어깨부분에 넝쿨무늬와 여의두 무늬가

사진 76
백자청화운룡문호, 조선, 높이 36.6cm, 국립중앙박물관

사진 77
백자철화매죽문호 ,조선, 높이 40cm, 국보, 국립중앙박물관

사진 78
백자청화수하인물문호, 조선, 높이 42.5cm, 국립중앙박물관

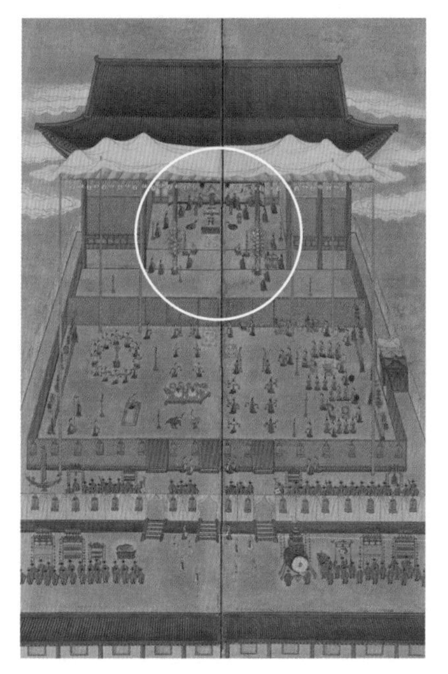

사진 79
「신축진찬도병풍」, 조선, 100.0×183.0cm, 국립고궁박물관

있으며 굽 부분에는 변형 연판문이 장식되어 있다. 중앙에는 왕을 상징하는 오조룡五爪龍이 만卍자 모양 구름과 함께 묘사되어 있는데[132] 이와 유사한 도상을 백자 청화운룡문호白磁青畫雲龍文壺(사진 76)에서 찾아볼 수 있다. 왕실에서 사용한 화준의 다른 예로는 백자 철화매죽문호白磁鐵畫梅竹文壺(사진 77)와 백자 청화수하인물문호白磁青畫樹下人物文壺(사진 78) 등이 있다.

조선 궁궐의 의례와 연회석상에 사용된 꽃은 생화가 아니라 비단으로 만든 인조화다. 이를 채화綵花라 하는데 궁중의궤 가운데 「국조오례의國朝五禮儀」 「진찬의궤進饌儀軌」 「진연의궤進宴儀軌」 「진작의궤進爵儀軌」 「춘관통고春官通考」 「가례도감의궤嘉禮都監儀軌」 「원행을묘정리의궤園幸乙卯整理儀軌」 「영건도감의궤營建都監儀軌」 등은 채화가 그려진 중요 자료다.[133]

헌종憲宗의 계비 효정왕후孝定王后(1831~1903)가 대왕대비로서 71세를 맞이한 것을 기념해 1901년에 진찬이 열렸는데, 그 장면을 10폭 병풍에 담은 그림이 「신축진찬도병풍辛丑進饌圖屛風」이다. 이 가운데 내진찬 장면을 담은 3, 4폭(사진 79)을 보면 두 개의 기둥 사이에 대형의 청화백자화준이 놓여 있고 채화가 꽂혀 있으며, 화준의 목에는 붉은 띠가 매여 있다.

1) 화훼 재배 기술에 눈뜨다

조선의 꽃 문화는 명나라와 적지 않은 영향 관계를 지닌다. 명나라에서는 문인들이 시서화 모임을 즐기는 가운데 꽃과 화기에 대한 품감이 널리 유행했고 병화에 관한 저술 활동도 활발했다. 대표적인 저술은 『준생팔전』(1591), 『병화보』(1595), 『병사』(1599), 『장물지』(1621) 등을 들 수 있다. 자연스럽게 이러한 문화가 조선 사회에 유입되었으며 시간의 흐름 속에 조선만의 독창적인 특성이 나타나기 시작했다. 18세기 후반에는 정원 조성이나 원예 기술에 대한 관심이 보편화되어 중국 사행을 가는 문관들의 일정에 북경의 화초포花草鋪(온실 화원) 방문을 포함시켰다고 한다.[134]

조선의 문인들도 매화, 난초, 소나무, 대나무 등을 소재로 시와 서화를 남기거나 화훼 관련 저술을 지었다. 조선 중기에 발간된 화훼와 관련된 대표 서적으로는 강희안의 『양화소록』을 비롯하여 허목許穆의 『석록초목지石鹿草木誌』, 이만부李萬敷의 『노곡초목지魯谷草木誌』, 신경준申景濬의 『순원화훼잡설淳園花卉雜說』 등이 있다. 이들 저술의 내용에는 화훼의 종류와 품평, 초목을 심고 가꾸는 방법, 벌레 퇴치법, 접목하는 법, 꽃의 색깔을 바꾸는 기술, 꽃이 피는 시기를 조절하는 방법, 화분 배열법, 화훼를 키우는 이유, 꽃에 대한 사색과 철학 등이 담겨 있다.

18세기 후반부터 19세기 초반에는 문인 지식층 사이에 화원을 가꾸는 취미가 유행했다.[135] 동시에 유박柳璞의 『화암수록花庵隨錄』, 이옥李鈺의 『담화談花』 등 화훼 전문서가 간행되었고, 정약용은 「죽란화목기竹欄花木記」「다산화사이십수茶山花史二十首」 등 화훼 관련 작품을 남겼다.[136] 실학자 이학규李學逵는 유배 당시 화병에 국화를 꽂고 그 그림자를 노래한 국영시菊影詩를 다수 남겼다.[137] 그 밖에도 많은 문인이 화훼에 빗대어 자연에 의탁한 지식인의 불우한 처지와 사회 현실에 대한 비판 의식을 드러내기도 했다.[138]

박흥생(1374~1446)의 『촬요신서撮要新書』는 일상생활에 관계된 지식을 망라한 가정 지침서인데, 꽃이 피고 지는 시기를 늦추는 방법을 비롯해 13종의 초목을 심고 가꾸는 방법, 벌레 퇴치법, 꽃이 피는 시기를 늦추는 법, 접붙임에 대해서 자세히 기술하고 있다.[139]

시서화에 특출했던 강희안의 『양화소록』은 조선 최초의 화훼 전문서로 일본의 원예 및 본초학에 영향을 준 것으로 알려져 있다. 18종의 화훼를 비롯하여 화분에서 꽃과 나무를 키우는 방법, 꽃을 빨리 피우는 방법, 꽃을 기르는 방법, 화분을 배열하는 법, 갈무리하는 법, 꽃을 키우는 이유가 수록되어 있다. 그는 화분에 꽃나무를 기르려면 기름진 흙을 써야 한다고 강조했으며, 말똥을 물에 담갔다가 화분에 넣어주면 꽃을 빨리 피울 수 있다는 최화법催花法을 언급했다.[140]

철종 당시 문신이었던 서경순徐慶淳 역시 개화를 앞당기는 방법에 관심을 보였다. 그는 청나라 사행록인 『몽경당일사夢經堂日史』에서 엄동설한에 봄 경치를 만드는 중국 송대의 장화법藏花法을 예로 들어 방법을 소개했다.

허균은 『한정록閑情錄』 제17권 「병화사甁花史」에서 계절에 해당하는 꽃(화목花目), 꽃에 대한 품평(품제品第), 꽃을 기르는 화병(기구器具), 화병의 물(택수擇水), 화병에 꽃을 꽂는 법(의칭宜稱), 거실의 가구 배치(병속屛俗), 꽃 아래서 향을 피우지 말 것(화수花祟), 꽃 씻기(세목洗沐), 각 꽃의 사령(사령使令), 호사好事, 청상淸賞, 감계監戒, 화안花案으로 나누어 기술하고 있다.[141] 대부분 중국 원굉도의 『병화사』 등의 내용을 옮겼다는 한계는 있지만 꽃을 계절별로 분류한 특징을 지니고 있다. 그는 병화를 자연의 축소판으로 여기면서 인간과 산수 자연 사이에서 정신적인 교섭을 해준다고 보았다.[142] 「화수花祟」에서 그는 꽃 아래에서 향을 피우는 것은 차에 과일을 넣는 것과 같다면서, 한희재가 "물푸레나무에는 용뇌향이, 도미술에는 침향이, 난꽃에는 사절四絶이, 함소꽃에는 사향이, 치자나무 꽃에는 전단향이 좋다"고 한 말에 동의하지 않았다.[143] 화훼에 대한 그의 순수하고도 열정적인 수준 높은 안목을 엿볼 수 있다.

2) 글과 그림에 나타난 조선의 꽃꽂이

서양에 정물화가 있었다면, 동양에는 병화도甁花圖가 있었다. 병화도는 학식 있는 문인의 품격을 나타내는 옛 기물과 부귀, 장수, 다자多子 등 길상적인 의미를 지닌 꽃과 과일, 괴석 등을 함께 그린 것으로, 궁중에서 민간에 이르기까지 폭넓게 환영을 받았다.

조선의 병화도에는 중국 문화의 영향이 강하게 나타나고 있다. 허균의 『한정록』에는 중국 강남에서 사용된 화기에 대한 설명이 담겨 있다. "일찍이 강남 어느 여염집의 소장품을 보니, 향음鄕音에 쓰인 옛 기물은 청취색 무늬가 깊숙이 박히고 모래와 돌 같은 점들이 불쑥하여 꽃의 금옥金屋이라 이를 만하고, 그다음 관요, 가요, 상주요, 정주요 등에서 만든 오지그릇은 곱고 윤택하여서 모두 꽃의 정사精舍라 이를 만하다."[144] 이는 원굉도가 『병사』에서 언급한 내용과 일치한다. 그 밖에 재질에 따른 화기의 종류, 청동 화기가 꽃을 오래도록 시들지 않게 한다는 내용 역시 원굉도의 화훼 지식을 옮긴 것이다. 허균이 전달한 원굉도의 문헌에 대해 정조는 문체가 경박하다는 이유로 비판했는데, 이는 원굉도의 글이 당시 조선 문인들에게 환영받았다는 사실을 역설적으로 드러낸다.[145]

강희안이 저술한 『양화소록』의 주요 내용은 꽃이나 나무를 심거나 기르는 법에 대한 것으로, 특별히 관심을 끄는 것은 화병에 꽃을 꽂고 배열하는 방법에 관한 「배화분법排花盆法」이다. 예컨대 그는 "꽃나무가 높고 큰 것은 뒷줄에 두어야 하고, 짧고 작아 대 위에 올려놓을 만한 것은 앞줄에 배열하는 것이 좋다"라고 했다.[146] 화분 배열에 관한 글은 『양화소록』 외에는 잘 보이지 않는다. 강희안은 꽃나무가 짧고 작아서 작은 크기의 화분이 사용된 경우에는 화분대 위에 올려 앞줄에 배치했음을 언급하고 있다. 앞줄 혹은 뒷줄의 배치는 모든 화분이 햇빛을 잘 받게 하고자 하는 배려도 포함되어 있다. 지금의 시각으로 보자면 지극히 평범한 내용이라 할 수 있지만 당시

사진 80
분청사기 상감연화문병,
조선(14~15세기),
높이 30.8cm,
국립중앙박물관

에는 분명 앞서나간 안목으로 평가됐을 것이다.

조선의 화병이나 화분에도 병화도를 그려 넣은 경우를 볼 수 있다.[147] 예를 들어 14~15세기 조선 초기에 생산된 분청사기 상감연화문병(사진 80)의 복부를 보면 화분에 담긴 연꽃 두 송이가 그려져 있다. 그 후 18세기 중반에 이르면 병화도가 문양으로 장식된 청화백자가 다수 등장한다.[148]

이러한 양식에 영향을 끼친 명대의 병화도는 변문진의 「세조도」(사진 36), 구영의 「초음결하도」(사진 38), 「명인풍임도」(사진 42), 진홍수의 「완국도」(사진 40) 등이다. 그 핵심 화기는 청동기와 가요 자기 등 송대 자기로, 가요 자기는 독특한 빙렬 문양 때문에 많은 관심을 얻어 조선의 책가도冊架圖와 문인화에 흔히 등장한다. 심지어 먹, 가구, 문살 등에 빙렬 문양을 입히기도 했다.[149] 국립고궁박물관에 있는 가요를 모방한 화병은 중국 도광道光 연간(1821~1850)에 경덕진요에서 제작되어 조선 궁궐에 전해진 것으로 추정되고 있다.[150] 화분으로는 균요 화분이나 청화백자도 사용되었다.

이렇듯 그림 속 책가도에는 가요 자기 화병이 주로 그려져 있는 반면, 꽃은 확실치는 않으나 매화, 철쭉, 또는 석류 등 다양한 편이다. 화병은 조선시대의 시문에 '화고花觚'라 불리고 있으며, 오래된 청동기를 뜻하는 동치銅觶 또는 병缾 등으로도 불리고 있다.[151] 조선 왕실에서도 이런 병화도가 애용되었음을 짐작할 수 있는 실물로는 인조의 장녀 숙신공주淑愼公主(1635~1637) 묘에서 출토된 명 만력 시기의 오채 화과문 접시五彩花果文盤(사진 81)를 들 수 있다. 18세기 중반에 제작된 것으로 알려진 백자 청화 산수화조문 항아리白磁靑畫山水花鳥文缸(사진 82)의 복부에는 능화형 창 안에 화분이 그려져 있는데, 화분 받침에 가요 자기의 빙렬 문양이 보인다. 19세기의 것으로 보이는 백자 청화병(사진 83)에는 자유롭게 배치되어 있는 여러 가지 물건이 흥미롭다. 안경, 파초 잎, 담뱃대 등 당시 유행처럼 수집되었던 물건과 더불어 호족虎足 형태의 탁자 위에 놓여 있는 화려한 분재 화분이 보인다. 이를 통해 당시 완상의 대상이었던 기물이 자유롭게 백자의 소재로 쓰였음을 알 수 있다. 이 작품은 조선 후기에 성행한 고동기의 수집 및 감상 활동이 고스란히 반영된 것으로, 짙은 청화 윤곽선 안에 채색을 하는 방식으로 그려져 있다.

중국의 병화도는 『당시화보唐詩畫譜』 『십죽재서화보十竹齋書畫譜』 등의 화보를 통해서도 조선에 전해졌다. 특히 조선 후기에 유입된 『십죽재서화보』는 조선의 화가들에게 큰 영향을 끼친 것으로 알려져 있다.[152]

사진 81
오채 화과문 접시,
명(만력), 입지름 6.7cm,
국립중앙박물관

사진 82
백자 청화 산수화조문 항아리, 조선(18세기 중반),
높이 54.8cm, 국보, 용인대학교

사진 83
백자 청화 기물문 병,
높이 29.4cm, 국립중앙박물관

사진 84
「절매삽병도」, 강희안,
조선, 21.4×16.4cm,
국립중앙박물관

궁궐 문화의 영향을 받은 병화도와 달리 선비의 풍류 문화를 반영한 문인화는 간결한 자연미와 공간미가 특징이다.[153] 문인화에서 묘사되는 사군자, 세한삼우, 설중매, 수선화 등은 문자향을 발하는 정신세계, 즉 선비의 불굴의 정신을 상징하는 소재라 할 수 있다.[154] 문인화에서는 온고지신의 고태 어린 옛 그릇, 청아한 백자 항아리, 불균형의 옛 항아리 등 소박한 형태의 화병을 귀하게 여긴다.[155] 조선 후기의 대표적인 문인화가로는 강세황, 김정희 등이 있으며 문인들의 취향을 그린 화가로는 김홍도, 조희룡, 장승업 등이 있다. 조선 전기 강희안의 「절매삽병도折梅揷瓶圖」(사진 84)에서도 이러한 기풍을 확인할 수 있는데, 화면 오른쪽 소나무 아래 매화 등이 심어진 네 개의 화분이 보인다. 또한 조선 후기 김홍도의 자화상으로 전해지는 「포의풍류도布衣風流圖」는 서가에 홀로 앉아 한가로이 비파를 뜯는 단원의 모습이 담겨 있는데,[156] 옆자리에 청동 화병과 가요 자기가 놓여 있어 당시 조선에서 유행한 명대의 병화도를 수용했음을 반영하고 있다.

병화도는 진귀한 골동 화기와 꽃, 과일 등을 소재로 삼기에 '기명절지도器皿折枝圖' 혹은 '박고도博古圖'라고도 불리며 궁중과 상류 사회의 높은 취향을 반영한다. 나아가 자연 생명과 인간이 빚어낸 화기의 조화 속에서 이색적인 대비를 추구하는 경향으로 오늘날 설치예술의 미감에 가깝다 할 수 있다.

청나라 화가인 장사보張士保(1805~1879)는 평양과 한성을 오가며 조선의 화가들과 교류하고 서화를 가르친 인물로, 그가 화병에 그린 「기명절지도」(사진 85)를 보면 소나무, 대나무, 매화의 세한삼우를 조형적으로 꽂아 장수의 기원을 담은 고동기를 찾아볼 수 있다. 역시 청나라 화가인 조지겸趙之謙(1829~1884)의 「세조청공도歲朝淸供圖」(사진 86)는 새해를 맞아 고동기에 꽃을 꽂아 한 해의 복을 기원하는 뜻을 담은 궁중화인데, 청공淸供이란 '맑은 삶에 이바지하는 물건'이라는 뜻으로 서재의 책상머리에 두어 아취를 더하는 분재, 꽃, 과일 괴석, 골동품, 문방구 등을 일컫는다. 이 그림은 현대화를 보는 듯한 인상을 선사한다.157

이런 유풍을 담은 조선의 작품으로 조석진

사진 85
「기명절지도」, 장사보, 청, 204.2×41cm, 국립중앙박물관

사진 86

「세조청공도」, 조지겸, 청, 27.5×114.0cm, 국립중앙박물관

사진 87

「기명절지도」, 조석진, 조선,
74×198cm, 국립중앙박물관

사진 88
「평생도」, 김홍도, 조선, 53.9×35.2cm, 국립중앙박물관

趙錫晉(1853~1920)의 「기명절지도」(사진 87)가 있다. 화면에는 크고 작은 고동기들이 중심을 이루고 그 아래로 가지나 붉은 무, 배추, 밤송이 등과 같은 채소와 과일들이 어우러져 있다. 화면 우측 상단에 '서창청공書窓清供'이라는 화제와 '소림조석진화小琳趙錫晋畫'라는 관서가 있다. 크기와 형태로 미루어 본래 대련對聯이었을 것으로 추정된다.

조선 후기에는 회혼례回婚禮와 회방연을 그린 그림에서 사대부와 민간에 전파된 병화 문화를 엿볼 수 있다. 혼인한 지 60년을 기념하기 위해 다시금 혼인의식을 치르는 회혼례 풍경을 묘사한 김홍도의 「평생도平生圖」**158**(사진 88)를 보면 노부부와 자손들은 머리에 꽃을 꽂고 있고, 상 위에는 꽃이 놓여 있다. 특히 화려한 채색 자기로 보이는 화준에 윤회매輪回梅 같은 밀랍화가 꽂혀 있다. '윤회매'란 밀랍으로 만든 매화로, 실학자인 이덕무는 매화를 사시사철 감상하기 위해 밀랍으로 직접 만들었으며 지인들에게 팔기도 했다. 그는 「윤회매십전輪回梅十箋」이라는 글을 써서 윤회매를 만드는 10가지 방식을 남기기도 했다.[159] 이렇듯 조선 후기에는 일반 백성의 혼례, 상례, 기로연 또는 선비들의 모임에 채화와 밀랍화가 대중적으로 사용되었음을 알 수 있다.

조선의 꽃꽂이 문화는 중국 문화에 뿌리를 두고 있지만 유교 사회에 어울리는 절제된 양식으로 발달했다. 특히 생화를 대신하여 채화와 밀랍화를 사용하거나 기명절지도, 박고도 같은 그림을 장식하는 방식을 창안했다. 또한 꽃꽂이에 적극적이었던 고려 왕실과는 달리 화병에 꽃을 꽂아 감상하는 방식보다는 화분에 심거나 기르는 데 많은 관심을 보였으며 경제적인 방식을 추구했다.

3장

일본의 꽃 문화, 이케바나

꽃에 깃든 신의 영역

지금까지 알려진 바로는, 고대인들이 맨 처음 꽃을 꺾게 된 계기는 신앙심을 표현하기 위한 것이었다. 일본에서도 오래전부터 꽃에 신이 깃들어 있다고 하며 이를 신성시하는 심리가 이어져왔다. 일본을 대표하는 꽃 '사쿠라サクラ'라는 이름의 유래로도 그러한 심리를 확인할 수 있다. '사쿠라'는 농사의 신을 뜻하는 '사サ'와 신이 있는 곳을 뜻하는 '가미쿠라カミクラ'가 합쳐진 용어로, 즉 신이 있는 곳을 의미한다. 일본인은 예로부터 산속에 하얀 벚꽃이 피어난 것을 보고 신이 와 있는 것이라 믿어온 것이다. 또한 꽃을 뜻하는 '하나花'라는 말에는 '점괘'와 관련된 전조前兆, 선촉先触의 의미가 깃들어 있다.160 즉, 일본인은 꽃 속에서 신을 느꼈고 그 신의 뜻을 읽으려 했던 것이다.

아스카시대에 불교가 일본에 전해질 때도 신께 꽃을 바치는 형식이 함께 전해졌다. 초기에는 과거, 현재, 미래를 나타내는 연꽃이 주로 바쳐졌으며 사찰이나 불당, 불단의 제례에 비교적 단순한 형식으로 올려졌다. 그 형식은 연꽃의 세 가지 의미로 나뉜다. 즉 열매는 과거를, 꽃은 현재를, 봉오리는 미래를 상징한다. 이후 쇼무聖武 천황(701~756)의 발원으로 건립된 도다이사東大寺의 연못은 연꽃이 공화에 사용되었음을 보여주는 증거라 할 수 있다.

고대 일본인은 만물에 영혼이 깃들어 있다고 믿었으며, 특히 화초와 나무가 신령을 대표한다고 여겼다. 그런 이유로 옛날에는 야외에서 꽃구경을 즐기거나 제사를 지내지 못하게 했다. 그러나 절에는 실내에 불상을 모셨기 때문에 부처님께 꽃을 바칠 수 있었다. 이런 종교의례는 민간의 전통적인 의식을 크게 변화시켰고 꽃꽂이가 실내 장식으로 자리 잡을 수 있는 토대를 마련했다.

아스카시대의 쇼토쿠 태자(6세기 말~7세기 초)는 한반도를 통해 들어온 불교문화를 숭상한 인물로, 중국에 거듭 사신을 보내 선진 문화를 흡수하고자 했으며 중국 승려와 장인을 불러들여 많은 사찰을 짓고 불법을 가르치게 했다. 쇼토쿠 태자가 수隋에 보낸 사절 중 가장 유명한 사람은 오노 이모코小野妹子로, 그는 세 차례나 중국에 건너가 불교를 깊이 연구하고 돌아와서는 불문에 귀의해 쇼토쿠 태자가 창건한 육각당六角堂에 머물렀다. 이곳에서 그는 중국의 공화를 모방해 일본 제단에 꽃을 바치는 규칙을 만들었다. 사람들은 그에게 이케베池边 승려의 이름을 따서 이케노보池坊라 부르기 시작했으며, 이로부터 일본 이케바나生花[161]의 가장 유서 깊은 '이케보류池坊流'가 탄생했다. 이렇듯 일본의 화도花道는 불교와 밀접한 관계

사진 89
「쇼토쿠 태자 승만경 강찬도」, 헤이안(12세기), 85.4×40.6cm, 국보, 진고사神護寺

속에서 탄생했으며, 오늘날 오노 이모코는 이케바나의 조상으로 추앙받고 있다.

불교를 숭상했던 쇼토쿠 태자는 606년 7월 천황 앞에서 승만경勝鬘經을 사흘 만에 해독했다고 한다. 「쇼토쿠 태자 승만경 강찬도聖德太子勝鬘經講讚圖」(사진 89)는 쇼토쿠 태자가 비스듬히 앉아서 강의를 하고 산배형왕山背兄王, 혜갈법사慧葛法師, 박사각여가博士覺如可, 소아마자蘇我馬子, 소야매자小野妹子(오노 이모코)가 태자를 둘러싸고 강연을 기다리는 모습을 담고 있는데, 인물 옆에 이름을 써넣은 점이 독특하다. 태자의 왼쪽에 놓인 흑칠 S자 사족 탁자 위에는 뚜껑이 있는 삼족향로와 화병 두 개가 놓여 있다. 두 개의 화병에는 붉은색과 흰색의 꽃이 각각 5송이 꽂혀 있는데, 앞쪽의 화병은 목이 가늘고 길며 복부가 둥글고 뒤쪽의 화병은 어깨가 꺾인 형태로 복부가 홀쭉한 반구형盤口形으로 보인다. 쇼토쿠 태자와 관련이 있는 이 그림은 헤이안 12세기에 그려진 것으로, 아스카시대가 아닌 헤이안시대 이케바나의 면모를 보여준다는 점에서 주목된다.

노래로 전해지는 이케바나

일본에서는 오랜 옛날부터 꽃의 감흥을 노래로 표현해왔으나[162] 헤이안시대부터 화기에 꽃을 꽂아 감상하기 시작했으며, 문학 작품 곳곳에서 그 흔적을 발견할 수 있다. 11세기 초에 발표된 장편소설 『원씨물어原氏物語』에는 "병에 꽂힌 앵두꽃"과 "부처 앞에 공양된 은제 화병"이라는 표현이 보이며, 비슷한 시기에 저술된 궁중 산문집 『침초자枕草子』에는 난간에 있는 크고 푸른 병에는 벚꽃이 담겨 있다는 대목이 보인다.[163] 분명 푸른 병에 꽂혀 흐드러지게 피어난 벚꽃은 아름다웠을 테지만, 그보다는 꽃병의 모양이나 색깔, 감상 장소 등이 어우러진 아름다움으로 봐야 할 것이다.

헤이안 중기에 완성된 시가집 『고금화가집古今和歌集』 제1권에는 소메도노染殿 황후(829~900, 후지와라 아키라케이코藤原明子)의 부친인 후지와라 요시후사藤原良房(804~872)가 어전에서 벚꽃을 화병에 꽂아 완상하는 모습을 노래한 시가 담겨 있다. 후지와라 가문이 권력을 쥐고 있는 동안 가문의 영화로운 상징이자 희망이었던 딸을 벚꽃에 비유한 것이다. 이 시에 '화병花瓶'이라는 표현이 있으므로 꽃을 꽂은 병이 따로 있었음을 알 수 있다.[164]

같은 시기에 발표된 『이세모노가타리伊勢物語』[165]에는 주인공인 아리와라 나리히라在原業平가 "애정하는 사람을 위해 병에 꽃을 꽂는다"라고 읊조리는 장면이 있다. 맛있는 술을 마시러 온 손님들을 위해 나리히라가 꽃 길이가 1미터쯤 되는 등나무를 병에 꽂아 대접했으며, 손님들은 멋진 등나무 꽃을 주제로 노래를 지었다고 한다.[166] 여기서 흥미로운 점은 손님을 위해 꽃을 준비한 나리히라에 대해 사랑과 풍류를 아는 인물로 묘사하고 있다는 것이다. 다만 당시에 꽃이 일상적으로 실내에 장식되었는지는 분명하지 않다. 꽃을 장식하기 위한 특별한 실내 장소도 아직 확인되지 않았다.

헤이안시대의 이케바나는 주로 불교와 관련된 회화 작품에 자주 등장한다. 11세기 헤이안시대의 그림 「십육나한도十六羅漢圖-제십존자第十尊者」(사진 90)는 현존하는 일본의 십육나한도 가운데 가장 오래된 그림으로, 밝고 부드러운 색감은 11세기 일본 불화의 특징이라 할 수 있다. 원래 시가滋賀현 오쓰大津시의 사찰 쇼주라이고사聖衆來迎寺에 전해지던 작품으로 중국 당대 나한상의 양식을 본받았다. 각 그림의 윗부분에는 색지형色紙形이라는 네모난 구획을 만들어 나한의 이름과 사는 곳이 적혀 있는데, 거의 지워졌지만 자세히 보면 화초와 새의 모습이 그려져 있어 헤이안 귀족의 우아한 취미를 엿볼 수 있

사진 90

「십육나한도」, 헤이안(11세기), 95.6×51.8cm,
국보, 도쿄국립박물관 ColBase

사진 91

「공작명왕도상」, 헤이안(12세기), 83.5×54.8cm,
중문, 다이고사醍醐寺

사진 92
조수희화 4권,
지본묵화(부분),
헤이안·가마쿠라
(12~13세기), 국보,
고잔사高山寺

다. 본 그림에는 화려하게 만들어진 대리석 같은 돌받침 위에 꽃이 가득 담긴 유리 발이 놓여 있다. 그 조형은 입이 넓고 속이 깊은 형태로 침봉 등을 이용해 꽃을 꽂은 것으로 보인다.

앞서 보았던 「십육나한도」와 마찬가지로 일본에서 유리로 만든 발이 화기로 사용된 다른 예를 찾아볼 수 있다. 다이고사醍醐寺에 소장된 「공작명왕도상孔雀明王圖像」(사진 91)[167]은 묵서墨書로 재난과 병을 막아주는 공작명왕을 묘사한 그림이다. 공작명왕은 뱀의 천적인 공작을 숭배하는 인도 원시 신앙에서 탄생한 신적 존재로, 공작명왕이 점차 불교에 융화되는 과정에서 더욱 신격화되어 석가여래와 인연을 맺었다. 「공작명왕도상」은 고야산高野山의 겐쇼玄証(1146~1222)가 소장한 여러 작품 중 한 점으로, 헤이안 시기의 보기 드문 도상이라 할 수 있다. 담채로 표현한 이 그림에도 유리 발이 보이고 있다. 「십육나한도」와 「공작명왕도상」에 보이는 화기는 모두 유리제로 당시에 특별히 유행한 화기의 재질이 아니었나 싶다.

교토의 고잔사高山寺에는 12~13세기에 제작된 「조수희화鳥

獸戱畫」가 전해지는데 제4권에는 개구리의 본존을 공양하는 원숭이가 있고 승정 앞의 책상 위에는 연꽃이 꽂힌 화병이 놓여 있다.(사진 92) 이것은 법화회法華會를 희극화한 것으로 대중적인 불공양에서는 이렇게 간략화된 공화를 했을 것임을 보여준다.

카라모노의 유행과 이케바나의 융성

1) 실내에 장식된 이케바나

중세의 두루마리 그림을 보면 실내에 장식된 꽃이 등장하기 시작한다. 가마쿠라 말기(14세기 전반)의 「법연상인회전法然上人繪傳」 같은 그림에는 주택 안에 불상이나 불화를 모셔놓고 그 앞의 탁자 위에 꽃이 놓여 있다. 이는 생활공간에 꽃 장식이 도입되었음을 의미한다. 종파에 따라 장식의 형식은 다르지만 간략화하여 중앙에 향로를 두고 좌우에 작은 화병을 배치하기도 하고, 작은 화병을 중앙에 두고 오른쪽에 촛대를 왼쪽에 향로를 두는 경우도 있다. 불전 공양에는 연꽃을 많이 사용했지만 서민층에서는 상록수 한 종류만 바치는 예도 볼 수 있다.

장식하는 꽃의 예는 「모귀회사慕歸繪詞」의 제5권에 보인다.(사진 93) 「모귀회사」는 가쿠뇨覺如(1270~1351)의 전기를 담은 두

사진 93
「모귀회사」 5권, 난보쿠조,
혼간사本願寺

루마리 그림으로, 가쿠뇨의 귀적歸寂을 흠모하는 뜻으로 '모귀회사'라는 제목을 붙였다. 난보쿠조시대인 1351년에 제작되었으며 모두 10권으로 구성되어 있다. 저자는 산조 긴타다三条公忠를 비롯해 여러 명이 공동으로 집필했고, 그림은 후지와라 다카마사藤原隆昌가 그렸다. 그림을 보면 혼간사本願寺 3세인 가쿠뇨가 여는 가회歌會 자리에 채색 가키노모토 히토마로柿本人麻呂 형상을 벽면 중앙에 놓고 수묵의 매화와 대나무 그림이 좌우로 배치된 세 폭 그림이 세트를 이룬다. 그 앞의 책상에는 꽃이 장식되어 있는데 중앙에 향로가 있고 좌우에 화병을 두었으며 상록수가 하나씩 꽂혀 있다. 히토마로는 가신歌神으로 숭배되었기 때문에 그 앞에 놓인 병화는 '공화'의 의미도 있다고 할 수 있다.

하지만 좌우의 수묵 매화도와 대나무도는 분명히 감상을 위해 걸어둔 그림이기 때문에 그 앞에 놓인 화병은 장식용이라 해석할 수 있다. 즉 여기에서는 '공화'와 '장식'의 구별이 보

사진 94
「모귀회사」 8권,
난보쿠조, 혼간사

이지 않는다. 예컨대 인마도·매화도·죽도 세 폭이 걸린 벽면을 50센티미터 안쪽으로 들여놓고 그 앞에 상을 놓으면 바로 「제례초지祭禮草紙」(사진 110)에 보이는 압판押板168이 된다. 압판은 도코노마床の間의 전신이며, 생활공간에서 걸개그림이나 화병 등의 공예품을 감상하는 장소로 최적인 것이다.

8권을 보면 판자를 댄 벽면 앞에 촛대와 화병과 향로가 놓여 있다. 향로와 화병은 용천요 제품으로 추정되며 복숭아꽃이 꽂힌 화병에는 음각문이 장식되어 있다.(사진 94) 앞서 5권의 장면이 '공화'와 '장식'을 넘나드는 이케바나의 내용이라 치면, 8권의 장면은 확실한 '장식'을 위한 이케바나로 볼 수 있을 것이다.

2) 가라모노 취미와 이케바나

가마쿠라시대 후기부터 중국의 선종 불교가 번창하면서

중국의 그림과 기물들이 많이 유입되었다. 이를 계기로 가라모노唐物 취미가 생겨나고 찻자리나 와카회和歌會 등의 모임이 형성되었다. 초기에는 일반 주택의 일부를 회합의 장소로 삼았으며 점차 실내에 회합 도구를 설치하게 되었다. 무로마치 시대에는 모임을 위해 다다미로 꾸민 새로운 양식의 회소會所라는 공간이 출현했다.

또한 가라모노 모임 중에는 '하나카이花會'가 생겨났다. 히가시보조 히데나가東坊城秀長가 쓴 일기 『영양기迎陽記』 중 1380년 6월 9일조에는 니조 요시모토二條良基의 집에서 아시카가 요시미츠足利義滿 이하 24명의 공가公家와 승려가 모였으며, 좌우로 무리를 나누어 우열을 다투는 화어회花御會가 열렸다는 기록이 있다.[169] 사람들의 이름 아래에는 각자 가져온 화병 종류가 적혀 있는데 은銀, 호동胡銅, 유석鍮石, 다완, 관입貫入[170], 소메츠케染付 다완 등이다. 그중 중국 청화자기를 일컫는 소메츠케 화병이 쓰였다는 것을 특필하고 있는데, 이는 도자기 관련 사료에서 소메츠케라는 용어가 처음 등장한 사례다.[171] 반면 꽃에 관한 기록은 없다. 이 화회는 전통적인 화어회 형식을 취하고 있으나 실제로는 중국 화병의 진귀함을 겨루는 화병 놀이라 할 수 있다. 1399년 7월 7일조에는 키타야마北山 산장에서 7개의 병을 모은 화회가 열렸다는 기록이 있고, 1401년 7월 7일조에도 70명이 모여 각자 한 개의 화병 외에 향로와 향합을 지참한 화회가 열렸다고 되어 있다. 이날 열린 하나아와세는 칠석날 행사로 굳어져 연중행사로 자리 잡았다.[172]

후시미노미야 사다후사伏見宮貞成 친왕親王의 일기인 『간문어기看聞御記』[173]에는 기록이 시작되는 1416년부터 거의 매년 같은 장소에서 열린 칠석날 행사의 내용을 기록하고 있다. 1418년 7월 7일의 기록에는 칠석날 행사를 위해 다다미방의 본존에 중국 그림을 걸고 그 앞에 선반을 세워서 여러 가지 중국 기물을 진열했으며 화병 받침에 수십 개의 병을 놓았다는 내용이 있다. 꽃을 올린 사람은 사다후사 친왕을 포함한 13명으로, 여기서도 꽃에 관한 언급은 없고 화병에 대한 설명만 보인다. 도자기 화병을 택한 친왕을 제외한 다른 사람들은 대부분은 호동胡銅 화병을 사용하고 있다.[174] 1420년 칠석에는 화병이 77개나 출품되었으며, 1432년에는 청화 화병이 이용되었다는 기록이 있다.[175] 이러한 내용을 토대로 볼 때 당시 중국에서 제작된 도자기 화병뿐만 아니라 동제 화병도 많이 수입되었다는 사실을 알 수 있다. 신안 해저선에서 인양된 유물에 청동제 양이병, 고觚, 산구병蒜口瓶(마늘 모양 병) 등이 꽤 포함되었다는 사실이 그러한 수요 현황을 뒷받침해준다.[176] 아울러 신안 해저선에서는 청동 화병의 형태를 모방한 용천요 청자 화병도 많이 발견되었는데, 가마쿠라 또는 하카타 등지의 유적[177]에서도 같은 종류의 용천요 청자 화병이 출토됨에 따라 당시 일본 이케바나의 현황을 알 수 있다. 또 칠석날에는 직녀·견우 이성二星을 기리는 뜻에서 꽃꽂이를 비롯해 시 읊기, 화가, 축국 등 7가지 놀이를 벌이는 칠석화합七夕花合 행사가 열렸는데, 그 장소를 하나자시키花座敷라고 불렀다. 이 행사는 전 국민적 행사인 듯 보이지만 실질적으로는 귀족 무사들의 이케바나 전시이자 경연대회였다.

한편 화회에서 이케바나 장식이 많아지면서 자연스럽게 이케바나 솜씨가 뛰어난 장인이 등장했다. 『간문어기』에는

1436년 칠석 행사에 훌륭한 승려를 불러 모은 자리에 쇼군으로부터 하사받은 화초가 죽통에 꽂혀 있었으며 이케바나 솜씨가 좋은 료쇼良照, 료켄良賢이라는 승려가 출현하기도 했다.

3) 불화에 나타난 이케바나와 화기

꽃은 고대로부터 오늘날에 이르기까지 향香이나 등燈과 더불어 성스러운 존재에게 바치는 공양물로, 특히 불교 사찰의 전통적인 의식으로 자리 잡았다. 수많은 불화에 그려진 꽃이 이를 입증하고 있다. 일본에서 공화供花 용도의 화병이 처음 등장하는 사례는 밀교계 불화의 네 귀퉁이에 그려진 '아亞'자형 보병寶瓶일 것이다. 9세기 후반에 그려진 교오고코쿠사教王護國寺의 「태장계만다라胎藏界曼荼羅」와 다이고사醍醐寺의 「인왕경만다라仁王經曼荼羅」**178**가 대표적인 예다. 그림 속 만다라의 사방 모서리에는 띠를 두른 금동제 화병이 그려져 있는데, 금강저金剛杵와 연꽃 한 가지를 꽂아 양 옆으로 꽃줄기와 가지를 내는 방식이 일반적이었던 것으로 보인다. 아亞자형 보병을 볼 수 있는 다른 그림으로는 13세기 가마쿠라시대에 그려진 「일자금륜상一字金輪像」이 있다.(사진 95) 백색과 홍색의 연꽃이 담긴 아자형 보병이 사방 모서리에 그려져 있는데 금강저는 보이지 않는다. 화병의 형태는 입이 포살형布薩形 물병과 유사하며 불룩한 어깨 근처에 주구가 달려 있고 독특하게도 잘록한 저부가 윗부분의 받침 형태를 이루고 있으며 화병 전면에 넝쿨 문양이 펼쳐져 있다. 포살형 물병은 정병의 일종으로 원래 예로부터 승려가 지녀야 할 승구僧具 중 하나로, 정수를 담는 그릇이다.(사진 96) 승려들이 한자리에 모여 계戒를 듣고 자성

사진 95
「일자금륜상」, 가마쿠라(13세기),
113.9×86.0cm, 중문, 도쿄국립박물관 ColBase

사진 96
동포살형 수병, 가마쿠라(13~14세기),
높이 25.7cm, 도쿄국립박물관 ColBase

사진 97
「백의관음상」, 야쿠오토켄, 가마쿠라(13~14세기),
100.3×41.4cm, 중문, 나라국립박물관 ColBase

自省을 행하여 몸을 맑게 하는 의식인 포살회에 이 물병이 사용되었기 때문에 붙여진 이름이다. 이는 양류관음상楊柳觀音像에서 버드나무 가지를 꽂은 정병을 사용한 예와 같다. 가마쿠라시대의 선승 야쿠오토켄約翁德儉(1244~1319)이 그린 「백의관음상白衣觀音像」(사진 97)이 바로 양류관음상으로, 바위 아래 펼쳐진 수면에 비친 달그림자를 바라보고 있어 수월관음水月觀音이라 불리기도 한다. 그림에는 흰옷을 입은 관음상이 바위 위에 정좌하고 있고 그 옆에 백자완이 하나 놓여 있는데, 그 안에 주구가 생략된 형태의 정병이 담겨 있고 버드나무 가지가 하나 꽂혀 있다. 일본 초기 수묵화의 특징을 나타내는 이 그림은 야쿠오토켄이 송나라에서 귀국한 13세기 말 이후에 그려졌을 것으로 추정된다. 백의관음을 그린 가장 오래된 그림이며, 상당히 숙달된 수묵 기법으로 심오한 공간을 표현하고 있다.

사진 98
「수월관음상」, 가마쿠라(14세기), 중문, 88.0×36.7cm, 도쿄국립박물관 ColBase

건무建武 연간(1334~1338) 전후에 덴안묘주天庵妙受가 그린

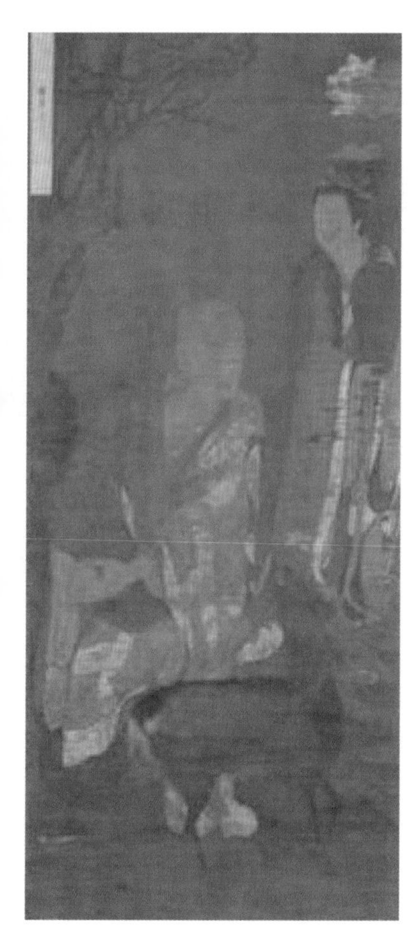

사진 99
「나한도」, 가마쿠라, 128.5×55cm, 동경예술대학미술관

「수월관음상水月觀音像」(사진 98)에도 버드나무 가지 정병을 볼 수 있다.[179] 원형 광배를 배경으로 한 관음이 기암 위에 앉아 있으며 그 옆에 버드나무 가지가 꽂힌 정병이 놓여 있다. 배경 위쪽에는 깎아지른 벼랑이 있고, 한 줄기 폭포가 보인다. 이는 보타락가산補陀落迦山에서 법을 설하는 수월관음상의 모습을 그린 중국 불화를 수묵화 기법으로 바꾼 것이다. 특히 정수리부터 길게 덮이는 흰 옷을 입는 관음상은 남송의 선림禪林에서 크게 유행했는데, 가마쿠라 시대 이후 중국 선종의 영향을 받은 일본에서도 이러한 작품이 많이 그려졌다. 이 그림도 일본 초기 수묵화에 해당하는 귀중한 작품이다.

가마쿠라시대의 「나한도羅漢圖」(사진 99)에는 청자 화병이 그려져 있다. 그림 속 나한은 바위 위에 앉아 있고 뒤에 서 있는 시녀는 붉은색과 흰색의 연꽃이 담긴 화병을 들고 있다. 화병의 목과 동체가 길쭉한 것으로 보아 용천요 청자 화병으로 보이며 높이는 약 50센티미터로 추정된다. 우리나라 신안 해저선에서도 이런 청자 화병(사진 100)이 다수 발견되었는데, 신안 해저선이 침몰한 시기(1323)로부터 그리 멀지 않아 그 무렵 일본에서 애용되는 화기였을 것으로 보인다.

일본에 전해지는 수불繡佛, 즉 비단에 명주실을 수놓은 불화 가운데 석가여래가 설법하는 모습을 담고 있는 「석가여래설법도釋迦如來說法圖」에는 금동 화병이 그려져 있다. 교토의 가주사勸修寺에 전해졌기 때문에 '권수사수장勸修寺繡帳'이라 불리기도 하는 이 그림의 중앙에는 인도식 보좌에 앉은 석가여래가 크게 표현되어 있고 마주보는 위치에 당나라 복장을 한 귀인 여성, 육신선六神仙과 12주악천인, 14보살, 10비구, 12명의 속인 공양자가 배치되어 있다. 보살의 손에는 금동 화병이 들려 있고 연꽃 한 송이가 꽂혀 있다.(사진 101) 그림의 자수 양식은 한대부터 당대까지 흔히 사용된 기법으로 당나라에서 제작된 뒤 견당사를 통해 일본에 들여왔다는 설이 유력하다.

사진 100
청자 각화모란문青磁刻花牡丹文 화병,
원(14세기), 높이 45cm, 국립중앙박물관

일본의 수불 작품은 그리 흔치 않으나 가마쿠라시대부터 난보쿠조시대에 걸쳐 「자수석가아미타이존상刺繡釋迦阿彌陀二尊像」[180]과 같은 수불이 유행했다.(사진 102) 죽은 사람을 극락으로 인도하는 내영도來迎圖를 묘사한 것으로, 전면 오른쪽이 석가여래이고 왼쪽이 아미타여래다. 그 아래쪽에 두 명의 보살이 있는데 오른쪽이 관음보살이고 왼쪽이 세지보살勢至菩薩이다. 가운데 자리한 궤 위에는 사자향로와 한 쌍의 화병이 놓여 있다. 머리가 위를 향하고 있는 사자의 입에서는 향이 피어오르고 있으며, 연꽃무늬가 장식된 옥호춘 형태의 화병에

사진 101
「자수석가여래설법도」(부분), 당(8세기), 207×157cm,
나라국립박물관 ColBase

사진 102
「자수석가아미타이존상 刺繡釋迦阿彌陀二尊像」,
가마쿠라(13~14세기), 중문, 132×48.5cm, 후지타미술관

는 소담스러운 연꽃이 꽂혀 있다. 하단에는 연못이 있고 중앙의 탑 안에는 석가여래와 다보여래가 자리하고 있다. 이는 법화경을 듣기 위해 다보여래가 나타나 석가여래와 나란히 앉았다는 『법화경』의 '견보탑품見寶塔品'에 근거한 것이다.[181]

불화에 나타난 이케바나는 분명 공화供花의 요소가 강하다. 앞서 소개한 만다라 계통의 「일자금륜상」에는 포살회에 사용된 '아亞'자형 보병에 꽃이 꽂혀 있으며, 중국 선종의 영향을 받은 것으로 여겨지는 「수월관음상」 혹은 「양류관음상」의 옆에는 백자완에 버드나무 가지가 꽂힌 정병이 놓여 있다. 「나한도」에는 용천요 청자 화병에 모양이 명확하지 않은 꽃이 꽂혀 있고, 수불화 「석가여래설법도」에는 석가여래의 손에 금동화병이 들려져 있고, 「자수석가아미타이존상」에는 사자향로와 함께 한 쌍의 옥호춘 형태의 화병이 자리하고 있다. 불화 속 화병의 재질은 금동, 청동, 백자, 청자, 유리 등이 있으며 기종은 불교적인 색채를 띠는 정병류가 많은데 드물게 옥호춘병도 확인되고 있다. 그리고 백자완과 정병이 세트를 이루는 경우도 있다.

4) 신화와 역사적 인물이 즐긴 이케바나와 화기

가마쿠라 후기(14세기 초)의 「현장삼장회玄奘三藏繪」는 당나라 고승이자 법상종 시조인 현장삼장玄奘三藏의 전기를 그린 두루마리 대작이다. 현장의 성장기부터 인도에서의 구법순례, 귀국 후의 활동과 입적에 이르기까지의 생애를 그리고 있는데, 유복한 어린 시절의 장면(사진 103)에서 현장은 흑주칠 탁자 위에 펼쳐진 회권을 보고 있다. 탁자 왼쪽에는 꽃가지가

사진 103
「현장삼장회」 전12권,
가마쿠라(14세기), 국보,
고후쿠사興福寺

꽂힌 커다란 청자 화병이 놓여 있고 오른쪽에는 청자향로를 비롯한 회권 다발과 붓 등이 탁자에 가지런히 놓여 있다.

「지장보살영험기회권地藏菩薩靈驗記繪卷」은 989년 송나라의 상근常謹이 지은 『지장보살영험기地藏菩薩靈驗記』에 수록된 설화를 묘사한 두루마리 그림이다. 무대는 중국이 배경이며, 일본풍으로 그린 부분도 있으나 건물 지붕을 도기 와당으로 표현한 것과 인물의 복장을 보면 중국 문물을 연구한 흔적이 엿보인다. 화풍과 색감으로 보아 가마쿠라시대 후반에서 난보쿠조시대 사이의 작품으로 추정되고 있다. 그림 중에는 지장보살로 보이는 인물이 건물 안에 앉아 여러 신도와 합장하며 인사하는 장면(사진 104)이 그려져 있는데, 지장보살 앞에 주칠 탁자가 있고 그 위에 향로와 합으로 보이는 기물이 놓여 있고, 끝에는 아자형(반구형) 화병에 꽃과 잎이 붙은 연꽃 한 줄기가 꽂혀 있다.

「진여법친왕상眞如法親王像」(사진 105)은 14세기 가마쿠라 시대의 작품으로, 그림 속에서 열심히 글을 쓰고 있는 인물이 바로 진여법친왕이다. 이 인물을 진여법친왕眞如法親王이라고 보는 근거는 오른쪽 아래에 그려진 호랑이 때문으로, 그는 여행길에 호랑이에게 물려 죽었다고 전해지고 있다.[182] 그는 헤이조平城 천황(774~824)의 아들로 태어나 한때 황태자가 되었으나 난이 발생하여 황실에서 쫓겨나 출가했고 60세가 넘어 당으로 건너가 수행했으며 70세가 되어갈 무렵에는 불교의 발상지인 천축天竺으로 향했다고 전한다. 이 그림은 그 여정 중에 임시로 거처하던 산속 동굴의 장면을 그린 것이다. 그가 글씨를 쓰고 있는 책상 위에는 불경이 놓여 있고 왼쪽에는 화병과 향로가 놓여 있다. 화병은 목이 긴 담병 형태로 복부에 문양이 있는 것으로 보이며, 모란꽃 가지가 조화롭게 꽂혀 있다. 삼족 정형 향로 안에는 아마도 환향丸香이 담겨 있을 것이다. 그림 앞쪽에는 두 여인이 보이는데 서 있는 여성은 물 바가지를 손에 들고 있고, 앉아 있는 여인은 반구장경병盤口長頸瓶에 물을 담고 있다. 이것은 한 인물의 움직임을 같은 화면에 담는 이시동도異時同圖라는 기법이다.

가마쿠라시대의 작품 「천신연기회권天神緣起繪卷」은 '학문의 신'으로 추앙받는 학자 스가와라 미치자네菅原道眞(845~903)의 일생을 그린 두루마리 그림이다. 헤이안시대의 귀족 가문에서 태어난 스가와라는 우다宇多 천황에게 중용되었으며 충신으로 명성을 쌓았으나, 높은 지위에 오르자 모반을 꾀했다

사진 104
「지장보살영험기회권」, 가마쿠라(14세기), 36.0×347.5cm, 도쿄국립박물관 ColBase

사진 105
「진여법친왕상」, 가마쿠라(14세기),
124.5×100.5cm, 도쿄국립박물관 ColBase

는 누명으로 좌천되었고 그곳에서 죽음을 맞았다. 그림에 보이는 암실 속에는 부동명왕不動明王의 괘폭 앞에 놓인 사족 탁자 위에 긴 목과 반구형의 입을 가진 홀쭉한 몸체의 화병 한 쌍이 나란히 놓여 있는데, 몸체에는 현문弦紋이 장식되어 있으며, 화병에 꽂혀 있는 것은 나뭇가지처럼 보인다.[183]

신화와 역사적 인물이 향유했던 이케바나와 화기의 모습은 다양하다. 우선 화기로는 「현장삼장회」의 청자향로를 비롯한 청자 화병이 등장하며, 「지장보살영험기회권」에는 반구형 화병, 「진여법친왕상」에는 반구장경병을 볼 수 있다. 앞서 보았던 불화의 이케바나와는 달리 역사적 인물과 관련된 그림에서는 생활 속의 이케바나를 보여주기 위한 다양한 화기가 등장하는데, 청자 화병이 가장 많으며 형태 또한 다양하다. 일본인이 애호한 꽃으로는 연화와 매화가 주를 이룬다.

이케바나의 정점

1) 종교의 경계를 넘어 예술적 양식으로

이케바나는 무로마치시대에 서원조書院造[184]라는 주택 양식이 완성되면서 다다미방座敷에 바닥이나 선반을 설치하고 그곳에 꽃을 장식하는 방법을 궁리한 것으로부터 시작된다. 단적으로 보자면, 이케바나의 역사는 다다미방에서 시작된다고 말할 수 있다.[185] 그러나 이케바나는 그 이전부터 오랜 세월의 생활 토양에서 길러진 것이다.

무로마치시대에 이르면 다다미방에 이어 이른바 서원조 건축 양식이 생기면서 임시적인 장소가 아닌 압판押板[186] · 위붕違棚[187] · 부서원付書院[188] 등의 상설 장소로 바뀌게 되었다.(사진 106) 여기서 '불전 공화'와 '장식의 꽃'은 강한 에너지로 새로운 미의식과 융합해 향후의 '이케바나'[189]라는 꽃꽂이 예능으로 탄생했다.

압판에 장식된 세 폭의 그림 세트는 중심을 본존으로 삼아 양쪽에 그림을 거는 형식으로, 이전까지는 불전에 삼구족을 놓고 꽃을 꽂았다. 따라서 압판의 꽃은 공화의 성격과 동시에 실내를 장식하는 성격을 지니고 있다. 즉 꽃을 둘러싼 다양한 성격이 무로마치시대에 이르러 이케바나의 기본으로 완성된 것이다.190

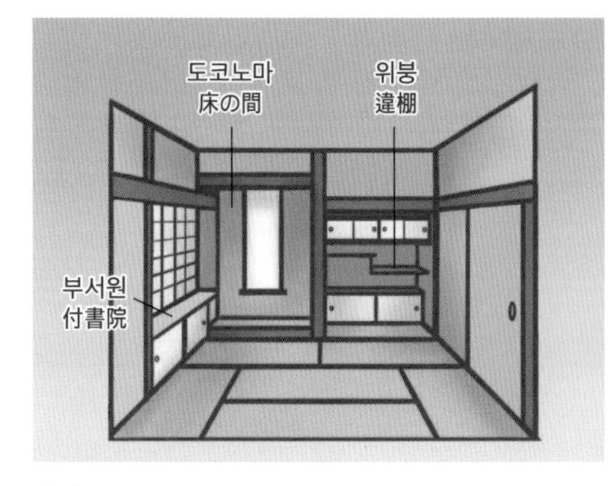

사진 106
도코노마의 공간별 명칭

서원조에 꽃꽂이를 할 때는 반드시 도코노마의 길이와 너비를 고려해서 서화와 꽃의 조화, 꽃의 색깔과 모양, 계절에 따른 꽃의 변화를 결정해야 한다. 이러한 규정이 사람들의 관심을 자극했고 더욱 아름다운 분위기를 조성하려는 노력으로 이어졌다. 이 과정에서 사람들은 예술적 감각과 미적 의식을 일깨웠을 뿐만 아니라 삶의 이상이 투영된 꽃꽂이 문화를 발전시켜 진정한 장식 예술의 한 장르를 이루었다.

난보쿠조시대의 혼란이 끝나고 무로마치시대에 접어들면서 문화는 귀족과 무사라는 이중 문화에서 무사 중심의 일원 문화로 옮겨갔다. 무사 계급은 전통을 고수하는 경향의 귀족 사회에 비해 새로운 문화를 일으켰다. 특히 이케바나는 귀족과 선종 문화를 융합한 여러 신문화가 탄생하는 과정에서 크게 발전했다. 대표적으로 이케노보 센오池坊專應는 종교적 차원을 벗어난 독특한 양식의 이케바나를 선보임으로써 일본 화도를 집대성한 인물이 되었다. 또한 도후쿠사東福寺의 선승이 남긴

일기 『벽산일록碧山日錄』에는 1462년 육각당六角堂의 승려 이케노보 센케이池坊專慶가 무사에게 초대되어 수십 가지의 풀꽃을 금병에 꽂았으며 그의 다테바나立花[191]를 보기 위해 교토 일대의 호사가들이 찾아왔다는 기록이 있다.[192] 공화供花 위주의 이케바나였다 하더라도 당시에는 중국의 불전 병화를 추구하는 승려가 많았기 때문에 서로 실력을 겨루는 경우가 많았을 것으로 보인다.

이러한 장식성 강한 꽃꽂이는 불전이나 신에게 바치는 종래의 목적을 넘어서는 것으로, 이때부터 일본의 이케바나는 종교적 색채에서 벗어나 독립된 예술 형식으로 나아갔다. 또한 이케바나 예술에 도道의 정신을 더해 진정한 일본 '화도花道'로 거듭났다.

이케노보 센오는 '다테바나立花'라는 새로운 이케바나 형식으로 서원의 벽감壁龕을 장식하기도 했다. 초목이 위로 자라는 모양을 살려 화초를 세우는 양식이라서 '다테바나'라 불리게 되었으며, 곧게 세운 자태를 유지하기 위해 철사 등으로 보조하기도 한다. 가지를 산으로 삼고 꽃과 잎을 물로 삼아 화기 위에 자연을 재현하고 아름다움을 창조한다. 다양한 꽃 재료가 지닌 독특한 아름다움을 서로 어울리게 하여 전체적인 조화를 이룸으로써 영원성의 순간을 표현한다. 이런 변화는 이전의 이케바나와 확연한 차이를 드러내는 것으로, 단순히 꽃가지를 그릇에 담는 행위가 아니라 상상력과 창의력이 동원되는 예술의 영역이다. 이를 토대로 다테바나는 일본 이케바나의 발전을 견인했다.

이케바나를 전문적으로 감정하는 사람이 등장하고 체계적

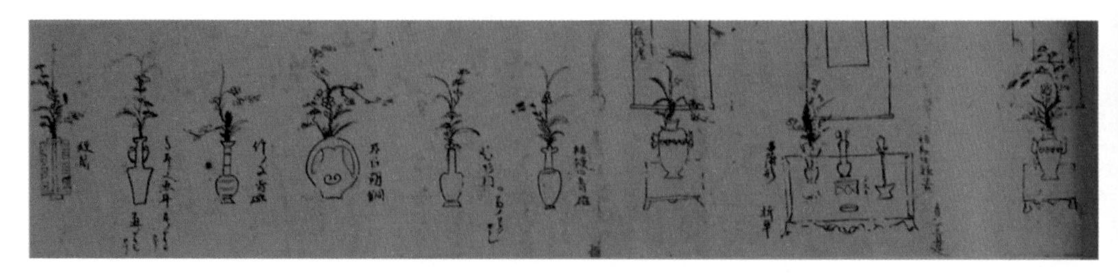

사진 107
『입화도권』, 아쓰모리, 무로마치, 요메이분코陽明文庫

인 이론이 정리되기 시작했으며, 그와 동시에 관련 전문서가 등장했다. 무로마치시대 이케바나의 세계를 집대성한 『지방전응구전池坊專應口傳』은 다테바나 이론과 기술 체계가 담겨 있을 뿐 아니라 자연의 산악경관을 이상화했다. 다시 말해, 꽃을 미적 감상의 대상으로 인식하고 있으며 초목을 원천으로 하는 꽃의 본질을 탐구하는 화도를 강조하고 있다.

그 밖에 이케바나의 방법과 화기를 소개하는 『화전서花傳書』가 있으며, 아쓰모리淳盛가 쓴 것으로 알려진 『입화도권立花圖卷』[193](사진 107)에는 호동과 청자 화병이 그림으로 소개돼 있는데 화병마다 이름을 붙인 것이 특징이다.[194] 청자 종류로는 청자삼구족青磁三具足, 길경구청자桔梗口青磁, 죽절화병竹節花瓶, 청자쌍화병青磁雙花瓶, 죽절청자 등이 있다. 죽절청자의 그림은 긴 목과 복부에 현문弦紋이 둘러져 있으며 구연부가 밖으로 벌어진 형태로 준형병尊形瓶이라고 불리는데, 오늘날 전해지는 죽순형 화병과 유사하다. 그리고 여기에 보이는 청자쌍화병은 청자봉황양이화병青磁鳳凰兩耳花瓶(사진 108)과 흡사함을 알 수 있다.

무로마치시대 다테바나를 정착시키는 데 큰 역할을 한 계층은 쇼군 근처에서 잡무나 예능을 담당하는 도보슈同朋衆였다.

사진 108
청자 봉황양이화병, 남송(13세기),
높이 31.5cm, 도쿄국립박물관 ColBase

이들의 중요한 임무 중 하나는 쇼군과 다이묘를 위해 품격 있는 의례와 행사를 진행하는 것이었다. 따라서 실내장식에 필요한 중국 그림과 기물을 감정할 줄 알아야 하고 다다미방 장식의 꽃꽂이와 다도에 관한 실력도 요구되었다.

도보슈 가운데 아시카가 요시마사足利義政가 특별히 기용한 류아미立阿彌라는 인물은 '꽃의 명수'로 널리 알려졌다. 1486년 요시마사는 특별히 '각 한 개의 옅은 홍매와 짙은 홍매 그리고 수선화 여러 개'를 유아미에게 내리고 장식하도록 지시했는데, 유아미는 적당한 화병에 훌륭한 다테바나를 선보여 찬사를 받았다고 한다.

다다미 장식과 관련한 다테바나의 명수로는 몬아미文阿彌(초대·2대)가 있다. 초대 몬아미의 다테바나는 마치 땅에서 자라난 것처럼 생명력이 넘쳐흘러 무가뿐 아니라 공가에게도 크게 인기를 얻었다고 한다. 『몬아미화전서文阿彌花傳書』는 다다미 장식계의 화전서로서 주요 내용은 정식의 압판 장식의 '삼구족의 꽃'으로 시작하여 차례대로 위붕違棚, 부서원付書院의 꽃에 이른다. 그의 다테바나는 "화병을 잘 보고, 화병에 잘 꽂는 것"에 기초하고 있다. 또한 "꽃의 높이는 화병 높이의 한 배 반"이라는 규정을 두었지만, 화병의 형체나 재질 또는 꽃의

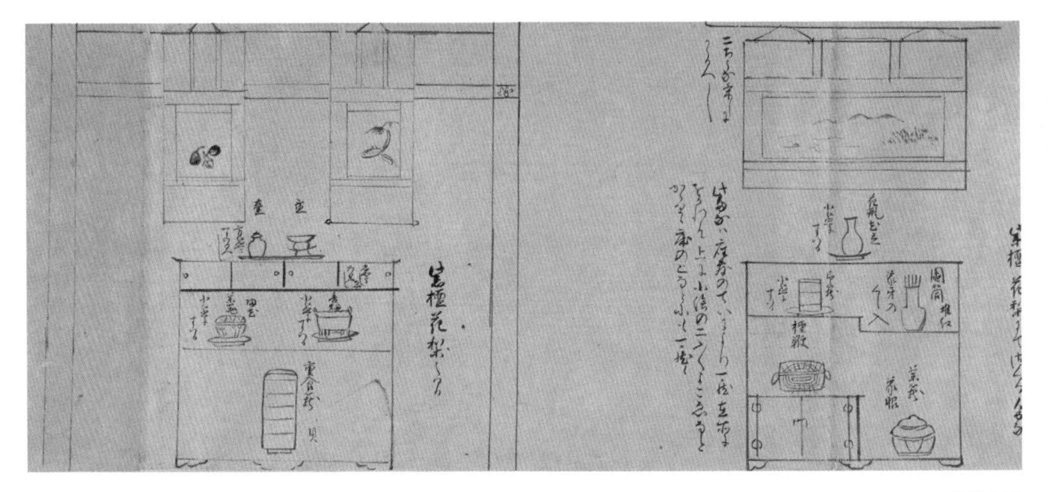

사진 109
『군대관좌우장기』, 무로마치, 국립민속역사박물관

태세에 따라 변화한다고 설명하고 있다.[195]

또 다른 도보슈는 불전장엄佛殿莊嚴의 형식을 도입하되 종교적 색채를 배제한 격식 있는 실내장식 기법을 만들어냈다. 그 장식법을 체계화한 것이 『군대관좌우장기君臺觀左右帳記』(사진 109)로,[196] 그림에 보이는 실내장식은 삼폭일대三幅一對에 삼구족 또는 오구족을 기본으로 여겼다.[197]

『군대관좌우장기』에 따르면 다다미방 장식에는 세 가지 종류의 꽃이 쓰였다. 넓은 단을 높여 세운 곳에 장식하는 꽃, 도코노마 옆에 설치된 다다미방에 장식하는 꽃, 서로 어긋나게 짠 선반에 장식하는 꽃이다. 첫 번째 경우에는 삼구족三具足을 기본으로 하여 화병에 꽃을 꽂았는데, 이러한 형식으로부터 다양한 이케바나 양식이 전개되었다.[198]

삼구족의 꽃은 쇼군이나 다이묘 집안 장식에 빼놓을 수 없는 격식이었던 만큼 꽃 구성에도 여러 가지 원칙이 더해졌다. 예를 들어 세워진 꽃, 벽면의 화폭, 촛대 등의 크기와 간격의

균형이 엄격했다.

무로마치시대의 다다미방은 규모가 작은 편이었기 때문에 그곳에 설치되는 도코노마와 선반도 작을 수밖에 없고, 그 위에 놓이는 화기도 규모에 맞는 것이 채택되었다. 그러다보니 크고 풍성한 꽃보다는 작은 꽃을 활용한 꽃꽂이가 유행했다. 비록 꽃은 작지만 당시 가라모노 취미의 고동기나 청자 등의 당물 화기와 어우러져 무로마치 쇼군의 귀족적인 취미를 잘 발현했다.

2) 그림 속에 보이는 이케바나와 화기

무로마치시대 후기 도사 미쓰시게土佐光重의 작품 「제례초지祭禮草紙」(사진 110)는 당시 서원에서 치르는 제례와 행렬을 그린 일종의 풍속화다. 다다미가 깔려 있는 방의 벽면에는 세 폭의 그림이 걸려 있고 그 아래 압판에는 향로 6개와 화병이 쟁반에 담겨져 있다. 오른쪽 나무판에는 8개의 꽃병이 쟁반 없이 놓여 있다. 화병의 재질과 형태는 당시에 인기 있던 동제 화고花觚와 청자 옥호춘병으로 보인다. 화회花會 장소인 방 안에는 다섯 명의 남자가 환담을 나누고 있고 밖에서 한 남자가 큰 쟁반에 3개의 꽃을 담아 들고 오는 장면이 보인다. 압판은 도코노마의 전신으로 생활공간에서 걸개그림이나 화병 등의 공예품을 늘어놓고 감상하는 장소로 활용되었다.

도쿄국립박물관에 소장된 「성광사연기星光寺緣起」는 교토 육각대궁六角大宮에 있던 호시코사星光寺의 본존 지장보살상의 유래와 그에 얽힌 불가사의한 이야기를 그린 두루마리 그림이다. 전반부에는 당시 야마시로국山城國(현재의 교토부京都府)의

사진 110
「제례초지」, 무로마치, 중문,
마에다이쿠토쿠카이前田育德會

국사였던 다이라 스케모리平資親가 스님의 말씀을 듣고 가시밭 속에서 지장보살을 발견한 뒤 이를 가져와 호시코지에 안치하기까지의 과정이 그려져 있다. 후반부에는 비구니의 집 지붕이 바람에 날아가자 젊은 스님이 와서 지붕을 고쳐주고 지장보살이 꿈에 나타나 비구니가 왕생했음을 알려주는 내용이 그려져 있다. 다이라의 장지문과 병풍에는 당시 권력의 상징인 중국식 수묵화가 그려져 있으며, 오른쪽 높은 선반에는 다리 굽은 솥鬲 형태의 향로에 꽃가지가 꽂혀 있어 당시 향로를 화병으로도 사용했음을 알 수 있다.(사진 111)

16세기 무로마치시대의 가노 모토노부狩野元信가 그린 것으로 전해지는 「서왕모동방삭사폭西王母東方朔四幅」(사진 112)에는 야외 탁자의 유리제 화병에 작은 꽃잎의 매화 가지가 하나 꽂혀 있다. 앞에서 열거한 헤이안시대의 「십육나한도」와 「공작

사진 111
「성광사연기」, 무로마치(15세기), 중문,
32.9×1060.3cm, 도쿄국립박물관 ColBase

사진 112
「서왕모동방삭사폭」,
가노 모토노부, 무로마치(16세기),
175.1×68.5cm, 중문,
도쿄국립박물관 colbase

명왕도상」에서도 확인되었지만 일본인은 유리제 화기를 즐겨 썼다는 것을 짐작할 수 있다.

이케바나와 차노유의 결합

1) 리카와 유예의 등장

에도시대에는 도시 사회의 발전과 함께 생활문화도 전성기를 누렸다. 17세기부터 18세기에 걸쳐 막번幕藩 체제 아래 상품 유통이 활발해지면서 중세의 마치슈町衆를[199] 대신해 도시 상인층이 새로운 도시 문화의 담당자로 등장했다. 그들은 다채로운 생활을 구가했지만 예능 측면에서 주목해야 할 것은 유예遊藝일 것이다.[200] 유예란 에도시대에 예능을 즐기는 취미를 가리키는 용어다. 즉 이전까지 예능이란 전문 연예인이 연기하고 사람들은 관객으로서 보고 즐기는 식이었다면, 에도시대에는 부유한 상인들이 예능을 배워 취미로 즐기기 시작한 것이다. 전문직에 종사하면서 예능을 즐긴다는 점에서 이제 유예는 놀이의 성격이 강화되었다.

여기서 주목할 점은 예능을 가르치는 직업이 생겨났다는

것이다. 돌아보면 센노 리큐는 원래 사카이堺 지역에서 생선을 팔던 사람으로, 그가 일본의 다성茶聖으로 추앙받게 된 것은 어디까지나 본인의 재능 덕분이다. 그러나 에도시대에 차노유는 집안의 직업으로 인정되었다. 예를 들어 센케千家와 같이 다도로써 다이묘를 섬기면서 녹을 얻는 한편 일반인에게 차를 가르치는 다인茶人(장인匠人)이 등장하게 된 것이다. 즉 비전문가가 전문가를 스승으로 모시고 예술을 배운다는 점이 유예의 중요한 요소라 할 수 있다.[201]

꽃 문화에서는 리카의 대유행과 함께 이케바나가 유예화되었으며, 그 새로운 문하생은 신흥 상인층이었다. 그리고 이들은 한 유파의 정통성을 잇는 가원家元에 소속되었다. 일본의 예능 전통을 견고하게 이어주는 가원 제도는 이 시대에 출발했다고 볼 수 있다.

모모야마시대에 이르러 꽃꽂이의 이론적 논리를 발전시키고 다테바나를 완성한 것은 일본을 대표하는 화도 집단인 이케노보池坊 사람들이었다. 1525년 3월 6일 청련원青蓮院에서 열린 화회에서 이케노보 센오池坊專應를 비롯한 약 10명의 이케노보 사람들이 꽃을 꽂았는데, 다다미방 장식의 대가였던 몬아미가 직접 가서 그 꽃을 구경했으며, 이때부터 도보슈의 꽃 대신 이케노보의 다테바나가 큰 인기를 얻었다. 당시 쇼군가에서는 도보슈의 꽃을 선호했으며 공가公家에서는 이케노보의 꽃을 선호했는데, 이후 쇼군가에서도 교양으로 취급할 만큼 이케노보의 꽃에 관심을 보였다.[202]

모모야마시대에 드러난 성곽 등의 대건축의 공간에 어울리는 큰 다테바나를 창조한 것이 초대 이케노보 센코池坊專好였

사진 113
「입화도병풍」, 에도(17세기), 6곡曲 1쌍雙 각 181.5×378.0cm, 도쿄국립박물관 colbase

사진 114
「송사물도」, 에도(17세기), 도쿄국립박물관 colbase

다. 도요토미 히데요시는 마에다前田 저택을 지으면서 도코노마를 설치한 뒤 그에게 그 공간에 어울리는 꽃 장식을 맡겼다. 이케노보 센코는 입이 큰 동제 사발에 모래를 채운 뒤 나무와 꽃을 세운 작품을 네 폭짜리 원숭이 그림 앞에 배치했다. 이른바 '스나노 모노砂の物'라 불리는 이 작품은 마치 걸개그림에 있는 원숭이 20마리가 소나무에 올라타고 있는 생동감을 선사함으로써 '그림과 이케바나의 일체화'라는 평가를 받았다.[203] 확실하게는 아니어도, 이미 이케노보 센코는 리카의 개념을 구상하고 있었는지도 모르겠다. 에도시대의 작품인 「입화도병풍立花圖屛風」(사진 113)은 센코의 이케바나 작품을 그림으로 남긴 것[204]으로, 당시 이케바나를 이해할 수 있는 귀한 회화 자료다. 그중에 「송사물도松砂物圖」(사진 114)는 센코가 완성한 일생일대의 역작 '스나노 모노'의 모습을 상상할 수 있게 도와준다.

뒤를 이은 2대 이케노보 센코(이하 '센코'로 지칭)의 등장과 함께 이케바나는 제2의 전성기를 맞았다. 그는 '리카'라는 새로운 양식을 창안했다는 점에서 이케바나 역사의 중요한 인물이다. 센코가 이러한 획기적인 창조활동을 하게 된 배경에는 고미즈노後水尾 천황의 근사한 황실 살롱이 있었다. 1629년 1월부터 7월까지 약 반년 동안 30회 이상의 대입화회大立花會가 궁중에서 열렸고, 그 중심에는 고미즈노와 센코가 있었다. 입화회는 주로 1월에 집중되어 있었으며, 천황은 센코를 불러 순위를 매기도록 명했다.

센코의 리카는 이전의 다테바나와 양식적으로 어떻게 다르며, 또 어떻게 새로운 양식을 완성할 수 있었을까? 기억해야 할 점은 센코가 천황을 중심으로 하는 궁중 입화회를 지도할 수 있었기 때문에 리카를 창안할 수 있었다는 것이다. 공가들은 센코의 리카를 열심히 배워 준비한 작품으로서 승부를 겨뤘다. 경쟁하는 자리인 만큼 화려한 압판이나 도코노마는 없었고 단지 마루 위에 책상이나 대좌를 두고 화병을 즐비하게 늘어놓는 게 전부였다.

센코의 리카는 화병과 꽃의 높이 비율이 이전과 다르다는 특징이 있다. 화병의 높이는 모두 거의 30센티미터 정도로 큰 차이가 없지만 꽃의 높이는 무로마치시대의 다테바나가 '병의 1.5배'인 데 비해 에도시대 센코의 리카는 '병의 2.5~3배'를 이루었다. 따라서 더욱 다양한 형태의 이케바나가 가능했으

며, 센코는 입이 넓은 동제의 화기를 특별히 좋아했다.[205]

2) 차노유와 이케바나의 절묘한 결합

일본에서 화기가 주인공으로 취급된 분야는 화도花道가 아닌 다도茶道였다. 꽃과 화기의 관계에서 화기를 둘러싼 문화적 환경은 무로마치시대에 시작된 차노유에서 시작되었다. 이 다도에서 화기는 차노유의 도구로서 중요한 지위를 차지한다.[206] 가라모노 중심의 무로마치시대를 지나 모모야마시대에 이르면 비젠備前, 시가라키信樂, 이가伊賀 등에서 우수한 화기가 구워졌으며, 대나무로 만들어진 화병(죽절화병)이 고안된 것도 차인茶人들의 미의식에서 비롯된 것이다. 다회기에 기록된 짧은 기사에도 화기와 꽃의 배합에 대한 기록이 많이 보인다.

다다미방 장식이 형성되는 과정에서 다다미방을 장식하는 꽃의 형식이 생겨났고, 그러한 공간에서 차노유의 격식이 형성되었다. 이른바 '덴추차殿中の茶'가 그것이다. 차노유 공간에서는 도보슈가 손님에게 차를 내놓았으며, 차노유 공간에 설치되어 있던 이동식 차도구 선반은 덴추차의 핵심이었으나 점차 간략화되었다. 이 덴추차는 무라다 슈코村田珠光, 다케노 쇼오武野紹鷗의 소안차草庵茶, 그리고 센리큐의 와비차 양식으로 계승되었다.

신흥 세력을 기반으로 하여 형성된 슈코, 쇼오의 새로운 다도는 구래의 격식 높은 덴추차의 권위를 인정하고, 다다미방 장식에 쓰였던 당물 도구를 존중했다. 그러한 까닭에 상床 위에 놓인 명물 도구는 귀인의 상징으로 취급되었다. 상 위에는 작은 병에 한 가지 꽃이 꽂힌 화병이 놓였는데, 그 화병은 당연히 다다미방을 장식한 당물 화병이었다. 하지만 점차적으로 슈코의 차실에는 형식을 달리한 이케바나가 장식되었다. 이는 다다미방의 꽃에 대한 여러 규제를 배제하고 꽃 본래의 아름다움을 감상하기 위한 움직임이기도 하다. 또한 화기를 위주로 하고 꽃을 보조로 삼는 형식에서 벗어나 꽃을 중심으로 하는 사고의 전환이라 할 수 있다. 이로써 정형화된 꽃꽂이에서 벗어나 자연스러운 방식의 꽃꽂이가 소안의 차, 와비차에 도입되어 다화茶花를 확립해 나갔다.[207]

이케노보 센오의 『전응구전專應口傳』에 따르면 무로마치시대에 이케바나가 완성된 이후, 조금씩 자유롭게 변형되면서 범위를 넓혀나갔다. 풀꽃이 야산에 있는 것처럼 자연스럽게 꽂는 것이 좋다는 인식이 퍼지면서 차노유의 바탕이 되어 갔다.

무로마치시대에 다다미방을 장식하던 '다테바나'가 독립적인 예술작품으로 감상되는 '리카'로 발전했고, 이후 다테바나의 성스러움에 상반된 '자유롭게 꽂은 꽃'이 센리큐의 차노유에 선택되었다. 그 전통이 오늘날의 '다화茶花'라는 확고한 지위의 기반이다.

다화는 리카와는 사뭇 다르다. 다화는 작은 화기 한 개와 꽃 한두 송이 또는 꽃가지만 있으면 된다. 이러한 다화를 바탕으로 새로운 자발적 조형물인 나게이레바나抛入花가 탄생했다. 나게이레바나는 종종 소량의 꽃 재료를 깊은 화기에 무작위로 넣고 교묘한 기술로 소박하고 시적인 자연미를 연출한다. 리카가 정교한 기술적 방법으로 웅장한 규모의 고정된 스타일을 강조한다면, 나게이레바나는 단순하면서도 암시적이고 재료의 자연적 특성에 집중한다. 극명히 대조되는 두 조형의 갈등은 일본 화도 예술에 많은 혁신을 불러왔다.

전통과 혁신의 모색

18세기 후반부터 19세기에 유예遊藝는 사회 전반에 확산되었다. 차노유에서는 18세기 중기에 오모테센케表千家 7대 조신사이如心齋가 등장했고, 늘어나는 제자들을 가르치는 방법으로 칠사식七事式208이라는 단체 연습을 창안했다. 또 일족 간에 가원을 하나의 제도로 만들기 위한 합의를 주고받는 등 시대의 변화에 따른 차노유의 개혁에 도전했다. 또한 19세기의 이케바나는 한층 더 발전하여 정형화된 화형을 완성했다.

한편 이러한 유예의 완성에 반대하는 움직임도 생겨났다. 새로운 중국의 영향을 받은 문인이 등장해 현대적인 한풍漢風이 유예의 세계에 균열을 낸 것이다. 차노유에 대해서는 청아함을 앞세운 전차煎茶가 애용되었으며, 이케바나에 대해서는 반속反俗을 지향하는 문인화文人花가 탄생했다. 이러한 전통과 혁신의 싸움이 반복되는 와중에 메이지 유신의 시대로 돌입

했다.[209]

메이지 유신 이후 일본은 서구 문명을 빠르게 받아들이면서 전통 문화를 교묘하게 조합해 독자적인 모자이크 모양을 만들어낸 것 같다. 예를 들어 관청이나 학교가 서양식으로 지어졌고 일반 주택에서는 집안에서 가장 공적인 공간인 응접실이 서양화되었다. 즉 외래의 문화와 접하는 퍼블릭한 건물은 서양식이지만, 그 안에서 일상생활을 영위하는 사람들은 일본식이다. 서구적인 양식과 일본의 전통적인 양식이 동거하게 됨에 따라 표면적인 원칙의 세계와 일상적인 본심의 세계가 함께하는 근대 일본의 생활 스타일이 전개되었다. 따라서 전통 문화를 유지하여 제례나 관혼상제 등의 비일상적인 의례를 지키며, 고풍스러운 에도시대의 풍물이 연중행사에 고스란히 연출될 수 있었다. 그러한 전통의 일부인 이케바나도 새로운 삶의 양식에 어울리는 자기변혁이 이루어졌다. 차노유에서 새로운 해석과 다양한 양식의 변화가 모색된 것도 그러한 시도라 할 수 있다.

쇼와昭和 시기(1926~1989)에 이르러 이케바나는 지식인의 지지를 얻어 '자유화自由花'라는 새로운 양식을 제창함으로써 조형 예술로 전환되었다. 즉 쇼와 8년(1933) 이케바나의 근대적 평론을 펼쳐온 시게모리 산큐重森三球를 중심으로 화재花材로부터의 해방, 화기로부터의 해방, 더 나아가 이케바나를 차부터 해방시켜야 한다는 '신흥 이케바나 선언'이 발표되었다. 이로써 이케바나는 '생활'과 결별한 조형예술로서 거듭나고자 한 것이다.[210]

주

1부 ____ 차 문화

1 韓星海, 「以史鑒今知興替古老茶葉話滄桑—解讀漢陽陵墓中出土的茶葉」, 『農業考古-中國茶文化』 52號, 2016年第5期, pp.228~233.

2 鄭培凱 「飲茶有道的歷史進程」, 『茶·世界』卷;1, 故宮出版社, 2023, p.326; 霍巍, 「西藏西部考古新發見的茶葉與茶具」, 『西藏大學學報(社會科學版)』 2016년 제1기.

3 王褒, 「僮約」, 『古文苑』: "神爵三年正月十五日, 資中男子王子淵, 從成都安志里女子楊惠, 買夫時戶下髯奴便了. 決賣萬五千, 奴當從百役使…晨起洒掃, 食了洗滌…烹茶盡具…武陽買茶…"(『四部叢刊』, 臺北, 臺灣商務印書局, 1968) 卷第17 「雜文」, pp.382~387.)

4 陳椽, 『茶業通史』 第二版, 中國農業出版社, 2008, p.7.

5 저장의 월요는 청자의 발생지로, 동한 만기에 최초의 청자가 만들어졌다. '월요'라는 명칭은 당대唐代부터 요장窯場이 위치한 월주越州라는 지명을 붙인 것으로, 월주요 혹은 간단하게 월요라고 부른다. 월요 지역에서 생산한 당대 이전의 자기를 학계에서는 '고월요古越窯'라 한다.

6 張柏主編, 『中國出土瓷器全集9-浙江』 2008, 도판27.

7 짱유화, 「先秦茶史에 대한 考證學的 接近」, 『韓國茶學會誌』 제8권 3호(한국차학회, 2002), pp.83~98; 金珍淑, 「唐代의 飮茶文化」, 『韓國茶學會誌』 제13권 제1호, 2007, pp.49~50 참조.

8 文東錫, 「漢城百濟의 茶文化와 茶碓」, 『百濟硏究』 第56輯, pp.13~18.

9 朱伯謙, 「三國兩晉南北朝燦爛的陶瓷器」, 『中國陶瓷全集 4-三國兩晉南北朝』, 上海人民美術出版社, 1999, p.14.

10 이윤진, 「高麗時代 瓷器盞托 硏究」, 『美術史學硏究』 제273호, 2012, p.36.

11 孫機, 「唐宋時代的茶具與酒具」, 『中國歷史博物館館刊』 1982, p.116.

12 唐·李匡義 『資暇集』卷下, 「茶托子」, "茶托子, 始建中相崔寧之女, 以茶杯無衬, 病其燙指, 取碟子承之, 旣啜而杯傾, 乃以蜡環碟子之央, 其杯遂定, 即命匠以漆环代蜡, 進于蜀相. 蜀相奇之, 爲制名而話于賓親, 人人爲便, 用于代. 後傳者更環其底, 愈新其製, 以至百將焉."(『景印文淵閣四庫全書』 子部·雜家類. p.163).

13 중국 당대의 발전 과정은 일반적으로 초당初唐(618~712), 성당盛唐(712~766), 중당中唐(766~835), 만당晩唐(836~906)으로 구분해 설명한다.

14 廖寶秀, 「歷代茶器述要」, 『也可以淸心-茶器·茶事·茶畫』, 臺灣: 國立故宮博物院, 2001, p.9.

15 김진숙, 『중국차 문화 茶經』, 국학자료원, 2019.

16 廖寶秀, 「從考古出土飮器論唐代的飮茶文化」, 『故宮學術季刊』 第八卷 第三期, 臺灣: 國立故宮博物院, 2010, p.3, 10.

17 『茶經』, 「四之器」, 김진숙, 앞의 책, 2019.

18 『茶經』, 「六之飮」과 「七之事」에 암다와 모다에 대해 언급하고 있다.

19 陸羽, 『茶經』 六之飮: "或用葱,薑,棗, 橘皮, 茱萸, 薄荷之等煮之百沸, 或揚令滑, 或煮去沫, 斯溝渠間棄水耳, 而習俗不已."

20 趙璘, 『因話錄』: "(陸羽)始創煎茶話."(『影印文淵閣四庫全書』 1035册, 臺灣商務印書館, 1983, p.481).

21 廖寶秀, 앞의 논문, 2001, p.8, 삽도2 참조.

22 형요는 허베이 네이추현內丘縣과 린청현臨城縣에 위치한다. 당대에 '남청북백南青北白'이라 칭해지는 도자사에서 '북백北白'에 해당하는 중국 백자의 대표 요장이라고 할 수 있다.

23 『茶經』, 「四之器」: "盌, 越州上, 鼎州次, 婺州次, 岳州次, 壽州, 洪州次°或者以邢州處越州上, 殊爲不然, 若邢磁類銀, 越磁類玉, 邢不如越一也, 若邢磁類雪, 則越磁類氷, 邢不如越二也, 邢磁白而茶色丹, 越磁青而茶色綠, 邢不如越三也".

24 「궁락도宮樂圖」의 장면에 대한 연구는 다연설茶宴說, 주연설酒宴說, 주석다연설酒席茶宴說 등 다양한 관점에서 이루어져 있다. 음다법에 대한 의견도 암다, 점다 등 다양하게 제기되었다. 이 여인들의 신분에 대해서는 궁녀나 귀족, 악사나 기녀라는 의견이 있다.(이희관, 「다연茶宴인가, 주연酒宴인가: 국립고궁박물원 고장 궁락도宮樂圖의 신해석」, 『아시아 도자문화 연구』 국립광주박물관, 2022, pp.6~32) 본 책의 내용은 주석다연설에 근거해 의론하고 있으며, 이에 대한 종합적이고도 심도 깊은 연구를 기다려본다.

25 陸羽, 『茶經』, 「六之飮」, "飮有觕茶,散茶,末茶,餠茶者,乃斫,乃熬,乃煬,乃舂,貯於瓶缶之中,以湯沃焉, 謂之痷茶."

26 蘇廙 『十六湯品』 第九品: "貴厭金銀, 賤惡銅鐵, 卽瓷瓶有足取焉. 幽士逸夫, 品色尤宜. 豈不爲瓶中之壓一乎? 然勿與誇珍衒豪臭公子道"(쨩유화, 『點茶學』 도서출판 삼녕당, 2011, p.54, 61).

27 孫機, 「唐宋時代的茶具與酒具」, 『中國歷史博物館館刊』 1982, p115.

28 國立故宮博物院, 『也可以清心-茶器·茶事·茶畫』 2002, p.29 도판사진 5.

29 陝西省法門寺考古隊, 「扶風法門寺塔唐代地宮發掘簡報」, 『文物』 1988年10期, pp.1~28; 孫機, 「法門寺出土文物中的茶具」, 『文物』 1988年 第10期, pp.54~55; 이송란, 「中國 法門寺 地宮 茶具와 統一新羅 茶文化」, 『선사와 고대』(32), 2010, pp.35~69.

30 吳自牧, 『夢粱錄』 卷16, "蓋人家每日不可闕者, 柴米油鹽醬醋茶."(서은미, 『北宋 茶 專賣 研究』, 국학자료원, 1999, p.32).

31 歐陽脩, 『歸田錄』 卷一: "臘茶出於劍, 建, 草茶盛于兩浙. 兩浙之品, 日注爲第一."

32 陳祖規·朱自振 編, 『中國茶葉歷史資料選集』, 弘益齋, 1995, pp.162~164; 趙汝礪, 『北苑別錄』 (짱유화, 『點茶學』 도서출판 삼녕당, 2011, pp.376~379).

33 葛常之, 『韻語陽秋』 卷5: "自建茶入貢, 陽羨不復研膏, 謂之草茶而已."(송해경, 「송대 차 문화와 초차草茶의 재조명」, 『韓國茶學會誌』 제19권 제4호, 2013, p.30).

34 王禎, 『農書』, 黃庭堅, 『山谷全書』(『中國茶文化經典』, p.297; 朱自振 編著, 『中國茶酒文化史』, 文津出版, 1995, p.177).

35 黃庭堅, 『山谷全書』 권14 「答王子厚書」: "雙井法, 當以蘆布作中, 裹厚土自盞一隻, 置茶其中, 每用手頓之, 盡篩去白毛, 幷揀去茶子, 乃磑之, 則茶色味皆勝也." (『中國茶文化經典』, p.120).

36 송해경, 「中國 點茶文化 發展史에 關한 研究」, 한서대학교 석사논문, 2005, 주113. 참조

37 楊萬里, 「以六一泉煮雙井茶」 "鷹爪新茶蟹眼湯, 松風鳴雪免毫霜. 細參六一泉中味, 故有涪翁句子香. 日鑄建溪當退舍, 落霞秋水還鄉. 何時歸上滕王閣, 自看風爐自煮嘗."

38 劉禹錫, 「西山蘭若試茶歌」: "自傍芳叢摘鷹嘴斯須炒成滿室香"(송해경, 앞의 논문, 2013, p.30).

39 李心傳, 『建炎以來朝野雜記』: "江茶在東南草茶內, 最爲上品, 歲產一百四十六萬斤. 其茶行于東南諸路, 士大夫貴之."(『中國茶文化經典』, p.243).

40 朱自振, 「中國古代蒸青の盛衰」, 『煎茶の起源と發展シンポヅウム發表論文集』, 靜岡, 2000, p.8.

41 蔡京, 『延福宮曲宴記』 說郛114, 宛委山堂, 淸版本, 1616~1911.(黃子恩, 「由曲宴觀看宋徽宗延福宮」,(國立臺灣師範大學藝術史研究所 碩士論文, 2015), p.8).

42 고연미, 「송대 分茶와 吉州窯 茶盞의 문양장식에 관한 一考」, 『韓國茶學會誌』 제16권 제1호, 2010, p.47.

43 蔡襄, 『茶錄』點茶條: "鈔茶一錢匕, 先注湯, 調令極勻, 又添注入, 環回擊拂, 湯上盞, 可四分則止, 視其面色鮮明, 著盞無水痕為絕佳."(짱유화, 앞의 책, 2011, pp.119~120)

44 廖寶秀, 「宋代兔毫盞及其周邊茶盞問題」, 『故宮學術季刊』 제17권 제3기, 2000, p.62.

45 廖寶秀, 앞의 논문, 2001, p.10, 삽도6.

46 王觀國, 『學林』: "茶之佳品, 皆點啜之, 其煎啜之品 皆常品也"(송해경, 앞의 논문, 2013, p.33).

47 郭學雷, 「南宋吉州窯瓷器裝飾紋樣考實」, 『禪風與儒韻, 宋元時代的吉州窯瓷器』 文物出版社, 北京, 2012, pp.190~192.

48 徐海榮主編, 『中國茶事大典』, 華夏出版社, 1999, pp.244~245.

49 고연미, 「韓·中·日 點茶文化에 나타난 宋代 建盞 硏究」(원광대학교 박사학위논문, 2009), pp.194~214.

50 王建平, 『茶具清雅』, 光明日報出版社, 1999, pp.28~40.

51 徐海榮主編, 앞의 책, 1999, pp.244~245.

52 徐曉村主編, 『中國茶文化』, 中國農業大學出版社, 北京, p.87.

53 王玲, 『中國茶文化』, 中國書店, 1995, pp.55-56; 짱유화, 『점다학點茶學』, 도서출판 삼녕당, 2011, p.23; 조기정·유동훈, 「唐代 『十六湯品』에 나타난 沃茶法 考察」, 『中國人文學會』 제61집, 2015에 의하면 당말오대에 유행한 옥다법은 다선을 사용하지 않고 탕병의 주구에서 흘러나오는 물줄기의 강약과 완급을 팔의 힘으로 조절하면서 풀어 마시는 방법이다.

54 "漏影春法, 用鏤紙盞貼盞, 糁茶而去紙, 僞爲花身; 别以荔肉爲葉, 松實, 鴨脚之類珍物為蕊, 沸点湯攪."(宋·陶穀, 『清異錄』 「茗荈門三十五事」, 中華書局, 北京, pp.200~201: 고연미, 「송대 分茶와 吉州窯 茶盞의 문양장식에 관한 一考」, 『韓國茶學會誌』 제16권 제1호, 2010년 4월, p.44.)

55 楊萬里, 「澹庵坐上觀顯上人分茶」: "分茶何似煎茶好, 煎茶不似分茶巧. 蒸水老禪弄泉手,隆興元春新玉爪. 二者相遭兔甌面, 怪怪奇奇真善幻. 纷如擘絮行太空, 影落寒江能萬變. 銀瓶首下仍尻高, 注汤作字势嫖姚."

56 蔡襄 『茶錄』: "茶色白, 宜黑盞, 建安所造者紺黑, 紋如兔毫. 其坯微厚, 熁之久熱難冷"(짱유화, 『점다학點茶學』 도서출판 삼녕당, 2011, p.124, 139.)

57 高橋忠彥, 「唐宋を中心とした飲茶法の變遷について」, 『東洋文化研究所紀要』 109, 1987, pp.259~260.

58 葉文程·林忠幹著 江藤隆譯, 『建窯瓷』 二玄社, 東京, pp.76~77; 고연미, 앞의 논문, 2010년, p.45.

59 首都博物館編, 『浙江歷史文化展』, 北京出版社, 2020, p.213.

60 국립중앙박물관, 『신안해저선에서 찾아낸 것들』 발굴 40주년 기념 특별전 도록, 2016, pp.48~49.

61 "宮人剪金龍鳳凰花草貼其上" (歐陽脩, 「龍茶錄後序」, 『中國古代茶葉全書』, 浙江撮影出版社, 杭州, 2001, pp.68.)

62 고연미, 앞의 논문, 2010년, p.53.

63 楊萬里, 「寄題肖邦悔步芳園」과 「顏機聖招游裴園」 두 시의 일부분 참조.

64 郭學雷, 「南宋吉州窯瓷器裝飾紋樣考實」, 『禪風與儒韻, 宋元時代的吉州窯瓷器』 文物出版社, 北京, 2012, pp.191~192.

65 廖寶秀, 「宋代喫茶法與茶器之研究-茶盞」, 『故宮叢刊甲種之39』, 1996, p.77.

66 梅堯臣, 「茶磨」: "盆是荷花磨是蓮, 誰礱磨石洞中天, 欲將雀舌成雲末, 三尺蠻童一臂旋."

67 蘇東坡, 「次韻黃夷仲茶磨」: "前人初用茗飮時, 煮之無問葉與骨, 浸窮厥味臼始用, 復計其初碾方出, 計盡功極至於磨, 信哉智者能創物, 破槽折杵向墻角, 亦其遭遇有伸屈, 歲久講求知處所, 佳者出自衡山窟."

68 陝西省考古研究院等編著, 『藍田吕氏家族墓園』1권, 2권, 3권, 4권, 陝西省考古研究院田野考古報告 第80號, 文物出版社, 2018.

69 陝西省考古研究院等編著, 앞의 책 2권, 2018, p.511 彩版 5-441.

70 陝西省考古研究院等編著, 앞의 책 4권, 2018, pp.1133~1139.

71 『茶經』「四之器」: "瓷與石皆雅器也...若用之恒, 而卒歸於鐵."

72 蘇廙, 『十六湯品』: "第七品, 富貴湯. 以金銀为湯器, 惟富貴者具焉. 所以策功建湯业, 貧賤者有不能遂也. 湯器之不可舍金銀, 猶琴之不可捨桐, 墨之不可捨 . 第八品, 秀碧湯. 石, 凝結天地秀氣而賦 形者也, 琢以爲器, 秀猶在焉. 其湯不良, 未之有也. 第九品, 壓一湯. 貴厭金銀, 賤惡銅鐵, 則瓷 有足取焉. 幽士逸夫, 品色尤宜. 豈不爲 中之壓一乎? 然勿與誇珍銜豪臭公子道. 第十品, 纏口湯. 猥人俗輩, 煉水之器, 豈暇深擇, 銅鐵鉛錫, 取熱而已. 夫是湯也, 腥苦且澁. 飲之逾時, 惡氣纏口而不得去. 第十一品, 佡湯. 無油之瓦, 滲水而有土 . 雖御 宸緘, 且將敗德銷聲. 諺曰: '茶 用瓦, 如乘折脚駿登高.' 好事者幸志誌之."(짱유화, 『點茶學』, 三寧堂, 2016, pp.43-46).

73 蘇廙, 앞의 책: "第八品, 秀碧湯. 石, 凝結天地秀氣而賦賦形者也, 琢以爲器, 秀猶在焉. 其湯不良, 未之有也." (짱유화, 앞의 책, 2016, p.43).

74 김영미, 『신안선과 도자기 길』, 국립중앙박물관명품선집18, 통천문화사, 2005, p.90.

75 鄭紹宗, 「宣化下八里遼代壁畫墓」, 『河北古代墓葬壁畫』 文物出版社, 2000, pp.103~126.

76 王楨, 『農書』: "茶之用有三, 曰茗茶, 曰末茶, 曰蠟茶. 凡茗煎者擇嫩芽, 先以湯泡去薰氣, 以湯煎陰之, 今南方多效此. 然末子茶尤妙, 先焙芽令燥, 入磨細碾, 以供點試…蠟茶最貴, 而製作亦不凡, 擇上等嫩芽, 細碾入羅."(『景印文淵閣四庫全書』 731책), 권10, p.160.

77 吕維新, 「評明太祖罷造龍團」, 『農業考古』 제4기, 1997, p.126: 廖寶秀, 「人間相約事春茶」, 『芳茗遠播』, 臺灣: 國立故宮博物院, 2016, p.303.

78 岡倉天心, 『茶の本』, ソーントン·F·直子譯, 海南書房, 1984, p.51.

79 광둥의 조주부潮州府와 푸젠의 장주漳州, 천주泉州 일대에서 성행한 포다법 중의 하나다.

80 임진호, 「明代 茶文化 양상과 文人의 審美意識」, 『中國人文科學』 제53집, pp.423~425.

81 吳志達, 『明清文學史』明代卷, 武漢大學出版社, 1991, p.10.

82 "茶壺以砂者爲上, 蓋既不奪香, 又無熟湯氣. 是以泡茶, 色香味皆蘊"(文震亨, 『長物志』 권12, 「茶壺茶盞」 (楊家駱主編, 『藝術叢編』 제1집 제29책) 世界書局, 1988, p.225.

83 廖寶秀, 「歷代茶器述要」, 『也可以淸心-茶器·茶事·茶畫』, 國立故宮博物院, 2001, p.13.

84 金明培, 『中國의 茶道』, 明文堂, 1986, p.216, 230.

85 吳覺農, 『茶經述評』, 中國農業出版社, 2005, p.34.

86 임진호, 「清代 皇室 茶文化와 茶詩 創作-건륭의 다시에 보이는 심미의식을 중심으로」, 『외국학연구』 제28집, pp.466~467.

87 『淸高宗御製詩文全集』(六), 御製詩三集, 卷七十. p.5.(廖寶秀, 「人間相約事春茶-歷代茶事巡禮」, 『芳茗遠播』, 臺灣: 國立故宮博物院, 2016, p.309).

88 王健華, 「試析故宮舊藏宮庭紫砂器」, 『故宮博物院刊』, 2001年 第3期 總95期, pp.70~71.

89 廖寶秀, 앞의 논문, 2001, p.16.

90 劉寶建, 「國不可一日無君, 君不可一日無茶-淸宮的茶庫茶房與宮庭飮茶文化」, 『紫禁城』, 162期, pp.68~72: 임진호, 「清代 皇室 茶文化와 茶詩 創作-건륭의 다시에 보이는 심미의

식을 중심으로」, 『외국학연구』 제28집, 2014, p.467.

91 『欽定四庫全書會要·集部』 第9册, 『御製詩五集』卷5.

92 廖寶秀, 「乾隆皇帝與春風啜茗臺茶舍」, 『故宮文物月刊』 288期, 2007; 「乾隆茶舍再探」, 『茶韻茗事』 臺北故宮博物院, 2010, pp.146~166.

93 『欽定四庫全書會要·集部』第4册, 『御製詩抄集·三清茶』卷36 "梅花色不妖, 佛手香且潔. 松實味芳腴, 三品殊清絶, 烹以折脚鐺, 沃之承筐雪. 火候辨魚蟹, 鼎煙迭生滅. 越甌潑仙乳, 氈廬適禪悅. 五蘊淨大半, 可悟不可說. 馥馥兜羅遞, 活活雲漿澈. 偓佺遺可餐, 林逋賞時別. 懶舉趙州案, 頗笑玉川譎. 寒宵聽行漏, 古月看懸玦. 軟飽趁幾餘, 敲吟興無竭."(임진호, 앞의 논문, 2014, p.483).

94 「荷露烹茶詩」: "秋荷葉上露珠流, 柄柄傾來盎盎收. 白帝精靈青女氣, 惠山竹鼎越窯甌. 學仙笑彼金盤妄, 宜詠欣玆玉乳浮. 李相若曾經識此, 底須置驛遠馳求." (『乾隆御製詩』 二集卷八十八).

95 "宮中茗碗, 以黄金爲托, 白玉爲碗."(徐珂 『清稗類鈔』)

96 劉寶建, 郭美蘭, 「清宮奶茶鉤沉」, 『故宮文物月刊』 302期, 2008, p.31.

97 林歡, 「故宮博物院藏扎卜扎雅木器」, 『文物』 2015년 제4기, p.64: 廖寶秀, 앞의 논문, 2016, p.318.

98 『潮州茶經-功夫茶』 序: "功夫茶之特別處, 不在茶之本質, 而在茶具器皿之配備精良, 以之閑情逸志之烹制法."

99 清·徐珂編撰, 『清稗類鈔』제13책,「飮食類-邱子明嗜工夫茶」: "閩中盛行工夫茶, 粵東亦有之. 蓋閩之 汀, 漳, 泉, 粵之潮, 凡四府也. 烹治之法, 本諸陸羽「茶經」而器更精." (中華書局出版, 1986, pp.6315~6316).

100 兪蛟, 『夢廣雜著』 卷10 「潮嘉風月」: "功夫茶烹治之法, 本諸陸羽茶經, 而器具更爲精致。爐形如截筒, 高約一尺二三寸, 以細白泥爲之; 壺出宜興窯者最佳, 圓體扁腹, 努嘴曲柄, 大者可愛半升許; 杯, 盤則花瓷居多, 內外寫出山水人物, 極工致, 類非近代物, 然無款志, 制自何年不能考也。爐及壺, 盤各一, 唯杯之數則視客之多寡, 杯小而盤如滿月, 此外尚有瓦當, 棕墊, 紙扇, 竹夾, 制皆樸雅。壺, 盤與杯, 舊而佳者貴如拱璧, 尋常舟中不易得也."

101 王文徑, 「閩南明清葬俗和紫砂壺」, 『東南文化』, 2007, pp.71~82.

102 王文徑, 「清藍國威和陳鳴遠製紫砂壺」, 『東南文化』, 1991(3), pp.227~229.

103 王文徑, 앞의 논문 2007, pp.71~82.

104 廖寶秀, 앞의 논문 2016, p.321.

105 青木正兒, 『青木正兒全集』 제8권, 東京: 春秋社, 1970, p.262; 정영선, 『한국 茶文化』, 너럭바위, 2003, p.70.

106 박순발, 「公州 水村里 古墳群 出土 中國瓷器와 交叉年代 問題」, 『4~5세기 錦江流域의 百濟文化와 公州 水村里 遺蹟』, 충남역사문화원 제5회 정기 심포지엄, 2005, pp.62~63; 노중국·권오영, 『百濟歷史와 文化』, 충청남도역사문화원, 2008, pp.301~302.

107 발굴자료에 의하면 몽촌토성과 풍납토성에서만 11점의 돌절구가 발견되었다.(文東錫, 「漢城百濟의 茶文化와 茶碓」, 『百濟研究』 제56집, 2012, pp.3~4).

108 우리나라에서 출토된 고월요의 연구 성과는 다음과 같은 것이 있다. 이종민, 「백제시대 수입도자의 영향과 도자사적 의의」, 『백제연구』 27, 충남대하교 백제연구소, 1997; 이난영, 「백제 지역 출토 중국자기 연구-고대의 교역도자를 중심으로-」, 『백제연구』 28, 충남대학교 백제연구소, 1998; 김영원, 「백제시대 중국자기의 수입과 모방」, 『백제문화』 27, 공주대학교 백제문화연구소, 1998; 임영진, 「中國 六朝磁器의 百濟 導入背景」, 『한국고고학보』 83, 한국고고학회, 2012; 국립대구박물관, 『우리 문화속의 중국도자기』 2004.

109 한성백제박물관, 『한성백제박물관 발굴조사 성과전-왕성과 왕릉』 2020, pp.65~66.

110 이송란, 「中國 法門寺 地宮 茶具와 통일 신라 茶文化」, 『선사와 고대』 32, 2010, p.44.

111 이남석, 「고분출토 흑유계수호의 편년적 위치」, 『호서고고학』 창간호, 1999), 134~135쪽 및 『용원리고분군』, 공주대학교박물관, 2000, 100쪽. 정상기, 「天鷄形 주자에 대한 고찰」, 『國立公州博物館紀要』, 2001, 41~59쪽.

112 박순발, 「公州 水村里 古墳群 出土 中國瓷器와 交叉年代 問題」,『4~5세기 금강유역의 백제문화와 공주 수촌리 유적』 충남역사문화원 제5회 정기심포지엄 자료, 2005, pp.62~63.

113 『三國史記』 卷2, "三年冬十二月, 遣使入唐朝貢, 文宗召對于麟德殿, 宴賜有差, 入唐廻使大廉持茶種子來王使植地理山 茶自善德王時有之, 至於此盛焉."

114 一然, 『三國遺事』, 동서문화사, 1978, pp.200~201.

115 『三國史記』 卷10 興德王3年(828): "入唐廻使 大廉持茶種子來 王使植智異山..."

116 『東國李相國集』 卷第23, 「南行月日記」: "以元曉來居故, 蛇包亦來侍. 欲試茶進曉公, 病無泉水. 此水從巖罅忽湧出, 味極甘如乳, 因嘗點茶也."(배근희, 「신라시대 차 문화 연구」 원광대학교 석사논문, 2009, p.47)

117 曉東院, 『茶香禪味』, 比峰出版社, 1986, p.14.(『三國遺事』 卷第三 臺山五萬眞身)

118 曉東院, 앞의 책, 1986, p.7.(『三國遺事』 卷第二 景德王 忠談師 表訓大德條: "僧曰: 僧每重三重九之日, 烹茶饗南山三花嶺彌勒世尊, 今玆旣獻而還矣. 王曰: 寡人亦一甌茶有分乎. 僧乃煎茶獻之. 茶之氣味異常, 甌中異香郁烈."

119 『東文選』 卷之57 「東遊記」, "日未西, 上鏡浦臺, 臺舊無屋, 近好事者爲, 亭其上, 有古仙石竈, 盖煎茶具也…唯石竈, 石池, 二石井, 在其傍, 亦四仙茶具也."

120 정영선, 앞의 책, 2003, p.86.(『孤雲先生文集』 卷之二 (碑)眞監和尙碑銘(上略) "石釜, 不爲屑而煮之曰, 吾不識是何味, 濡腹而已, 守眞忤俗, 皆此類也."

121 국립경주박물관, 『文字로 본 新羅』, 학연문화사, 2002, p.118, 그림 259; 김상현, 「한국 차 문화사」, 『다도와 한국의 전통 차 문화』 노무라미술관, 2013, pp.14~15.

122 『桂苑筆耕集』 卷之二, 「眞鑑和尙碑銘」 竝序:"…復有以漢茗爲供者, 則以薪爨石釜, 不爲屑而煮之曰…"

123 『桂苑筆耕集』 卷之十八, 「謝新茶狀」: "方就精華之味, 所宜烹綠乳於金鼎, 汎香膏於玉甌."

124 이진형, 「신라시대 풍류생활에 나타난 다사에 관한 연구」, 성균관대학교 석사논문, 2008, pp.22~23.

125 문동석, 「漢城百濟의 茶文化와 茶碓」, 『百濟硏究』 제56輯, p.58.

126 李蘭暎, 『韓國古代金屬工藝研究』 일지사, 1977, pp.314~315; 「扶蘇山出土 一括遺物의 再檢討」, 『美術資料』20, 국립중앙박물관, pp.1~9; 이송란, 「中國 法門寺 地宮 茶具와 통일신라 茶文化」, 『선사와 고대』32, 2010, p.56.

127 이송란, 「통일신라에 수입된 중국도자의 성격」, 『新羅史學報』15, 2009, pp.79~113; 김영미, 「遺迹 出土 唐代 陶瓷器와 統一新羅 茶文化」, 강원학대회 발표자료집, 2020.

128 이희관, 「경주지역 출토 월요 청자」, 『한국고대사탐구』15, 2013, p.181.

129 김영미, 「한반도 발견 오대·송 월요 청자에 대한 일고찰」, 『동양미술사학회』 4, 2016, pp.207~240.

130 김진숙·이송란·조범환, 『장보고와 차 문화 전파』 재단법인 해상왕장보고기념사업회, 2010, p.196.

131 국립대구박물관, 『우리 문화속의 중국도자기』, 2004.

132 『皇龍寺址發掘報告書』 圖版, 236~1, 挿圖 59; 『국립경주박물관』 1997. 도판 72.

133 국립해양문화재연구소, 『바다의 비밀 9세기 아랍 난파선』, 2018, p.20.

134 奧平武彦, 「朝鮮出土支那陶磁器雜見」, 『陶磁』 9-2, 昭和 12년, pp.9~10, p.4 도판; 이재정, 「장사요 인물문 주자 소개」, 『동원학술논문집5』, 국립중앙박물관, 2002, p.158.

135 이재정, 앞의 논문, p.157.

136 周世榮, 「從唐詩中的飮茶用器看長沙窯出土的茶具」, 『農業考古』, 1995년 제2기, pp.224-235.

137 李健毛, 「長沙窯與唐代酒器沙習俗」,『湖南省博物館館刊』, 2004년 제1기, pp.120~124.(이송란, 「통일신라에 수입된 중국도자의 성격」, 『신라사학보』15, 2009 p.96.)

138 국립해양문화재연구소, 『바다의 비밀, 9세기 아랍 난파선』 특별전 도록, 2018, 도판80.

139 정서경, 「다시를 통한 고려시대 차 문화 연구」, 목포대 석사논문, 2008; 김려화, 「麗末鮮初 차 문화와 차 소재 한시 연구」, 서울대학교 석사학위논문, 2009; 이진미, 「高麗 茶詩에 나타난 茶道具의 多樣性」, 『차 문화산업학』 20권, 2011, pp.1~60 참조.

140 李奎報, 「孺茶詩」: "辛勤採摘焙成團, 要趁頭番獻天子. 師從何處得此品, 入手先驚香撲鼻. 塼爐活火試自煎, 手點花甆誇色味"(「雲峯住老珪禪師得早芽茶示之, 豫目爲孺茶師請詩爲賦之」, 『東國李相國集』제13권).

141 李奎報, 「遊天和寺飮茶 用東坡詩韻」: "一筇穿破綠苔錢, 驚起溪邊彩鴨眠, 賴有點茶三昧手, 半甌雪液洗煩煎."

142 이원복, 「고려시대 차그림 두 점: 고사자오와 고사위기」, 『고미술저널』18, p.33.

143 眞覺國師, 「示湛靈上人求六箴-鼻箴」, "香處勿妄開, 臭中休强塞, 不作香天佛, 況爲屍注國. 鐺中煎綠茗, 爐中燃安息, 咄咄咄, 甚處求知識"(김운학, 『한국의 차 문화』, 이른아침, 2004, p.66.

144 圓鑑國師, 「丁丑三月三十日遊眞覺寺」: "甎爐石銚自提, 側足行行上層. 烹蔬煮茗有餘, 眺水看山無限"(정서경, 『고려 차시와 그 문화』, 이른아침, 2008, p.70.

145 太古禪師, 「永寧禪寺偈頌」: "凜凜寒生骨, 蕭蕭雲打窓. 地爐深夜火, 茶熟透缾香."(정서경, 앞의 책, 2008, p.89)

146 鄭夢周, 「石鼎煎茶」: "報國無效老書生, 喫茶成癖無世情. 幽齋獨臥風雪夜, 愛聽石鼎松風聲."(圃隱集)

147 李穡, 「煎茶卽事」: "春入溪山晝不如, 輕雷一夜動潛虛. 花瓷雪色早食後, 石銚松聲午睡餘"(송재소 외, 『한국의 차 문화 천년 3』, 돌베개, 2011, pp.192~193.

148 李衍宗, 「謝朴恥庵惠茶」, 『東文選』권7: "少年爲客嶺南寺, 茗戰屢從方外戲. 龍巖巖畔鳳山麓, 竹裏隨僧摘鷹觜. 火前試焙云最佳, 況有龍泉鳳井水. 沙彌自快三昧手, 雪乳飜甌點不已."

149 李奎報: "老衲渾多事, 評茶復品泉.", "懶將茶品鬪吳僧, 愛把淸樽醉鳳燈.", "評茶品水是家風, 不要養生千歲藥. 衲僧手煎茶, 誇我香色備. 我言老渴漢, 茶品何暇議. 七椀復七椀, 要涸巖前水."

150 李穡, 「靈泉」, 『牧隱詩稿』 권3: "平生愛淸事, 有意續茶譜, 當携石鼎去, 松梢看飛雨"(박동춘, 앞의 논문, p.226)

151 박동춘, 「고려시대 차 문화의 재조명」, 『고려음』, 국립광주박물관 전시도록, 2022, p.216.

152 徐兢, 『宣和奉使高麗圖經』권6, 宮殿2, 延英殿閣: "…今入朝進貢使資諒. 上桂香, 御酒, 龍鳳茗團, 進果寶皿來歸…"

153 金明培, 『茶道學』, 學文社, 1998, pp.256-258; 『高麗史』 권18, 毅宗 21年 7月條.

154 장남원, 「고려시대 茶文化와 靑瓷-다구를 중심으로」, 『美術史論壇』23, 2007, p.138.

155 이정신, 앞의 논문, 1999, pp.153~187.

156 한국역사연구회, 『고려의 황도 개경』, 창작과 비평사, 2002, p.177,182.

157 조선유적유물도감편찬위원회, 『조선유적유물도감』 12권, 1992, p.17.

158 장남원, 「고려시대 茶文化와 靑瓷-청자 茶具를 중심으로」, 『미술사논단』24, 2007, pp.143~149.

159 野守健, 『高麗陶磁の研究』 京都 淸閑舍, 1994, pp.10~12; 국립중앙박물관, 『고려왕실의 도자기』 2008, pp.12~25.

160 장남원, 「고려시대 청자 투합의 용도와 조형 계통」, 『미술사와 시각문화』9, 2010, pp.170~197.

161 汪慶正主編, 『越窯, 秘色瓷』 上海古籍出版社, 1996, 도판41,42.

162 河南省文物考古研究所, 『寶豊淸凉寺汝窯』, 大象出版社, 2008, 彩板108.

163 野守健, 앞의 책, 1994, p.25.

164 장남원, 『고려 중기 청자 연구』, 혜안, 2006, p.144.

165 장남원, 앞의 논문, 2007, pp.153~155.

166 단국대학교 매장문화재연구소, 「파주 혜음원지 발굴조사현장 설명회 자료」, 2001, 2002.

167 박성진, 「개성 고려궁성 출토 고려청자 연구」, 『유적출토 고려청자』, 경기도자박물관 발표자료집, 2009, pp.20~33.

168 李仁老, 「茶磨」: 楚匠斲山骨, 折檀爲轉臍. 乾坤人力內, 日月蟻行迷. 我家江南摘雲腴, 落磑霏霏雪不如." (이진미, 앞의 논문, 2011, pp.1~60).

169 李奎報, 「謝人贈茶磨」: "琢石作孤輪, 廻旋煩一臂, 子豈不茗飮, 投向草堂裏, 知我偏嗜眠, 所以見寄耳, 硏出綠香塵, 益感吾子意."(송재소 외, 『한국의 차 문화 천년 3』, 돌베개,

2011, p.130.)

170 김명배, 『茶道學』, 학문사, 1992, p.242.

171 고연미, 「차그림에 나타난 茶筅연구」, 『韓國茶學會』 제15권, 제1호, 2009, p.20.

172 中尾萬三, 『仁和寺御室御物目錄の陶瓷(追加)』大乘12(8), pp.22~33.

173 강신항, 『鷄林類事「高麗方言」研究』, 성균관대학교출판부, 1990, pp.27~98.

174 고연미, 「韓·中·日 點茶文化에 나타난 宋代 建盞研究」, 2009, 원광대학교 박사학위논문, pp.42~258.

175 "或有以胡香, 爲贈者, 則以瓦, 載煻灰, 不爲丸而焫之, 曰吾不識是何臭, 虛心而已...復有以漢茗, 爲供者, 則以薪爨石釜, 不爲屑而煮之, 曰吾不識是何味, 濡腹而已, 守眞忤俗, 皆此類也."(金明培, 앞의 책, 1998, pp.222~223 재인용)

176 이진형, 「신라시대 풍류생활에 나타난 다사에 관한 연구」, 성균관대학교 석사논문, 2008, pp.19~20.

177 蘇廙, 『十六湯品』: "第八品, 秀碧湯. 石, 凝結天地秀氣而賦賦形者也, 琢以爲器, 秀猶在焉. 其湯不良, 未之有也." (짱유화, 앞의 책, 2016, p.43).

178 莊萬里文化基金會, 『宋元紀年青白瓷』, 1998, 도판번호 15.

179 李文信, 「義縣清河門遼墓發掘報告」, 『考古學報』, 1954年第2期, pp.163~202.(宋東林, 「景德鎮窯五代宋元時期青白釉瓷器研究」, 북경대학교 박사학위논문, 2014, p.273 재인용)

180 陝西省考古研究院 等, 『藍田呂氏家族墓園』 4, 陝西省考古研究院田野考古報告 제80호, 2018, pp.944~945, 彩版6-91,92.

181 陝西省考古研究院 等, 『藍田呂氏家族墓園』 3, 陝西省考古研究院田野考古報告 제80호, 2018, p.802, 彩版5~796.

182 金英美, 「韩国国立中央博物館藏高麗遺址出土中国瓷器」, 『文物』 2010년 제4기; 국립중앙박물관, 『국립중앙박물관 소장 중국도자』, 도서출판 예경, 2017.

183 회화懷化는 지금의 후난성 무수無水 연안을 말하며 당시에 먹墨 생산지로 유명했다.

184 李奎報, 「次韻吳東閣世文呈誥院諸學士三百韻詩」,『東國李相國集』 제5권: "濡毫懷化墨, 嘗荈定州瓷"

185 寥一, 「乞退」: "五更殘夢寄松關, 十載低徊紫禁間. 早茗細含鸞鳳影, 異香新屑鷓鴣斑."

186 李仁老, 『破閑集』 卷中: 明皇時, 大叔僧統寥一, 出入禁宇間, 不問左右二十餘年. 常作乞退詩進呈云, '五更殘夢寄松關, 十載低徊紫禁間, 早茗細含鸞鳳影, 異香新屑鷓鴣斑, 自憐瘦鶴翔丹漢, 久使寒猿怨碧山, 願把殘陽還舊隱, 不教嚴畔白雲閑.'

187 金英美, 앞의 논문, 2010년. 국립중앙박물관에는 일제강점기에 개경 일대 유적에서 도굴된 유물이 소장되어 있다. 고려시대의 자기를 비롯한 공예품 그리고 중국 송·원의 자기 등이 포함되어 있다. 이들은 기년 자료가 없어서 유적지의 성격 규명에 어려움은 있지만 당시 20세기 초반 일본 골동상을 거쳐 국립박물관이 구입한 것으로, 유물의 유입 경로가 일관성이 있다. 이들 문화재는 고려 사람들의 생활·문화사적 면모를 파악하는 데 중요한 자료가 되고 있다.

188 徐兢, 『宣和奉使高麗圖經』 권32, 器皿三, 茶俎條: "益治茶具, 金花烏盞, 翡色小甌, 銀爐湯

鼎, 皆竊效中國制度."

189 박동춘, 「초의 선사, 조선 차문화 중흥 이끌다」, 현대불교신문, http://www.hyunbulnews.com

190 『宣祖實錄』 101권, 31년 6월 23일: 前日言於予曰: '貴國有茶, 何不採取?' 使左右, 取茶來示曰: '此南原所產也. 厥品甚好. 貴邦人何不喫了?' 予曰: '小邦習俗, 不喫茶矣.' 此茶採取, 賣諸遼東, 則十斤當銀一錢, 可以資生. 西蕃人喜喫膏油, 一日不喫茶則死矣. 中國採茶賣之, 一年得戰馬萬餘匹矣.' 予曰: '此非六安茶之流, 乃鵲舌茶也.' 對曰: '此一般也. 貴國啜人參茶, 此湯也, 非茶也. 啜之中心煩熱, 不如啜之爽快矣. 使貴國陪臣喫茶, 則心開氣擧, 而百事能做矣. 仍贈予茶二包, 似是爾若喫茶, 則或可做事, 以警之之意也. 此非爲茶言之, 專爲不做事而發, 設辭言之也.(지난번 나에게 '귀국에는 차가 있는데 왜 채취하지 않는가?' 하고는, 좌우를 시켜 차를 가져오라고 하여 보여주며 '이것은 남원南原에서 생산된 것인데 그 품질이 매우 좋다. 그런데 귀국 사람들은 무엇 때문에 이것을 마시지 않는가?' 하기에, 내가 '우리나라는 차를 마시지 않는다'고 했다. 그는 다시 '이 차를 채취해서 요동遼東에 내다 판다면 10근에 1전錢은 받을 수 있으니 그것만으로도 생활이 가능할 것이다. 서번인西蕃人들은 기름기를 즐겨 먹기 때문에 하루라도 차를 마시지 않으면 죽을 지경이다. 그래서 중국에서는 차를 채취하여 팔아서 1년에 전마戰馬 1만여 필을 사고 있다' 하기에, 내가 '이것은 육안차六安茶의 종류가 아니고 작설차鵲舌茶이다' 하니, 답하기를 '그것은 마찬가지다. 귀국에서는 인삼차를 마시는데 이것은 탕湯이지 차가 아니다. 그것을 마시면 마음에 번열이 생기므로 마음이 상쾌해지는 차를 마시는 것만 못하다. 귀국의 배신陪臣들이 차를 마신다면 마음이 열리고 기운이 솟아나서 온갖 일들을 잘할 수 있을 것이다' 하고는, 나에게 차 두 봉지를 주었는데, 이는 당신도 차를 마시면 일을 잘할 수 있을 것이라는 뜻으로 깨우쳐주려는 것처럼 보였다. 이는 또 차를 위해 말한 것이 아니라 오로지 일을 잘하지 못한다 하여 꺼낸 말이니, 계획적으로 한 말이다.) 국사편찬위원회 DB https://sillok.history.go.kr/id/재인용.

191 정영희, 「한국과 일본의 차문화茶文化 비교」, 불교평론, http://www.budreview.com

192 신명호, 「조선시대 접빈다례의 자료와 특징」, 『조선시대 궁중다례의 자료해설과 역주』, 민속원, 2008, pp.24~32.

193 『承政院日記』 4册 仁祖 17年 11月 21日條(부경대학교 역사문화연구소, 『조선시대 궁중다례의 자료해설과 역주』 민속원, 2008, p.24).

194 崔俊洙, 「朝鮮 後期 茶文化와 白磁 茶具 研究」, 충북대학교 석사학위논문, 2018, pp.14~15.

195 이욱, 「조선시대 제향다례의 자료와 특징」, 『조선시대 궁중다례의 자료해설과 역주』, 민속원, 2008, p.270.

196 류건집, 『韓國茶文化史-下』 이른아침, 2007, pp.279~280.

197 유동훈, 「다산 정약용의 고형차 제다법 고찰」, 『한국차학회지』21, 한국차학회, 2015, pp.34~40.

198 정민, 앞의 책, 2011, pp.210~212.

199 박동춘, 「사찰문화에 따른 제다 전승의 현황과 특징」, 『製茶』, 문화재청, 2016, pp.216~221.

200 박동춘, 『초의선사의 차 문화 연구』, 일지사, 2010, p.114.

201 覺岸, 「茶具銘」: "生涯淸閑, 數斗茶芽, 設苦竄爐, 載文武火, 瓦罐列右, 瓷盌左在, 惟茶是務, 何物誘我."(내 일생 청아하고 한가하니 차 두어 말이면 족하다네. 일그러진 화로 벌여놓고 문무화文武火 지핀다네. 와관瓦罐은 오른쪽에 벌여놓고 자완瓷盌은 왼쪽에 있다네. 오직 차 마시는 일 즐기니 무엇이 나를 유혹하리.). 류건집, 앞의 책, 2007, p.69 재인용.

202 박동춘, 앞의 책, 2010, p.31.

203 김유리, 「추사 김정희의 차 생활에 대한 연구」, 성균관대학교 석사학위논문, 2014, pp.54~55.

204 김미경, 「19세기 조선백자에 보이는 청대 자기의 영향 연구」, 고려대학교 석사학위논문, 2006, p.14; 한기정, 「18·19세기 조선 지식인의 차 문화 연구」, 성신여자대학교 박사학위논문, 2013, pp.85~92.

205 『經世遺表』 권11, 地官戶曹, 修制 賦貢制 5 「榷茶考」(정민, 앞의 책, 2011, pp.106~107).

206 崔俊洙, 앞의 논문, 2018, pp.23~24.

207 朴趾源, 「行在雜錄」, 『熱河日記』: "禮部謹奏, 爲奏聞事. 本月十二日, 臣等遵旨派員, 會同理藩院司員等帶領朝鮮使臣正使朴副使鄭書狀官趙等. 前詣札什倫布, 拜見額爾德尼, 行禮後, 令坐吃茶, 詢問該國遠近, 幷入貢緣由, 該使臣答以因皇上七旬大慶, 進表稱賀, 幷恭謝天恩."

208 박동춘, 『추사와 초의』 이른아침, 2014, p.22.

209 후지츠카 치카시, 윤철규 외 옮김, 『秋史 金正喜 研究』, 과천문화원, 2009, pp.182~183.

210 최경화, 「18·19세기 일본 자기의 유입과 전개양상」, 『미술사논단』 29, 한국미술연구소, 2009, pp.198~199.

211 이규경이 언급한 중국차는 영아차靈芽茶, 북원차北苑茶, 자순차紫筍茶, 연고차研膏茶, 납면차臘面茶, 용봉차龍鳳茶, 소용단차小龍團茶, 소단차小團茶, 밀운용차密雲龍茶, 서운상용차瑞雲翔龍茶, 백차白茶, 용원승설龍園勝雪, 호구차虎丘茶, 용정차龍井茶, 개편차芥片茶, 보이차普洱茶, 백호차白毫茶, 청자淸茶, 황차黃茶이다.(김희자, 『백과사전류로 본 조선시대 차 문화』, 국학자료원, 2009, p.117).

212 崔俊洙, 앞의 논문, 2018, p.21.

213 徐居正, 「謝岑上人惠雀舌茶」: "排珠散玉黃金團, 粒粒眞似九還丹…輕焙細碾飛玉屑, 呼兒旋洗折脚鐺, 雪水淡煮兼生薑…"(류건집, 앞의 책, 2007, p.382 재인용)

214 李瀷, 『星湖僿說』 제6권, 萬物門, 茶食(방병선, 「국립중앙박물관 소장 19세기 백자 橫手形 다관의 祖形」, 『미술자료』85, 국립중앙박물관, 2014, p.25 재인용)

215 憑虛閣 李氏, 『閨閤叢書』 권1, 「茶品」: "1. 茶百戲: 說郛에 이르기를, 차는 당나라에 이르러 비로소 성해졌고, 근세에 와서는 파를 끓이는 데 별달리 妙訣이 있어 物形을 이루는 것이 있다. 새, 짐승, 벌레, 물고기, 꽃, 풀의 모양이 교묘히 섬세한 구름과 같다. 그러나 다만 금시에 흩어져 없어지니 이것이 차의 변화인 까닭에 차의 이름은 玉蟬膏, 晩甘侯, 冷面草, 苦口師 등이 있다.(정양완 역주, 『규합총서』, 보진재, 1987)

216 金壽童, 「夜坐有吟」: "漏雲纖月入疏簾, 鬪茶新試錙銖火."(徐居正, 『東文選』 속동문선, 제8권

칠언율시)

217 『朝鮮王朝實錄』, 『承政院日記』, 『日省錄』에서 보면 茶盞 3회, 茶椀 4회에 불과하지만 다종은 총35회가 등장한다.(崔俊洙, 앞의 논문, 2018, p.39)

218 『太宗實錄』 卷34, 太宗 17年 7月 21日: "海壽遣僉摠制元閔生, 通事金時遇, 以暗花粉色茶鍾一, 茶甁一, 有紋鴨青紗一匹, 柳青羅一匹來獻, 又以粉色茶鍾一, 藍羅一匹, 有紋綠紗一匹獻于中宮. 黃儼以粉紅紵絲二匹, 沙糖一盤亦獻于中宮, 又以金線囊一, 繡囊一, 玉頂一, 摺扇二贈于誠寧大君."; 『世宗實錄』 卷44, 世宗11年 5月 2日: 丁未/上率百官, 幸慕華樓迎勅, 還至勤政殿行禮如儀. 勅曰: 今遣太監昌盛、尹鳳, 賜王白金彩幣等物, 至可領也. 白金三百兩, 紵絲三十匹, 羅十匹, 紗十匹, 綵絹三十匹, 白磁羚羊茶鍾三十介, 白磁吧茶甁十五介. (국사편찬위원회 https://sillok.history.go.kr)

219 『高宗壬寅進宴儀軌』 권2 「饌品」: "大殿進茶, 一器, 銀茶罐銀茶鍾內下. 黃漆小圓盤度支部. 雀舌茶一器. 太醫院煎侍"(박소동, 『국역진연의궤-고종임인년』 2008, 재인용)

220 최성지, 「조선후기 백자 주자의 발달 배경과 양식」, 이화여자대학교 석사학위논문, 2016, pp.69~79.

221 방병선, 앞의 논문, 2014, pp.29~30.

222 고연미, 「18세기 바이사오賣茶翁의 교유를 통해 본 茶와 禪」, 『한국불교학』 79권, 2016, pp.257~291.

223 방병선, 앞의 논문, 2014, p.34.

224 추민아, 『차의 최적 우림조건과 저장온도의 설정에 관한 연구』, 전남대학교 박사학위논문, 2016, pp.153~178.

225 정영선, 『한국차 문화』, 너럭바위, 2007, pp.226~268.

226 李錦東 「韓国における主要3茶産地形成期のリ＿ダ＿の役割 -寶城郡, 河東郡, 済州道を事例に-」 (『佐賀大学農学部彙報』第99号, 2014年) p.1~20

227 村田淳, 「一関市河崎の柵擬定地出土緑釉陶器の再検討」, 『紀要』 第3９号, (公財) 岩手県文化振興事業団埋蔵文化財センタ＿ pp.75~80.

228 降矢哲男, 「京に生きる文化-茶の湯」, 『京に生きる文化-茶の湯』 京都博物館特別展圖錄, 2022, p.8.

229 에이추永忠(743~816), 헤이안시대 초기의 일본의 승려로 교토 출신이다. 당나라 장안의 서명사 등에서 수학했다. 같은 시기에 유학했던 사이초最澄를 돌봐주었고, 805년에 사이초와 함께 귀국한 뒤 율사律師, 소승도少僧都, 대승도大僧都에 임명되었다.

230 井口海仙, 「風興の世界 茶 」, 『茶·花·香』 日本の古典藝能5, 平凡社, 昭和 45年(1969), p.87.

231 山田新市, 『一本喫茶世界の成立』 東京 ラ·テ-ル出版局, 1998, p.131; 京都國立博物館, 『京に生きる文化-茶の湯』 特別展圖錄, 2022, p.8.

232 特別展示, 「桃山の茶陶-備前と信楽に, よせて-」, (公財) 京都市埋蔵文化財研究所·京都市考古資料館, リ＿フレット京都No.307 (2014年 8月); 赤松佳奈, 「京都出土中国産陶磁器の形·質·割合とその背景(1) - 平安時代前·中期の文化人が憧れたものは何か―」, 『京都市文化財保護課研究紀要』 第3号, 2020年 3月, pp.157~204.

233 「史跡鴻臚館跡-鴻臚館跡20-南館部分の調査(2)」, 『福岡市埋蔵文化財調査報告書』 第1213集, 福岡市教育委員会, 2013, 巻頭圖版3-9.

234 尾野善裕, 「日本人と茶の千二百年」, 『日本人と茶』, 京都博物館, 特別展覽會圖錄, 2002, pp.10~24.

235 김명배, 『일본의 다도』, 보림사, 1987, p.47.

236 고연미, 「에이사이榮西의 남송 산차散茶 도입이 덴차碾茶 제법 형성에 미친 영향」, 『韓國茶學會誌』 제23권 제2호, 2017, pp.24~28.

237 '덴모쿠天目'라는 명칭은 일본의 가마쿠라 시대에 중국 저장의 천목산天目山에서 유학한 선승이 평소 사용하던 흑유 다완을 일본에 가져온 데서 시작되었다. 『군대관좌우장기君臺觀左右帳記』에 의하면 무로마치 시대, 아시카가 요시마사 대에는 지금의 회피 천목灰皮天目과 황천목黃天目 다완을 덴모쿠라 불렀다. 그중에서도 구연 아랫부분이 들어간 형태의 속구束口라고도 불리는 덴모쿠 다완은 보온 기능이 뛰어나 다도 애호인들이 선호했다. 이러한 덴모쿠 다완은 나중에 흑유 다완의 통칭이 되었다.

238 「馬蝗絆茶甌記」, 伊藤東涯筆, 江戸時代_享保12年(1727), 東京国立博物館 소장.

239 차노유茶の湯는 물을 끓여 차를 개고 거품을 내는 것 혹은 차에 끓는 물을 부어 대접하는 일본의 전통방식이다. 현재 일반적으로 차노유라고 하면 말차를 이용하는 다도를 말하지만, 에도 시기에 성립한 전차煎茶를 이용한 전차도煎茶道를 포함하고 있다. 큰 다실에는 왼쪽에서 풍로와 솥, 퇴수기, 국자 거치대와 국자, 물병, 화분과 화병 등의 도구가 있으며 도코노마床の間에는 그림과 꽃병, 향합을 장식한다.

240 三笠景子, 「茶の湯お創つた青磁茶碗」, 『茶の湯歴史お問い直す』 築摩書房, 2022, pp.318~319.

241 竹內順一, 「やきものの風景」(19), 『茶道研究』 49권 7호, 三德庵, 2004; 德川美術館, 『室町將軍家の至寶お探る』 2008 참조.

242 三笠景子, 앞의 논문, 2022, p.340.

243 김영미, 앞의 책, 2005; 국립중앙박물관, 앞의 책, 2016, 참조.

244 규코지吸江寺는 선종사원으로, 1318년 창건되어 천황가와 아시카가足利 장군가의 관심으로 무로마치 시대에 크게 발전했다. 이 다마의 측면에는 「於施入 土佐國五臺山 吸江庵臼也 貞和五年己丑十一月廿五日」이라는 명문이 있어 중세 선종사원에서 말차를 마셨던 매우 중요한 증거다. 그리고 받침접시 외면에도 오대산五大山이라 새긴 명문이 있다.

245 筒井紘一, 「闘茶」, 『日本史大事典5』, 平凡社, 1993; 熊倉功夫, 「闘茶」, 『國史大辞典10』, 吉川弘文館, 1989.

246 熊倉功夫, 「闘茶」, 『國史大辞典』, 吉川弘文館, 1997; 布目潮風, 『中國喫茶文化史』, 岩波現代文庫, 2001.

247 尾野善裕, 「日本人と茶の千二百年」, 『日本人と茶』 京都博物館, 特別展覽會圖錄, 2002, pp.10~24.

248 무로마치 막부 사회에서 개최된 다도회는 선종의 다례를 모태로 하고 있다. 여기서 사용된 당의 기물들은 수집과 감상의 가치가 강하다. 아시카가足利 장군이 중국의 기물 수집에 열

을 올렸던 사실은 잘 알려져 있고, 아시카가 요시미츠足利義滿, 요시노리義教, 요시마사義政가 모은 수집품들은 현재 히가시야마 교부츠東山御物라 부른다. 이를 관리하고 있었던 이들이 도보슈同朋衆였다. 그들이 편찬한 기물 수집과 감상의 규격서가 바로 『군대관좌우장기君臺觀左右帳記』이다.

249 『京に生きる文化-茶の湯』, 京都國立博物館 特別展圖錄, 2022, 圖版25, p.43 喫茶.

250 福持昌之, 「京都の無形民俗文化財としての建仁寺四頭茶礼」, 『観光&ツーリズム』, 大阪観光大学観光学研究所報第 17号, 2012.

251 降矢哲男, 「四頭茶禮道具」, 『京に生きる文化-茶の湯』, 京都國立博物館 特別展圖錄, 2022, p.51.

252 福持昌之, 앞의 논문, 2012, p.52; 京都市埋蔵文化財研究所, 『臨川寺旧境内遺跡発掘調査報告』 京都市埋蔵文化財研究所調査報告, 1976.

253 서원書院에 만든 넓은 공간에서 유행한 마루에서 행하는 차노유와 꾸밈 도구의 법식이다. 무로마치 막부 8대 쇼군 아시카가 요시마사의 측근 노아미能阿彌가 제작하고 손자인 소아미孫相阿彌가 완성했다. 종래 투다의 모임 장식을 바탕으로 하지만, 좀더 정신적 분위기를 중시했으며 사용한 도구를 가라모노唐物라고 한다. 서원차는 와비차가 유행하면서 쇠퇴했다.

254 비젠야키備前燒는 오카야마현岡山県 비첸시備前市에 있는 도자기 가마로, 일본 6대 고요古窯에 속한다.

255 시가라키야키信樂焼는 시가현滋賀県 시가라키信楽 일대에서 제작된 도기의 총칭이다.

256 와비차わび茶는 좁은 의미로는 서원의 화려한 차에 대비되는 것으로, 간결한 경지와 정신을 중시한다. 무라다 슈코 이후 아즈치모모야마安土桃山 시대에 유행하고 센노 리큐가 완성했다. 넓은 의미로는 센노 리큐 계통의 차노유 전체를 가리킨다.

257 尾野善裕, 「日本人と茶の千二百年」, 『日本人と茶』 京都博物館, 特別展覽會圖錄, 2002, pp.10~24.

258 大西克禮, 『美學·下卷-美的範疇論』, 弘文堂, 1981, p.422.

259 조지로長次郎의 부친은 중국 푸젠성에서 온 도공으로, 라쿠야키樂燒 기술은 중국 명대 '화남삼채華南三彩'와 연결된다.

260 千宗室 編尾, 「松屋會記」, 『茶道古典全集』 제9권, 淡交社 京都, 1976, pp.125~233; 野善裕, 앞의 논문, 2002, p.19.

261 赤沼多佳, 「利休の茶道具-數寄道具の大成」, 『茶陶の創成』, 淡交社, 京都, 2004, p.86; 「三井記念美術館 赤と黑の藝術 楽茶碗展より」, 『陶說』 643, 2006, pp.41~43.

262 가타야마 마비, 「다완으로 맺어진 한·일 교류」, 『조선도자, 히젠의 색을 입다』, 국립진주박물관, 2019, p.185.

263 철유 위에 회유灰釉를 이중으로 입힌 것으로 재를 뒤집어 쓴 것 같다하여 회피灰被라고 부른다. 요변, 유적, 대피잔과 함께 당물 텐모쿠를 대표하며, 무로마치 시대 말기부터 모모야마 시대 전반까지 차노유의 다완으로 중요하게 다루어졌다.

264 林屋晴三, 『高麗茶碗』 (陶磁大系32) 平凡社, 1972, pp.80-84; 竹内順一, 渡辺節夫, 『千利

休とやきもの革命』河出書房新社, 1998, p65.

265 木原光·佐伯正俊,「石見益田におけ15·16世紀の貿易陶磁-組成と朝鮮陶磁器の様相お中心として」,『貿易陶磁研究』36, 2017, pp.28~40.

266 永井正浩,「遺跡出土資料見彫三島」,『河上邦彦先生古稀記念獻呈論文集』, 2015; 가타야마 마비,「호리미시마彫三島 다완에 나타난 모방의 문제」,『모방과 미학』이화여자대학교박물관, 2013, pp.142~151.

267 熊倉功夫,『南方錄お讀む』, 淡交社, 京都, 1989, pp.132~258.

268 조선에서 제작한 물건의 총칭이다. 무로마치 시대 후기에는 일본 고유의 정신을 존중하던 쓸쓸한 다풍(와비)이 퍼지자 가라모노 대신 조선의 일상생활용 그릇을 차인들이 일본 제품과 함께 차노유에 활발하게 이용했는데 그중 소박하고 꾸밈없는 고려 다완이 크게 환영받았다.

269 센노 리큐의 제자였던 다이묘 차인大名茶人 후루타 오리베古田織部의 지도로 창시되었으며, 오리베가 좋아하는 기발하고 참신한 모양과 무늬의 다기 등을 많이 생산했다. 그의 부친은 당시 중국 남쪽에서 건너온 도공으로 오리베는 차인들에게 귀중하게 여겨졌던 화남삼채華南三彩를 바탕으로 한 것으로 알려져 있다. 대량생산을 위해 카라츠唐津에서 등가마를 도입했다고 전해진다. 미노美濃 지방 외에 규슈의 사쓰마야키薩摩焼, 다카토리야키高取焼 등에서도 구워졌다.(楢崎彰一,「桃山陶器にみる華南陶磁の影響」,『桃山陶の華麗な世界』, 愛知縣 陶磁資料館, 名古屋, pp.18~20 참조.)

270 尾野善裕,「日本人と茶の千二百年」,『日本人と茶』京都博物館 特別展覽會圖錄, 2002, pp.10~24.

271 橋本素子,『中世の喫茶文化』, 吉川弘文館, 2018, p.127.

272 고연미,「18세기 우키요에浮世繪를 통해 본 수차옥水茶屋의 특성」,『한국차학회지』제20권 제1호, 2014, pp.14~29 참조.

273 王亮鈞,「日本出土的紫砂器及其相關問題」,『故宮學術季刊』第35卷 第4期, 國立故宮博物院, 2017, pp.121~168.

274 尾野善裕,「日本人と茶の千二百年」,『日本人と茶』, 京都博物館, 特別展覽會圖錄, 2002, pp.10~24.

275 大石貞男,『日本茶業發達史』, 農山漁村文化協會, 東京, 2004, p.286.

276 고연미,「에도시대 바이사오 고유가이賣茶翁 高遊外의 賣茶의 의미와 형태」,『한국차학회지』제17권 제4호, 2011, pp.31~47.

277「わび·さびの語源と用例」참조

278 鈴木大拙,『禪と日本文化』岩波書店, 1940, p.136.

279 吉村耕治·山田有子,「侘び·寂びの色彩美とその背景—和の伝統的色彩美の特性を求めて」,『日本色彩学会誌』41巻 3号, 日本色彩学会, 2017, p.40~43.

280 倉澤行洋,「心の文」,『珠光—茶道形成期の精神』淡交社, p.43, 2002.

281 熊倉功夫,「覚書—わび茶の精神」,『現代語訳 南方録』, 中央公論社, p.15, 2009.

282 岡倉天心,『茶の本 The Book of Tea』, IBCパブリッシング, p.16, 2008.

283 岡倉覚三, 'The Book of Tea' (『茶の本』) 第1章

284 久松真一, 『わびの茶道』(昭和23年講演筆録), 一燈園燈影舎, 1987.

285 「一期一会」, 『茶の湯用語集』, 表千家不審菴, 2005年.

286 최근 마치다 다다조町田忠三의 연구 「『남방록』 성립 배경과 리큐 허상의 탄생」, 『茶の湯文化学』 9호, 2004 에서는 다이도쿠지大德寺 273세 대심의통大心義統(1657-1730)이 '화경청적'이라는 말을 처음 썼을 것이라 주장하고 있다.

2부 ____ 향 문화

1 『春秋左傳要義』僖公 5년(BC.655)에 "一薰一蕕 (…) 十年尙猶有臭"란 내용이 있다. '유蕕'는 향초를 말한다.

2 "茅香花白. 根如茅, 但明洁而長. 皆可作浴湯, 同本尤佳. 仍入印香中, 合香附子用"(寇宗奭, 『本草衍義』 卷10, 茅香).

3 "茅香根如茅, 但明潔而長, 可作浴湯…仍入印香中, 合香附子用.", "茅香凡有二, 此是一種香茅, 其白茅香, 別是南番一種香草."(李時珍,『本草綱目』 권14, 「草部」 "茅香", p.896).

4 孫機, 『漢代物質文化資料圖說』, 文物出版社, 1991, p.358.

5 湖南省博物館, 『長沙馬王堆一號漢墓』上集, 文物出版社, 1973, p.114; 傅擧有·陳松長,『馬王堆漢墓文物』, 湖南出版社, 1992, p.70.

6 山田憲太郎, 『東亞香藥史研究』 中央公論美術出版, 東京, 1976, p.178.

7 "蜜香, 沉香, 鷄骨香, 黃熟香, 棧香, 青桂香, 馬蹄香, 鷄舌香. 案此八物, 同出於一樹也."(嵇含, 『南方草木狀』 卷中).https://guoxue.httpcn.com/html/book/TBUYPW/ILRNPWKOME.shtml

8 陳擎光, 「歷代香具概說」, 『故宮歷代香具圖錄』, 國立故宮博物院, 1994, p.15.

9 徐有榘, 『林園經濟志』 권99~101, 「怡雲志」1, 임원경제연구소, 2019, p.356.

10 「동해안 역사문화 리포트3-동해 바닷가에 향나무를 묻다」, 강원도민일보(http://www.kado.net)

11 揚之水, 『古詩文名物新証』 1, 紫禁城出版社, 2004, p.114.

12 陳擎光, 앞의 논문, 1994, p.16.

13 徐有榘, 앞의 책, 2019, p.352.

14 陳擎光, 앞의 논문, 1994, p.10.

15 네이버 지식백과, 장뇌樟腦, 두산백과 두피디아, 두산백과

16 徐有榘, 『林園經濟志』 권99~101, 「怡雲志」1, 임원경제연구소, 2019, p.377.

17 『舊唐書』198, 「天竺國」, 「波斯國」, 「拂菻國」條, 『景印文淵閣四庫全書』 제885本, p.493.

18 陳擎光, 앞의 논문, 1994, p.11.

19 張知甫, 『張氏可書』(林天尉, 『宋代香藥貿易史』, 中國文化大學出版社, 1986, p.25).

20 陳敬, 『향보香譜』 중에 葉庭珪 『香錄』(1151) 재인용(陳擎光, 앞의 논문, 1994, p.11.)

21 "神仙傳稱 燒之, 感引鶴降…小兒帶之, 能辟邪氣, 其香如蘇方木. 然之初不甚香, 得諸香和之則特美" (『香譜』卷上「香之品」"降眞香"『叢書集成初編』1481, p.5)

22 "紫實爲佳, 茶煮出油, 焚之"(『遵生八牋』 권15「燕閒淸賞牋」,『遵生八牋校注』, p.600).

23 『仙傳』: "拌和諸香, 燒煙直上, 感引鶴降. 醮星辰, 燒此香為第一, 度功力極驗. 降真之名以此."

24 徐有榘, 앞의 책, 2019, pp.360~361, 주165.

25 "黃實者佳. 茶浸抄黃, 去腥"(『遵生八牋』 권15「燕閒淸賞牋」,『遵生八牋校注』, p.600).

26 국립중앙박물관,『신안해저선에서 찾아낸 것들』 특별전도록, 2016, pp.246~251.

27 『정향』, 나무위키

28 "李時珍云, 雄爲丁香, 雌位鷄舌."(『本草綱目』 권34,「木部」, "丁香", p.1941).

29 "陳承云: 西出天竺, 南波斯等國…" 徐有榘, 앞의 책, 2019, p.365:『香乘』 권2,「香品」"薰陸香卽乳香"(『文淵閣四庫全書』 1481, p.4).

30 주강현,「新불국기: 바다를 건넌 불교17-향료의 길① 유향」,『불교신문 3717호/2022년 5.24』

31 남조南朝 때 양 무제에게 두터운 신임을 받았던 학자로, 천문, 역법, 수학, 지리, 의약학, 연단술 등 다방면에 뛰어난 재능을 지녔으며 장쑤성의 산에 은거한 채 도교 관련 사상을 연구했다. 주요 저서로『진고眞誥』,『등진은결登眞隱訣』,『본초경집주本草經集注』 등이 있다.

32 徐有榘, 앞의 책, 2019, p.353.

33 林輝明,「약이 되는 동식물: 제42회 麝香(사향)」,『한방의약신문』 2010년 1월 15일

34 木村孟淳,「중국의 생약62: 사향」,『월간한방요법』 12(3): pp.200~202, 2008.

35 徐有榘,『林園經濟志』 권99~101,「怡雲志」1, 임원경제연구소, 2019, p.331.

36 洪芻,『香譜』卷下,「香之法」"窨香法"(『叢書集成初編』 1481, p.33).

37 陳擎光, 앞의 논문, 1994, p.17.

38 陳擎光, 앞의 논문, 1994, p.19.

39 「江蘇武進村前南宋墓淸理紀要」,『考古』, 1986년 제3기, 도판 8~6, p.257.

40 揚之水,『古詩文名物新證㊀』, 紫禁城出版社, 2004, p.123.

41 湖北省文物研究所等,「武昌龍泉山明代楚昭王墓發掘簡報」,『文物』, 2003년 2기, p.11, 도판 12.

42 "鏤木以爲之以範, 香塵爲篆文. 然於飮席或佛像前, 往往秞至二三尺徑者."(『香譜』 卷下,「香之事」"香篆"『叢書集成初編』 1481, p.22).

43 吳自牧,『東京夢華錄』 卷一三, 諸色雜貨條, "供香印盤者, 各管定鋪席人家, 每日印香而去, 遇月支請香錢而已".

44 "近世尙奇者, 作香篆, 其文準十二辰, 分一百刻, 凡然一晝夜已."(『香譜』 卷下,「白刻香」"香篆",『叢書集成初編』 1481, p.22).

45 陳擎光, 앞의 논문, 1994, p.23 재인용.

46 김영미,『마음을 담은 그릇, 신안 향로』, 사회평론, 2008, p.50.

47 김영미, 앞의 책, 2008, p.71, 도판3~1.

48 湖南省博物館, 앞의 책, 1973, p.114, 그림 102:43.

49 傅擧有·陳松長,『馬王堆漢墓文物』, 湖南出版社, 1992, p.70.

50 孔令遠,「王子嬰次爐的復原及其國別問題」,『考古与文物』, 2002.

51 陳擎光, 앞의 논문, 1994, p.33.

52 孫機, 앞의 책, 1991, p.360~362.

53 中國社會科學院考古硏究所,『滿城漢墓發掘報告』, 文物出版社, 1980, 도판3-1; 孫機, 앞의 책, 1991, p.362~363.

54 廣西壯族自治區博物館,『廣西貴縣羅泊灣漢墓』, 文物出版社, 1988, p.107, 그림 70, 도판 54~2,3.

55 中國社會科學院考古硏究所等, 앞의 책, 1980, 도판33.

56 中國 像石全集編輯委員會編,『中國 像石全集』, 陝西山西漢 像石, 山東美術出版社, 2000, p.65 도90·91.

57 김영미, 앞의 책, 2008, p.73.

58 中國社會科學院考古硏究所, 앞의 책, 1980, 채판22.

59 陳擎光, 앞의 논문, 1994, p.36.

60 蕭綱,「和徐綠事見內人作臥具」,『玉臺新詠』 권7 (『玉臺新詠』 은 남조 시인 서릉徐陵이 편찬한 현존하는 중국 최초의 시가집이다. 소강蕭綱은 양 무제의 삼남이자 소명태자昭明太子의 동생이다.)

61 密房寒日晚,落照度窗邊.紅簾遙不隔,輕帷半捲懸.方知纖手製,詎減縫裳妍.龍刀橫膝上,畫呎墮衣前.熨鬥金塗色,簪管白牙纏.衣裁閤歡襵,文作鴛鴦連.縫用雙針縷,絮是八蠶綿.香和麗丘蜜,麝吐中臺煙.已入琉璃帳,兼雜太華氈.且共彫爐暖,非同團扇捐.更恐從軍別,空床徒自憐.

62 박산향로는 형태적으로 보면 '박산향훈'이라 불러야할 것이지만, 옛 사람들이 습관적으로 '박산향로'라고 불렀기 때문에 이에 따라 '박산향로'라고 부른다.

63 黃道華,「湖北枝江縣拽車東晉永和元年墓」,『考古』 1990년제12기, 圖版2-1.

64 加島勝,「正倉院寶物鵲尾形香爐」,『佛敎藝術』200, 每日新聞社, 1988; 이용진,「高麗時代蓮花形柄香爐」,『불교미술사학』8, 2009, pp.8~9.

65 『中國石窟-炳靈寺石窟』, 平凡社, 1988, 도판38.

66 揚之水, 앞의 책, 2004, p.20, 도판1~23.

67 加島勝, 앞의 논문, 1988, 도판11 참조.

68 廖涓晴,「敦煌香藥與唐代香文化」,『敦煌學』제26집, 南華大學敦煌學硏究中心, 2005, pp.202~203; 李斌城,『唐代文化』下, 中國社會科學出版社, 1999, pp.1881~1884.

69 浙江文物考古硏究所,『晚唐錢寬夫婦墓』, 文物出版社, 2013.

70 陝西歷史博物館,『大唐遺宝一何家村窖藏』 文物出版社, 2003.

71 최응천,「장보고 시대 금속공예의 양상과 특성(1)-인각사 출토 불교공예품의 특징과 성격을 중심으로」,『장보고 선단과 동아시아의 불교문화』, 2009, 발표문 참조.

72 洛陽市文物工作隊,「洛陽唐神會和尙身塔塔基淸理」,『文物』, 1992년 제3기(이용진,「통일신라시대 獅子鎭柄香爐 연구」,『신라사학』, 2010, 圖11).

73 湖北省博物館,「長沙赤峯山2號唐墓簡介」,『文物』, 1960년 제3기(陳擎光, 앞의 논문, 1994,

p.52, 도판27 재인용).

74 法門寺考古隊,『法門寺地宮珍寶』, 陝西人民美術出版社, 1994, 도판45.

75 林天尉,『宋代香藥貿易史』, 中國文化大學出版部, 1986, p.146.

76 陳敬,『陳氏香譜』卷一, ‘焚香’條: “焚香必於深房曲室矮卓置爐與人膝平火上設銀葉或雲母製如盤形以之襯香香不及火自然舒慢無煙燥氣.”(上海古籍出版社, 1990)

77 陸游,「焚香賦」,『渭南文集放翁逸稿』:“…閉閣垂帷自放於宴寂之境時則有二趾之几兩耳之鼎爇明窻之寶炷消晝漏之方永其始也灰厚火深煙雖未形而香已發聞矣其少進也綿綿如鼻端之息其上達也藹藹如山穴之雲新鼻觀之異境散天葩之奇芬既卷舒而縹渺復聚散而輪囷傍琴書而變滅留巾袂之氤氳參佛龕之夜供異朝衣之晨熏余方将上疏挂冠誅茅築室從山林之故友娛耄耋之餘日暴丹荔之衣藏芳蘭之茁茹秋菊之英含古柏之實納玉之臼和以檜華之蜜掩紙帳而高枕杜荆扉而簡出方與香而為友彼世俗其奚恤潔我壺觴散我籤帙非獨洗京洛之風塵亦以慰江漢之衰疾也.”(欽定四庫全書電子本)

78 福建省博物館編,『福建博物院文物珍品』, 福建教育出版社, 2002, 圖65.

79 김영미, 앞의 책, 2008, pp.55~56 참조.

80 “안개와 구름 자욱한 긴 낮 서글픈데, 향로의 그윽한 용뇌향은 타버렸네. 아름다운 계절 중양절(9월 9일)에 비단 장막 드리운 곳에 옥침을 베고 누우니 늦은 밤, 홀연 서늘한 기운이 스며드네. 해질녘 국화꽃 곁에서 술을 마시니 그윽한 향이 소매를 적시네. 슬픔으로 넋이 사라져버릴 듯하네. 가을바람에 주렴이 들춰지니 사람이 국화보다 여위었네.薄霧濃雲愁永晝, 瑞腦銷金獸. 佳節又重陽, 玉枕紗廚, 半夜涼初透. 東籬把酒黃昏後, 有暗香盈袖. 莫道不銷魂, 簾捲西風, 人比黃花瘦”(「취화음醉花陰」) 김영미, 『경덕진요 청백자』 사회평론, 2008년 5월, pp.96~98).

81 陳擎光, 앞의 논문, 1994, p.58.

82 김영미, 앞의 책, 2008년 10월, pp.80~81.

83 周密, 『武林舊事』卷9 “高宗幸张府节次略绍兴二十一年十月高宗幸清河郡王第供进御筵节次如后… 汝窑: 酒瓶一對 洗一香炉一香合一香球一盏四只盂子二出香一對大奁一小奁一”(古典文學出版社, 1957)

84 徐兢, 『高麗圖經』卷32 「陶爐」: “狻猊出香, 亦翡色也. 上爲蹲獸, 下有仰蓮. 以承之. 諸器惟此物, 最精絶.”(亞細亞文化史, 1972)

85 北京大學校古文獻研究所編, 『全宋詩』册41, p.26028. “雲雷縈帶古文章, 子子孫孫永奉常. 辛苦勒銘成底事, 如今流落管燒香”(北京大學出版社, 1998).

86 愛知縣陶磁資料館, 『封印された南宋陶磁展』, 朝日新聞社, 1998~1999, 圖21~25, 66~69.

87 首都博物館編,『首都博物館藏瓷選』, 文物出版社, 1991, 圖21.

88 彭本人, 『海外藏中國歷代繪名 』2, 湖南美術出版社, 1998, 圖206.

89 出光美術館,『地下宮殿の遺寶-中國河北省定州北宋塔基出土文物展』, 1997, 圖66.

90 김영미, 「元代杭州의 美術品 市場과 新安船의 古器物」, 『美術資料』, 제90호, 2016, pp.89~108.

91 김영미, 앞의 책, 2008, pp.26~37; 국립중앙박물관, 앞의 책, 2016, pp.21~23.

92 陝西省考古研究所等,『法門寺考古發掘報告·下』, 文物出版社, 2007, 彩版一八0(CLVIII).

93 山西省博物館編,『山西省博物館館藏文物精華』, 山西人民出版社, 1999, 圖三九五.

94 周南泉,「明淸工藝美術名匠」,『故宮博物院院刊』, 1985년1기, p.85.

95 曹雪芹,『紅樓夢』第五十三回: "這裏賈母花廳上擺了十來席酒, 每席傍邊設一几, 几上設爐瓶三事, 焚著禦賜百合宮香."

96 國立故宮博物院編輯委員會,『故宮歷代香具圖錄』, 國立故宮博物院, 1994, p.234, 도89.

97 『三國史記』卷第4 新羅本紀 第4 法興王15年條;『三國遺事』卷第3 興法 제3 阿道基羅條

98 『三國史記』卷第44 列傳 第4 居柒夫條: "於是 居柒夫同載以歸 見至之於旺 王以爲僧統始置百座講會及八關之法"

99 박남수,「9세기 신라의 대외교역물품과 그 성격」,『대외문물연구』8, 해상왕장보고기념사업회, 2009, p.62; 이용진, 앞의 논문, 2011, p.116.

100 채웅석,「여말선초 泗川지방의 埋香活動과 地域社會」,『한국중세사연구』20, 2006, p.231.

101 "貞元二年丙寅十日 偖坪行香藏內不忘 立處有州夫梵歲□合香十束 入□五人名力知彥生右仁開" (황수영,『한국금석유문』, 일지사, 1994, p.560).

102 靈巖 鳩林里 埋香碑에 대한 해석은 윤선태,「新羅中代末-下代初의 地方社會와 佛教信仰結社」,『新羅文化』26, 2006, p.132 참조.

103 「買新羅物解」관련 국내 연구로는 다음과 같은 논문이 있다. 김창석,「8세기 신라·일본간 외교관계의 추이-752년 교역의 성격 검토를 중심으로」,『역사학보』184, 2003; 永正美嘉,「新羅의 對日香藥貿易」,『한국사론』51, 2005; 박남수,「752년 김태렴의 대일교역과「買新羅物解」의 香藥」,『한국고대사연구』55, 2009.

104 김창석, 앞의 논문, p.13.

105 崔應天,「彌勒寺址 出土 金銅獸脚香爐의 造形과 特性」,『東岳美術史學』제9호, 2008, p.173.

106 국립부여박물관,『百濟金銅大香爐』백제금동대향로 발굴 10주년 기념특별전 도록, 2003.

107 국립문화재연구소·미륵사지유물전시관,『미륵사지 출토 금동향로』특별전 도록, 2007.

108 『국립경주박물관』, 국립경주박물관, 1988, p.85, 도판164.

109 최응천·김연수,『금속공예』, 솔출판사, 2004, pp.130~131 참조.

110 이용진,「통일신라시대 병향로 연구」,『범종』20, 2007, pp.93~95.

111 국립경주박물관,『聖德大王神鍾綜合論考集』, 1999, p.19.

112 최응천,「軍威 麟角寺 출토 佛教金屬工藝品의 性格과 意義」,『先史과 古代』, 2010, p.85.

113 최응천,「彌勒寺址 出土 金銅獸脚香爐의 造型과 特性」,『동악미술사학』9, 2008; 이연재,「미륵사지출토 향로와 중국 당대 多足香爐와의 비교 고찰」,『미륵사지출토 금동향로』, 국립문화재연구소·미륵사지유물전시관, 2007.

114 이진한,「고려시대의 무역」,『한국무역의 역사』, 해상왕장보고기념사업회, 2004, p.272.

115 국립중앙박물관·불교중앙박물관,『불국사 석가탑 유물 3』사리기·공양품, 2009, pp.85~88.

116 『高麗圖經』 卷30 器皿一 獸爐: "子母獸爐. 以銀爲之刻鏤制度精巧, 大獸蹲踞小獸作搏攫之, 形返視張口用以出香.惟會慶乾德公會則置于兩楹之間, 迎詔焚爇香公會則爇篤耨龍腦旃檀沈水之, 屬皆御府所賜香, 每隻用銀三十斤, 獸形連坐高四尺闊二尺二寸."

117 『高麗史』 世家18 十七年條: "乙巳宋都綱徐德榮等來, 獻孔雀及珍翫之物, 德榮又以宋帝密旨, 獻金銀合二副, 盛以沈香."

118 『高麗史』 世家9 三十三年條: "秋七月辛未宋遣王舜封邢慥朱道能沈紳邵化及等八十八人來詔曰…看醫兼賜藥一百品具如別錄至可領也瓊州沈香廣州木香康寧府鐵粉廣州丁香…西戎安息香…."

119 『高麗圖經』 卷27 館舍 都轄提轄位: "都轄提轄共處一堂其制三間對闢二室各以官序分居之當其中以爲會食見客之所前垂青幃狀類酒帘室中各施文羅紅幕舊不用帳今亦有之榻上施錦茵復加大席以錦爲緣室中器皿如香奩酒榼唾盂食匜悉以白金…"

120 『高麗圖經』 卷30 器皿一, 博山爐條: "博山爐本漢器也海中有山名博山形如蓮花故香爐取象下有一盆作山海波濤魚龍出沒之狀以備貯湯薰衣之用…."

121 『高麗圖經』 卷33 器皿三, 陶爐條: "狻猊出香亦翡色也上有蹲獸下有仰蓮以承之…."

122 中國 像石全集編輯委員會編, 『中國 像石全集』陝西山西漢 像石, 山東美術出版社, 2000, 圖144.

123 徐兢, 『高麗圖經』 卷32 陶爐條, "諸器惟此物最精絶 其餘則越州古秘色 汝州新窯器 大概相類."

124 정신옥, 「11세기말-12세기 전반 高麗青瓷에 보이는 中國陶瓷의 영향」, 『미술사학』 21, 2007, p.69.

125 국립중앙박물관, 『고려왕실의 도자기』, 2008, p.93; 이용진, 「한국 불교향로 연구」, 동국대학교 박사학위논문, 2011, 삽도23.

126 『東文選』 卷 64 「惠陰寺新創記」, "經始於庚子春 二月. 至壬寅春二月. 工旣告畢. 齋祠息宿. 以至廚庫. 咸各有所. 又謂若乘輿南巡. 則不可知其不一 幸而駐蹕於此. 宜其有以待之. 遂營別院一區. 此亦嘉麗可觀. 至今上卽位. 賜額爲惠陰寺.

127 국립중앙박물관, 앞의 책, 2008, p.51.

128 이용진, 앞의 논문, 2011, p.175.

129 주경미, 「高麗時代 香垸의 起源」, 『美術資料』 68, 국립중앙박물관, 2002, pp.33~58.

130 문화재연구소·경주고적발굴조사단, 『掘佛寺 古蹟發掘調查報告書』, 1986, p.157(주경미, 앞의 논문, 2002, p.48. 圖17, 圖28)

131 이용진, 앞의 논문, 2011, 圖118.

132 黃壽永, 『韓國金石遺文』, 一志社, 1976, p.345; 이용진, 앞의 논문, 2011, p.334, 圖135.

133 이용진, 앞의 논문, 2011, p.334, 圖134.

134 장남원, 「高麗時期 京畿地域의 窯業性格에 關한 試考」, 『고려시대 개성과 경기』 경기도자박물관, 2003, pp.59~64.

135 謝明良, 「記唐恭陵哀皇后墓出土的陶器」, 『故宮文物』 279, 國立故宮博物院, 2006, pp.78~79 (이용진, 「高麗時代 鼎形青瓷 研究」, 『미술사학연구』, 2006, pp.156~157).

136 국립중앙박물관, 『高麗陶瓷銘文』, 1992, p.20.

137 周鳳瀚, 『古代中國青銅器』 南開大學出版社, 1995, p.388.

138 장남원, 「高麗 中期 壓出陽刻 青瓷의 性格」, 『미술사학연구』242,243, 2004, pp.109~114 참조.

139 『高麗圖經』 卷30, 器皿1 獸爐

140 『高麗史』 卷67, 禮志9 元正冬至節日朝賀儀條, 一月三朝儀條; 卷68, 禮志10 大觀殿宴君臣儀條 宣麻儀條; 卷69, 禮志11 上元燃燈會儀條 仲冬八關會儀條 참조.

141 『高麗圖經』卷33, 器皿3 陶爐條: "狻猊出香 亦翡色也 上爲蹲獸 下有仰蓮以承之 諸器 惟此物最精絶 其餘 則越州古秘色 汝州新窯器 大概相類."

142 洪芻, 『香譜』 香之事 水浮香: "香獸, 以塗金爲狻猊, 麒麟, 鳧鴨之狀, 空中以燃香, 使煙自口出, 以爲玩好."(文淵閣四庫全書 844, 子部 150, 譜錄類, 臺灣商務印書館, 民國72(1983), p.231.)

143 안귀숙, 「고려 금속공예에 보이는 遼文化의 영향」, 『이화사학연구』 40, 2010, pp.137~139.

144 內蒙古文物考古研究所· 遼中京博物館, 「寧城縣埋王溝 遼代墓地發掘簡報」, 『內蒙古文物考古文集』 第二集, 中國大百科全書出版社, 1997, pp.620~630; 『中國金銀玻璃琺瑯全集』 第二卷, 河北美術出版社, 2004, 도판 333.

145 정승은, 「高麗時代 懸爐 研究」, 동국대학교 석사학위논문, 2018, p27.

146 『돌에 새긴 뜻 그림-법천사지광국사현묘탑』, 원주시립박물관, 2003(이용진, 앞의 논문, 2011, p.158).

147 菊竹淳一·鄭于澤, 『高麗時代의 佛 -해설편』, 시공사, 1996, p.88.

148 이용진, 앞의 논문, 2011, p.160.

149 이용진 앞의 논문, 2011, p.233.

150 허흥식, 『高麗佛教史研究』, 일조각, 1986, pp.218~219; 한기문, 『고려 사원의 구조와 기능』, 민족사, 1998, p.133.

151 최응천, 「思惱寺 遺物의 性格과 意義」, 『고려공예전』, 국립청주박물관, 1999, p.137.

152 정수빈·박학수, 「하남시 춘궁동 청동현향로의 제작기술과 보존처리」, 『박물관보존과학』16, 국립중앙박물관, 2015, pp.41~42.

153 金英美, 「韩国国立中央博物館藏高麗遺址出土中国瓷器」, 『文物』, 2010年 第4期; 국립중앙박물관, 『국립중앙박물관 소장 중국도자』, 도서출판 예경, 2017.

154 彭本人, 『海外藏中國歷代繪名 』2, 湖南美術出版社, 1998, 圖206.

155 『世宗實錄』 卷58, 14年 10月 20日條(司空英愛, 「朝鮮 王室 香爐 研究」 홍익대학교 석사학위논문, 2007, p6.)

156 『成宗實錄』 卷291, 25年 6月 20日條.

157 『經國大典』 工典, 京工匠, 內醫院, "粉匠 二, 香匠 四"(향은 약재로도 중요했기에 향장을 궁중 의약 담당 내의원에 배속했다.)

158 신명호, 『조선왕실의 의례와 생활, 궁중문화』, 돌베개, 2002, pp.217~219.

159 屠隆著·趙菁編, 『考槃餘事』, 北京 金城出版社, 2012, p.190; 屠隆著·權德周譯, 『考槃餘事-生活과 趣味』, 을유문화사, 1972, p.304.

160 朴沁恩, 「朝鮮時代 冊架圖의 起源 硏究」, 한국정신문화연구원 석사논문, 2002, pp.49~51; 김삼대자, 「한국의 전통 목가구」, 『나무의 방』, 서울역사박물관, 2007, pp.7~8.
161 정약용, 민족문화추진회 역, 『茶山詩文集』6, 솔출판사, 1996, p.225.
162 조인수, 「예를 따르는 삶과 미술」, 『그림에게 물은 사대부의 생활과 풍류』, 두산동아, 2007, pp.31~35.
163 문화포털 백자투각팔괘문향로 설명 참조 www.culture.go.kr.
164 『簡易集』 卷8. 西都錄前, "一香爐一酒壺書一編吾知先生之書非先天則後天."
165 유혜민, 「直指寺鐵製銀入絲香爐 硏究」 서울대학교 석사논문, 2013, pp.49~50.
166 수륙재는 물과 육지에서 헤매는 외로운 영혼과 아귀를 달래며 위로하기 위하여 불법을 강설하고 음식을 베푸는 불교의례로 중국 양 무제에 의해 시작되었다. (이용진, 앞의 논문, 2011, p.239)
167 『燕山君日記』, 燕山君 9年 正月 丙申條.
168 『世宗實錄』 卷16, 世宗 4年 五月 癸酉條.
169 '행향사行香使'는 『고려사高麗史』 권30(世家 30 忠烈王 11年 11月 丁丑條酉)에 처음 등장하고 『연산군燕山君日記』 권50(燕山君 9年 9月 己巳條)에 마지막으로 언급되었다.
170 진철승, 「佛敎儀禮의 歷史와 構造」, 『한국종교연구회회보』 7, 1996. p.15.
171 司空英愛, 앞의 논문, 2007, 참조.
172 장경희, 「연산군조 왕실공예품의 제작 연구」, 『重山 鄭德基博士 華甲紀念韓國史論叢』, 경인문화사, p.506; 장경희, 「朝鮮王朝 王室嘉禮用 工藝品 硏究」, 홍익대학교 박사논문, 1998, pp.141~142.
173 유혜민, 앞의 논문, 2013, p.5.
174 이용진, 「조선후기 鼎形香爐 연구」, 『동악미술사학』3, 2002, p.335; 주경미, 「조선 전반기 금속공예의 대중교섭」, 『조선전반기 미술의 대외교섭』, 한국미술사학회, 2006, pp.243~273.
175 이용진 앞의 논문, 2011, p.234~244, 圖145.
176 이용진, 앞의 논문, 2011, p.247.
177 『英祖實錄』, 卷74 영조 27년(1751) 7월 21일조: "上行望拜禮於後苑, 以神宗皇帝忌辰也. 敎曰: "嗚呼! 再造之德與天同大, 只行望拜, 何以寫懷? 來日遣禮官, 致祭宣武祠." 命承旨權一衡, 奉審皇壇香爐, 蓋今年冬至使行得來者也. 一衡還奏曰: "爐前則書大明宣德年製, 爐後則書內壇郊社四字, 而苔深不分明矣." 兵曹判書洪啓禧曰: "鑄錢所有賣香爐者, 亦大明宣德年所製." 都提調金若魯曰: "爐小則當用爲香盒矣." 上命取來."
178 유혜민, 앞의 논문, 2013, p.40.
179 백비헌, 『향기로 장엄한 세계』, 티웰, 2011, pp.119~120; 이용진, 「왕실 공예의 내사內賜와 불교적 수용」, 『불교미술연구 조사보고 제6집—조선의 원당~화성 용주사』 국립중앙박물관, 2016; 유경희·이용진, 「용주사 소장 정조대 왕실 내사품內賜品」, 『미술자료』 88, 2015.
180 유경희·이용진, 「용주사 소장 정조대 왕실 내사품內賜品, 『미술자료』 88, 2015, p.155; 이용진, 「왕실 공예의 내사內賜와 불교적 수용」, 『불교미술연구 조사보고 제6집—조선의 원당

Ⅰ 화성 용주사』, 2016.

181 유경희·이용진, 앞의 논문, 2015, p.156.

182 『龍珠寺』, 사찰문화연구원, 1993, p.92.

183 『弘齋全書』 卷4 「春邸錄」4 記 「太湖石記」, …歲甲午春. 得之古苑. 薰而沐之. 置之晴窓之前. 與藥罐. 香甌. 文王之鼎. 宣德之爐.

184 李胤英, 『丹陵遺稿』 卷9 丹陵錄, 往在己巳冬. 敬父報梅花開. 余與元靈諸人. 往會山天齋中. 梅龕鑿圓竅. 障以雲母. 白葩英英. 如在月中. 其傍奠文王鼎. 他古器數種. 亦淸楚可意.

185 山田憲太郎, 『東亞香料史研究』, 中央公論美術出版, 1976, pp.353~354.

186 佐藤豊三, 「日本の香りと文化」, 『香の文化』, 德川美術館, 1996, pp.125~126.

187 法隆寺昭和資財帳編集委員會,『法隆寺の至寶·第十二卷』, 小學館, 1993.

188 東京國立博物館運營協力會, 『東京國立博物館 名品百選』,平凡社, 1990, 도51.

189 김영미, 앞의 책, 2008, 도판2~6, p.55.

190 大倉基佑, 「香と香道の歷史」, 『香り-かぐわしも名寶』, 東京藝術大學美術館, 2011, p.185; 伊藤純, 「蘭奢待の截香者」, 『歷史探索のおもしろさ』, 和泉書院, 2017, pp.53~69.

191 김영, 「전설의 향목, 쇼소원正倉院의 란자타이蘭奢待-란자타이의 기원과 절향을 중심으로」, 『日語日文學』 제82집, 2019, p.98.

192 佐藤豊三, 앞의 논문, 1996, pp128~130.

193 김영, 「향香과 헤이안왕조平安王朝」, 『日本文化學報』 제66집, 2015, p.109.

194 佐藤豊三, 앞의 논문, 1996, pp.124.

195 京都國立博物館編, 『原氏物語の美術』, 京都國立博物館, 1975.

196 김영, 「일본 고대의 향도와 향 문화」, 『일본문화학보』 제65집, 2015, pp.117~134.

197 小池富雄, 「香道具の歷史」, 『香の文化』, 德川美術館, 1996, pp.138~139.

198 山田憲太郎, 『東亞香料史研究』, 中央公論美術出版, 1976, p.384.

199 일본 무로마치 시대의 주택 양식으로 서원을 건물의 중심으로 한 무가武家 주택 형식을 말하며, 서원이란 서재를 겸한 거실의 호칭이다.

200 小池富雄, 「香道具の 歷史」, 『香の文化』, 德川美術館, 1996, p.138.

201 國立歷史民俗博物館編, 『東アジア中世海道-海商·港·沈沒船』, 2005, p.186.

202 김영미, 앞의 책, 2008, pp.10~47.

203 佐藤豊三, 앞의 논문, 1996, p130.

204 下津間康夫, 「草戶千軒町遺跡第四十三次調査區出土の聞香札について」, 『草戶千軒』 No.197, 1983.

205 小池富雄, 앞의 논문, 1996, p.138.

206 小池富雄, 「香道具の魅力」, 『香り-かぐわしも名寶』, 東京藝術大學美術館, 2011, pp.196~197.

207 小池富雄, 앞의 논문, 2011, p.195.

1 任志錄, 「宋代專賞花瓶的思考」, 『廣東省博物館藏品大系陶瓷 卷一』, 北京:文物出版社, 2021, p.307.

2 이와 관련된 논문은 다음과 같다. 中田勇次郎, 『中国における插花の习俗』, 日本二玄社, 1962; 廖寶秀, 「梅瓶史略:梅瓶的器用及其器型演變」, 『故宮文物月刊』 122期, 1993, pp.52-79; 黃永川, 『中華插花史研究』, 臺北:中華民國國立歷史博物館出版, 2001, 揚子水, 「宋代花瓶」, 『故宮博物院院刊』, 2007年 1期, pp.48-65; 謝明良, 「院藏兩件汝窯紙槌瓶及相關問題」, 「關於玉壺春瓶」, 『陶瓷手記:陶瓷史思索和操作的軌跡』(臺北:石頭出版, 2008); 王傳龍, 「"瓶花之道"淵源考」, 『中國典籍與文化』, 2013年 1期, pp.135~141; 任志錄: 「中國瓶花的早期形式」, 『故宮文物月刊』381, 2014年 12期, pp.98~111; 秦大樹·袁泉, 「宋元花瓶的形態, 組合與文化功能探索」, 『閑事與雅器』, 北京:北京大學考古文博學院, 2019, pp.26~117; 陳玉秀, 「宋代和氣類型及其對後世的影響」, 『花事閑情』, 臺灣:國立故宮博物院, 2019, pp.265~294.

3 黃永川, 『中國古典節序挿花』, 臺灣 國立歷史博物館, 2010, p.58.

4 西晉 張華의 『博物志』에 "張騫使西域還, 得安石榴, 胡桃, 蒲桃."라 했으며, 西晉 嵇含의 『南方草木狀』에 "南越交趾, 植物有四裔, 最爲奇, 周秦以前無稱焉. 自漢武帝開拓封疆, 蒐求珎異, 取其尤者充貢"이라 했다.

5 유신庾信의 「행화시杏花詩」에 "春色方盈野, 枝枝綻翠英, 依稀映村塢, 爛漫開山城, 好折待賓客, 金盤襯紅瓊"라는 구절이 있다.

6 『南史』 「晉安王子懋傳」: "有獻蓮華供佛者, 衆僧以銅甖盛水, 漬其莖, 欲花不萎. (…) 若母能因此病癒, 此花當於齋畢之前, 仍能維持新鮮不萎."

7 南京市博物館, 『六朝風采』, 文物出版社, 2004, 도판34.

8 『中國陶瓷全集』4, 三國兩晉南北朝, 上海人民美術出版社, 2000, 도판128,

9 揚子水, 「宋代瓶花」, 『故宮博物院院刊』 2007 제1기, p.53.

10 宮德杰, 「山東臨朐北朝畫像石墓」, 『文物』 2002년 제9기, 圖4, p.38.

11 황수로, 『한국의 아름다운 꽃, 병화』 수류산방, 2022, pp.154~155.

12 John Marshal and Alfred Foucher, *the Monuments of Sanchi*, (Delhi, 1983); 任志錄: 앞의 논문, 2014, p.100.

13 Doris Meth Srinivasn, *Many heads and Arms and Eyes Orogin, Meaning and Form of Multiplicity in indian Art*, BRILL, 1997.

14 陝西省考古研究所, 『西安北周安伽墓』 北京:文物出版社, 2003; 任志錄, 앞의 논문, 2007, p.106.

15 唐·顏師古, 『隋遺錄』 卷上; "長安貢御車女袁寶兒, 年十五, 腰肢纖墮, ㅁ治多態, 帝寵愛之特厚. 時洛 陽進合蒂迎輦花, 云得之嵩山塢中, 人不知名. 採者異而貢之. 會帝駕適至, 因以迎輦名之. 花外殷紫, 內素膩菲芬, 粉蕊, 心深紅, 跗爭兩花. 枝幹烘翠, 類 通草, 無刺, 葉圓長薄. 其香濃芬馥, 或惹襟袖, 移日不散, 嗅之令人多不睡. 帝命寶兒持之, 號曰司花女."

16 黃永川, 앞의 책, 2001, p.71.

17 黃永川, 앞의 책, 2001, p.72.

18 『舊唐書』,「林邑傳」: "唐長安春時盛於遊宴…帝以御花親揷頭之巾上."

19 柳明華主編,『歷代插花』中國禪宗美學智慧讀本, 文匯出版社, 2018, pp.553-54.

20 五代·陶穀,『淸異錄』,「花九品九命」條下: "李後主每春盛時, 梁棟窗壁, 柱栱階砌, 並作隔筒, 密插雜花, 榜曰錦洞天". 이후주는 봄이 되면 대들보의 벽과 기둥에 층층으로 된 격통을 만들고 여러 종류의 꽃을 꽂아 편액에 '금동천錦洞天'이라 했다.

21 唐·歐陽詹,「春盤賦」: "多事佳人, 假盤盂而作地, 疏綺繡以為春. 叢林具秀, 百卉爭新. 一本一枝, 葉陶甄之妙致: 片花片, 得造化之窮神. 日惟上春, 時物將革. 柳依門而半綠, 草連河而欲碧. 室有慈孝, 堂居斑白. 命聞可續, 年知暗惜. 研祕思於金閨, 同獻壽乎瑤席. 昭然斯義, 咢矣而明. 春是敷榮之節, 盤同饋薦之名. 始曰春兮, 受春有未衰之意: 終為盤也, 進盤則奉養之誠. 儻觀表以見中, 庶無言而見情. 懿伕繁而不撓, 類天地之無巧: 雜且莫同, 何纔智之多工. 庭前梅白, 蹊畔桃紅. 指掌而幽深數處, 分吋則芳菲幾叢. 呼噏傍臨, 作一園之朝露: 衣巾暫拂, 成萬樹之春風. 原其心匠始規, 神謀創運. 從衆象以遐覽, 總群形而內蘊. 彼有材實, 我則以短長小大而模: 彼有文華, 我則以元黃赤白而暈. 故得事隨意製, 物逐情裁. 凝神而珍奇競集, 下手而芬馨亂開. 不然者, 欲玩扶疏, 須買青山以樹: 要窺菡萏, 待疏綠沼而栽. 將以緩愁予之思, 將以逞吾人之纔. 此一作也, 察其所由, 稽其所據, 匪徒為以徒設, 誠有裨而有助者."

22 나규의 「화구석花九錫」에는 꽃을 꽂는 과정을 장중한 의식으로 묘사되어 있다. 중정악重頂帷: 겹겹이 발을 쳐서 바람과 비를 막아 꽃을 보호한다. 금착도金錯刀: 금 박힌 가위로 가지와 잎을 자른다. 감천甘泉: 천연의 샘물로 꽃을 담그고 촉촉하게 가꾼다. 옥항玉缸: 꽃을 꽂을 때 좋은 도자기를 골라야 한다. 조문대좌雕文臺座: 꽃꽂이 작품은 아름답게 조각된 대좌 위에 놓는다. 화도畫圖: 꽃을 꽂은 후, 그 자리에서 그림을 그려 그 아름다움을 기록한다. 번곡翻曲: 곡을 붙여 연주하고 꽃꽂이의 아름다움을 노래한다. 미서美醑: 술을 마시며 꽃구경을 하면 아취를 돋운다. 신시新詩: 꽂힌 꽃을 위해 시를 읊는다.

23 구석九錫은 특별한 공을 세운 대신에게 내리는 아홉 종류의 예기로, 차마車馬, 의복衣服, 악현樂絃, 주호朱户, 납계納階, 호분虎賁, 부월斧鉞, 궁시弓矢, 거창秬鬯이다.

24 黃永川, 앞의 책, 2001, pp.78~79.

25 唐·王建,『宮詞』83: "艾心芹叶初生小, 祗鬪時新不鬪花." 五代 王仁裕,『開元天寶遺事·鬪花』: "長安 王士安, 春時鬪花, 戴插以奇花多者爲胜, 皆用千金市名花植於庭苑中, 以備春時时鬪也."

26 옛날에 인재의 고하를 평가할 때 상상, 상중, 상하, 중상, 중중, 중하, 하상, 하중, 하하로 구분했다. 속칭 '구품'이다. 일품은 상상上上의 재인이다. (一品九命: 蘭, 牡丹, 臘梅, 酴醾, 紫風流. 二品八命: 瓊花, 蕙, 巖桂, 茉莉, 含笑. 三品七命: 芍藥, 蓮, 簷蔔, 丁香, 碧桃, 垂絲海棠, 千葉桃. 四品六命: 菊, 杏, 辛夷, 荳蔻, 後庭, 忘憂, 櫻桃, 林檎. 五品五命: 楊花, 月紅, 梨花, 千葉李, 桃花, 石榴. 六品四命: 聚八仙, 金沙寶相, 紫薇, 凌霄, 海棠. 七品三命: 散水珍珠, 粉團, 郁李, 薔薇, 米囊, 木瓜, 山茶, 迎春, 玫瑰, 金橙, 柚筆, 金鳳, 夜合, 躑躅, 金錢, 錦帶, 石蟬. 八品二命: 杜鵑, 大清, 滴露, 刺桐, 木

蘭, 雞冠, 錦被堆. 九品一命: 芙蓉, 牽牛, 木槿, 胡葵, 鼓子, 石竹, 金蓮).

27 五代·韓熙載, 「五宜說」: "對花焚香, 有風味相和, 其妙不可言: 木犀宜龍腦, 酴醾宜沈水, 蘭宜四絶, 含笑宜麝, 薝蔔宜檀."

28 五代·陶穀, 『清異錄』, 「占景盘」: "郭江洲有巧思, 多創物, 見遺占景盘, 銅爲之, 花唇平底, 深四寸許, 底上出細筒殆數十: 每用時, 满添清水, 擇繁花插筒中, 可留十餘日不衰."

29 간악艮岳, 북송 정원으로 송휘종 정화 7년(1117)에 변량汴梁에 의해 지어졌다. 성城의 간방艮方, 즉 동북쪽 구석에 있다 하여 '간악艮岳'이라 했다. 송나라 장호張淏의 『간악기艮岳記』에는 "기이한 꽃과 아름다운 나무, 진기한 새와 진기한 짐승, 모든 것을 다 모아, 웅장하고 아름다움이 극에 달했다." 간악을 조성할 때 화석강花石綱이 갖춰졌는데, 『간악기』에 따르면 "저장의 진귀한 화목花木 죽석竹石을 일컬어 '화석강'이라 한다." 화석강은 꽃과 돌을 운반하는 선단船團이라는 뜻도 있으며, 강綱은 일괄적으로 화물을 운송하는 조직을 가리킨다. 송 휘종은 백성의 피와 땀으로 황실 정원을 꾸며 자신의 사치와 욕망을 채웠다. 황실의 정원은 어떻게 감옥이 될 수 있었을까? '악岳'은 '악嶽'의 이체자이며 '옥獄'과 형태가 비슷해서 '간악艮岳'이 '간옥艮獄'으로 불린 것이다.

30 黃永川, 『中國插花史硏究』, 西泠印社出版社, 2012, p.85.

31 黃永川, 앞의 책, 2001, p.109.

32 宋·李翱撰, 『李文公集』, 「贈藥山高僧惟儼」: "練得身形似鶴形, 千株松下两函經. 我來問道無餘說, 雲在青天水在瓶." (上海:上海古籍出版社, 1993).

33 宋·吳自牧, 『夢粱錄』: "汴京熟食店, 張掛名畫, 所以勾引觀者, 留連食客, 今杭城茶肆, 插四時花, 掛名人畫, 裝點門面(변경의 숙식점에서는 명화를 걸어놓고 구경꾼들을 유혹하며 식객들을 머물게 했다. 지금 항주의 찻집에는 사계절 꽃을 꽂고, 명인의 그림을 걸어 외관을 장식했다.)"

34 黃永川, 앞의 책, 2001, p.127.

35 黃永川, 앞의 책, 2012, pp.110~112 참조.

36 宋·蘇東坡, 『東坡雜記』: "菊性介烈, 不與百卉並盛衰, 須霜降乃發, 其天姿高潔如此, 宜其通仙靈也."

37 宋·周敦頤, 「愛蓮說」: "菊, 花之隱逸者也; 牡丹, 花之富貴者也; 蓮, 花之君子也."

38 宋·曾慥, 「花十友」: "蘭爲芳友, 梅爲清友, 瑞香爲殊友, 蓮爲淨友, 葡桃爲禪友, 臘梅爲奇友, 菊爲佳友, 桂爲仙友, 海棠爲名友, 酴醾爲韻友"(辽寧教育出版社, 1997年).

39 宋·黃庭堅, 「花十客」: "梅花索笑客, 桃花銷恨客, 杏花倚雲客, 水仙淩波客, 芍藥殿春客, 蓮花禪社客, 桂花招隱客, 菊花東籬客, 蘭花幽谷客, 酴醾清敍客."

40 河南中原陶瓷標本博物館藏, 任志錄, 앞의 논문, 2021, p.310.

41 宋·陳叔方撰, 『潁川語小』 卷下, 『叢書集成初編』 第332册: "花有瓶, 非古也. 蓋自釋道獻花始. 今人遂取古鼎, 鬲, 尊, 罍之範, 強名而用之(商務印書館, 1935, p.24.

42 宋·趙希鵠: 『洞天清錄·古鐘鼎彝器辨』: "古銅器入土年久, 受土氣深, 以之養花, 花色鮮明如枝頭, 開速而謝遲, 或謝則就瓶結實."(杭州: 浙江人民美術出版社, 2016).

43 동제 화병에 대해서는 西田宏子, 「花生としての古銅青と青磁の器」, 『日本の古典藝能』5 茶·花·香, 昭和45, 平凡社, 1970; 秦大樹·袁泉, 앞의 논문, 2019, pp.81~103 참조.

44 謝明良, 앞의 논문, 2008, pp.3~16.

45 謝明良, 「關於玉壺春瓶」, 앞의 책, 2008, pp.33~51.

46 송대 화병의 종류에 대해서는 秦大樹·袁泉, 앞의 논문, 2019, pp.26~80 참조.

47 任志錄, 「玉壺春瓶略論」, 『故宮學刊』 第5輯, 2009.

48 『中國繪畫全集』 6, 五代宋辽金, 北京:文物出版社, 2014, 도80, 故宮博物院藏.

49 『中國繪畫全集』 6, 五代宋辽金, 北京: 文物出版社, 2014, 도93.

50 宋·楊萬里,『誠齋集』: "路傍野店兩三家, 清曉無湯況有茶. 道是渠儂不好事, 青瓷瓶插紫薇花."(四部叢刊影印宋鈔本) 任志錄, 앞의 논문, 2021. p.318 재인용.

51 宋·李龏, 『剪綃集』: "花梨架子定花瓶, 一朵紅梅對懺燈. 賈島佛前修夜課, 臥冰庵主是詩僧."(汲古閣刻本, 民國影印本) 任志錄, 앞의 논문, 2021. p.318 재인용.

52 廖寶秀, 「官窯膽瓶與鵝頸瓶-略談書齋花器造形」, 『故宮文物月刊』 제340기, p.93.

53 宋·樓鑰撰, 顧大朋點校, 『樓鑰集』: "垂膽新甆出汝窯, 滿中幾莢浸雲苗, 瓶非貯水無由罄, 葉解流根自不凋, 露綴疑儲陶令粟, 風搖欲響許由瓢°相攜同到綠天下, 別是閩山一種蕉."(杭州: 浙江古籍出版社, 2010) 任志錄, 앞의 논문, 2021年. p.318 재인용.

54 청소青瑣는 전고典故로 『한서漢書』 권98 「원후열전元后列傳」에서 나왔다. 원래는 황궁의 창문에 장식된 청색 넝쿨무늬지만 후에 궁중을 가리키는 말로 썼으며, 호화롭고 화려한 가옥의 건축을 가리킨다. 또는 누각의 격조 있는 창을 가리키기도 한다.

55 北京大學古文獻研究所, 『全宋詩』 卷2443: "花開水晶瓶, 葉排青瑣窗."(北京:北京大學出版社, 1998).

56 黃永川, 앞의 책, 2012, p.137.

57 가마에 구워낸 자기를 밖으로 꺼낼 때 가마의 내부와 외부 공기의 압력의 차이로 나타나는 갈라지는 현상

58 『明史』, 「輿服志」: "不許於宅前後左右多佔地, 構亭館, 開池塘, 以資遊眺"

59 여의如意는 영지버섯과 유사한 모양의 중국 전통 공예품으로, 일반적으로 옥이나 금으로 만들어지며 뜻하는 대로 잘 이루어지는 것을 의미한다. 손잡이 끝이 손가락 모양으로 가려울 때 긁으면 바라는 대로 시원해진다고 해서 붙여진 이름이다. 스님이나 도사가 경을 가르칠 때 여의에 경문을 적어 잊어버릴 때를 대비했다고도 한다.

60 謝子瑩, 「好古玩物-談明代杜堇「玩古圖」」, 『美術教育研究』, 2017년 第1期.

61 黃永川, 앞의 책, 2001, p.167.

62 許筠, 『閑情錄』2 민족문화추진회, 솔출판사, 1997, pp.262-263.

63 『瓶史』: "茗賞者上也, 譚賞者次也, 酒賞者下也."

64 黃永川, 앞의 책, 2012, p.203.

65 黃永川, 앞의 책, 2012, pp.204~206.

66 張謙德, 『瓶花譜·品瓶』: "古無磁瓶, 皆以銅爲之, 至唐始尙窯器, 厥後有柴, 汝, 官, 哥, 定, 龍泉, 均州, 章生, 烏泥, 宜成等窯, 而品類多矣. 尙古莫如銅器, 窯則柴汝最貴, 而世絶無之. 官哥, 宜定, 爲當今第一珍品; 而龍泉, 均州, 章生, 烏泥, 成化等瓶, 亦以次見重矣."

67 高濂, 『瓶花三說』: "用如堂中插花, 乃以漢之銅壺, 太古尊罍, 或官哥大瓶, 如弓耳壺, 直口廠瓶, 或龍泉蓍草大方瓶"

68 廖寶秀, 앞의 논문, 2020, pp.30~67.

69 廖寶秀, 앞의 논문, 2020, p.38.

70 廖寶秀, 「官窯膽瓶與鵝頸瓶-略談書齋花器造形」, 『故宮文物月刊』 제340기, 2011, p.93.

71 袁宏道, 『瓶史』 卷上, 「瓶花三說」: "若書齋插花, 瓶宜短小, 以官哥膽瓶, 紙槌瓶, 鵝頸瓶, 青東磁, 古龍泉, 俱可插花."; 「瓶花之宜」: "窯器與紙槌, 鵝頸, 茄袋, 花尊, 花囊, 蓍草, 蒲槌, 皆須形製減少者, 方入清供."

72 張謙德, 『瓶花譜·品瓶』: "凡插貯花, 先須擇瓶, 春冬用銅, 秋夏用磁, 因乎時也, 堂廈宜大, 書室宜小, 因乎地也"

73 高濂 『瓶花三說』 「瓶花之忌」: "瓶忌有環, 忌放成對, 忌用小口, 甕肚, 瘦足, 藥罈; 忌用葫蘆瓶. 凡瓶忌雕花, 妝彩"

74 徐珂, 『清稗類鈔』: "唐花, 蓋皆貯於煖室, 烘以火, 使之早放, 臘尾年頭, 爛漫如錦, 牧丹, 芍藥, 探春, 梅, 桃諸花, 悉已上市矣."

75 黃永川, 앞의 책, 2012, p.240.

76 李漁, 『閒情偶寄』: "予嘗於夢酣睡足, 將覺未覺之時, 忽嗅臘梅之香, 咽喉齒頰, 盡帶幽芬, 似從臟府中出, 不覺身輕欲舉, 謂此身必不復在人間世矣." 그 방법은 높이가 약 2,3촌, 폭이 약 1척인 작은 궤의 장막 꼭대기에 건다. 침실 장식에 잘 어울리기 때문에 화궤는 채색명주로 싸서 편리하게 분재를 놓는다.(黃永川, 앞의 책, 2001, 주3, p.246 재인용.)

77 震鈞, 『天咫偶聞』 卷9: "京師蒔花人以時送花, 立券而取其值, 馬秋藥員外名之曰花券."

78 吳友如, 『吳友如人物畫集』, 黃永川, 앞의 책, 2001, pp.224~225 재인용.

79 송대의 주희朱熹(1130~1200)는 「차수야운次秀野韻」에서 "便賦新詩留野客, 更傾芳酒酹花神"라 했으며, 『월령광의月令廣義』에서는 "女夷爲花神, 乃魏夫人之弟子"라 했고, 『직예지直隸志』에서는 "二月十五日花朝祭花神"라 하여 화신에 대한 풍습은 清初에 이르러 더욱 가시화되었다.

80 沈三白, 『浮生六記』, 「閑情記趣」: "碗沙少許掩銅片, 使觀者疑叢花生于碗底."

81 해음조형화諧音造型花는 꽃과 열매의 이름에 기초하여 재료를 취하는 꽃꽂이 방식으로, 민간에서 특별한 시기나 선호하는 장소가 중시된다.

82 『花事閑情』, 國立故宮博物院特別展圖錄, 2019, pp.38~39 참조.

83 廖寶秀, 앞의 논문, 2011, p.85.

84 李漁, 『閒情偶寄』, 「罏瓶」 節下: "瓶以瓷者爲佳, 養花之水, 清而難濁, 且無銅腥氣也, 然銅者有時而貴. 以冬月生氷, 瓷者易裂, 偶爾失防, 遂成棄物, 故當以銅者代之. 然瓷瓶置膽, 則可保無是患. 膽用錫, 切忌用銅; 銅一沾水, 卽鉢銅青, 有銅青而再貯以水, 較之未有銅青時, 其腥十倍, 故宜用錫, 且錫柔易製, 銅勁難爲, 價亦稍有低昂, 其便不一而足也."

85 『瓶盆風華-明清花器特展』, 國立故宮博物院特別展圖錄, 2014, pp.150~151 참조.

86 『三國史記』 卷25, 百濟本紀3, 辰斯王 7年 1月: "春正月, 重修宮室, 穿池造山以養奇禽異卉."; 『三國史記』 권7, 新羅本紀7, 文武王 14年 2月:"二月, 宮內穿池造山, 種花草, 養珍禽奇獸."

87 李昉 等,『太平廣記』卷第409 草木四 海石榴花: "新羅多海紅並海石榴, 唐贊皇李德裕言, 花中帶海者, 悉從海東來."

88 『高麗史』睿宗 15年 6月: "辛卯宋商林淸等獻花木."; 『高麗史』毅宗11年秋7月: "戊子宋商獻鸚鵡孔雀異花."

89 金英美,「韓國國立中央博物館藏高麗遺址出土的中國瓷器」,『文物』2010年 第4期.

90 『高麗史』卷8, 睿宗 8年: "置花園二于宮南西, 時, 宦寺, 競以奢侈媚王, 起臺榭, 峻垣墻, 括居家花草, 移栽其中, 以爲不足, 又購於宋商, 費內帑金幣不貲"

91 강희안 저·이종묵 역해,『양화소록養花小錄』, 아카넷, 2012, pp.131~132

92 閔思平,『及菴詩集』권5 詩 牧丹詩: "…移根京洛過遼東, 氣稟初疑忌土風,"

93 『高麗史』卷18, 毅宗 11年 7月 25日: "秋七月戊子, 宋商, 獻鸚鵡孔雀異花"

94 『高麗史』卷18 毅宗 11年 4月1日: "…又毁民家五十餘區, 作大平亭, 命太子書額. 旁植名花異果, 奇麗珍玩之物, 布列左右. 亭南鑿池, 作觀瀾亭, 其北構養怡亭, 盖以靑瓷, 南構養和亭, 盖以椶. 又磨玉石, 築歡喜·美成二臺, 聚怪石作仙山, 引遠水爲飛泉, 窮極侈麗…."

95 하일식,『고려시대 사람들의 삶과 생각』, 혜안, 2007, pp.85~91.

96 김창현,「고려 의종의 정치와 관료집단」,『한국인물사연구』, 한국인물사연구회, 2009, pp.157~217;사공영애,「고려시대 병화문화와 화기-화병과 수반을 중심으로」,『한국중세고고학』, 2019, p.86.

97 『高麗史』卷18, 毅宗 21年 4月 11日: "戊寅, 以淸河節, 幸萬春亭, 宴宰樞侍臣於延興殿, 大樂署管絃坊, 爭備綵棚樽花, 獻仙桃抛毬樂等, 聲妓之戲"

98 신승인,「조선후기 왕실 연향용 백자 화준 연구」, 이화여자대학교 석사학위논문, 2011, pp.31~36.

99 『高麗史節要』권16, 高宗 32年 5月: "…又四大樽, 滿揷紅紫芍藥, 十餘品,…"

100 『高麗史節要』권11, 의종 24년 4월: "王欲親醮老人星, 命判禮賓省事金于蕃郎中陳力升構堂於眞觀寺南麓. 又立別祈恩所, 造金銀花及金玉器皿."(왕이 친히 노인성老人星에 초제醮祭를 지내고자 하여 판예빈성사判禮賓省事 김우번金于蕃과 낭중郎中 진역승陳力升에게 명하여 진관사眞觀寺 남쪽 기슭에 당堂을 만들게 했다. 또 따로 기은소祈恩所를 세우고 금은화金銀花를 만들고 금과 옥으로 그릇을 만들었다.)

101 『高麗史』卷30, 忠烈王 15年 5月 5日: "癸未, 王及公主, 以端午, 宴于涼樓, 觀擊毬, 時牧丹花落盡, 以綵蠟作花, 綴於枝條" 고려시대에는 5월 5일에 관리들에게 휴가를 주고 왕은 잔치를 베풀며 단오 시를 짓거나 신하들에게 각종 선물을 하사했다.(『한국세시풍속자료집성(삼국·고려시대편)』국립민속박물관, 2003, p.204).

102 『高麗史』卷131, 列傳44, 奇轍: "是宴, 剪布作花, 凡五千一百四十匹, 他物稱是. 由此, 物價騰湧, 禁公私宴及齋筵油密果. 自是, 遣使錫宴, 無虛歲, 本國置李氏府, 曰慶昌."

103 이상희,『꽃으로 보는 한국문화1』, 넥서스, 1998, pp.332~333.

104 이승희,「고려후기 西福寺 觀經十六觀變相圖의 天台淨土信仰的 해석」,『미술사학연구』279·280, 한국미술사학회, 2013, pp.5~7.

105 『高麗史』권129, 열전42 반역3: "…怡竟不聽. 十年, 怡修隍羅城, 以家兵爲役徒, 出銀甁

三百·米二千餘石, 以支其費. 又出黃金二百斤, 造十三層塔及花瓶, 置興王寺.

106 김영원, 「고려시대 부안 청자의 연구」, 『미술사논단』22, 한국미술사연구소, 2006, pp.114~115.

107 李崇仁, 『陶隱集』卷三, 「再呈尹判書求瑞香 青葉紫花最香譜云」: "床頭置易淨無塵, 日色烘窓暖似春, 青葉紫花香可愛, 煩公擔送伴幽人."(책상에 놓인 『주역』은 먼지 없이 깨끗하고, 창을 데우는 햇살은 따스하기 봄 같아라. 푸른 잎 보라색 꽃 그 향기 사랑스러우니, 화분 하나 보내 은자와 벗하게 해줬으면…, (한국고전종합DB).

108 김소영, 「고려시대 청자화분 연구」, 『미술사학연구』, 2019, p.104.

109 鄭聖喜, 「고려후기 성리학 수용자들의 사상적 성격에 관한 연구」, 『동방학』4, 1998, p.157; 馬宗樂, 「고려후기 성리학 수용의 역사적 의의」, 『한국중세사연구』17, 2004, p.240 참조.

110 李集, 『遁村雜詠』遁村雜詠序: "…繼而陶隱邀牧隱圃隱兩先生及遁村設小酌, 置盆梅于前, 作梅花聯句, 予亦往參席末聞其警句…."

111 鄭夢周, 『圃隱集』圃隱先生文集 권2 「蘭坡四詠次陶隱陽村盆種松竹蘭梅松」: "…封植雖今日, 摩挲閱幾霜, 屈渠中谷態, 伴我北窓凉, 固識非凡物, 相參几案傍"(흙을 북돋아 심은 것이 비록 오늘일지라도 어루만지며 보는 것이 어느 세월이던가. 개천을 판 계곡의 모양이 나와 짝하여 북창을 서늘하게 하는구나. 진실로 평범한 물건이 아님을 알건만 서로 살피기를 책상 옆에 넣게 하는구나.) 김소영, 앞의 논문, 2019, p.102 재인용.

112 林椿, 『西河先生集』 卷1, 「梁國俊家鞓紅牧丹」: "侯家池館競栽培"

113 李奎報, 『東國李相國集』 卷16, 「種花」: "種花愁未發, 花發又愁落. 開落摠愁人, 未識種花樂"

114 李奎報, 『東國李相國集』 卷5, 「次韻李百全學士復和鷄冠花詩」: "…奇花或有凌冬開, 王侯第宅尤多矣 貯之玉盆藏土室, 如護深閨處女季…"(사공영애, 앞의 논문, 2019, pp.87~88).

115 李奎報, 『東國李相國集』 권21, 壞土室說: 十月初吉, 李子自外還, 兒子輩鑿土作廬. 其形如墳. 李子佯愚曰, 何故作墳於家. 兒子輩曰, 此不是墳, 乃土室也. 曰奚爲是耶? 曰冬月宜藏花草瓜蓏. 又宜婦女紡績者, 雖盛寒之月, 溫然若春氣, 手不凍裂, 是可快也. 李子益怒曰, 夏熱冬寒, 四時之常數也. 苟反是則爲恠異. 古聖人所制, 寒而裘暑而葛, 其備亦足矣. 又更營土室, 反寒爲燠, 是謂逆天令也. 人非蛇蟾, 冬伏窟穴, 不祥莫大焉. 紡績自有時, 何必於冬歟? 又春榮冬悴, 草木之常性, 苟反是亦乖物也. 養乖物爲不時之翫, 是奪天權也. 此皆非予之志. 汝不速壞, 吾笞汝不赦也. 兒子等?懼亟撤之. 以其材備炊薪, 然後心方安也.

116 王士禛, 『香祖筆記』: "宋時武林馬塍藏花之法, 紙糊密室, 鑿地作坎覆竹, 置花其下, 糞土以牛溲硫黃, 然後置沸湯於坎中, 候湯氣薰蒸, 則扇之, 經宿則花放."(黃永川, 『中國插花史研究』, 西泠印刷出版社, 2012, p.80 재인용).

117 曺蒼錄, 「문헌자료를 통해 본 조선의 원예문화」, 『東方漢文學』56, 동방한문학회, p.80.

118 『高麗史節要』 권16, 고종 32년 5월: "五月, 崔怡, 宴宗室, 司空, 已上, 及宰樞於其第, 置彩帛山, 張羅幃, 中結鞦韆, 飾以文繡綵花, 以八面銀釦貝鈿. 四大盆, 各盛氷峯, 又四大樽, 滿揷紅紫芍藥, 十餘品, 氷花交映, 表裏燦爛, 陳伎樂百戲."

119 함차랑, 「高麗時代 青瓷瓜形甁 研究」, 이화여자대학교 석사학위논문, 2013, pp.14~18.

120 山西省考古研究所·山西省聞喜縣博物館, 「山西省聞喜縣金代磚雕, 壁畫墓」, 『文物』, 1986

년 제12기, 文物出版社, pp.36~46.

121 臨夏回族自治州博物館, 「甘肅省臨夏市金代磚雕墓」, 『文物』, 1994년 제12기, 文物出版社, pp.46~53.

122 김소영, 앞의 논문, 2019, pp.107~109.

123 『신증동국여지승람』 제2권 비고편, 동국여지비고 제1권 京都 참조.

124 조창록, 「문헌자료를 통해 본 조선의 원예 문화」, 『東方漢文學』제56輯, 2013, p.75.

125 『조선왕조실록』, 성종 2년(1471) 11월 21일: "掌苑署進暎山紅一盆, 傳曰, 冬月開花, 出於人爲, 予不好花, 今後勿進"; 『조선왕조실록』, 성종 14년(1483) 11월 14일: "掌苑署進梅花, 傳曰: "自今三年之內, 凡花卉勿獻."

126 『조선왕조실록』, 명종 7년(1552) 1월 12일: 上御夜對. 檢討官王希傑曰: "臣嘗見《國朝寶鑑》, 成宗朝掌苑署進暎山紅, 命却之. 其意盛矣. 頃者以掌苑署不謹養花, 命推官吏, 且冬節養花, 極爲有弊. 土宇. 柴木之役, 民多艱苦, 而草木花實, 受天地之氣, 各有其時. 不時之花, 近於戲玩, 何足觀乎? 請命停罷."

127 『조선왕조실록』, 연산군 11년(1505) 4월 9일: 傳曰: "令掌苑署及八道, 多索倭躑躅, 帶土以進, 使不損傷." 自是, 如梔子'柚子'石榴'冬栢'薔薇, 以至尋常花草, 皆令帶土以進. 當時監司畏譴, 每種或進數十株, 輸轉相繼, 民困至有路斃者. 『조선왕조실록』, 연산군 11년(1505) 4월 25일: 下御書曰: 掌苑署官員分邊, 各種花卉可玩者, 不傷根戴土, 移種後苑." 時, 城中人家有一奇卉'珍果則排門直入懸牌, 其家人蒼黃失措, 待苑奴如對公卿.

128 이 그림은 산수 배경을 생략하고 중앙에 건물을 크게 배치하여 연회 장면을 담았다. 일곱 명의 참석자는 흉배 없는 관복(담홍포)을 입고 호피무늬 방석 위에 앉아 각각 앞에 상을 놓고 있다. 촛불이 켜져 있어 저녁 무렵의 연회임을 알 수 있다(e뮤지엄 설명문 참조).

129 안세진, 「조선 16세기 耆英宴에 사용된 賜宴用 花罇·酒樽의 조형적 특징과 진설방식」, 『동양미술사학』 제14호, 2022, p.3.

130 방병선, 「조선 전기 한양의 도자: 청화백자를 중심으로」, 『강좌미술사』 제19호, 2002, p.192.

131 윤효정, 「조선 전기 관요백자의 기명체계와 성격」 이화여자대학교 박사학위논문, 2020, p.139.

132 국립중앙박물관, 『백자항아리-조선의 仁과 禮를 담다』, 2010, p.58.

133 황수로, 『아름다운 한국채화』 제1권, 노마드북스, 2009, p.30.

134 조창록, 앞의 논문, 2013, pp.79-80.

135 정민, 「18,19세기 문인지식층의 원예 취미」, 『한국한문학연구』35집, 2005 참조.

136 고연희, 「정약용의 화훼에 대한 관심과 화훼시 고찰」, 『동방학』7집, 한서대학교 동양고전연구소, 2001.

137 정은주, 「이학규의 화훼 취미와 菊影詩 창작」, 『인문과학』49집, 2012.

138 심경호, 「화원에서 얻은 단상-조선후기의 화원기」, 『한문산문의 내면풍경』, 소명출판. 2001.

139 朴興生, 『撮要新書』: "牧丹花上, 穴如針孔, 乃虫所藏處. 花工謂之氣瘡, 以火針點硫黃末鍼之,虫死又云以百部塞之.";"春日花欲開時, 欲其緩開, 以鷄子淸塗花蕾, 家遲三兩日, 謝亦如之"

140 강희안 저·이종묵 역해, 『養花小錄』, 아카넷, 2012; 이호철, 「『양화소록』에 담긴 15세기 꽃·나무 사랑법」, 『농업사연구』 제3권 1호, 한국농업사학회, 2004, p.163.

141 許筠, 『閑情錄』2 민족문화추진회, 솔출판사, 1997, pp.255~272; 허충순, 『韓國의 茶席花』 시선, 2003; 김혜자, 「『甁花史』를 통해 본 花藝的 意味」, 『한국 화예디자인학 연구』 제23집, 2010, pp71-72 참조.

142 김혜자, 「『병화사』를 통해 본 화예적 의미」, 『한국 화예디자인 연구』 제23집, 2010, pp.73~75.

143 許筠, 앞의 책, 1997, pp.262~263.

144 許筠, 앞의 책, 1997, pp.262. 이 내용은 원굉도의 『甁史』, 「器具」의 내용을 그대로 인용하고 있다.

145 성고운, 「조선후기 청화백자 병화도상으로 본 명대의 영향」, 『미술사학연구』 제308호, 2020, p.82.

146 姜希顔, 『養花小錄』, 「排花盆法」: "…花木高大者 宜後行短小可上臺上者宜前列…"(강희안·이종묵 역해, 『양화소록』, 아카넷, 2012, pp.427-428)

147 신주혜, 「17~19세기 명·청대 박고문자기의 유행과 동아시아로의 영향」, 『동양미술사학』 제14호 2022.

148 성고운, 앞의 논문, 2020, p.73.

149 謝明良, 「晩明時期宋官窯鑑賞與碎器的流行」, 『貿易陶瓷與文化史』 臺北允晨出版社, 2005, pp.361-381.

150 鄭銀珍, 「朝鮮王朝時期的文人趣味與哥窯」, 『紫禁城』, 2017年 12期, pp.94~105.

151 鄭銀珍, 「高麗與朝鮮時期的賞花和插花」, 『故宮文物月刊』 第428期, 2018年 11月, p.39.

152 차미애, 「십죽재서화보와 표암 강세황」, 『다산과 현대』3, 연세대학교 강진다산실학연구원, 2010, pp.171-210.

153 김예진, 「안중식安中植 기명절지도器皿折枝圖의 전개 과정과 그 성격」, 『정신문화연구』 제41권 제1호(통권 150호), 2018, pp.191~194.

154 이상희, 앞의 책, 1998, pp.140~141.

155 황수로, 앞의 책, 2022, pp.170~171.

156 김홍도, 「포의풍류도」 조선 18세기, 개인소장(황수로, 앞의 책, 2022, p.152)

157 황수로, 앞의 책, 2022, p.175.

158 평생도는 사람이 태어나서 죽을 때까지 기념이 될 만한 경사스러운 일들을 골라 그린 풍속화이다. 대개 여덟 폭의 병풍으로 만들어졌으나 조선시대 말기에는 병풍이 유행하여 열 폭이나 열두 폭으로 그리기도 했다. 돌잔치, 혼인식, 회혼례 등의 일생 동안의 중요한 의례와 관직에 나아간 선비가 거치게 되는 여러 벼슬살이의 장면 등을 담은 평생도에는 조선시대 선비들의 인생관과 출세관이 잘 표현되어 있다.

159 황수로, 앞의 책, 2009, p.47.

160 熊倉功夫, 『茶の湯といけばなの歴史』 左右社, 2009, p.67.

161 이케바나는 일본의 독자적인 전통적인 꽃꽂이 기법으로, 시대의 변천에 따라 다양한 양식이 생겨났으며 그것이 그 시대의 이케바나의 명칭이 되는 경우가 많다. 초기에는 '다테바나立花'라고 불렸으며, 에도 초기에 이르러 '리카立花'의 형식이 출현해 당시의 이케바나 명칭이 되었다. 또 차노유의 유행과 함께 다화茶花가 탄생하자 에도시대에는 '나게이레바나抛入花'가 애호되었고, 이윽고 '이케바나生花'라는 명칭이 탄생된다. 이케바나는 에도 중기에 일어난 천지인天地人 삼재격三才格의 화형을 이루는 꽃 양식이지만 널리 보급되면서 일반적인 명칭으로 사용되고 있다.

162 村井康彦, 「茶·花·香の系譜」, 『日本の古典藝能』5 茶·花·香, 昭和45, 平凡社, 1970, p.12.

163 菅原壽雄, 「描かれた花生」, 『花生』, 德川美術館·根津美術館編, 1982, p.159.

164 佐藤豊三, 「座敷に飾られた花」, 『花生』, 德川美術館·根津美術館編, 1982, pp.125~126.

165 『이세물어伊勢物語』는 헤이안시대 귀족인 아리와라 나리히라를 연상케 하는 남자를 주인공으로 한 와카 이야기집으로, 연애사를 중심으로 한 일대기적 이야기다.

166 熊倉功夫, 『茶の湯といけばなの歴史』, 左右社, 2009, p.70.

167 『特別展明王展: 怒りと慈しみの佛』, 奈良國立博物館, 2000.

168 '압판押板'은 걸개 축 앞에 화병이 놓여 있는 곳으로, 처음에는 걸개 축의 앞에 탁을 두었지만 나중에는 바닥보다 조금 높은 판지를 압판이라 했다. 압판은 도코노마의 원형이라고 한다.

169 「迎陽記 第一」, 『資料纂集』, 八木書店, 2011, p.65.

170 도자기 표면에 보이는 빙렬문으로, 유약과 소지 수축율의 차이로 인해 소성 후 냉각 시 생긴다. 남송시기의 가요哥窯나 관요의 빙렬문이 유명하다.

171 佐藤サアラ, 「'砧'再考-青磁鳳凰耳花の入位置付け」, 『茶の湯歴史を問い直す』 築摩書房, 2022, p.414.

172 和歌森太朗, 「花の民俗」, 『日本の古典藝能』5 茶·花·香, 昭和45, 平凡社, 1970, pp.237~238.

173 「看聞御記」, 『續群書類從 補遺二』 續群書類從刊行會, 1958, pp.28~29.

174 西田宏子, 「花生としての古銅青と青磁の器」, 『日本の古典藝能』5 茶·花·香, 昭和45, 平凡社, 1970, pp.139~140.

175 西田宏子, 앞의 논문, 2011년 p.44.

176 김영미, 앞의 책, 2005, pp.60~61; 국립중앙박물관, 『신안해저선에서 찾아낸 것들』, 2016, pp.252~269.

177 國立歴史民俗博物館, 『東中世海道 海商·港·沈沒船』, 每日新聞社, 2005; 田中克子, 「貿易陶磁器の推移」, 『中世都市博多を掘る』, 海鳥社, 2008, pp.112~127.

178 『日本文化史』 平安, 昭和42, 筑摩書房, 1967; 『日本繪畫館』 平安Ⅱ, 昭和45, 講談社, 1970(菅原壽雄, 앞의 논문, 1982, p.160, 삽도7, 8).

179 ColBase 国立博物館所蔵品統合検索システム 설명문 참조.

180 『日本文化史』 鎌倉, 昭和41, 角川書店, 1966.

181 설명문 https://fujita-museum.or.jp/topics 참조.

182 ColBase 国立博物館所蔵品統合検索システム 설명문 참조.

183 菅原壽雄, 앞의 논문, 1982, p.163. 도판30.

184 일본의 무로마치 시대부터 근세 초반에 걸쳐 성립한 주택 양식이다. 중세 이후 무사의 주거가 발전하는 가운데 태어난 무가 주택의 형태로 서원이 건물의 중심이 된다. 서원이란 서재를 겸한 거실의 중국풍의 호칭으로 그 후의 일본식 주택은 서원조의 강한 영향을 받았다.

185 伊藤敏子, 『いけばな, その歴史と芸術』 教育社, 1991, p.8.

186 주석 168 참조.

187 두 개의 판자를 아래 위로 어긋나게 매어 단 것을 위붕違棚(도코노마床の間에 흔히 설치함)이라고 한다.

188 부서원付書院은 도코노마의 옆에 있는데 원래는 읽거나 쓰기 위한 책상 공간이었으며 여기에 문구류를 장식할 수 있다. 지금은 문방구를 장식하는 기능으로만 쓰이고 있다.

189 이케바나의 한자는 생화生花·활화活花·삽화挿花 등으로 쓰기도 하지만, 생生·화花 등의 형식을 말하는 경우도 있기 때문에 '이케바나いけばな'라는 히라가나로 쓰인다.(伊藤敏子, 앞의 책, 1991, p.8)

190 熊倉功夫, 앞의 책, 2009, p.74.

191 다테바나는 무로마치 시대에 성립한 이케바나의 가장 오래된 양식으로, 다양한 초목으로 대자연의 풍경을 표현한다. 나무는 산, 잔디는 물의 상징이며 자연의 경관미, 나아가 이 세상의 삼라만상을 나타낸다. 다테바나에서는 초목의 조화를 통해 자연의 섭리를 아는 것을 소중하게 여기고 있다. 한자 표기인 '立花'는 다테바나 외에도 '리카' 또는 '다치바나' 등으로도 읽힌다. 대체로 '타치바나'는 인명이나 지명에 쓰인다. 학자들의 연구를 참고하면 '다테바나'는 적어도 15세기 무로마치 시대의 역사 용어로서 쓰였으며, 16세기 에도시대에는 '리카'라는 용어가 등장한다. 본문에서는 시기별로 구분하여 사용하고자 한다.

192 https://www.ikenobo.jp/rokkakudo; //www.ikenobo.jp

193 淳盛, 「立花圖卷」, 『花生』 德川美術館·根津美術館編, 1982, 도판102.

194 佐藤サアラ, 앞의 논문, 2022, p.422.

195 熊倉功夫, 앞의 책, 2009, p.76.

196 『군대관좌우장기』는 무로마치 시대 노아미能阿弥와 아이아미相阿弥가 아시카가 히가시야마에 있는 요시마사의 저택 내부장식에 관해 기록한 것이다. 1부 내용은 육조부터 원까지 중국 화가에 대한 품평과 간단한 해설을 담았고, 2부는 서원書院 장식에 대해, 3부는 다탕 선반 장식, 말차호 도형, 토물土物, 조물彫物의 그림을 담고 있다.(「君台觀左右帳記」, 『茶道古典全集』 第二巻, 淡交新社, 1967)

197 삼폭일대는 중앙에 본존 등의 그림을 걸고 그 양측에 용호龍虎나 죽매竹梅, 한산습득寒山拾得 등 두 폭을 걸어 한 세트를 이루는 것이다. 삼구족은 왼쪽에 화병, 중앙에 향로, 오른쪽에 촛대를 두는 것이다. 오구족은 중앙에 향로, 양측에 놓은 화병, 그리고 그 앞에 놓은 촛대 두 개로 총 다섯 개를 놓게 된다.(橋本素子, 「中世禪宗寺院の堂内空間とその展開-三幅一對に三具足·五具足の成立」, 『茶の湯歴史を問い直す』, 築摩書房, 2022, p.79) 삼구족은 꽃꽂이·향

로·촛대의 3개의 불구를 말한다. 구족具足이란 도구를 말하며 삼구를 놓는 위치가 정해져 있다. 본존을 향해 왼쪽에 꽃을 세우고, 중앙에 향로, 오른쪽에 촛대를 놓는다. 꽃꽂이는 부처님의 자비를 나타내고, 향로는 예배하는 사람의 몸을 깨끗이 한다는 의미이며, 촛대는 부처님의 지혜를 나타내는 광명으로 인간 내면의 어둠을 없애준다는 뜻이다.

198 村井康彦, 앞의 논문, 1970, pp.49~50.

199 무로마치 시대에 교토 등 자치구에서 자치적인 공동체를 조직하고 운영한 사람들

200 熊倉功夫, 앞의 책, 2009, p.162.

201 熊倉功夫, 앞의 책, 2009, p.164.

202 佐藤豊三, 앞의 논문, 1982, p.133.

203 海野弘, 『華術師の傳說, いけばなの文化史』 アーツアンドクラフツ(아츠 앤 크레프트), 2002.

204 伊藤敏子, 『いけばな, その歴史と芸術』 教育社, 1991, p.162.

205 熊倉功夫, 앞의 책, 2009, pp.157~161.

206 西田宏子, 앞의 논문, 1970, p.138.

207 佐藤豊三, 앞의 논문, 1982, pp.135~136.

208 차노유의 정신과 기술을 탐구하기 위해 제정된 연습법이다. 카즈챠数茶, 마와리바나廻花, 마와리즈미廻炭, 사자且坐, 차카부키茶カフキ, 이치니산一二三, 가게츠花月 등의 7개를 말한다. 오모테센케表千家 7대의 죠신사이如心齋가 우라센케裏千家 8대의 이토소시츠一燈宗室 및 제자들과 의논해 제정했다. '칠사七事'는 『벽암록碧巖録』에 보이는 '칠사수신七事随身'(지도자로 써야 할 일곱 덕)의 뜻을 표방한다.

209 熊倉功夫, 앞의 책, 2009, p.187.

210 熊倉功夫, 앞의 책, 2009, p.191.

1부 ____ 차 문화

1. 중국

문헌

西漢·王褒,『僮約』
唐·陸羽,『茶經』
唐·趙璘,『因話錄』
宋·審安,『茶具圖贊』
宋·熊蕃,『宣和北苑貢茶錄』
宋·徐兢,『宣和奉使高麗圖經』
宋·趙汝礪,『北苑別錄』
宋·蔡襄,『茶錄』
明·文震亨,『長物志』
清·徐珂,『清稗類鈔』 등

저서

莊晚芳,『中國茶史散論』, 科學出版社, 1989.

莊萬里文化基金會,『宋元紀年青白瓷』, 1998.
吳志達,『明清文學史』明代卷, 武漢大學出版社, 1991.
王玲,『中國茶文化』, 中國書店, 1995.
朱自振 編著,『中國茶酒文化史』, 文津出版, 1995.
汪慶正主編,『越窯, 秘色瓷』上海古籍出版社, 1996.
王建平,『茶具清雅』光明日報出版社, 1999.
徐海榮主編,『中國茶事大典』華夏出版社, 1999.
歐陽脩,「龍茶錄後序」,『中國古代茶葉全書』, 浙江撮影出版社, 杭州, 2001.
徐曉村主編,『中國茶文化』中國農業大學出版社, 北京, 2005.
吳覺農,『茶經述評』, 中國農業出版社, 2005.
陳文華,『中国茶文化学』, 中国農業出版社, 2006.
陳龍·陳陶然,『閩茶說』, 福建人民出版社, 2006.
陳椽,『茶業通史』, 中國農業出版社, 2008.
河南省文物考古研究所,『寶豊清涼寺汝窯』, 大象出版社, 2008.
張柏主編,『中國出土瓷器全集9-浙江』2008.
首都博物館編,『浙江歷史文化展』, 北京出版社, 2020.

도록 및 보고서

鄭紹宗,「宣化下八里遼代壁畫墓」,『河北古代墓葬壁畫』文物出版社, 2000.
國立故宮博物院,『也可以淸心-茶器·茶事·茶 』2002.
陝西省考古研究院等編著,『藍田呂氏家族墓園』1,2,3,4권, 陝西省考古研究院田野考古報告 第80號, 文物出版社, 2018.
故宮博物院,『茶·世界』特別展 圖錄 卷;1, 故宮出版社, 2023.

논문

文信,「義縣清河門遼墓發掘報告」,『考古學報』, 1954年第2期.
孫機,「唐宋時代的茶具與酒具」,『中國歷史博物館館刊』1982.
孫機,「法門寺出土文物中的茶具」,『文物』1988年第10期.
陝西省法門寺考古隊,「扶風法門寺塔唐代地宮發掘簡報」,『文物』1988年10期.
王文徑,「清藍國威和陳鳴遠製紫砂壺」,『東南文化』, 1991.
周世榮,「從唐詩中的飮茶用器看長沙窯出土的茶具」,『農業考古』,1995년 제2기.
呂維新,「評明太祖罷造龍團」,『農業考古』第4期, 1997.
朱伯謙,「三國兩晉南北朝燦爛的陶瓷器」,『中國陶瓷全集 4-三國兩晉南北朝』, 上海人民美術出版社, 1999.
朱自振,「中國古代蒸青の盛衰」,『煎茶の起源と發展シンポゾウム發表論文集』, 靜岡, 2000.
王健華,「試析故宮舊藏宮庭紫砂器」,『故宮博物院刊』2001.
李健毛,「長沙窯與唐代酒器沙習俗」,『湖南省博物館館刊』2004년 제1기

王文徑,「閩南明清葬俗和紫砂壺」,『東南文化』, 2007.
金英美,「韩国国立中央博物館藏高麗遗址出土中国瓷器」,『文物』 2010年第4期
郭學雷, 「南宋吉州窯瓷器裝飾紋様考實」,『禪風與儒韻, 宋元時代的吉州窯瓷器』, 文物出版社, 2012.
宋東林,「景德鎮窯五代宋元時期青白釉瓷器研究」, 北京大學校 博士學位論文, 2014.
黄子恩,「由曲宴觀看宋徽宗延福宮」, 國立臺灣師範大學藝術史研究所 碩士論文, 2015.
韓星海,「以史鑒今知興替古老茶葉話滄桑—解讀漢陽陵墓中出土的茶葉」,『農業考古』, 2016.
韓星海, 「以史鑑今知興替, 古老茶葉話滄桑-解讀漢陽陵墓出土的茶葉」,『農業考古-中國茶文化』 52호, 2016.
劉寶建, 「國不可一日無君, 君不可一日無茶-清宮的茶庫茶房與宮庭飮茶文化」,『紫禁城』, 162期, 2008.
劉寶建, 郭美蘭,「清宮奶茶鉤沉」,『故宮文物月刊』 302期, 2008.
林歡,「故宮博物院藏扎卜扎雅木器」,『文物』 2015年 第4期.
霍巍,「西藏西部考古新發見的茶葉與茶具」,『西藏大學學報(社會科學版)』 2016年 第1기.
王亮鈞, 「日本出土的紫砂器及其相關問題」,『故宮學術季刊』 第35卷第4期, 國立故宮博物院, 2017.
鄭培凱「飮茶有道的歷史進程」,『茶·世界』卷1, 故宮出版社, 2023.
廖寶秀,「宋代喫茶法與茶器之研究-茶盞」,『故宮叢刊甲種之39』, 1996.
______,「宋代兔毫盞及其周邊茶盞問題」,『故宮學術季刊』제17권제3기, 2000.
______,「歷代茶器述要」,『也可以淸心-茶器·茶事·茶 』, 臺灣國立故宮博物院, 2001
______,「從考古出土飮器論唐代的飮茶文化」,『故宮學術季刊』 第八卷 第三期, 臺灣國立故宮博物院, 2010.
______,「乾隆皇帝與春風啜茗臺茶舍」,『故宮文物月刊』288期, 2007
______「乾隆茶舍再探」,『茶韻茗事』 臺灣故宮博物院, 2010.
______,「人間相約事春茶」,『芳茗遠播』, 臺灣國立故宮博物院, 2016.

2. 한국

문헌

『三國史記』
高麗·一然,『三國遺事』
高麗·李奎報,『東國李相國集』
高麗·崔致遠,『桂苑筆耕』
高麗·鄭夢周,『圃隱集』
高麗·李仁老,『破閑集』
『朝鮮王朝實錄』

朝鮮·徐居正,『東文選』
朝鮮·朴趾源,『熱河日記』등

저서

강신항,『鷄林類事「高麗方言」研究』, 성균관대학교출판부, 1990.
김명배,『中國의 茶道』, 明文堂, 1986.
______,『茶道學』, 학문사, 1987.
______,『일본의 다도』, 보림사, 1987.
김세리·조미라,『차의 시간을 걷다』, 열린세상, 2020.
김운학,『한국의 차문화』, 이른아침, 2004.
김영미,『신안선과 도자기 길』 국립중앙박물관명품선집18, 통천문화사, 2005.
김진숙,『중국차문화 茶經』, 국학자료원, 2009.
김진숙·이송란·조범환,『장보고와 차문화 전파』 재단법인 해상왕장보고기념사업회, 2010.
김희자,『백과사전류로 본 조선시대 차문화』, 국학자료원, 2009.
노중국·권오영,『百濟歷史와 文化』, 충청남도역사문화원, 2008.
류건집,『한국차문화사(상·하)』, 이른아침 2007
박동춘,『초의선사의 차문화 연구』 일지사, 2010.
______,『추사와 초의』 이른아침, 2014.
박소동,『국역진연의궤2-고종임인년』, 한국고전번역원, 2008.
박정희『한국 차문화의 역사』, 민속원 2015
서은미,『北宋 茶 專賣 研究』, 국학자료원, 1999.
______,『송대의 음다생활과 차 산업의 발전』, 동양사학연구 제90집, 2005.
______,『녹차탐미』, 서해문집, 2017.
송재소 외,「한국의 차문화 천년 3」, 돌베개, 2011.
심재원『한국 차문화 비평』, 경상국립대학교출판부, 2022.
이난영,『韓國古代金屬工藝研究』 일지사, 1977
장남원,『고려 중기 청자 연구』, 혜안, 2006.
정민,『새로 쓰는 조선의 차 문화』 김영사, 2011.
정민·유동훈,『한국의 다서』, 김영사, 2020.
정서경,『고려 차시와 그 문화』, 이른아침, 2008.
정양완 역주,『규합총서』, 보진재, 1987.
정영선,『한국 茶文化』, 너럭바위, 2003.
주영애 외,「세계의 차문화」, 성신여자대학교출판부, 2011.
풍석 서유구지음, 추담 서우보 교정,『林園經濟志-怡雲志1』, 풍석문화재단, 2019.
최규용,『금당다화』 이른아침, 2004.
한국역사연구회,『고려의 황도 개경』 창작과 비평사, 2002.
효동원,『茶香禪味』, 比峰出版社, 1986.

도록 및 보고서

조선유적유물도감편찬위원회, 『조선유적유물도감』 12권, 1992.
국립경주박물관, 『皇龍寺址發掘報告書』, 1997.
단국대학교 매장문화재연구소, 「파주 혜음원지 발굴조사현장 설명회 자료」 2001,2002.
국립경주박물관, 『文字로 본 新羅』, 학연문화사, 2002.
국립대구박물관, 『우리 문화속의 중국도자기』 2004.
국립중앙박물관, 『고려왕실의 도자기』 2008.
국립중앙박물관, 『신안해저선에서 찾아낸 것들』 발굴 40주년 기념 특별전 도록, 2016.
국립중앙박물관, 『국립중앙박물관 소장 중국도자』 저서출판 예경, 2017.
국립해양문화재연구소, 『바다의 비밀 9세기 아랍 난파선』 특별전 도록, 2018.
한성백제박물관, 『한성백제박물관 발굴조사 성과전-왕성과 왕릉』 2020.

논문

가타야마 마비, 「호리미시마(彫三島) 다완에 나타난 모방의 문제」, 『모방과 미학』 이화여자대학교 박물관, 2013.
_____, 「다완으로 맺어진 한·일교류」, 『조선도자, 히젠의 색을 입다』, 국립진주박물관, 2019.
고연미, 「韓·中·日 點茶文化에 나타난 宋代 建盞 硏究」, 원광대학교 박사학위논문, 2009.
_____, 「송대 分茶와 吉州窯 茶盞의 문양장식에 관한 一考」, 『韓國茶學會誌』 제16권 제1호, 2010.
_____, 「송대 分茶와 吉州窯 茶盞의 문양장식에 관한 一考」, 『韓國茶學會誌』 제16권 제1호, 2010.
_____, 「차그림에 나타난 茶筅연구」, 『韓國茶學會』 제15권, 제1호, 2009.
_____, 「에이사이(榮西)의 남송 산차散茶 도입이 덴차(碾茶) 제법 형성에 미친 영향」, 『韓國茶學會誌』 제23권 제2호, 2017.
_____, 「18세기 우키요에(浮世繪)를 통해 본 수차옥水茶屋의 특성」, 『한국차학회지』제20권 제1호, 2014.
_____, 「18세기 바이사오(賣茶翁)의 교유를 통해 본 茶와 禪」, 『한국불교학』79권, 2016.
_____, 「에도시대 바이사오 고유가이(賣茶翁 高遊外)의 賣茶의 의미와 형태」, 『한국차학회지』제17권 제4호, 2011.
김려화, 「麗末鮮初 차문화와 차 소재 한시 연구」, 서울대학교 석사학위논문, 2009.
김상현, 「한국 차문화사」, 『다도와 한국의 전통 차문화』 노무라미술관, 2013.
김진숙, 「唐代의 飮茶文化」,『韓國茶學會誌』제13권 제1호, 2007.
김미경, 「19세기 조선백자에 보이는 청대 자기의 영향 연구」, 고려대학교 석사학위논문, 2006.
김영미, 「遺迹 出土 唐代 陶瓷器와 統一新羅 茶文化」 강원학대회 발표자료집, 2020.
_____, 「한반도 발견 오대·송 월요 청자에 대한 일고찰」, 『동양미술사학회』 4, 2016.
김영원, 「백제시대 중국자기의 수입과 모방」, 『백제문화』27, 공주대학교 백제문화연구소, 1998.

김유리, 「추사 김정희의 차 생활에 대한 연구」, 성균관대학교 석사학위논문, 2014.
문동석, 「漢城百濟의 茶文化와 茶確」, 『百濟研究』 第56輯, 2012.
박성진, 「개성 고려궁성 출토 고려청자 연구」, 『유적출토 고려청자』 경기도자박물관 발표자료집, 2009.
박순발, 「公州 水村里 古墳群 出土 中國瓷器와 交叉年代 問題」, 『4~5세기 錦江流域의 百濟文化와 公州 水村里 遺蹟』, 충남역사문화원 제5회 정기 심포지엄, 2005.
박동춘, 「사찰문화에 따른 제다 전승의 현황과 특징」, 『製茶』 문화재청, 2016.
______, 「고려시대 차 문화의 재조명」, 『고려음』, 국립광주박물관 전시도록, 2022.
방병선, 「국립중앙박물관 소장 19세기 백자 横手形 다관의 祖形」, 『미술자료』85, 국립중앙박물관, 2014.
배근희, 「신라시대 차문화 연구」 원광대학교 석사논문, 2009.
송해경, 「中國 點茶文化 發展史에 關한 研究」, 한서대학교 석사논문, 2005.
______, 「송대 차문화와 초차草茶의 재조명」, 『韓國茶學會誌』 제19권 제4호, 2013.
신명호, 「조선시대 접빈다례의 자료와 특징」, 『조선시대 궁중다례의 자료해설과 역주』 민속원, 2008.
유동훈, 「다산 정약용의 고형차 제다법 고찰」, 『한국차학회지』21, 한국차학회, 2015.
이난영, 「扶蘇山出土 一括遺物의 再檢討」, 『美術資料』20, 국립중앙박물관, 1977.
______, 「백제 지역 출토 중국자기 연구-고대의 교역도자를 중심으로-」, 『백제연구』28, 충남대학교 백제연구소, 1998.
이남석, 「고분출토 흑유계수호의 편년적 위치」, 『호서고고학』 창간호, 1999.
이송란, 「中國 法門寺 地宮 茶具와 통일 신라 茶文化」, 『선사와 고대』32, 2010.
______, 「통일신라에 수입된 중국도자의 성격」, 『新羅史學報』15, 2009.
이욱, 「조선시대 제향다례의 자료와 특징」, 『조선시대 궁중다례의 자료해설과 역주』 민속원, 2008.
이원복, 「고려시대 차그림 두점: 고사자오와 고사위기」, 『고미술저널』18, 2016.
이윤진, 「高麗時代 瓷器盞托 研究」, 『美術史學研究』 제273호, 2012.
이재정, 「장사요 인물문 주자 소개」, 『동원학술논문집5』 국립중앙박물관, 2002.
이종민, 「백제시대 수입도자의 영향과 도자사적 의의」, 『백제연구』27, 충남대학교 백제연구소, 1997.
이진미, 「高麗 茶詩에 나타난 茶道具의 多樣性」, 『차문화산업학』20권, 2011.
이진형, 「신라시대 풍류생활에 나타난 다사에 관한 연구」, 성균관대학교 석사논문, 2008.
이희관, 「경주지역 출토 월요 청자」, 『한국고대사탐구』15, 2013.
______, 「다연茶宴인가, 주연酒宴인가: 국립고궁박물원 고장 궁락도宮樂圖의 신해석」, 『아시아도자문화 연구』 국립광주박물관, 2022.
임영진, 「中國 六朝磁器의 百濟 導入背景」, 『한국고고학보』83, 한국고고학회, 2012.
임진호, 「清代 皇室 茶文化와 茶詩 創作-건륭의 다시에 보이는 심미의식을 중심으로」, 『외국학연구』 제28집, 2014.

______, 「明代 茶文化 양상과 文人의 審美意識」, 『中國人文科學』 제53집, 2013.
장남원, 「고려시대 茶文化와 青瓷-다구를 중심으로」, 『미술사논단』24, 2007.
______, 「고려시대 청자 투합의 용도와 조형 계통」, 『미술사와 시각문화』9, 2010.
쨩유화, 「先秦茶史에 대한 考證學的 接近」, 『韓國茶學會誌』제8권 3호, 2002.
정서경, 「다시를 통한 고려시대 차 문화 연구」, 목포대 석사논문, 2008.
조기정·유동훈, 「唐代 『十六湯品』에 나타난 沃茶法 考察」, 『中國人文學會』 제61집, 2015.
정상기, 「天鷄形 주자에 대한 고찰」, 『國立公州博物館紀要』, 2001.
최경화, 「18·19세기 일본 자기의 유입과 전개양상」, 『미술사논단』 29, 한국미술연구소, 2009.
최성지, 「조선후기 백자 주자의 발달 배경과 양식」 이화여자대학교 석사학위논문, 2016.
최준수, 「朝鮮 後期 茶文化와 白磁 茶具 研究」 충부대학교 석사학위논문, 2018.
추민아, 『차의 최적 우림조건과 저장온도의 설정에 관한 연구』 전남대학교 박사학위논문, 2016.
한기정, 「18·19세기 조선 지식인의 차문화 연구」, 성신여자대학교 박사학위논문, 2013.
후지츠카 치카시, 윤철규 외 옮김, 『秋史 金正喜 研究』 과천문화원, 2009.

3. 일본

저서

青木正兒, 『青木正兒全集』 제8권, 春秋社, 1970.
岡倉天心, 『茶の本』, ソーントン·F·直子譯, 海南書房, 1984.
熊倉功夫, 『南方錄お讀む』, 淡交社, 京都, 1989.
熊倉功夫, 『國史大辞典10』, 吉川弘文館, 1989.
筒井紘一, 『日本史大事典5』, 平凡社, 1993.
野守健, 『高麗陶磁の研究』 京都 清閑舍, 1994.
山田新市, 『一本喫茶世界の成立』 東京 ラ·テール出版局, 1998.
布目潮風, 『中國喫茶文化史』, 岩波現代文庫, 2001.
大石貞男, 『日本茶業發達史』, 農山漁村文化協會, 東京, 2004.
葉文程·林忠幹著 江藤隆譯, 『建窯瓷』 二玄社, 東京, 2004.
橋本素子, 『中世の喫茶文化』, 吉川弘文館, 2018.

도록 및 보고서

京都市埋蔵文化財研究所, 『臨川寺旧境内遺跡発掘調査報告』 京都市埋蔵文化財研究所調査報告, 1976.
尾野善裕, 「日本人と茶の千二百年」, 『日本人と茶』, 京都博物館, 特別展覽會圖錄, 2002.
徳川美術館, 『室町將軍家の至寶お探る』 2008.
赤松佳奈, 「京都出土中国産陶磁器の形·質·割合とその背景(1) – 平安時代前·中期の文化人が憧れたものは何か–」, 『京都市文化財保護課研究紀要』 第3号, 2020.

「史跡鴻臚館跡-鴻臚館跡20 - 南館部分の調査(2)」, 『福岡市埋蔵文化財調査報告書』第1213集, 福岡市教育委員会, 2013.
特別展示, 「桃山の茶陶-備前と信楽に, よせて-」, (公財) 京都市埋蔵文化財研究所·京都市考古資料館, リ_フレット京都No.307, 2014.
降矢哲男, 「京に生きる文化-茶の湯」, 『京に生きる文化-茶の湯』 京都博物館特別展圖錄, 2022.
京都國立博物館, 『京に生きる文化-茶の湯』 特別展圖錄, 2022.

논문

奧平武彦, 「朝鮮出土支那陶磁器雜見」, 『陶磁』 9-2, 1937.
井口海仙, 「風興の世界 茶 」, 『茶·花·香』 日本の古典藝能5, 平凡社, 1969.
千宗室 編尾, 「松屋會記」, 『茶道古典全集』제9권, 淡交社 京都, 1976.
高橋忠彦, 「唐宋を中心とした飮茶法の變遷について」, 『東洋文化研究所紀要』 109, 1987.
尾野善裕, 「日本人と茶の千二百年」, 『日本人と茶』 京都博物館, 特別展覽會圖錄, 2002.
竹內順一, 「やきものの風景」(19), 『茶道研究』 49권 7호, 三德庵, 2004.
赤沼多佳, 「利休の茶道具-數寄道具の大成」, 『茶陶の創成』, 淡交社, 京都, 2004.
楢崎彰一, 「桃山陶器にみる華南陶磁の影響」, 『桃山陶の華麗な世界』, 愛知縣陶磁資料館, 2005.
福持昌之, 「京都の無形民俗文化財としての建仁寺四頭茶礼」, 『観光&ツ_リズム』 大阪観光大学観光学研究所報第 17 号, 2012.
永井正浩, 「遺跡出土資料見彫三島」, 『河上邦彦先生古稀記念獻呈論文集』, 2015.
木原光·佐伯正俊, 「石見益田におけ15·16世紀の貿易陶磁-組成と朝鮮陶磁器の様相お中心として」, 『貿易陶磁研究』36, 2017.
村田淳, 「一関市河崎の柵擬定地出土緑釉陶器の再検討」, 『紀要』 第39号, 2020.
三笠景子, 「茶の湯お創つた青磁茶碗」, 『茶の湯歷史お問い直す』 築摩書房, 2022.
降矢哲男, 「四頭茶禮道具」, 『京に生きる文化-茶の湯』 京都國立博物館 特別展圖錄, 2022.

2부 ____ 향 문화

1. 중국

문헌

宋·魏了翁, 『春秋左傳要義』
宋·寇宗奭, 『本草衍義』
宋·張知甫, 『張氏可書』
宋·陳敬, 『陳氏香譜』

宋·洪芻,『香譜』
宋·吳自牧,『東京夢華錄』
宋·周密,『武林舊事』
宋·徐兢,『高麗圖經』
『全宋詩』
明·李時珍,『本草綱目』
明·高濂,『遵生八牋』
清·曹雪芹,『紅樓夢』등

저서

林天尉,『宋代香藥貿易史』, 中國文化大學出版部, 1986.
孫機,『漢代物質文化資料圖說』, 文物出版社, 1991.
周鳳瀚,『古代中國青銅器』南開大學出版社, 1995.
彭本人,『海外藏中國歷代繪名 』2, 湖南美術出版社, 1998.
揚之水,『古詩文名物新証』1, 紫禁城出版社, 2004.
屠隆著·趙菁編,『考槃餘事』, 北京 金城出版社, 2012
柳明華主編,『歷代插花』文匯出版社, 2018.

도록 및 보고서

湖南省博物館,『長沙馬王堆一號漢墓』上集, 文物出版社, 1973.
中國社會科學院考古研究所,『滿城漢墓發掘報告』, 文物出版社, 1980.
廣西壯族自治區博物館,『廣西貴縣羅泊灣漢墓』, 文物出版社, 1988.
『中國石窟-炳靈寺石窟』, 平凡社, 1988
首都博物館編,『首都博物館藏瓷選』, 文物出版社, 1991.
傅擧有·陳松長,『馬王堆漢墓文物』, 湖南出版社, 1992.
法隆寺昭和資財帳編集委員會,『法隆寺の至寶·第十二卷』, 小學館, 1993.
法門寺考古隊,『法門寺地宮珍寶』, 陝西人民美術出版社, 1994.
國立故宮博物院編輯委員會,『故宮歷代香具圖錄』, 國立故宮博物院, 1994.
出光美術館,『地下宮殿の遺寶-中國河北省定州北宋塔基出土文物展』, 1997.
內蒙古文物考古研究所,「寧城縣埋王溝 遼代墓地發掘簡報」,『內蒙古文物考古文集』?中國大百科全書出版社, 1997.
李斌城,『唐代文化』, 中國社會科學出版社, 1999.
山西省博物館編,『山西省博物館館藏文物精華』, 山西人民出版社, 1999.
中國 像石全集編輯委員會編,『中國 像石全集』, 陝西山西漢 像石, 山東美術出版社, 2000.
福建省博物館編,『福建博物院文物珍品』, 福建教育出版社, 2002.
陝西歷史博物館,『大唐遺宝一何家村窖藏』文物出版社, 2003.
『中國金銀玻璃琺瑯全集』, 河北美術出版社, 2004.

陝西省文物考古研究所,『法門寺考古發掘報告』, 文物出版社, 2007.
浙江文物考古研究所,『晩唐錢寛夫婦墓』, 文物出版社, 2013.

논문

湖北省博物館,「長沙赤峯山2號唐墓簡介」,『文物』 1960년제3기.
黃道華,「湖北枝江縣拽車東廟晉永和元年墓」,『考古』 1976년제5기.
周南泉,「明淸工藝美術名匠」,『故宮博物院院刊』, 1985년1기.
陳擎光,「歷代香具概說」,『故宮歷代香具圖錄』, 國立故宮博物院, 1994.
陳晶·陳麗華,「江蘇武進村前南宋墓淸理紀要」,『考古』, 1986년제3기.
彭本人,『海外藏中國歷代繪名 』2, 湖南美術出版社, 1998.
孔令遠,「王子嬰次爐的復原及其國別問題」,『考古与文物』, 2002.
湖北省文物研究所等,「武昌龍泉山明代楚昭王墓發掘簡報」,『文物』, 2003年2期.
廖泀晴,「敦煌香藥與唐代香文化」,『敦煌學』제26집, 南華大學敦煌學研究中心, 2005.
謝明良,「記唐恭陵哀皇后墓出土的陶器」,『故宮文物』 279, 國立故宮博物院, 2006.
金英美,「韩国国立中央博物館藏高麗遗址出土中国瓷器」,『文物』 2010年第4期
崔菊姫,『漢唐香具研究』 北京大學校 博士學位論文, 2017.

2. 한국

문헌

『三國史記』
『高麗史』
『朝鮮王朝實錄』
『經國大典』
朝鮮·徐居正,『東文選』
朝鮮·徐有榘,『林園經濟志』
朝鮮·丁若鏞,『茶山詩文集』
朝鮮·李胤英,『丹陵遺稿』 등등

저서

김영미,『신안선과 도자기 길』 국립중앙박물관명품선집18, 통천문화사, 2005.
______,『마음을 담은 그릇, 신안 향로』, 국립중앙박물관, 2008.
도륭著·권덕주譯,『考槃餘事-生活과 趣味』, 을유문화사, 1972.
백비헌,『향기로 장엄한 세계』, 티웰, 2011.
서유구지음, 서우보 교정,『林園經濟志-怡雲志1』, 풍석문화재단, 2019.
신명호,『조선왕실의 의례와 생활, 궁중문화』, 돌베개, 2002.

정우택·菊竹淳一, 『高麗時代의 佛 -해설편』, 시공사, 1996.
최응천·김연수, 『금속공예』, 솔출판사, 2004.
한기문, 『고려 사원의 구조와 기능』, 민족사, 1998.
허흥식, 『高麗佛教史研究』, 일조각, 1986.
황수영, 『한국금석유문』, 일지사, 1994.

도록 및 보고서

문화재연구소·경주고적발굴조사단, 『掘佛寺 古蹟發掘調查報告書』, 1986.
『국립경주박물관』, 국립경주박물관, 1988.
국립중앙박물관, 『高麗陶瓷銘文』, 1992.
『용주사』, 사찰문화연구원, 1993.
국립경주박물관, 『聖德大王神鍾綜合論考集』, 1999.
국립부여박물관, 『百濟金銅大香爐』 백제금동대향로 발굴 10주년 기념특별전 도록, 2003.
국립문화재연구소·미륵사지유물전시관, 『미륵사지출토 금동향로』 특별전 도록, 2007.
국립중앙박물관, 『고려왕실의 도자기』, 2008.
국립중앙박물관, 『국립중앙박물관 소장 중국도자』 도서출판 예경, 2008.
국립중앙박물관·불교중앙박물관, 『불국사 석가탑 유물 3』 사리기·공양품, 2009.
국립중앙박물관, 『신안해저선에서 찾아낸 것들』 특별전도록, 2016.

논문

김삼대자, 「한국의 전통 목가구」, 『나무의 방』, 서울역사박물관, 2007.
김영미, 「元代杭州의 美術品 市場과 新安船의 古器物」, 『美術資料』, 제90호, 2016.
김창석, 「8세기 신라·일본간 외교관계의 추이-752년 교역의 성격 검토를 중심으로」, 『역사학보』 184, 2003.
박남수, 「752년 김태렴의 대일교역과 「買新羅物解」의 香藥」, 『한국고대사연구』 55, 2009.
박남수, 「9세기 신라의 대외교역물품과 그 성격」, 『대외문물연구』 8, 해상왕장보고기념사업회, 2009.
박심은, 「朝鮮時代 冊架圖의 起源 研究」, 한국정신문화연구원 석사논문, 2002.
안귀숙, 「고려 금속공예에 보이는 遼文化의 영향」, 『이화사학연구』 40, 2010.
유경희·이용진, 「용주사 소장 정조대 왕실 내사품(內賜品)」, 『미술자료』 88, 2015.
유혜민, 「直指寺鐵製銀入絲香爐 研究」 서울대학교 석사논문, 2013.
윤선태, 「新羅中代末-下代初의 地方社會와 佛教信仰結社」, 『新羅文化』 26, 2006.
이용진, 「조선후기 鼎形香爐 연구」, 『동악미술사학』3, 2002
______, 「高麗時代 鼎形青瓷 研究」, 『미술사학연구』, 2006.
______, 「통일신라시대 병향로 연구」, 『범종』 20, 2007.
______, 「高麗時代 蓮花形柄香爐」, 『불교미술사학』8, 2009.
______, 「통일신라시대 獅子鎮柄香爐 연구」, 『신라사학』, 2010.

______, 「한국 불교향로 연구」, 동국대학교 박사학위논문, 2011.
______, 「왕실 공예의 내사(內賜)와 불교적 수용」, 『불교미술연구 조사보고 제6집—조선의 원당-화성 용주사』 국립중앙박물관, 2016.
이연재, 「미륵사지출토 향로와 중국 당대 多足香爐와의 비교 고찰」, 『미륵사지출토 금동향로』, 국립문화재연구소·미륵사지유물전시관, 2007.
이영화, 「朝鮮初期 佛教儀禮의 性格」, 한국정신문화연구원 석사논문, 1992.
이진한, 「고려시대의 무역」, 『한국무역의 역사』, 해상왕장보고기념사업회, 2004.
장경희, 「朝鮮王朝 王室嘉禮用 工藝品 硏究」 홍익대학교 박사논문, 1998.
장남원, 「高麗時期 京畿地域의 窯業性格에 關한 試考」, 『고려시대 개성과 경기』 경기도자박물관, 2003.
______, 「高麗 中期 壓出陽刻 青瓷의 性格」, 『미술사학연구』242,243, 2004.
정수빈·박학수, 「하남시 춘궁동 청동현향로의 제작기술과 보존처리」, 『박물관보존과학』16, 국립중앙박물관, 2015.
정승은, 「高麗時代 懸爐 硏究」, 동국대학교 석사학위논문, 2018.
정신옥, 「11세기말-12세기 전반 高麗青瓷에 보이는 中國陶瓷의 영향」, 『미술사학』 21. 2007.
조인수, 「예를 따르는 삶과 미술」, 『그림에게 물은 사대부의 생활과 풍류』, 두산동아, 2007.
주경미, 「高麗時代 香垸의 起源」, 『美術資料』 68, 국립중앙박물관, 2002.
______, 「조선 전반기 금속공예의 대중교섭」, 『조선전반기 미술의 대외교섭』, 한국미술사학회, 2006.
진철승, 「佛教儀禮의 歷史와 構造」, 『한국종교연구회회보』 7, 1996.
채웅석, 「여말선초 泗川지방의 埋香活動과 地域社會」, 『한국중세사연구』 20, 2006.
최응천, 「思惱寺 遺物의 性格과 意義」, 『고려공예전』, 국립청주박물관, 1999.
______, 「彌勒寺址 出土 金銅獸脚香爐의 造型과 特性」, 『동악미술사학』9, 2008.
______, 「彌勒寺址 出土 金銅獸脚香爐의 造形과 特性 」, 『東岳美術史學』제9호, 2008.
______, 「장보고 시대 금속공예의 양상과 특성(1)-인각사 출토 불교공예품의 특징과 성격을 중심으로」, 『장보고 선단과 동아시아의 불교문화』, 2009.
______, 「軍威 麟角寺 출토 佛教金屬工藝品의 性格과 意義」, 『先史와 古代』, 2010.

3. 일본

저서

山田憲太郎, 『東亞香料史研究』, 中央公論美術出版, 1976.

도록 및 보고서

京都國立博物館編, 『原氏物語の美術』, 京都國立博物館, 1975.
東京國立博物館運營協力會, 『東京國立博物館 名品百選』, 平凡社, 1990.

愛知縣陶磁資料館, 『封印された南宋陶磁展』, 朝日新聞社, 1998-1999
國立歴史民俗博物館編, 『東アジア中世海道-海商·港·沈沒船』, 2005

논문

下津間康夫, 「草戶千軒町遺跡第四十三次調查區出土の聞香札について」, 『草戶千軒』No.197, 1983.
加島勝, 「正倉院寶物鵲尾形香爐」, 『佛教藝術』200, 每日新聞社, 1988.
佐藤豊三, 「日本の香りと文化」, 『香の文化』, 德川美術館, 1996.
小池富雄, 「香道具の歴史」, 『香の文化』, 德川美術館, 1996.
小池富雄, 「香道具の魅力」, 『香り-かぐわしも名寶』, 東京藝術大學美術館, 2011.
大倉基佑, 「香と香道の歴史」, 『香り-かぐわしも名寶』, 東京藝術大學美術館, 2011.
김영, 「향香과 헤이안왕조平安王朝」, 『日本文化學報』 제66집, 2015.
______, 「일본 고대의 향도와 향문화」, 『일본문화학보』 제65집, 2015.
______, 「전설의 향목, 쇼소인正倉院의 란자타이蘭奢待-란자타이의 기원과 절향을 중심으로」, 『日語日文學』 제82집, 2019.
伊藤純, 「蘭奢待の截香者」, 『歴史探索のおもしろさ』, 和泉書院, 2017.

3부 ____ 꽃 문화

1. 중국

문헌

西晉·張華, 『博物志』
『南史』
『舊唐書』
唐·王建, 『宮詞』
唐·顏師古, 『隋遺錄』
唐·李翱撰, 『李文公集』
『全宋詩』
宋·陶穀, 『清異錄』
宋·吳自牧, 『夢粱錄』
宋·陳叔方撰, 『潁川語小』
宋·趙希鵠: 『洞天清錄·古鐘鼎彝器辨』
宋·楊萬里,『誠齋集』

宋·李龏,『剪綃集』
宋·李昉,『太平廣記』
明·張謙德,『瓶花譜·品瓶』
明·高濂,『瓶花三說』
明·文震亨,『長物志』
明·袁宏道,『瓶史』
淸·王士禛,『香祖筆記』
淸·徐珂,『淸稗類鈔』
淸·李漁,『閒情偶寄』
淸·震鈞,『天咫偶聞』
淸·吳友如,『吳友如人物畫集』 등

저서

黃永川,『中華插花史研究』, 中華民國國立歷史博物館出版, 2001.
黃永川,『中國古典節序挿花』, 臺灣 國立歷史博物館, 2010.
黃永川,『中國插花史研究』, 西泠印社出版社, 2012.
柳明華 主編,『歷代插花』, 文匯出版社, 2018.

도록 및 보고서

南京市博物館,『六朝風采』, 文物出版社, 2004.
『中國陶瓷全集』, 上海人民美術出版社, 2000.
陝西省考古研究所,『西安北周安伽墓』, 文物出版社, 2003.
『中國繪畫全集』, 文物出版社 , 2014
『瓶盆風華-明淸花器特展』, 國立故宮博物院特別展圖錄, 2014.
『花事閑情』, 國立故宮博物院特別展圖錄, 2019.

논문

山西省考古研究所 등,「山西省聞喜縣金代磚雕, 壁畫墓」,『文物』1986년제12기.
臨夏回族自治州博物館,「甘肅省臨夏市金代磚雕墓」,『文物』 1994년제12기.
宮德杰,「山東臨朐北朝畫像石墓」,『文物』 2002년제9기.
揚子水,「宋代花瓶」,『故宮博物院院刊』 2007年1期.
謝明良,「晚明時期宋官窯鑑賞與碎器的流行」,『貿易陶瓷與文化史』 臺北允晨出版社, 2005
______ ,「院藏兩件汝窯紙槌瓶及相關問題」,「關於玉壺春瓶」,『陶瓷手記:陶瓷史思索和操作的軌跡』 石頭出版, 2008.
金英美,「韓國國立中央博物館藏高麗遺址出土的中國瓷器」,『文物』 2010年第4期.
王傳龍,「"瓶花之道"淵源考」,『中國典籍與文化』, 2013年1期.
廖寶秀,「梅瓶史略:梅瓶的器用及其器型演變」,『故宮文物月刊』122期, 1993.

______, 「官窯膽瓶與鵝頸瓶-略談書齋花器造形」, 『故宮文物月刊』 제340기, 2013.
______, 「置膽插花香-尊,觚花器與簪花內膽」, 『紫禁城』, 紫禁城出版社, 2020年제9期.
任志錄, 「玉壺春瓶略論」, 『故宮學刊』 第5輯, 2009.
______, 「中國瓶花的早期形式」, 『故宮文物月刊』381, 2014年12期.
謝子瑩, 「好古玩物-談明代杜堇〈玩古圖〉」, 『美術教育研究』, 2017년 第1期.
鄭銀珍, 「朝鮮王朝時期的文人趣味與哥窯」, 『紫禁城』, 2017年 12期, PP. 94-105.
______, 「高麗與朝鮮時期的賞花和插花」, 『故宮文物月刊』 第428期, 2018年 11月, p.39.
秦大樹·袁泉, 「宋元花瓶的形態, 組合與文化功能探索」, 『閑事與雅器』, 北京大學考古文博學院, 2019.
陳玉秀, 「宋代和氣類型及其對後世的影響」, 『花事閑情』, 國立故宮博物院, 2019.
任志錄, 「宋代專賞花瓶的思考」, 『廣東省博物館藏品大系陶瓷 卷一』, 文物出版社, 2022.

2. 한국

문헌

『三國史記』
『高麗史』
『高麗史節要』
高麗·李崇仁, 『陶隱集』
高麗·李集, 『遁村雜詠』
高麗·鄭夢周, 『圃隱集』
高麗·林椿, 『西河先生集』
高麗·李奎報, 『東國李相國集』
『新增東國輿地勝覽』
『朝鮮王朝實錄』
朝鮮·朴興生, 『撮要新書』
朝鮮·徐慶淳, 『夢經堂日史』 등

저서

강희안, 이종묵 역해, 『양화소록養花小錄』, 아카넷, 2012.
하일식, 『고려시대 사람들의 삶과 생각』 혜안, 2007.
허균, 『閑情錄』2 민족문화추진회, 솔출판사, 1997.
허충순, 『韓國의 茶席花』 시선, 2003.
황수로, 『아름다운 한국채화』 제1권, 노마드북스, 2009
______, 『한국의 아름다운 꽃, 병화』 수류산방, 2022.

도록 및 보고서

국립민속박물관 『한국세시풍속자료집성(삼국·고려시대편)』, 2003.
국립중앙박물관, 『백자항아리-조선의 仁과 禮를 담다』, 2010.

논문

고연희, 「정약용의 화훼에 대한 관심과 화훼시 고찰」, 『동방학』7집, 2001.
김소영, 「고려시대 청자화분 연구」, 『미술사학연구』, 2019
김영원, 「고려시대 부안 청자의 연구」, 『미술사논단』22, 한국미술사연구소, 2006.
김예진, 「안중식安中植 기명절지도器皿折枝圖의 전개 과정과 그 성격」, 『정신문화연구』 41-1, 2018.
김혜자, 「『甁花史』를 통해 본 花藝的 意味」, 『한국 화예디자인학 연구』 제23집, 2010.
김창현, 「고려 의종의 정치와 관료집단」, 『한국인물사연구』, 한국인물사연구회, 2009.
마종락, 「고려후기 성리학 수용의 역사적 의의」, 『한국중세사연구』17, 2004.
방병선, 「조선 전기 한양의 도자: 청화백자를 중심으로」, 『강좌미술사』제19호, 2002.
사공영애, 「고려시대 병화문화와 화기-화병과 수반을 중심으로」, 『한국중세고고학』, 2019.
신승인, 「조선후기 왕실 연향용 백자 화준 연구」, 이화여자대학교 석사학위논문, 2011.
신주혜, 「17-19세기 명·청대 박고문자기의 유행과 동아시아로의 영향」, 『동양미술사학』제14호 2022.
심경호, 「화원에서 얻은 단상-조선후기의 화원기」, 『한문산문의 내면풍경』, 소명출판, 2001.
안세진, 「조선 16세기 耆英宴에 사용된 賜宴用 花罇·酒樽의 조형적 특징과 진설방식」, 『동양미술사학』 제14호, 2022.
이상희, 『꽃으로 보는 한국문화』1,2,3, 넥서스, 1998.
이승희, 「고려후기 西福寺 觀經十六觀變相圖의 天台淨土信仰的 해석」, 『미술사학연구』 279·280, 한국미술사학회, 2013.
윤효정, 「조선 전기 관요백자의 기명체계와 성격」 이화여자대학교 박사학위논문, 2020.
정민, 「18,19세기 문인지식층의 원예 취미」, 『한국한문학연구』35집, 2005.
정성희, 「고려후기 성리학 수용자들의 사상적 성격에 관한 연구」, 『동방학』4, 1998.
정은주, 「이학규의 화훼 취미와 菊影詩 창작」, 『인문과학』49집, 2012.
조창록, 「문헌자료를 통해 본 조선의 원예문화」, 『東方漢文學』56, 동방한문학회, 2013.
차미애, 「십죽재서화보와 표암 강세황」, 『다산과 현대』3, 연세대학교 강진다산실학연구원, 2010.
함차랑, 「高麗時代 靑瓷瓜形甁 硏究」 이화여자대학교 석사학위논문, 2013.

3. 일본

저서

中田勇次郎,『中国における插花の习俗』, 日本二玄社, 1962.
『日本文化史』, 角川書店, 1966.
『日本文化史』, 筑摩書房,1967.
『茶道古典全集』, 淡交新社, 1967.
『日本繪畫館』, 講談社, 1970.
工藤圭章,『古寺建築入門』, 1984.
伊藤敏子,『いけばな, その歴史と芸術』 教育社, 1991.
熊倉功夫,『茶の湯といけばなの歴史』 左右社, 2009.

도록 및 보고서

『繪巻小宇宙―繪の中に生きる人々―』, サントリ―美術館, 2000.
『特別展明王: 怒りと慈しみの佛』, 奈良國立博物館, 2000.

논문

「看聞御記」,『續群書類從 補遺二』 續群書類從刊行會, 1958.
和歌森太朗,「花の民俗」,『日本の古典藝能』5 茶·花·香, 昭和45, 平凡社, 1970.
西田宏子,「花生としての古銅青と青磁の器」,『日本の古典藝能』5 茶·花·香, 昭和45, 平凡社, 1970.
村井康彦,「茶·花·香の系譜」,『日本の古典藝能』5 茶·花·香, 昭和45, 平凡社, 1970.
菅原壽雄,「描かれた花生」,『花生』 徳川美術館·根津美術館編, 1982.
淳盛,「立花圖卷」,『花生』 徳川美術館·根津美術館編, 1982.
佐藤豊三,「座敷に飾られた花」,『花生』 徳川美術館·根津美術館編, 1982.
川本重雄,「寝殿造の歴史像」,『古代文化-特集/寝殿造研究の現状と課題』, 古代学協会, 1987.
太田博太郎,『日本建築史序説』(増補第二版), 彰国社, 1989.
奈良弘元,「佛具三具足をめぐって」,『日本佛教學會年報』 제67호, 日本佛教學會, 2001.
加藤友康,『摂関政治と王朝文化』, 吉川弘文館, 2002
小泉和子,『室内と家具の歴史』, 中央公論新社, 2005.
國立歴史民俗博物館,『東中世海道 海商·港·沈沒船』 毎日新聞社, 2005.
田中克子,「貿易陶磁器の推移」,『中世都市博多を掘る』 海鳥社, 2008.
佐藤サアラ,「'砧'再考-青磁鳳凰耳花の入位置付け」,『茶の湯歴史を問い直す』 築摩書房, 2022.
橋本素子,「中世禪宗寺院の堂內空間とその展開-三幅一對に三具足·五具足の成立」,『茶の湯歴史を問い直す』 築摩書房, 2022.

찾아보기

ㄴ

ㄷ

ㅅ

ㅇ

ㅈ

ㅊ

차·향·꽃의 문화사

초판인쇄 2024년 12월 6일
초판발행 2024년 12월 24일

지은이 김영미
펴낸이 강성민
편집장 이은혜
마케팅 정민호 박치우 한민아 이민경 박진희 황승현
브랜딩 함유지 함근아 박민재 김희숙 이송이 박다솔 조다현 배진성 이서진 김하연
제작 강신은 김동욱 이순호

펴낸곳 (주)글항아리 | 출판등록 2009년 1월 19일 제406-2009-000002호

주소 경기도 파주시 심학산로 10 3층
전자우편 bookpot@hanmail.net
전화번호 031-955-2689(마케팅) 031-941-5161(편집부)

ISBN 979-11-6909-329-3 03900

잘못된 책은 구입하신 서점에서 교환해드립니다.
기타 교환 문의 031-955-2661, 3580

www.geulhangari.com